U0106628

愚公不愚

利氏家族與香港世紀變遷

王國璋、鄭宏泰——著

◎ 李維安《香港東角全景》（利氏家族藏）

序言

利希慎是我祖父，但我卻從來沒有機會跟他見面。喜歡香港歷史的人，對他的傳奇故事，雖已有所聽聞；但即使現在看來，仍難以置信。百多年前，一個不足十歲的小孩，離開家鄉開平，遠渡重洋，跟隨父親在美國生活，努力學習英語及適應當地文化。外間一直以為曾祖父利良奕是被「賣豬仔」到金山，事實上，他在鄉下生活沒有想像中困難，在美國似乎亦有不少華僑網絡，令他在當地得到經營生意的機會。利良奕和利希慎在外地生活了六年左右便決定返國，移居正在急速發展、華洋雜處的香港。利希慎被安排到名校皇仁書院讀書，自此，建立起個人社會網絡。以上種種，對他的思想、眼界和待人處事之道，都影響深遠。利希慎踏足社會後，曾在不同的轉口貿易公司工作，與華商、洋行都關係很好。他亦投資地產、股票，甚至遊樂場和電影。新思維、新觀點，以及果斷堅毅的性格，令他在商業世界往往能抓緊機會，大膽冒險。

曾在國外接受教育的利希慎，深明知識及一些西方文明價值的重要，所以不單把兒子，更把女兒送到英國留學，在那年代實屬罕見。又在本地資助建立女子學校，讓她們享有讀書識字平等的機會。同時，他亦重視中國傳統及文化，大力支持國學、推動文化藝術。他對體育的重視，鼓動華人運動，更是開風氣之先。

利希慎的人生轉捩點應該是由涉足鴉片開始。當時港澳兩地的鴉片買賣制度是由政府發牌，獲得專賣權的利希慎因而迅速累積大量財富，並完成了人生中一個最大的投資：買下了一座山，但亦令他捲入兩場世紀官司，最終成為槍殺的目標。短短48年的生命，他建立了一間公司，組織了一個能繼承他遺志的家庭，從此決定了家族在香港發展的命運。祖父過身後，祖母黃蘭芳獨自承擔照顧一個大家族的責任，抱著不分嫡庶、公平大愛的原則養育家庭，帶著一家人走出債務的陰霾，經歷二戰，返國避禍，再回到香港重整家業。如果你知道她只是一個來自廣東台山，紮著小腳，不識字的女子，她的故事會更加讓你驚訝。

經歷了一百年，利氏家族，枝葉繁衍，第三代以後很多人已移居海外，遍佈世界

各地。很多家族年輕一輩，他們對家族歷史雖然所知甚少，但都非常渴望了解更多關於利希慎、家鄉開平和新會，以及其他家族成員的故事。

家族中，德蕙家姐最早意識到記錄我們家族歷史的重要。憑藉她個人的研究興趣，結合族中長輩口述的歷史，最後完成了《利氏長流》、《築橋》和《香港利氏家族史》三本意義非凡的家族歷史書。三姑媽利舜英的自傳 *Running with the Tiger* 亦是來自家族成員的重要第一手資料。隨著政府檔案、公共資料越來越多，對本地華商、家族歷史有極大興趣的鄭宏泰博士和黃紹倫教授又寫了《一代煙王——利希慎》、《香港赤子——利銘澤》兩書。當中有很多新的觀點及材料，又再次引起了我們對家族歷史中一些懸而未決的疑問。

我們嘗試在我父親利榮森保存下來的家族資料中尋找答案，當中包括數百封利希慎的親筆書信及電報，以及戰前戰後利家人的多封家書、公司文件等。每次有新材料的發現，我們都非常興奮，因為不但填補了某些歷史空白，亦令故事更完整。這些新發現，讓我想到，應該請人再寫一本關於整個家族的書。在這個過程中，我們不時跟鄭宏泰博士交流討論，他對歷史研究的專業及開放態度，令我認為他是主持這計劃的最合適人選。得到鄭博士正面的回覆後，他馬上又邀請了王國璋博士參與研究。於是從 2020 年夏天開始，我們著手整理已發表以及從未公開的家藏檔案資料，希望從第一代利良奕開始到利希慎，把他們的生命軌跡梳理清楚。然後，加上祖母黃蘭芳以及第三代的一些故事，讓後人知道多一點他們的事蹟。鄭博士、王博士兩位治學認真，花大量時間研究，又發掘出更多新材料，並配合書中各人所處的年代、香港及國內外的政治社會形勢一併進行論述。這不僅是一個家族的故事，更是一本近代香港的歷史書，讓我十分喜出望外。很感激兩位作者的專業和認真，經過四年的努力，終於讓這本書得以實現！

在搜集資料的過程中，除已有的政府檔案以及家族收藏資料，我們亦從不少機構的檔案部門獲得更多新的資料。在此，特別感謝滙豐銀行香港歷史檔案部、太古

歷史檔案、劍橋大學圖書館藏怡和歷史檔案、上海商業儲蓄銀行、澳門檔案館，以及南華會的負責人員，給予我們極大幫助，提供了不少珍貴的檔案資料，我謹在此向他們致以衷心感謝。同時，我亦感謝北山堂基金的張藝議博士，以及家族第五代成員利明德，盡心盡力為這本書的籌備、資料搜集及整理、聯絡、訪談及文稿修訂工作，提供各方面的協助。

最後，我必須感謝我的家人，尤其曾受研究團隊邀請，參與訪談的家族成員。他們花了不少時間，跟我們談論上一輩的生平事蹟，並提供珍貴照片。我們亦曾跟多位家族成員的好友進行訪談，在此，再次感謝他們分享跟我父輩相處時的點滴。當中很多有趣的故事，我亦是第一次得悉。這不但令我認識到家族長輩待人處世的共同價值觀，亦讓我了解各人在面對時勢、人事變幻時，如何作出抉擇。

當年祖父用鉅額買下一座山，計劃移山建屋卻未能成功，被喻為「愚公」之舉。最終，經過幾代人的努力，終將山移平，發展成今天銅鑼灣的利園區。愚公不愚，利氏家族根植香港超過一世紀，經歷風雲變遷仍堅定向前發展。能夠擷取古今中外的優良價值並融會貫通，堅毅不移，我認為是我們家族最引以為傲的其中一個珍貴特質。希望這本書能不時提醒我們，飲水思源，不忘其本。

利乾

2024 年 6 月

◎ 利良奕在新會嘉寮籌建的思東利公祠

01

利良奕

啟航

利良奕原居開平，分居新會。余生四子，長紹世、次緝世、三綸世、四繡世，年皆已長，各俱成婚，余值頹齡，難於督理，爰將祖遺留並已續置一切家產四股均分，肥瘠互搭、好醜相兼，以徵定數、以杜猜嫌。自分之後，各自支持，當思創業維勤，守成不易，克勤克儉，庶幾家道寖昌，無怠無荒，然後祖風丕振，兄弟友愛，庭幃和樂，妯娌雍睦，室家爾宜，內訓子侄，外睦鄉鄰，謙光有餘，則雞犬固堪奉養，式好無他，即菽水亦可承歡，此老人所叮囑而垂誡者……。

—— 利良奕，〈立分鬮文〉，1913 年 4 月

1915 年間，張門喜[1] 奉利希慎之命，帶上仍在襁褓中的幼女，如常由澳門回廣東新會探望家翁家婆。數小時的渡輪到江門後，轉僱小舢舨，溯珠江三角洲上縱橫交錯的某條水道而上。豈料船至半途，東南方烏雲密佈、勁風大作，舢舨遭怒濤側擊，被拋上了半空，再重摔而下，失控旋轉。張門喜嚇得直呼救命，以為母女小命不保。所幸舢舨終未翻覆，大難不死。驚魂甫定，張門喜抱著利舜英，最終抵達了新會縣城的竹林里。[2]

張門喜差點無緣再見的這位利姓老人，名朝光、字良奕、號弼予，生於道光廿二年三月廿二日，即公元 1842 年間，時已七三高齡。[3] 他和夫人黃氏，就住在新會縣城竹林里的某座青磚大屋裏，與胞弟文奕比鄰而居。這塊竹林里的地，是利良奕給諸子分配家產後的同年，即 1913 年，由次子希慎以 830 両銀子買下，讓他和利文奕在此安享晚年。[4]

利家隨後在這塊約 700 平方公尺之地，蓋了三棟磚房和一處花園。據孫女利德蕙後來回憶，「那是當時典型的大戶人家宅第……大宅門楣上有漂亮的壁畫，木門引進一方形的天井……天井圍牆的檐溝（排水管）頂，裝飾著彩繪陶金魚……天井有階梯直通屋頂，可俯視四周景色。」（利德蕙，2011: 44）然而宅院雖巧，卻不豪氣，說大不大、說小不小，如果拿來與新會縣城內其他鄉紳的宅第相比，倒也算不上十分耀眼。而整整百年之後，2013 年，這三座「江門新會區[5] 會城竹林里 28、31 和 34 號」的青磚大屋，已遭地方政府拆除。房地產開發商在回應地方保育團體的責難時，理由之一，正是強調這批建築物本身「未符文物標準」。[6]

宅院確實並不高調，一如其主人。老人濃眉細眼，蓄一口八字白鬍，乍看之下亦無特殊威儀，與一般的新會鄉紳無異。又，他愛看粵劇，所以為利希慎同年出生的兩個女兒，取了某一齣戲裏的英雌之名舜華、舜英（Sperry, 2009: 19）。然而利良奕的一生經歷，並不平凡。他曾在中年後才遠渡重洋，到太平洋的彼岸謀生；而在衣錦還鄉後，已屆天命之年的利良奕，還能在華洋雜處的殖民時代香港立足，開創自己的營商天地。不過更重要的，還是利良奕的幾項重大決定，造就了民初香港四大家族之一的開創者利希慎。利良奕可謂利氏家族實實在在的奠基者，他的故事，要從開平說起。

◎ 利良奕位於新會竹林里故居

◎ 竹林里 28 號磚屋內天井

◎ 竹林里 28 號磚屋內觀

❖　　開平農戶　　❖

利良奕之父利宜遠，名炬明、號慧照，生於嘉慶八年十一月廿三日，即 1804 年
1 月 5 日（利氏家族，2018: 197；利銘澤，1937）。據利氏族譜所載，廣東開平
的利氏家族，系出河南。晚近的利氏家譜再錄付印版，即 2018 年由利氏家族出
版的《河南郡利氏家譜》，就收錄有數篇文獻，詳述了利氏某支南徙廣東的因由
與過程，此處不贅。利氏家譜因族史悠遠、子孫繁衍，歷代人物缺漏甚多，譬如
在「十九世祖」利宜遠項下，就只記錄了良奕、文奕兩子。良奕、文奕兩兄弟相
差九歲，[7] 由後來他們的生命歷程來看，利文奕的一生，基本上唯兄長馬首是瞻，
事業亦步亦趨，直至晚年退隱。

有關利宜遠的事蹟，利家成員今日所知甚少。不過可以確定的是，其子良奕、文
奕離鄉遠赴金山之前，就住在廣東省開平縣赤水鎮沙洲鄉的水井坑村。所以合理
推斷，利宜遠當時應已定居水井坑村。[8] 利希慎的友人、晚清進士賴際熙在利希
慎於 1928 年遇刺身亡後，為他親撰的墓表中提到：「曾祖諱策名，祖諱炬明，
皆以清德素行，著望鄉黨。父諱朝光，始遊美洲，經商致富。」（1974: 122）水
井坑村的村民以務農為主，兼及桑基魚塘，利宜遠雖「以清德素行，著望鄉黨」，
顯然也是農戶，只不過他似乎薄有田產，並非一窮二白的佃戶。

舉例來說，利家現存的舊契堆裏，有一份同治七年（1868 年）以「利有成堂」
名義、向人買入新會縣綠護屏村兩處山穴的山契。[9] 山契載明，這是供利有成堂
修整墳墓之用，而賣方收取的「開山穴工銀」共計「叁拾員正」。[10] 利有成堂應
該就是利宜遠的堂號，由於新會縣綠護屏村與開平縣水井坑村相距甚遠，而購入
兩處好山好水的風水墓地，也要花上利家一筆銀子，我們或可據此推斷，利氏當
時在水井坑村的家境已經不壞。

利宜遠之子利良奕顯然識字，會寫文書。也許正因為家境不壞，他有機會受過一
定程度的私塾教育。由利家現存舊田契簿的字跡、旁註和利良奕分家產時詳列其
資產分配的「分單執照」的內容來看，那應該都是他的親筆。不少跡象也顯示，

利良奕嫻於記賬、數算甚佳，而這些從商的基本技能，無疑有助於他未來在美洲金山[11]的唐人街謀生，得以襄助同鄉管理商務及管賬等，而不必單憑勞力，要艱苦地在礦區淘金或修建鐵路。

利良奕、利文奕兄弟倆為何決定赴美？又是在何時動身赴美？這是接下來需要追問的兩個問題。利家對兩位祖輩的認識同樣不多，口述與相關的文獻資料都相當匱乏，不過第一項問題，似乎不難回答。十九世紀下半葉所謂「千年未有之大變局」下的中外政經情勢，既把他們的視野引向中國境外那個陌生、殘酷又充滿機遇的世界，也逼著他們不得不考慮往外走。

利良奕出生的前一年，即 1841 年，英國海軍在第一次鴉片戰爭中屢挫清軍後，於 1 月 26 日登陸了珠江口的香港島，開啟逾一個半世紀對香港的殖民統治。而利良奕出生當年，戰敗的清廷與英國簽下了《南京條約》，不僅正式割讓香港島，更被迫開放五口通商。[12] 1860 年，清廷在第二次鴉片戰爭中再吃敗仗，被迫與英、法兩國簽訂《北京條約》，除了割讓九龍半島，當中第五款還規定：「凡有華民情甘出口，或在英（法）國所屬各處，或在外洋別地承工，俱准與英（法）民立約為憑，無論單身或願攜帶家屬一併赴通商各口，下英（法）國船隻，毫無禁阻。」這一條款，終結了滿清政府已經實施兩百多年的海禁政策，從此華工出國，由非法一變而為合法。而 1868 年清政府和美國簽訂的《蒲安臣條約》，更是鼓勵華人移民，以利美國西部的開發。

與此同時，歐洲列強在南洋的各大小殖民地，亟需大量華工前往墾殖開礦；美國加州、澳洲和加拿大西部，也分別在 1848、1851 和 1858 年發現金礦；隨後美國的中央太平洋鐵路和加拿大的太平洋鐵路，亦於 1863 及 1880 年相繼動工。凡此種種，都強烈吸引著因捻亂、太平天國之亂及土客大械鬥等而民生凋敝、匪患嚴重的沿海鄉民，尤其是廣東及福建兩省鄉民為求生計，不惜出走。[13]

利家的祖居地開平可謂著名僑鄉，雖有官府海禁，出洋由來已久。「四邑」人（即台山、開平、新會、恩平四縣居民）[14] 出洋最早、人數最多，可謂人多勢眾，早年尤其集中在美、加兩地。1856 至 1868 年間，太平天國的殘餘竄擾四邑，加上

廣東本地人與客家人的長年苦戰，使四邑一窮二白，壯者紛紛出洋（陳冠中，1977: 2）。而那些出洋歸來者，少不免會與人分享親歷見聞，同鄉親友與有意出洋者則會在盤纏及人脈關係上互助。所以四邑鄉民出洋，既不乏資訊，更可獲同鄉網絡支援，與異域他鄉間建立起來的雙邊聯繫越強。種種因素疊加，遂造就了鴉片戰爭後第一波的出洋大潮。

梅偉強、張國雄主編的《五邑華僑華人史》，就曾描述過「開平人『涉重洋如履庭戶』[15]，有的村鎮幾乎家家有人出洋謀生，有的一家就有十幾人。」而「台山人大規模出洋，在外人數超過開平……據記載，1880 年在美國的台山人已經達到12 萬」。「新會北部鄉村的民眾有 1/10 往南洋，南部各鄉的民眾多到南北美洲。恩平也在這個時期有很多人去了美洲、澳洲……。」（2001: 36-37）華工赴美浪潮中，尤其值得注意的是加州華人人數的增長。早在 1854 年，舊金山四邑會館和寧陽會館接待的同鄉人數，就已達 21,500 人，而會館自報的在冊會員達 16,107人。22 年後的 1876 年，據美國加州參議會對舊金山唐人街六大中國同鄉會館的調查，華人人口更是已高達 90,200，當中岡州、寧陽、合和這三個五邑人的會館，就佔了 64,000 人（梅偉強、張國雄，2001: 38）。

不過如前所述，利家在開平鄉下似乎還過得去，應該不必像那些家無恆產或破產的佃農般要急著冒險出洋。這就連到了我們要追問的第二道問題：利氏兄弟究竟是哪一年啟航？利家對此的說法，向來是 1890 年（利德蕙，2011: 5-6），然而問題是：1890 年時，利良奕已經 48 歲，早非青壯之身，選擇在這個歲數才冒險橫渡浩瀚的太平洋，似不合理。不過家有薄產又身懷營商技能這一點，或可解釋利良奕為甚麼不急於在青壯歲月時出國，因為他很可能不是要憑體力在海外謀生。此外，十九世紀後期，淘金熱潮已逝，而美國排華之風日熾，利氏兄弟若非有四邑的同鄉網絡預先在當地為他們安排入境、工作諸事，恐怕很難成行。簡言之，各項線索其實都指向利氏兄弟並非「豬仔」苦力，而很可能是直接就到舊金山唐人街的商舖裏工作。

利家現有的家族史料，也間接支持了利良奕於 1890 年才出洋的說法。首先，利良奕與黃氏共育有四子二女，而利良奕不曾納妾，黃氏則一輩子都是在四邑一帶

度過，未曾遠遊。[16] 換句話說，利良奕與黃氏生兒育女的歲月，應該都在開平。利良奕的長子名廷秩、字紹世、號雁臣；次子名廷羨、字緝世、號熙臣／希慎；[17] 三子名廷芳、字綸世、號佐臣；四子名廷擢、字繡世、號希立。利希慎乃利良奕次子，生於光緒六年九月二十日，亦即 1880 年 10 月 23 日；利希立則是利良奕幼子，出生年月不詳，但與二哥利希慎的歲數頗有差距。以此推敲，利良奕在 1880 年代的大部份時間裏，應該都還是身在開平。

其次，利良奕於光緒四年九月十八日，即 1878 年間，曾以自己的堂號「利厚德堂」，購入新會城綠護屏一帶土名皇帝峰山面的兩塊相連墓地，[18] 代價「銀式拾肆員」，似是在為 1881 年離世的父親利宜遠之喪葬事宜，預作綢繆。[19] 而到了光緒八年十二月初九日，即 1883 年初，利良奕又從鄉人張椿寧手中，買入開平羊路洞地面土名牛角壟處的一塊小田，面積僅「3 畝 5 分 9 厘 7 毛 7 絲 7 忽」，售價則是「154 兩 3 錢 4 分 3 厘 8 毛」。[20]

這兩份利家現存的光緒初年交易的舊山契與田契，一是證明了利良奕至少在 1878 至 1883 年間，仍在開平一帶居住活動，尚未赴美遠行；二則再次顯示，利家在鄉下既薄有積蓄也小有資產，雖然住在毫不起眼的水井坑村，卻也算得上是村裏的富農了。

<h2 style="text-align:center">❖　　遠航金山　　❖</h2>

綜上所述，利良奕看來確實是在年過不惑之後，才離家遠航，但應該是較 1890 年還要早上幾年。無論如何，一個無法排除的可能性是：利良奕年輕時就已經到過舊金山，1870 年代由舊金山返鄉，娶妻、買地、生子，到了 1880 年代後期才又再度遠行。只是這一回，他把胞弟文奕也一併帶上。由於沒有證據，這只能流於猜測。

其時華工由開平出洋，不論南向還是東行，幾乎都會途經香港，要先在香港落腳候船。利良奕此前是否就已經踏足過香港，不得而知，但他想必對這個熙熙攘攘、

◎ 利良奕與夫人黃氏遺像

華洋雜處並已迅速取代了澳門的新商港，印象深刻。利氏兄弟去的是舊金山，據估計，當時由香港航越太平洋前往美國加州，共需時 75 至 100 天。開往夏威夷群島的天數較少，約 56 至 75 天；而若是前往古巴，華工竟需在海上航行長達170 天（陳為仁，1992: 31）。

利氏兄弟入境美國加州的時機，可謂甚壞。其時加州和美國各地對華工的輿情已變，排華之風日盛，甚至不乏殺戮事件。[21] 1882 年的美國《排華法》（Chinese Exclusion Act of 1882），明定十年內不許華工入境，更不許華人歸化美籍。1892 年的《格利法》（The Geary Act），又將這十年禁令延長十年。[22] 而 1888 年的《斯科特法》（The Scott Act），更是不許離境的華工重返美國。利氏兄弟當時是如何入境加州，不詳，而據利良奕的曾孫女利德蕙描述，他後來是在「位於三藩市 Dupont 街 17 號的三藩市聯合煙草公司覓得工作。該公司曾於 1876 年名列三藩市華人工商名錄內」（利德蕙，2011: 6）。

煙草業確是舊金山當時的一個重要行業。此地因氣候乾燥，適合捲製雪茄，吸引了不少煙草商在此設廠生產。據吳景超引用美國早年的統計資料顯示，1870 年時，加州煙草業所聘用的 1,811 名勞工當中，1,657 名（即高達 91.5%）為華人，可見華工為該行業提供了絕大部份的勞動力（Wu, 1928: 32）。不過 1882 年《排華法》落實後，沒過幾年，華工在煙草業已是「銷聲匿跡」（陳冠中，1977: 7）。不過這是就加州境內的煙草生產活動而言，時稱「金山正埠」的舊金山和「沙架免度」（Sacramento）等加州大埠的唐人街內，經營雪茄買賣的商舖則未必會受到影響。

利德蕙提到的 1876 年版三藩市華人工商名錄，我們沒找到，無法查證聯合煙草公司（Union Cigar Company）。不過 1878 年版的〈金山正埠華人各客商舖戶街道總錄〉（Directory of Principal Chinese Business Firms in San Francisco）內，[23] 確實可以找到不少在都板街（Dupont Street）開業的華商雪茄舖，雖無聯合煙草公司，但有「長記號呂宋煙 [24] 發客 [25]」（Cheong Kee Co.）、「同德號呂宋煙發客」（Chicago Co.）、「永和號呂宋煙發客」（Colmo Co.）、「長隆春記呂宋煙行」（Colombo & Co.）等共八家雪茄舖。而除了都板街，華人在附近其他街道上經

營的雪茄舖還為數不少，顯見雪茄業在舊金山唐人街內，其時已甚具規模。

都板街乃舊金山唐人街最古老的街道之一。1906 年舊金山大地震，都板街在重
建後易名格蘭特街（Grant Avenue），惟華人沿用舊名至今。前述 1878 年版的商
舖總錄顯示，除了雪茄舖，在這條利良奕於 1880 年代後期至 1890 年代間工作、
生活過的街道上，還充斥著雜貨乾貨舖、米舖、豬肉舖、牛肉舖、魚菜舖、腐乳
豆腐舖、中藥舖、裁縫舖、白布衫褲舖、鞋襪舖、打鐵舖、金銀首飾舖、鐘錶舖、
當舖、洗衣舖、玩具舖、中餐館和一家移民事務公司。[26] 尤其是攸關華工基本生
活所需的雜貨舖，僅都板街一條街上，就開了數十家。而在華盛頓街（Washington
Street）上，還有一家「華記唐人新聞紙」（The Oriental Chinese Newspaper
Co.），為華工提供中文的新聞資訊。林林總總的店舖說明，早在 1870 年代，舊
金山的華人社群就已基本上自成天地、自給自足。

❖　　異域教子　　❖

利良奕在都板街一帶安頓後，顯然認為舊金山整體的大環境不錯，所以託鄉親將
次子廷羨（希慎）也帶到美國。利德蕙對此的說法，原是利良奕「遣其弟文奕
返鄉將次子廷羨帶往美國，文奕公亦將其長子一同帶往隨行。祖父利廷羨公……
赴美與曾祖父團聚時年僅九或十歲。」（2011: 6）不過香港與舊金山之間的太平
洋航線，當時少則 75 天，多則 100 天，利良奕極不可能如此折騰其弟，也未必
有足夠的財力要他又千里迢迢回鄉去接小孩過來。此外，利希慎乃生於 1880 年
10 月 23 日，如按此說，則他抵美時絕不可能「年僅九或十歲」，除非利良奕是
1880 年代後期即出洋，而非 1890 年。反觀「託鄉親攜子赴美」一說，出自利希
慎四子利榮森晚年對某篇讚辭的親筆修改，更為合理可信。[27] 至於利良奕為甚麼
挑了次子而非長子赴美，利德蕙的推論則是：「或許長子須留鄉照顧曾祖母，抑
或曾祖父當時已洞察到次子的潛力。」（ibid.）

不過關於利希慎早年，更有爭議的不是這一點，而是其出生地與出生年月。家族
一貫認定利希慎是 1880 年生於開平的水井坑村，[28] 不過坊間與學界對其出生之

地，向來有幾個不同說法。這些說法歸納起來，大致不外三種，即生於開平、生於美國或生於香港。

有關利希慎生於美國的說法，值得注意的，首先是賴際熙1928年親撰的那篇利希慎墓表。墓表提到：「父諱朝光，始遊美洲，經商致富。有四子，公其仲也，天資聰穎，八齡即於生長地就外傅[29]，學行輒冠其同列，為塾師所激賞。年十七，朝光公倦遊，挈之歸里，旋又挈之居香港。」（1974: 122-123）賴際熙這段關於利希慎童年及少年經歷的簡述，似意味著利希慎生於美國。不過墓表是簡述生平並予以評論總結的濃縮版傳記，用字難免傾向精煉，不會面面俱到地觸及所有細節。賴際熙的這段文字，其實也可以理解為利希慎八歲就開始在生長地開平跟從塾師求學，之後赴美，再於17歲時[30]隨父返鄉。所缺者，只是賴際熙為了行文簡潔，沒有交代利文奕回鄉將利希慎帶去舊金山的這段經歷。

利希慎生於美國夏威夷的說法，則應是源出香港報人何文翔。何文翔的《香港家族史》在談到利希慎家族時，先是說利良奕是攜妻前往舊金山，抵美後在金礦場當礦工，「是最早期40名赴美華人礦工之一。勞碌半生，頗有積蓄」，又說利希慎是1879年在美國夏威夷出生，[31]早年在美國接受教育（何文翔，1992: 122-123）。此書因為出版時間較早，影響較大，但何文翔並未具體交代他各項資料的出處，[32]而這項敘事的幾個要點，如利良奕早年是攜妻出洋、在美國待了大半輩子、孩子也都在美國出生等等，不論是擺在當代歷史時空的侷限下看，還是拿來與利家既有的史料對照，其實都站不住腳。別的不說，單就1840年代末或1850年代的華工「攜妻出洋」這一點，就幾乎不可能。[33]唯一比較可能「確實」的一點，是何文翔所謂利希慎生於夏威夷的說法。此因利希慎赴美的1890年前後，美國已經落實《排華法》，一個十歲的華裔男童如何獲准入境舊金山，確是一大疑問。而夏威夷當時雖早已是美國禁臠，卻非美國領土，而是形式上獨立的「夏威夷王國」，即《排華法》法外之地。[34]四邑人利良奕是否可能以某種「生於夏威夷」的虛假身份，為利希慎曲折安排入境，今已無法查考，不過我們如果回顧四邑人在1906年舊金山大地震後，鑽了法律空隙的「紙面兒子」做法，[35]就難以排除這個可能。

利希慎生於香港的說法，則是源於鄭宏泰、黃紹倫完成《一代煙王：利希慎》（2011）一書後，才在英國檔案館中找到的利希慎出世紙。這份殖民時代香港的出世紙上，清楚記錄利希慎的出生日期為 1884 年 11 月 2 日，原名「利應」，父親則是「利吉慶」，職業為「行船」，母名「楊三」，而前往登記的日期，則是嬰兒出生後的整整一個月，即 1884 年 12 月 2 日。其時唯有出生於香港的華人，才能自動擁有英籍民／英國屬土公民（British subject）的身份，而利希慎確實擁有這個身份，這一點我們在往後的章節裏還會觸及。這張出世紙很可能「是也不是」利希慎的，因為它固然是利希慎賴以取得英籍民身份的憑據，卻或許本屬於利家在香港的某位宗親之子。

之所以這麼說，主要是基於三項理由。首先是利希慎生於 1880 年一事，應無疑議。利希慎中年時曾找人算過命，而利家現存的四本算命師的覆文裏，全都以他「光緒六年九月二十日申時」的生辰八字作推算基礎，可見不假。又，利希慎元配黃蘭芳的遺物裏，也有一張詳細記載了丈夫和諸子女生辰八字的紅紙，其上亦毫不含糊地寫下利希慎的出生年月日為「光緒庚辰年九月二十日申時」，亦即 1880 年 10 月 23 日。其次，遍查利家現有的史料，也沒有任何線索足以顯示，利良奕曾在香港納妾。事實上，從利希慎個人留下的書信裏，可以間接看出他事親至孝，重視對母親黃氏的照護，更在 1911 年黃氏去世，回新會鄉下奔喪一週。[36] 其三，利希慎三女利舜英曾在回憶錄中提到，1924 年，利希慎為了送她和二姐舜華去英國留學，需要為她倆申辦護照時，才去設法辦理她們的香港出世紙。她與二姐同齡，且都是於 1914 年利家人在澳門避疫期間出生。結果辦下來的香港出世紙，卻是登記她「1916 年」生於「香港」，「生母」是黃蘭芳。[37] 利希慎之所以為利舜英虛報年齡，是希望她不會因與二姐同齡，而尷尬地被人在英國追問她倆是否同父異母？她是否父親的妾侍所出？（Sperry, 2009: 36-37）這個實例多少可以說明，香港早年，出世紙的登記遠不如現在嚴謹。

回到舊金山都板街。利希慎初來乍到，之前只讀過鄉下私塾，不識英文，加上要面對反差極大的文化衝擊，想必日子難過，適應需時。將年幼的子侄接到美國，的確是不少四邑籍美國華人想方設法要做的事，但卻不是每個人都重視子侄的教育。利良奕顯然極重視利希慎的教育，安排他和堂弟入讀唐人區範圍內的「Clay

◎ 舊金山的 Commodore Stockton School

街 929 號的華人小學」（利德蕙，2011: 6）。「華人小學」（Chinese Primary School）顧名思義，是 1885 年舊金山當局為了將公立學校裏的華人和白人學童分隔而設，只限華人入讀。由於無法進入白人公立小學，這對當地華裔幼童來說就是唯一的選擇，入讀委實不易。[38] 這家華人小學於 1906 年易名為 Oriental School，[39] 1924 年再改稱 Commodore Stockton School，1998 年又改為劉貴明小學（Gordon J. Lau Elementary School）。[40] 該校在企李街（Clay Street）929 號的地址，今天也已經調整為 950 號。

利希慎有幸在 1890 年代即接受正規的西式英文啟蒙教育，可謂利良奕為家族未來盛世奠下的一大基石。而他們寓居的那個營商手法靈活、不拘一格、變動頻繁、龍蛇混雜的唐人街小天地，想必也大開利希慎的眼界，影響了他未來的營商風格。多年後，已成一方之霸的利希慎，其世界觀裏不僅有中國、南洋、歐陸，也比同時代的香港商人更關注美國的新生事物與商機。這一點顯然與他和崛起中的舊金山的邂逅有關。

❖　　**買棹西歸**　　❖

1882 年《排華法》對美國華人的影響無疑是深遠的，歧視升級、處境維艱。1890 年代，亦即利良奕父子寓居舊金山唐人街的時代，華人在美國的總人數開始下降，不少人無奈選擇歸鄉。人還留在西岸的華工，則是陸續離開了礦區、郊區，部份人流入中部、南部和東岸的城鎮自保，遂在各埠加速唐人街的形成。還有一部份華工，則是被迫縮入西岸大城裏的唐人街區。所謂縮入，以舊金山的唐人街為例，就是從此被困在六條街的範圍之內。陳冠中曾引用一老華僑的回憶說：「那時候，由堅尼至包華，由加里福尼亞至百老匯，這幾條街就是邊界。如你踏出那裏，白人小孩便用石塊擲你。」（1977: 70）

人口越來越擁擠的舊金山唐人街，開始變得更加複雜。此時都板街除了各類商舖，也開始冒出更多的鴉片煙館和妓院，更常常淪為各堂口的械鬥之地。[41] 利良奕的傳統鄉土觀念顯然甚重，崇尚衣錦還鄉、落葉歸根，這從他後來一定要由香

港返回治安相對不靖的新會終老可以看出，何況其妻小、家業當時都還在開平鄉間。換句話說，有別於不少四邑籍的青壯華工想方設法留下，利良奕似乎自始就不打算在美國久待。眼下美國排華的大環境未見改善，舊金山唐人街的環境則是逐漸惡化，兒子的處境也要考慮，而他則已小有積蓄。於是 1896 年，利良奕毅然買棹西歸，率胞弟和子侄回到了開平祖居。

利良奕返鄉後，就舉家遷徙，由開平的水井坑村，搬到了銀洲湖 [42] 周邊的新會縣瀧水都嘉寮村，即今江門市的新會區雙水鎮嘉寮村。[43] 至於利良奕為何急於遷居，利德蕙的說法是利良奕出洋時，其妻黃氏就已經注意到「鄰近新會銀州湖四周常遭湖水淹浸，土地肥沃，狩獵農耕均宜」（2011: 7）。新會縣境固然普遍較開平鄉間的土地肥沃，不過以當時開平的社會環境而言，利良奕的主要考量，應是治安問題。

其時四邑匪患嚴重，台山和開平僑鄉尤甚，因為這兩地總有不少回鄉的「金山伯」可以勒贖劫掠。光緒廿一年，即 1895 年，新寧（即台山舊稱）的知縣李平書，就已在其《到縣三月情形稟》中提到：「近數十年來，出洋謀生者多，井里頗見豐足，外匪因之流涎，強竊劫掠之案層見疊出。」（轉引自梅偉強、張國雄，2001: 245），此所以民國初年，四邑一帶，就以台山、開平兩地的碉樓最多。利良奕的一個姐妹就曾被人綁架勒贖，匪徒還將她嘴巴裏的金牙全都拔光。但她獲釋回家後，並未因這事退縮，而是去補了銀牙（Sperry, 2009: 5）。

利良奕在嘉寮安頓後，雖蓋了大屋並建設利氏太祖祠堂，甚至還出錢找人編了光緒廿四年版（1898 年版）的《河南郡利氏家譜》，[44] 卻明智地未將大部份的積蓄立刻拿來購買鄉下良田，而是在一年後就帶著利文奕、利希慎、利希立等人前赴香港，拿這筆錢投資營商。轉戰香港，無疑是他為利希慎做的另一項關鍵的人生安排。不僅如此，他還設法將利希慎送入香港的頂級名校——皇仁書院（Queen's College）就讀。至於利良奕在香港的營商內容，如他與利文奕聯手經營的皇后大道中 202 號上的禮昌隆公司業務等，我們會留待下章與利希慎早期的事業發展一併來談。本章的最後部份，只想一探利良奕晚年的生命歷程。

❖　　落葉歸根　　❖

利良奕畢竟年歲漸大，在香港從商時，雖「經常往返香港與家鄉之間」（利德蕙，
2011: 9），但在二十世紀初利希慎自皇仁書院畢業並開始工作後，就逐漸將他在
香港的生意交給利希慎打理。所以估計利良奕是在 1904 年前後，就退休回到嘉
寮養老。利良奕大量購入嘉寮附近農地的舉動，正是始於 1904 年，而非他剛剛
遷至嘉寮時的 1896 至 1897 年間。他的財富，顯然已經因為在香港經商而擴大，
但所購田產應該只佔其財富的一部份。利良奕畢竟是農戶出身，難以抗拒「有土
斯有財」的傳統想法，沒有田產在手，心裏或許就不踏實。買農田讓佃戶耕作以
收租養老，或讓子嗣和宗親們有田得以耕作為生，應該是他的主要考量。

以利家現存的田契、地契、山契來看，利良奕購置嘉寮附近田產的時間，是集中
在光緒三十年至宣統二年間，亦即公元 1904 至 1910 年間。利良奕購買田產值得
注意的一點，是他多是向當地的利氏族人購田。或者反過來說，有可能是當地的
利氏宗親都知道他在香港經商有成，所以一旦財困需要賣地，都會先來叩他的大
門。利良奕本時期所購之田產可列表如下：

表 1-1：利良奕（利厚德堂）1904-1910 年間在嘉寮附近購入的田產

購入年份	賣主	位置（土名）	面積	價錢（銀兩）
光緒三十年 十月初八日 [45] （1904 年底）	利達朝	西沙萌大三灣田一坵	2 畝 6 分 7 厘	154 兩 2 錢
光緒三十一年 十二月初三日 （1906 年初）	利士祺	瓦片公大三灣田一坵	4 畝 9 分 1 厘	260 兩 2 錢 3 分
光緒三十二年 十月廿五日 （1906 年底）	利北湊	濠漥圍田一坵	2 畝 2 分	132 兩
光緒三十二年 十一月初二日 （1906 年底）	利士炯、 利達湘父子	大陂塘田一坵	4 畝 6 分	294 兩 4 錢

光緒三十四年十二月二十日（1909 年初）	利士輝	大陂塘田一坵 五斗沖村前田一坵	4 畝 1 畝 2 分	共 301 両 6 錢
光緒三十四年十二月廿五日（1909 年初）	利禮慶	濠滏圍田一坵	2 畝 1 分 9 厘	147 両 6 錢 5 分
光緒三十四年十二月廿八日（1909 年初）	余中接、余中培	大一洲田一坵	14 畝 [46]	728 両
宣統元年二月廿八日（1909 年）	利達彪	西沙蓢干滘田一坵	3 畝	195 両
宣統二年七月初八日（1910 年）	黃昌運（黃崇厚堂嘗田 [47]）	以大一洲田一坵 換 西沙蓢同安圍田一坵	以 14 畝 換 10 畝 2 分	1,173 両 6 錢

註：扣除利良奕與人交換的田產後，本時期其所購田產的面積共 34 畝 9 分 7 厘。

這批田產說少不少，說多倒也不多，不過對農家出身的利良奕來說，想必已經感到圓滿。利希慎香港發跡後，於宣統三年四月十八日，即公元 1911 年間，也開始接力以本身「利綽餘堂」的堂號，購入當地西沙蓢同安圍的 3 畝田。他的財富重心顯然全在香港，所以在鄉下購田、購地的銀両，或許只是餘錢，而竹林里的那塊地更是為雙親而非自己所買。利希慎在新會購入的田產與地產可見下表：

表 1-2：利希慎（利綽餘堂）1911 年起在新會縣購入的田產與地產

購入年份	賣主	位置（土名）	面積	價錢（銀両）
宣統三年四月十八日（1911 年）	積善社值事林顯梅、林旹茂等	西沙蓢同安圍田三坵	共 3 畝	共 210 両
民國二年九月廿四日（1913 年）	吳文雀	新會縣城外竹林里內一段地	長 5 丈餘 闊 2 丈 8 尺	830 両
民國三年十二月十四日（1914 年）	利顯興	永勝圍田五坵	共 3 畝 9 分 5 厘	共 268 両 6 錢

民國六年 二月初六日 （1917 年）	林思同祖 眾紳耆	嘉寮箐田五坵，計有： 同安圍田一坵 濠滘圍田一坵 大陂塘田一坵 橫嶺田一坵 四方段田一坵	共 17 畝 7 分	共 1,168 兩 2 錢 [48]

1913 年 4 月，利良奕決定將家產拆分給膝下四子，或嚴格來說是拆分給三子一孫，因排行第三的綸世當時已故，由其了國藩繼承。已經了無牽掛的利良奕寫給諸子的「分單執照」，一式四份，全文如下：[49]

立分關文：利良奕原居開平，分居新會。余生四子，長紹世、次緝世、三綸世、四繡世，年皆已長，各俱成婚，余值頹齡，難於督理，爰將祖遺留並已續置一切家產四股均分，肥瘠互搭、好醜相兼，以徵定數、以杜猜嫌。自分之後，各自支持，當思創業維勤，守成不易，克勤克儉，庶幾家道寖昌，無怠無荒，然後祖風丕振，兄弟友愛，庭幃和樂，妯娌雍睦，室家爾宜，內訓子姪，外睦鄉鄰，謙光有餘，則雞犬固堪奉養，式好無他，即菽水亦可承歡，此老人所叮囑而垂誡者。至於外出共置業三十九畝七分一厘正，[50] 抽出四畝三分正以為余自用，沒後祭需之費，併此載明，免後滋議，爰立分關四紙，謄寫一樣，各執為照。

將土名註列：

* 前日[51] 置大一洲海田十四畝五分[52] 經分清楚，緝世、繡世各著六畝，餘存二畝五分正余自用。早兩年與黃姓相換十畝零二分正，此田在本圍門口，相近之故，仍用銀三百元。九房黃父兄簽名使費故耳。[53] 是以將此田均分，緝世、繡世各着五畝一分管業。

* 濠滘圍田 4 畝 3 分正：余自用後祭費。

* 大波〔陂〕塘海田九畝、大三灣海田五畝，又大三灣海田二畝六分七厘、五斗沖村前田一畝一分四厘：此四號共十七畝八分一厘，俱歸國藩承先父管業。

* 干滘海田三畝一分正、開平雙造及單造稅田二共四畝三分正：共七畝二分正歸紹世管業。

以上田契印妥，不料反政又復印，連換老黃田使用。

三共支〇[54]銀七百餘元，亦歸緝世支妥。又，彩票銀一千元續典此數，怡豐圍田十三畝八分，橫亮田四畝一分，大波〔陂〕塘田四畝一分，三共二十二畝正。此項歸緝世管業。

永興里屋三間兩廊、香火中廳，俱歸紹世管業，但北邊房亦要歸各人出入方便。

雁湖里舊屋香火中廳兩邊房廊俱歸繡世（住南邊房）、國藩（住北邊房）管業。舊回廳兩房，南邊房歸紹世管業，北邊房連廳歸緝世管業。

民國二年四月吉日，立分關人利良奕的筆。

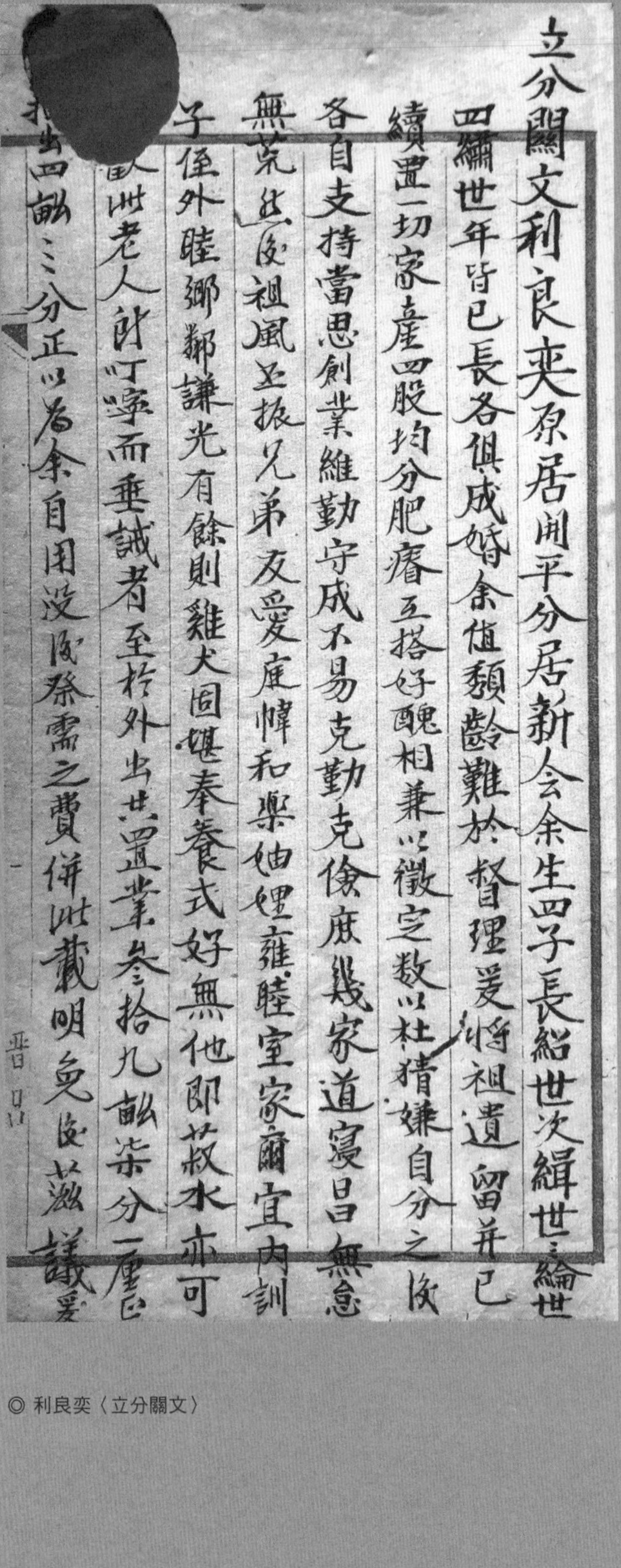

立分關文利良奕原居開平分居新會余生四子長紹世次緝世三綸世

四綸世年皆已長各俱成婚余值頹齡難於督理爰將祖遺留并已

續置一切家產四股均分肥瘠互搭好醜相兼以徵定數以杜猜嫌自分之後

各自支持當思創業維勤守成不易克勤克儉庶幾家道寖昌無意

無亢此後祖風丕振兄弟友愛庭幃和樂妯娌雍睦室家爾宜內訓

子侄外睦鄉鄰謙光有餘則雞犬圓墻奉養式好無他即菽水亦可

歐世老人所叮嚀而垂誡者至於外出置業叁拾九畝柒分一厘已

我出四畝三分正以為余自用没後祭需之費併此藏明免後茲議爰

◎ 利良奕〈立分關文〉

老人敦厚而叨叨絮絮地給諸子平分家產後的同年 9 月，利希慎就體貼地為雙親和叔父利文奕買下了竹林里的那塊地，建好三屋一園，好讓他們盡快由嘉寮遷至新會縣城養老，以避匪禍。利家有錢，地方上顯然已是人盡皆知，早有謠傳說利良奕夫婦成了綁架目標（利德蕙，2011: 44）。然而嘉寮畢竟是鄉下地方，也不近官府，難以禦匪。

老夫婦在縣城的竹林里大屋養老，最樂者莫過於子孫探望之時。尤其是當長孫利銘澤來訪，利良奕「總是以餵食的方式，來表示對他的疼愛」，甚至在利銘澤熟睡時，「都要塞雞腿在他嘴裏！」他也愛跟利銘澤講起，「他坐小船橫渡太平洋去金山的艱苦旅程，以及美洲華人的生活情形。」（利德蕙，2011: 44）

1919 年 9 月，利良奕的老伴黃氏先走一步。翌年，這位 78 歲的利氏家族奠基人，也走完了他無憾的一生。不過第二代利希慎的黃金歲月，才正要開展。

注釋

1. 利希慎一妻三妾，張門喜為三妾之首，後改名張瑞蓮。

2. 利希慎三女利舜英於 2009 年九五高齡時，出版回憶錄，記下了生母張門喜經常跟她提起、畢生難忘的這段經歷（Sperry, 2009: 18）。

3. 見《河南郡利氏家譜》的相關記載（利氏家族，2018: 199）；以及 1937 年 6 月 10 日，利銘澤以長兄身份，回覆前來提親的二妹利舜華未來夫家的〈復〔覆〕鄭姓文定書〉。

4. 見民國二年九月廿四日，吳文雀賣斷給利綽餘堂（利希慎堂號）新會縣城外的「竹林里內一段長五丈餘闊二丈八尺」之地的地契。這是利家家藏的舊契之一。

5. 1992 年 10 月 8 日，新會遭中國國務院撤縣置市，為省直轄縣級市，由江門市代管。2002 年 9 月，新會市的行政地位再遭變更，成為江門市下轄之「新會區」。

6. 見〈利希慎黃球祖屋被毀〉，《星島日報》，2018 年 9 月 10 日。

7. 據《河南郡利氏家譜》所載，利文奕生於「道光卅一年」十月初六日（利氏家族，2018: 204），因道光朝僅三十年，「道光卅一年」應為咸豐元年之誤，即 1851 年底。

8. 即今廣東省江門市開平市赤水鎮沙洲管區水井坑村。開平現為縣級市，由江門市代管。

9. 見同治七年閏四月初二日，歐日就賣給利有成堂的山契。兩處山穴的土名分別是冬瓜吊子（山面朝南）和赤石頂（山面朝東），面積都是「橫直丁方拾丈」。

10. 為了避忌，基地交易一般依俗曰「送」，賣方收取的只是「開山穴工銀」或「開塋鋤工」費用。

11. San Francisco 在十九世紀中期因發現金礦，成了中國人口中的金山，後因澳洲也發現金礦，而改稱其為「舊金山」，澳洲則成了「新金山」。該市目前多以三藩市見稱。

12. 即對外商開放東南沿海的廣州、廈門、福州、寧波、上海五處港口。

13. 中國的三大僑鄉，即珠江口一帶的四邑／五邑，粵東的潮汕梅州地區，以及閩南的漳泉兩州，都是位於廣東及福建兩省。

14. 邑者，縣也。「四邑」在海外無疑名聲最為響亮，但也有「五邑」（台山、開平、新會、恩平、鶴山五縣）和「六邑」（台山、開平、新會、恩平、鶴山、赤溪六縣）之說。五邑現在都已升格為縣級市或市轄區，由江門市直轄或代管。這幾個縣都位於珠江三角洲一帶，地理接壤、語言相通（四邑話），民風民俗也都極為相近，所以四邑人會彼此互視同同鄉，人在海外時，也往往透過共同組織「四邑會館」之類的團體互助。

15. 作者在此引用的是宣統年間編撰的《開平縣鄉土誌》內，其〈實業〉篇的相關內容（梅偉強、張國雄，2001: 36）。

16. 訪談利蘊蓮與利乾，2020 年 9 月 11 日，香港。

17. 有關利希慎由「熙臣」至「希慎」的轉變，我們會在第二章論及。又，時人及當代報章等往往也會依「熙臣」及「希慎」的四邑話發音，誤將他的名字寫作「希宸」或「希臣」。

18. 據利家家藏的舊山契所載，這是歐天祿於光緒四年九月十八日賣給利厚德堂的一塊山區基地，面積為「橫直穿心壹拾伍丈」。

19. 利宜遠和元配黃氏的合葬墓地，其後人曾經重修，惟由基碑上的「辛巳」二字，當可推斷利宜遠是在 1881 至 1882 年初這段時間內去世。

20. 見利家家藏的永賣田契，光緒八年十二月初九日，賣方張椿寧，買方則是「水井坑村」利良奕。

21. 如 1885 年 9 月 2 日，發生在美國懷俄明州的石泉城大屠殺（Rock Springs massacre）。詳情可見陳冠中，1977: 7。

34

22 1904 年，美國更無限期延長了禁止華工入境的法律，惟教師、學生、商人和遊客不在此限。

23 這份金山正埠的華人商舖總錄，是收錄在「威厘時花哥公司書信館」（Wells Fargo & Co's Express）於 1878 年出版的中、英雙語《華人各客商舖戶街道總錄》（*Directory of Chinese Business Houses*）內。該總錄所涵蓋的其他加州和內華達州城鎮，還有「沙架免度」（Sacramento）、「咩厘雲」（Marysville）、「砵倫埠」（Portland）、「士得頓」（Stockton）、「散那些」（San Jose）和「故知彌」（Virginia City, Nevada）。

24 煙草早在明清時期，就已經由菲律賓傳入中國，而呂宋（Luzon）既是菲律賓的主要島嶼，也甚早與中國的東南沿海貿易往來。久而久之，菲律賓出產的雪茄，也就被人稱作「呂宋煙」。

25 「發客」是零售的意思，「發行」則是指批發，意即批發給行家。

26 該移民事務公司名為「南海番禺順德公司」（Sam Yep Co.），業務性質則是 Chinese Immigration（威厘時花哥公司書信館，1878: 29）。

27 利榮森晚年出席江門市的一個活動前，曾親筆修改主辦單位介紹他的讚辭初稿。這篇由江門市炎黃文化研究會常務副主席吳淡初撰寫、題為〈利榮森儒風可敬〉的讚辭中，原提到「利榮森的祖父利良奕年青時賣豬仔到美國修鐵路，後來積了一點錢，在夏威夷經商。其父利希慎是在檀香山出生的……。」利榮森將這段文字改為：「利榮森的祖父利良奕年青時與胞弟文奕（利國偉祖父）到美國三藩市經商，當時利良奕委託鄉親攜帶其童年父親利希慎到美國……。」活動的具體名稱和舉辦時日不詳。

28 訪談利蘊蓮與利乾，2020 年 9 月 11 日，香港。

29 外傅是相對於內傅而言。古代貴族子弟到了一定年齡，出外就學，所從之師就稱為外傅，內傅則是指諸侯王府之內，負責教養幼童的保母。

30 這段文字裏提到的八歲和十七歲，應該都是按中國傳統計算的虛歲。利希慎生於 1880 年，「十七歲」隨父返鄉，亦即 1896 年回國，這就與家族的說法一致。

31 嚴格來說，夏威夷是在 1898 年才正式併入美國，成為美國的夏威夷領地（Territory of Hawaii），更是遲至 1959 年才正式成為美國的第 50 個州。所以就算利希慎是 1879 年在夏威夷出生，也不能說是生於美國夏威夷。

32 何文翔參照的資料，應是出自 Berta Manson, 'The "Victory in War" Lees: A HK Clan to the Bitter End', *South China Morning Post*, 26 October 1975, p.6。這篇包含利銘澤訪談內容的報導明確提到，利良奕是於 1849 年離開四邑出洋。然而利良奕生於 1842 年，1849 年時不過七歲，如何出洋？報導的內容明顯有誤。

33 陳冠中的〈華人移民美國血淚簡史〉一文提到：「1848 年以後五年間，五萬華人移居金山；單是 1852 年便有二萬人入加里福尼亞境。但 1853 年以前，華人女子赴美者，只有 14 人，餘皆勞力男工。」（1977: 2）

34 親美國的政治勢力於 1893 年發動政變，迫使夏威夷王國的女王遜位後，於翌年成立共和國。然而僅僅四年之後，1898 年 8 月 12 日，夏威夷就正式成為美國領地。

35 1906 年的舊金山大地震，將市內存放檔案的許多建築物都夷為平地。於是「華人便利用美國人對中國文化及習俗的無知，利用美國官員無法核查檔案，進行『善良的欺騙』。許多華僑回國探親後再返回美國時就向移民局申報家裏生了孩子，而且都是男孩，不少人還申報了『雙胞胎』男孩。這樣就製造了一個個『移民空額』。幾年後華人便可以將這些空額及有關口供資料，轉讓或賣給其他華人冒名入境，這些人被稱為『紙面兒子』（也有譯為『合同兒子』的）。這種現象在五邑僑鄉十分普遍……。」（梅偉強、張國雄，2001: 241）

36　1919 年 9 月 29 日，利希慎在致新加坡的萬國寶通銀行（International Banking Corporation，即花旗銀行前身之一）華人買辦 Cheung Wai Hin 的信中提到：'I regret my delay of writing to you on account of the death of my mother being absent from Hong Kong for about a week.'

37　出世紙的登記日期，倒是如實註記為 1924 年 3 月 27 日。

38　該校成立時，美國的《排華法》已經實施，所以若無「美國出生」的背景，相信難以入讀。這就呼應了我們之前提到，利良奕或曾設法讓利希慎以「生於夏威夷」之類的虛假身份入境。

39　該校之所以改名 Oriental School，是因為它自 1906 年起，也開始接受舊金山當地的日裔幼童。不過舊金山華人社群抗拒這個 Oriental 的新校名，視為貶抑之舉，遂有 1924 年之再度改名。

40　見該校官網有關其校史的簡介部份：https://www.sfusd.edu/school/gordon-j-lau-elementary-school/about-us/school-history

41　據説 1880 年代的舊金山唐人街內，曾有「十二系四邑工人的堂口」聯合起來，與三邑人和商人團體纏鬥多年，卒於 1896 年取得優勢（陳冠中，1977: 70）。

42　銀洲「湖」實為珠江三角洲水系內，潭江的下游河段。這段寬廣河道的範圍，是從昔日新會縣環城區的溪祖咀至崖門口。新會縣瀧水都就是位於銀洲「湖」畔。

43　民國時期，此地為「新會縣第七區嘉寮鄉」。新會縣曾在 1992 年獲國務院撤縣設市，但其縣級市地位只維持了短短十年。2002 年，新會市即被劃歸江門市轄下，成了江門市的新會區。

44　該版家譜的序文文末雖有標註「光緒廿四年閏三月廿日」，內文卻未提到出資者。不過如以利家曾藏有該原版家譜的情況來看，利良奕很可能就是出資人。此書現由多倫多大學的 Thomas Fisher Rare Book Library 收藏。

45　這項交易在家族舊田契簿的記錄裏，是誌期「光緒三十年十月初八日」的一筆買賣，惟以舊田契簿的排序來看，它是排在利厚德堂與利士祺於「光緒三十一年十二月初三日」達成的那筆交易之後。這明顯不符舊田契簿裏由先至後的排序原則，交易日期似乎有誤。此外值得注意的是，民國二年三月（1913 年）利家為這份田契換契時，「換斷賣新契紙」上寫的是「光緒三十二年十月初八日」，而非舊契的「光緒三十年十月初八日」。我們難以斷定舊契或新契到底哪個出錯，惟考慮到舊田契簿裏不符由先至後排序原則的記錄，還有另外一筆（即利厚德堂與利達彪的交易），且換新契紙時筆誤的可能性較大，暫且認定這項交易是於「光緒三十年十月初八日」達成。

46　這 14 畝地已於宣統二年七月初八日（1910 年），被利良奕拿來與黃崇厚堂「相換本村前門口之田」，即位於西沙葫同安圍的一塊田，以利耕作、收租。見利家家藏的舊契簿內，利良奕在與余中接、余中培的交易記錄後，親筆作的補充説明。

47　「嘗田」乃宗族公田，所收的田租，專供宗族每年祭祀之用。

48　這只是該田契賬面上的交易數額。據利良奕在田契簿內與余中接、余中培的交易記錄後作的補充説明，這項與黃崇厚堂的換田安排，他實際上只需要再支出銀 380 元。

49　見〈利緝世分單執照〉，民國二年四月吉日，利良奕手書。原文並未斷句，標點符號都是作者所加。

50　利良奕於 1904 至 1910 年間在嘉寮附近購入的田產總數共為 34 畝 9 分 7 厘（見表 1-1），如果加上他早年（光緒八年十二月初九日，即 1883 年初）購入的開平羊路洞地面土名牛角壟處的那塊小田（3 畝 5 分 9 厘 7 毛 7 絲 5 忽），得出的田產總數，就與這裏所説的「三十九畝七分一厘正」極為相近。

51　所謂「前日」，如以〈利紹世分單執照〉對照，可以看到利良奕已將這兩個字塗改為「光緒三十四年」。這意味著利良奕極可能是早在 1909 年初春節前，就動過分家產的念頭，但卻因故延後。光緒三十四年十二月廿八日利良奕與余中接、余中培的這筆田產交易，可見於表 1-1。

52   此處原是以花碼表示數目。為便於讀者理解，往後出現的花碼概以中文數字表示，不再另作
      說明。

53   所謂「早兩年」，如與〈利紹世分單執照〉對照，亦可見利良奕曾在此塗改補充，說明這是指宣
      統二年七月初八日（1910 年）與黃崇厚堂的那筆田產交換。

54   此字難辨，不詳。

◎ 依山而建的利氏大屋及花園

02

利希慎
蓋大屋

年十七，[1] 朝光公 [2] 倦遊，挈之歸里，旋又挈之居香港。時香港雖隸英國版圖，而華人能通歐美學術者尚罕。政垣為設皇仁書院，作育僑民子弟。公以俊秀獲選，入院肄業，苦身篤志，覃精研思，遂通狄鞮之學。

—— 賴際熙，〈利公希慎墓表〉，1928 年 5 月

利良奕離世的 1920 年，利希慎位於港島堅尼地道 32 號（後改為 74 號）的「大屋」建成。利氏家眷遂於同年由避疫在外的澳門，遷回香港入住。這座俯瞰灣仔鬧區的古典復興式大宅，佔地寬廣，[3] 樓高三層，「一樓主要用作宴請賓客，前廳可舉行 500 人以上的酒會，另有客廳、起居間、書房、數間娛樂房及主廚房，後面是工人房。由前廳走到花園陽台，可眺望海港景致。[4] 大屋四處陳設世界各國的藝術品……。」（利德蕙，2011: 47）大屋四周由石牆圍繞，入口處則有身材魁梧、鬚髮濃密及配槍的印度錫克教徒（Sikh）警衛全日看守。[5] 利希慎還在大屋後頭闢了個大花園，內有中式的亭台樓閣、假山假石、竹林小池。而大屋內外，僕人如雲，單園丁就有五人，遑論其他（Sperry, 2009: 28）。這座香港史上最宏偉氣派的住宅建築之一，雖比何甘棠蓋在港島半山區的甘棠第稍晚，[6] 卻比何東的山頂區花園大宅還早。[7]

❖　立足香港　❖

利家大屋與後來在同地加建的另一棟雄偉大樓「利行」（Lee Building），都是出自聲名顯赫的巴馬丹拿建築師行（Palmer & Turner）—— 亦即老上海時期的公和洋行 ——之手。[8] 老上海那一列壯觀炫目的外灘建築群裏，滙豐銀行大樓、江海關大樓、沙遜大廈和中國銀行大樓，可都是公和洋行傑作。[9] 其作品之磅礡大氣，自然不是利良奕終老的那間新會竹林里的低調大宅可比。然而大屋對利家的意義，最重要的，倒不是它折射了利家二代利希慎當下的財富與成功，而是他選擇了在此落地生根。這與當代李冠春之決定在堅尼地台 6 號、8 號興建其家族大宅，[10] 或何東、張靜蓉夫婦在山頂區蓋其花園大宅之舉，基本上心意一致。利希慎不是利良奕，已經沒有父輩們追求落葉歸根的執念。他以香港為家，而這無疑是個影響深遠的轉折。

大屋除了作為利希慎決定在香港安頓的標記，很有意思的另一點，是它裏裏外外都流露出與利希慎本人相契的英殖香港風格。這種風格，指的是在中西激烈碰撞交匯的環境下，香港這珠江口小島上不中不西、亦中亦西、兼容並蓄、不拘一格之風。環顧同時代被迫對世界開放的中國東南沿海一帶，如此獨特的時代風尚，唯長江口的上海可比。

◎ 堅尼地道 32 號大屋

◎ 利行

利家大屋的門面確實洋氣，建築物本身也是歐風濃郁，惟訪客只要轉個角，踏入利希慎一手規劃的屋後中式庭園裏，映入眼簾的，首先就是一座精緻講究的重檐八角亭。然後有短徑，可以通往噴泉，噴泉則與它背後的一列壁畫對映。園裏還有個小池，環以假山，金魚嬉水其中。訪客如果再往前走，就會發現偌大的一片竹林綠蔭下，散放著一些供人偷閒憩坐的瓷鼓凳。一屁股坐下，歇歇腳、喝口茶，遊人即渾然不察自己正身處於一座歐式大宅。而短暫遊園後，訪客可以折返大屋，在大屋的廳堂之間漫步，欣賞利希慎收藏的各國藝術品，或坐坐洋沙發、擺弄鋼琴、摸摸那一台新奇的自動演奏鋼琴（pianola）。[11] 此外，還可以一窺利希慎數量可觀的中文藏書，以及他擺放在主起居室內的黑檀木傢俱，包括一床精工細雕的黑檀木鴉片煙榻（Sperry, 2009: 26-27；利德蕙，2011: 47）。

大屋風格如此，與之相應的，則是大屋主人利希慎同樣華洋兼蓄的風采：既擁有在西方生活過的閱歷，也能說流暢英語，卻又在日常生活裏愛穿唐裝，經常以長袍、馬褂、綁腿、布鞋的穿著示人（Sperry, 2009: 7）。而更引人注目的是，利希慎既能從容周旋於西人的社交圈子，又擁有可觀的華商網絡，更樂與寓港的前清遺老和文人雅士唱和交遊。

利希慎不論在思想、生活及商務活動上都亦中亦西的作派，要說是「中學為體、西學為用」也好，「西學為體、中學為用」也罷，誠然都是大時代下的產物。十九世紀鴉片戰爭以降，西風東漸，已經歷過啟蒙思潮和工業革命洗禮的歐洲列強，因四海的殖民經略而越強，中國之勢則越衰。那些思想敏銳、早早覺悟到自己技不如人者，往往會在巨變輾壓下的這段歷史過渡期裏，以中西兼容之道，嘗試回應外部挑戰並自我調適。然而利希慎不僅思想敏銳，其少年時代的兩段機緣，成就了他非凡的跨文化能耐，更可謂其建立商業王國的關鍵。這兩段機緣，一是他在舊金山唐人街接受過的六年美國公立學校教育，二即是他有幸在香港入讀皇仁書院。

1896 年，利良奕、利文奕昆仲攜子侄由太平洋彼岸歸鄉後，為避匪患，利良奕就將家人由開平水井坑村的老家遷到了新會嘉寮。不過僅僅一年之後，1897 年，飽經滄桑、深悉世變的利良奕，就帶著幾個兒子再度離鄉，前赴香港經商。[12] 他和利文奕聯手，以出洋賺來的資金，在皇后大道中 202 號經營禮昌隆公司。至於

◎ 大屋前廳內佈置有廣式傢俱及藝術品

◎ 大屋起居室

禮昌隆主要賣些甚麼，據孫女利舜英的說法，是「從中國進口藍布，再出口至馬來亞（Malaya）」（Sperry, 2009: 5）；而曾孫女利德蕙的說法，則是「由上海進口藍布銷售給香港華人」（利德蕙，2011: 28）。香港報人何文翔的說法，又稍有不同，他指利良奕「起初經營男用內衣」，除了老舖禮昌隆，後來還在彌敦道開了另一舖「金興」，具體的商品細節則是向天津運銷「笠衫」等內衣，運回「大成灰」[13]、「嗶囉絲」等衣料。此外，何文翔說利良奕也「兼營公煙（鴉片）生意」（1992: 123）。

比較三人的說法，共識是禮昌隆主營國產紡織品的貿易，至於銷售對象和具體的商品為何，則稍有分歧。利舜英幼時與祖父利良奕有過接觸，雖十歲不到就被利希慎送去英國留學，但與母親張門喜很親近，聽到的老一輩故事應該較多。利德蕙對曾祖父及祖父事蹟的瞭解，多來自四叔利榮森口述，而利榮森為人謹慎細心，從小至十三歲那年父親遇刺時，都跟在父親身旁，所以說法大多也應該可信。何文翔之說，則未註明出處，似乎只是援引了老一輩知情者口耳相傳的說法，「向天津運銷『笠衫』等內衣」一說，尤其不太合理。[14] 不過利良奕的另一位曾孫女利德蓉倒是提到，小時候有聽長輩說起「笠衫」生意之事。[15] 所以禮昌隆公司除了藍布，看來也兼營汗衫等各類紡織品雜貨，或者以汗衫等為生意起點，逐漸轉向買賣藍布為主。至於何文翔提到的彌敦道上金興商號和利良奕的鴉片生意，則留待下文再論。

所謂藍布，利德蕙曾解釋即「陰丹士林布」。以陰丹士林（Indanthrene）這類染料染製的布匹，清末民初開始在中國行銷，尤以「190 號士林藍布」[16] 最受歡迎，民間遂常以「陰丹士林布」來特指這類藍布。[17] 這種藍布因顏色鮮艷，兼耐磨耐洗耐曬，被民間廣泛用來製作長袍、旗袍和學生制服等。由於上海自清末以來的大半個世紀裏，都是中國紡織、印染工業的重鎮，尤其是外資所開辦的現代印染廠集中之地，禮昌隆入口的藍布，的確很可能是來自上海，而禮昌隆之得以將藍布轉賣到馬來亞一帶，靠的應是四邑人在南洋的同鄉網絡。利希慎後來顯然也善用了這個網絡。

◎ 年輕時期的利希慎

❖　皇仁歲月　❖

利良奕在香港創業之餘，不曾耽誤利希慎的學業。利希慎隨父到港時已經 17 歲，接近成年，當時一般的商人家長，大概就會把孩子帶在身旁幫忙商務，為家族生意之傳承預作準備。惟利良奕看得遠，反而是設法將利希慎送進「番書仔」的名校皇仁書院就讀。皇仁既是名校，豈易入讀？幸運的是，1897 年恰是英國維多利亞女王登基 60 周年紀念，皇仁書院在是年年初接受了大批少年新生，利希慎正是藉此機會入學，註冊編號為 6707（Stokes & Stokes, 1987: 245）。其時皇仁書院的校址，仍在中環鴨巴甸街與荷李活道交界，而利希慎就住在皇后大道中 202 號的禮昌隆公司樓上，距離書院甚近，可以每日步行往返（利德蕙，2011: 24）。

皇仁書院原稱中央書院（Government Central School），[18] 1862 年始創，是仿英國學制設立的香港官立男校。校舍起初設在中環歌賦街，1889 年遷往中環鴨巴甸街與荷李活道交界處後，易名維多利亞書院（Victoria College），1894 年起才改稱皇仁書院（黃振威，2019: 3-4）。[19] 大英帝國全盛之際，在全球各英殖民地開辦的官校，基本上都有兩大特點，即一是官校的數量少、學額也少；二是官校皆以英文授課。這兩點其實與英殖民政府投入官方經費辦學的目的有關，即它主要是著眼於在當地培訓出一小撮中階的行政官僚，而不是為了廣開民智。[20] 然而香港的皇仁書院，畢竟很不一樣。

香港對英國人最大的價值，自始就是其中介功能，即作為英國人深入中國市場的踏板（Abe, 2017）。中介首重雙向溝通，而雙向溝通就意味著中介者不僅僅要通雙語，更要熟悉交往雙方相異的文化與民情。此所以皇仁書院除了栽培本土的中階官僚外，還要能養成通雙語的跨文化精英，以應華洋貿易之需。這方面的具體角色，就是買辦和傳譯。這種兼顧中英的香港特質，只要拿皇仁書院來和當代另一所著名的殖民地英校——新加坡的萊佛士書院（Raffles Institution）相比，[21] 就可一目了然。萊佛士書院向來毫不含糊，就是一家典型英校，當年校內也不會提供與本土馬來文化或中國文化相關的課程。[22] 反觀早年的皇仁書院，中英並重，考生入學需要先通過《三字經》、《千字文》等蒙學教材的考試，方可進入初小

部研讀尺牘、四書五經等。而學生經考試進入初中部後，則是要上午學習中文、午後學習英文（黃振威，2019: 4-5）。不過就在利希慎入學前一年，即 1896 年，皇仁書院剛正式結束其中文部，[23] 但對學生的中文程度仍有一定要求。時任掌院（校長）的黎璧臣（G. H. Bateson Wright），[24] 就曾對入學試考生的家長說過：「爾等若有子弟欲入院肄業者，准於（舊曆）六月初一日自攜唐人紙筆墨硯赴院面試。如果文字不能通順，心地尚欠明白者，可見漢文未足，本掌院概不收錄，勿謂言之不預也。」[25]

利希慎在 1897 至 1901 年間，度過了四年的皇仁歲月。不過這段求學經歷，因皇仁在二戰前的學生檔案——包括學生的學籍、成績記錄等，全都於日佔時期遭焚毀殆盡，可拼湊的已經不多。然而由利希慎畢業前即獲校方聘為實習教師一事來看，他在校的表現顯然不俗。皇仁書院的官方校史——*Queen's College: Its History, 1862-1987* 一書，也提到利希慎在 1900 年的書院頒獎典禮中，曾獲頒特別獎項（Stokes & Stokes, 1987: 249）。翻查皇仁書院的校報《黃龍報》（*The Yellow Dragon*），我們的確可以在 1900 年 3 月份的《黃龍報》裏，找到相關紀錄，即 2A 班 [26] 的學生利希慎（Li Shin）[27]，榮獲班級獎項（class prizes）的第二名。[28]

皇仁書院在香港大學未成立前，可謂香港地位最崇高的學府，[29] 人才輩出，歷屆的傑出校友多不勝數。利希慎的前輩校友當中，1860 年代就有胡禮垣，1870 年代有何啟、周壽臣、何東、何福、唐紹儀，1880 年代有何甘棠、劉鑄伯、孫中山、謝纘泰等。至於 1890 年代，與利希慎大略同期的青年才俊則有羅旭龢（Robert Kotewall）、廖仲愷、[30] 馮柏燎等人。此外，書院的學生群體甚早就國際化。起初書院只招收華裔男生，惟自 1866 年起，已經開放給非華裔的男生入讀。1882 年黎璧臣繼史釗域（Frederick Stewart）之後掌院時，書院學生的國籍就已多達 12 個。而到了 1889 年，書院裏除了有 790 名中國籍 [31] 和歐亞混血裔的學生外，還有 131 名學生的背景分別是英國人、猶太人、德國人、日本人、穆斯林、葡萄牙人、印度人和巴斯人（Parsi）。[32]

所以利希慎的皇仁歲月，除了可以中英兼修、讓自己的英文造詣更上層樓外，顯然還能夠結交到不少背景各異、家境中上且同樣出色的青年朋友，為自己未來

營商時的人際網絡留下伏筆。利希慎後來的親密商業夥伴——法國東方匯理銀行（Banque de l'indo-Chine）的買辦何穎泉及萬國寶通銀行（即花旗銀行前身）的姚鉅賢，就是二例。而利希慎與當時買辦輩出的歐亞混血兒群體的交集，也是始於皇仁。買辦世家何東家族第一代的何東、何福、何甘棠[33] 兄弟，就全是利希慎的皇仁師兄；第二代的何東過繼子何世榮及何福之子何世耀、何世光、何世亮，則是與利希慎約略同期。而羅旭龢、高寶森（J. F. Grose）、洪興錦等當代其他傑出的歐亞混血人物，也是在這段時間內進出皇仁。利希慎透過皇仁書院編織出的這個「買辦網絡」，無疑是較他承自父輩的四邑同鄉網絡更有影響力，而他 1920 年代後才積極經營的英資家族網絡，尤其是他與怡和洋行凱瑟克（Keswick）家族和太古洋行施懷雅（Swire）家族的互動，也可說是在這個買辦網絡的基礎上建立的。

1898 年利希慎年方十八，雖仍在皇仁求學，老父利良奕就已請出鄉下的媒人安排一位門當戶對的閨秀，讓他早日成家。其時皇仁學子還未畢業就完婚者，比比皆是。1870 年就有報告指出，中央書院第一班和第二班的學生，幾乎全是已婚男人（Stokes & Stokes, 1987: 17）。1896 年才入皇仁的廖仲愷，就是入學翌年就與何香凝結婚，婚後一年才畢業。利家在嘉寮鄉下，顯然已經是有名望的鄉紳家庭，所以媒人精挑細選的也是個大戶人家女兒。[34] 原籍台山縣白沙鎮西村[35] 的黃蘭芳，[36] 生於光緒六年六月三日，亦即 1880 年 7 月 9 日，與利希慎同齡，但比他還要大三個多月，纏足、高大、面形飽滿。台山西村與利家祖居的開平水井坑村，其實相距甚近，且都是四邑僑鄉，出洋者眾，台山黃氏尤其多赴美、加兩地。[37] 兩家人背景相近，既可能在聯姻前就已相識，也不無生意上合作過的跡象，惟現有史料無法確證這一點。婚禮在新會的嘉寮村舉行，婚後利希慎即攜妻重返香港，繼續學業。

十九世紀末香港屢遭瘟疫侵襲，多人喪命（Lau, 2002）。1900 年利希慎已經升讀皇仁第一班，即將畢業，書院內的兩位老師 W. C. Barlow 及 W. Machell 卻因染疫，需隔離治療，另有兩位老師 E. L. Jones 及 G. A. Woodcock 被政府借調至最高法院和潔淨局（Sanitary Board）工作，導致教學人員嚴重不足。《黃龍報》提到署理校長 Alfred J. May 當時的權宜之計，就是去挑選少數傑出的第一班畢業生來代課，教導低班學生，以解燃眉之急（1901: 161-163）。對此，賴際熙在〈利

◎ 年輕時期的黃蘭芳

公希慎墓表〉內寫道:「學成,一掌本院教席。身受雨露之滋,還為雨露以滋物,其效已大著矣。」(1974: 123)不過利德蕙說,祖父是早在學生時代就已兼任實習教師(pupil teacher)(2011: 24)。由這些資料的細節來看,利希慎不無可能是在 1900 年書院缺人時,就先由書院聘為代課的實習教師,待他翌年自第一班畢業後,才又延聘其留校授課,遂有賴際熙「學成,一掌本院教席」之說。

利德蕙對祖父這段短暫的教學生涯,曾有過如下描述:

> ……每日清晨須先上兩小時課,學習英文及教授法(即教育學)。其餘時間要教導約 60 人一班的低年級學生,課程包括以中、英文學習最基本的讀、寫、算。另外,若家長許可,學生會研習聖經,但僅為增進中、英文翻譯技巧,並無宗教目的。實習教師有時要與另外兩個班共用禮堂,既無屏風間隔,亦無講台可站,在如此環境下應付 60 多名學生,實非易事。晚間則為自修時間,學校不供住宿,每月僅給 10 元或 15 元津貼,根本不夠搭電車或坐轎,唯有步行往返。(利德蕙,2011: 24)

不過 1901 年利希慎自皇仁畢業後,應該只是留校任教了一段相當短的時日,就因「會〔新會〕母疾,辭席歸侍」。書院惜才留人,「當路[38]倚仗方殷,謀別以要職厚俸縻之,而不可得。其孝思之肫摯,為何如也。」(賴際熙,1974:123)母親生病,利希慎即離職回鄉侍母,連要職厚俸也留不住他。胸懷大志的利希慎,顯然早就想外出闖蕩,所以自母親病癒從新會返港後,就再也沒有執過教鞭了。

❖ 南洋歷練 ❖

利希慎投身商海後,就為自己改號「希慎」,盼能在待人處事上更謹言慎行。他和兄弟們原已各有相呼應的號,如大哥廷秩號雁臣,他號熙臣,大弟廷芳號佐臣。改號「希慎」,就四邑話的發音來說,其實是與「熙臣」完全一致的。當代坊間或報章以音就字,也常以希宸、希臣等名落筆。從現有的史料來看,1900 年代時,他仍自稱熙臣,但不再使用皇仁求學時期的「廷羨」本名。1910 年代以降,尤

◎ 利希慎（前排右一）早年參與東華醫院總理聚會的合影（約 1913-1914 年）。

其是 1913 年初他獲推舉為東華醫院的總理後，[39] 利希慎就非常一致地自稱希慎，連「熙臣」也不再用了。[40]

改號「希慎」，顯然是利希慎也意識到自己性格剛烈，需要在商場上稍事收斂。賴際熙在〈利公希慎墓表〉裏，曾就他一生的性格，如此委婉地評述總結：「公素耿直，喜任俠，直則志剛，俠則氣盛，志剛則不屈於人，氣盛則更能屈人。群聚議論，恒面折口斥，不為容悅，或拂之，更攘臂奮袂，無所忍避。予恒陳老子剛禍柔福之戒，未嘗不心善之，卒不能有以自克，遂為不逞者所伺隙……。」（1974: 125）1920 年代利希慎事業鼎盛之時，確實氣盛，但他初闖商業江湖之際，雖露鋒芒，卻是敏於學習且相對低調的。

1901 年利希慎離任皇仁、再由新會嘉寮回到香港後，第一份工作是甚麼呢？他沒選擇直接到父親的禮昌隆舖上幫忙，而是很可能先加入了滙豐銀行的買辦部門，在那裏短暫當過一位小文員。此說出處之一，是 1928 年利希慎遇刺當天下午，本地西報《士蔑報》（*The Hong Kong Telegraph*）在報導中對利希慎背景的簡述。[41] 1975 年《南華早報》（*South China Morning Post*）在某篇專論利家的報導中，也曾提及此事。[42] 不過賴際熙的〈利公希慎墓表〉，並沒提到利希慎的這段短暫經歷，而是說「母病愈，有營南北行瑞榮昌商業者，以公幹練誠實，聘主肆務」，也提到他自己恰是在這段時間裏，於香港結識利希慎：「適予赴都道港，於稠人中見公言論風采，卓越流輩，與談天下事，激昂慨慷，縱橫上下，宏博貫通，高視遠拓，涵蓋中外，許為命世材，而非闤闠所能局，遂訂交。」（1974: 123-124）

關於利希慎離校後的第二段經歷，利德蕙曾補充說：「祖父第一個工作 [43] 是由 1901 年在陳念典先生經營的兆榮昌公司開始。該公司位於文咸街，專由中國進口中國藥材及乾貨，再轉銷至東南亞。」（利德蕙，2011: 27）利德蕙口中的「兆榮昌」，很可能就是賴際熙筆下的「瑞榮昌」，即同一家公司（鄭宏泰、黃紹倫，2011: 36）。不過這家「瑞榮昌」是否「永安隆」（Wing On Loong）之誤，即一家曾經位於文咸西街 75 號、主營「參茸玉桂」等中藥材且利希慎本人也擁有股份的南北行，仍有疑義（ibid.: 54-55）。[44] 但有幾點似乎可以確定：首先是利希慎雖精通雙語，從商卻不走買辦之路，而是從華商界起步，涉足當時香港華商最

利公希慎墓表　　賴際熙撰

公諱廷蔟字希慎又字輯世廣東新會人曾祖
諱榮祖諱炬明皆以積德素行著望鄉黨父
諱朝光始於美洲經商致富有四子公其仲也
天資聰穎八齡即於生長地就外傳習行輙冠
其同列為塾師所激賞年十七朝元公偕遊罩
之歸里旋又挈之鑄青嵗時香港雖隸英國版
圖而華人能通歐美學術者尚罕政垣加設堂
仁書院作育僑民子弟公以俊秀獲選入院肄
業苦身寫志覃精研思遂通狄鞮之學中西人
士有所接洽而雜不能達者藉公為喉舌嗣
成一掌本院教席身受雨露之滋還如雨露以

◎ 1928年賴際熙撰〈利公希慎墓表〉

在行也最為關鍵的南北行業務。其次，利希慎幹練，年紀輕輕即主理店務。其三，他在這個行業裏待了至少幾年。我們由賴際熙所謂「適予赴都道港，於稠人中見公言論風采，卓越流輩」一句，可以推斷兩人應是在 1902 至 1903 年間賴際熙赴京應考並途經香港時結識，[45] 亦即利希慎當時仍身在文咸街內打理南北行生意。而到了 1905 年，當利希慎為長子利銘澤申報出世紙時，他填寫的職業是「店東」（Shareholder），住址還是在「文咸西〔街〕柒十五號三樓」（Poy, 1998: 242）。

利希慎離校後的第三段經歷，就比較難以捉摸。賴際熙說，他在香港初識利希慎後，「嗣是予回翔京洛，公亦壯游南洋群島仰光諸埠，從實際考察，商運墾植，時機消長，物力盈虛，確有心得。歸港主持雙德豐公司船務，復創辦南亨船務公司。」（1974: 124）然而利希慎究竟是哪一年前赴南洋？去過南洋哪些地方？做過甚麼？又去了多久？囿於史料之匱乏，這些問題，其實都很難回答。

首先是他何時動身，「壯游南洋群島」？利希慎當時已有妻妾，並非單身男人，不能說走就走。如上所述，其長子利銘澤 1905 年出世時，他應該還在南北行工作。次子利銘洽 1908 年誕生後，利希慎在孩子出世紙上填的職業仍是 Shareholder（股東），[46] 住址卻已經變更為「大道中二百零四號三〔樓〕」。三子利榮根（利孝和）1910 年出世，1911 年利希慎為他申報出世紙時，[47] 填的職業和住址不變。不過到了 1915 年，四子利榮森誕生，利希慎在孩子出世紙上填報的職業和住址，已經分別是「商人」和「永樂街一百八十三號」，如表 2-1 所示。

表 2-1：利希慎在諸子出世紙上填報的姓名、職業與地址，1905-1915

登記年份	出世紙所有人	父親姓名	父親職業	父親住址
1905 年	利銘澤	利熙臣 Lai Hi Shan	店東 Shareholder	文咸西〔街〕75 號 3 樓 75, Bonham Strand W. Second Floor
1908 年	利銘洽	利熙臣 Lee Hi Shan	股東 Shareholder	〔皇后〕大道中 204 號 3〔樓〕 Queen's Road Central 2nd floor

| 1911 年 * | 利榮根
（利孝和） | 利熙臣
Lee Hi Son | 股東
Shareholder | 〔皇后〕大道中 204 號
3 樓
Queen's Road Central
Second floor |
| 1915 年 | 利榮森 | 利希慎
Lee Hy San | 商人
Merchant | 永樂街 183 號
No.183,
Wing Lok Street |

來源：利銘澤的出世紙見（Poy, 1998: 242），餘為利家家藏史料。
說明：* 利榮根（利孝和）實際生於 1910 年。

利良奕、利文奕兄弟經營的禮昌隆商號，乃位於皇后大道中 202 號。而如第一章所述，利良奕應是在 1904 年後，就逐漸淡出禮昌隆的日常營運，回到新會嘉寮養老。皇后大道中 204 號 3 樓，很可能就是利希慎接手禮昌隆的經營後，租來或買來安頓家人的相鄰單位。[48] 至於永樂街 183 號，它既是後來雙德豐船務局（Seang Taik Hong & Co.）的地址，[49] 也是南亨船務公司（Nam Hung Shipping Co.）所在。此外，已知利希慎是在 1912 年才正式涉足鴉片生意，所以 1913 年初當他獲推舉為東華醫院總理時，所屬商號就已經變成了「裕興公司公白行」。利希慎鴉片生意的詳情，我們下章再論，如果對照各項史料和他在那段歲月裏納妾生子的時間點，或可推論利希慎是在南北行行業裏待了個四、五年後，在約 1905 至 1912 年間，曾經較頻密地從香港往返南洋各地遊歷考察，而他每趟出行的時間，都不會太長。

十九世紀後半，除了買辦，香港華商界的活力泉源，主要就是南北行和金山莊。南北行、金山莊都是利用了香港優越的地理位置、獨特的自由港制度及當時日漸發達的航運業，以樞紐之姿，連接中國、南洋和北美洲三地。利希慎從商後初涉的南北行，就極重視商業網絡，以便能有效地中介買賣中國各省和南洋各地的土產、糧米、雜貨、藥材等。身為南北行商，利希慎自然有興趣也有必要親自到南洋各地走走看看，瞭解當地的實際情況與人情。不過由利希慎在 1910 年代從事的兩個主要行業──鴉片專賣及航運業來看，他在從南北行過渡到這兩個行業的時日裏多次南下，就比較可能是在探索其他商機、佈局鴉片買賣及考察航運，而不只是著眼於強化其南北行業務了。檢視過 500 多封利家收存至今的利希慎對外信函、電文及南亨船務公司殘存的少數資料後，基本上足以支持這樣的推

論。尤其賴際熙所說利希慎返港後主持的雙德豐船務局，其業務主要是與鴉片有關，[50] 南亨船務公司的業務則相對單純。此外，1910 年代，利希慎也常利用禮昌隆的商號處理鴉片生意，[51] 而這或許是何文翔判斷利良奕早年主持禮昌隆時，就已「兼營公煙」的原因。另一方面，1919 年利希慎成立「利希慎公司」（Lee Hysan & Co.）後，[52] 也會以該公司經營航運，譬如它曾承租大型輪船，用來運送華工往返華南及古巴的哈瓦那（Havana）等地。

所以回到之前的提問：利希慎去過南洋哪些地方？又做過甚麼？由於 1910 年代利希慎的商業重心已是鴉片，從他經營鴉片生意時在各地的人脈網絡看，他在那段「壯游南洋群島」的歲月裏，顯然去過仰光、檳城[53]、新加坡[54] 三埠。這不僅因為那是由印度加爾各答（Calcutta）出口鴉片至華南會經過的幾座港埠，也是因為這三個港市皆大英帝國在南洋的殖民版圖一環，進出方便，整體的商業環境也相通。利希慎甚至有可能從仰光再前往加爾各答及孟買兩地，因為兩地不僅是他 1910 年代在印度蒐購鴉片時的重要據點，[55] 更已建立起長駐當地的華商網絡，[56] 互動頻繁、關係密切。而這種互信深厚的商業網絡，顯然不是單憑書信、電文的往返及買賣佣金就能維繫。至於航運業，以當年船務公司一般都具備的南洋航點來看，利希慎早年或許也到過海防及馬尼拉[57] 這兩處港市考察，但那已純是推測，並無史料支持。

何文翔說，利希慎自滙豐銀行離任後，「他前往馬來西亞，[58] 當過報館繙譯，又開過鋸木廠，再轉而任職於仰光的雙德豐船務公司，後奉派為駐香港經理。後來，他在父親的資助下買了一條船，開辦南亨船務公司，開始自立門戶。」（1992: 123）此說的根據，主要應該還是 1975 年《南華早報》上那篇專論利家的報導（Manson, 1975）。該報記者 Berta Manson 撰寫此文時，曾專訪利銘澤，故文中的部份細節應該曾獲利銘澤本人認可。[59] 利希慎是否曾在馬來亞當過報館翻譯，又是否辦過鋸木廠，今已無確實資料可供查考。惟當年馬來亞（即馬來半島和新加坡兩地的英殖民地統稱）一帶，四邑華僑眾多，[60] 憑著利家的四邑人網絡，利希慎在馬來亞確有所恃。

商人利顯相原籍新會縣銀湖鄉，既是利希慎的四邑同鄉，也是同宗。他比利希慎

年紀稍大，二十世紀初時應已定居檳城。1935 年，利顯相曾接利良奕的力，[61] 重修了利氏家譜，並大老遠地給香港的利家寄去一份，惜利希慎當時已逝（Sperry, 2009: 4）。[62] 利顯相和家人遷居檳城前，曾在香港待過一段時日。其長子利寶鈞[63] 後來成為檳城當地頗有名望的翻譯，而他之所以中英兼通，正是因為曾經「在港潛心專習西學」（湯日垣，1923: 116）。[64] 利寶鈞在港期間，與利希慎的長子利銘澤應已相識，且或曾一道避疫於澳門。[65] 所以雖無直接證據，利希慎南遊檳城時，很可能是曾獲得宗親利顯相照應的。此外，利希慎的確有可能在當地短暫當過報館翻譯，這一是因為二十世紀初的檳城，中文報業已經發展得甚為蓬勃，譬如利寶鈞 1915 年後長期服務過的《檳城新報》，就是早在 1895 年即已創刊，而這些當地的中文報章，其實亟需雙語精英替它們翻譯英文時事報導、殖民地的官府及法庭文件、廣告客戶的文案等；二是羅文玉這位 1890 年代前期畢業的皇仁校友，當時也在檳城，並曾擔任檳城法庭的首席通譯（黃振威，2019: 120），所以不無可能就像他推薦利寶鈞給《檳城新報》一樣，[66] 在獲知利希慎抵檳後，也將他推薦給相關報館。至於鋸木廠，以利希慎一貫極富冒險精神的企業家風格來看，如果在馬來亞開鋸木廠有利可圖，他想必會願意一試，但經營時日終究不長就是。

在討論利希慎的鴉片生意前，「雙德豐」這家公司的性質，也值得一探。何文翔說，利希慎是任職於「仰光的雙德豐船務公司」；利德蕙則說祖父是「加入新加坡貿易公司所屬的雙德豐船務公司工作，處理香港與馬來西亞[67] 之間的業務，並經常搭乘公司船隻往返各地」（利德蕙，2011: 27）。1915 年出版的《香港中華商業交通人名指南錄》，指出雙德豐的東主是林振宗，利希慎只是司理（鄭紫燦，1915: 197）。而由前田寶治郎編著、1919 年出版的《香港概觀》，則簡述它是十九世紀末至二十世紀初香港一家頗有名聲的華資航運公司，擁有雙美、雙春、雙豐這三艘載重量達四、五千噸的輪船，主要航行於南洋及華南沿岸，運載大米和砂糖，也運載往返華南及南洋各地的移民和商旅（1919: 408）。1922 年出版的《中華人名錄》，亦可見利希慎以雙德豐主事者的身份，位列華商總會的「商董芳名」內，林振宗之名反而未見（香港南華商務傳佈所，1922: 12）。雙德豐名義上的老闆是誰，或許並不那麼重要。利希慎在處理鴉片商務時，手法靈活，會因應情勢上的需要，交替使用幾套不同的商號系統和網絡應對，雙德豐就是其

一。從利希慎對外書信的字裏行間，不難感受到他對雙德豐的主導程度，已不僅僅是個經理，而是重要的合夥人，鴉片則是公司重心之一。

不過利希慎毫無疑問對航運業充滿熱情。那可是二十世紀初「香港—南洋經濟圈」的重大商機，除了運貨，也運華工。利希慎的南亨船務，就是交給專業的經理人管理，[68] 而他在 1920 年代，更是陸續購入不少英資的航運股份。1928 年利希慎遇害後，香港政府曾在致英國殖民地部的內部通信中，指出 South Transportation Company（此處應是指南亨船務公司）與鴉片的進出口極有關係。[69] 但「南亨」其實是分為南亨公司（Nam Hung Co.）和南亨船務公司（Nam Hung Steamship Co.）兩家。舉例來說，1917 年 7 月 11 日，洛士利洋行（W. R. Loxley & Co.）因為與南亨有貨運糾紛，就曾分別在同一日裏，致函南亨公司和南亨船務公司表達立場。南亨公司自稱 shipping agents（船務代理），[70] 南亨船務公司則明言是 steamship company（蒸汽船公司）。南亨的蒸汽船 Derwent 號，1917 年時已在幫各家公司由香港運貨至新加坡，看來頗具規模，所以利希慎經營南亨，應該甚早。又，現存南亨為顧客運貨留下的各項單據，證明其經營並非只繫於鴉片運輸。不過到了 1920 年代後半，南亨的功能是否有變，已不得而知。

投資航運業需要大量資本，這事間接說明了二十世紀初的利希慎，雖年歲尚輕，資本實力已經不俗。除了經商有道，利良奕為他和家族在香港攢下的第一桶金，應也適時發揮了作用。[71] 家族當時的經濟實力，還可以由另一家比禮昌隆晚出現的金星織造公司（Kam Hing Knitting Co. Ltd.）看出端倪。這家有限公司，很可能正如何文翔所言，是由利家主導。[72] 公司位於尖沙咀海防道 23 號，總理（Managing Directors）除利希慎外，竟然還有何曉生（即當時的香港首富何東）、蕭瀛洲、[73] 談伯韶、林香麟、梁仁甫[74] 這些大商人，總司理（General Manager）黃金福則是九龍倉[75] 買辦（鄭紫燦，1915: 737），可見公司的規模不小。

不過這些生意，似乎還不足以讓利希慎在堅尼地道 32 號上蓋其大屋。當他遊畢南洋，顯然也摸熟了鴉片生意的門道。1912 年，利希慎正式涉足香港的鴉片專賣業。而與此同時，他也向香港警方申請了一紙擁槍執照。

◎ 利希慎與黃蘭芳於大屋花園前留影

注釋

1　虛齡，指的其實是十六歲時的利希慎。

2　利良奕名朝光，字良奕。

3　該地塊的面積高達 22,450 平方呎。

4　大屋所處的地勢雖不算高，但當時並無其他高樓前擋，已足以遠眺維多利亞港至鯉魚門一帶的海域。

5　兩名錫克教徒警衛——忠誠的 Kata Singh 和 Nam Singh，都和自己的家人住在大屋後花園一隅。利希慎遇害後，他倆仍長期為利家服務，情同家人。他們的兒子後來也都當上利家的私人警衛（Sperry, 2009: 28）。

6　甘棠第始建於 1914 年，是香港其中一座最早以鋼筋建構且內置供電線路的私人住宅。現為孫中山紀念館。

7　何東花園大宅是於 1925 年動工、1927 年竣工，雖比利家的大屋建得晚，地點卻更為卓越。港英時代，政府起初並不允許中式建築在港島的山頂區出現，更限制華人在山頂區居住。何東可是首位獲港府允准、得以在山頂區居住的非歐籍人士。

8　有關大屋及利行的建築樣式，可見於黃棣才的「圖說香港歷史建築叢書」第三冊：《圖說香港歷史建築 1920-1945》（2015: 195）。不過黃文在簡述利希慎家族歷史的部份，頗有失實之處。

9　巴馬丹拿建築師行 1868 年就在香港創立，早年的成名作，有位於中環的第二代滙豐銀行總行大廈。1910 年代，公司將總部由香港遷至上海，並以公和洋行之名，在上海大放異彩。上海的外灘建築群裏，就有約十座是出自公和洋行之手，幾乎佔了總數的一半。前述何東的山頂區花園大宅，也是公和洋行傑作。

10　這是兩棟相連的四層高大宅，先是堅尼地台 8 號的建築物於 1927 年落成，堅尼地台 6 號的房子，則要等到八年後的 1935 年才建成。李冠春的 11 位兒女，都是在這間祖屋裏成長。兩棟大宅現已重建為高樓公寓。

11　利家是先擁有鋼琴，稍後再購入 pianola 這類奇巧的自動演奏鋼琴（Sperry, 2009: 27）。

12　利良奕四子當中，長子紹世（利雁臣）為幫忙看顧母親黃氏及家族在水井坑村和嘉寮的田產、祖屋，多年來似乎主要是在嘉寮一帶生活。次子緝世（利希慎）與四子繡世（利希立）則是隨父親前往香港，在此求學、定居。三子綸世（利佐臣）早逝，惟在他成家生子之前，是否也曾經待過香港，則並無資料可稽。

13　「大成灰」或同系列裏更著名的「大成藍」，是得名於清朝嘉慶、道光年間就在上海創辦的林大成布莊。林大成布莊使用傳統染料生產出來的土布，因質地堅實且耐洗耐曬，曾暢銷於全中國及南洋各地。

14　何文翔並未交代這些「笠衫」來自何處，惟十八世紀末的香港，並無相關之紡織工業。

15　電話訪談利德蓉，2021 年 10 月 29 日，香港—瑞士。

16　所謂 190 號，是指這種藍布染料在色卡上的對應色號。又，「陰丹士林藍」因為可用來取代木藍等中國傳統的靛藍染料，又被人稱作「洋靛」。

17　見 1998 年出版的《上海紡織工業誌》內，第二章第二節有關「染色」的說明。轉引自「上海市地方誌辦公室」官網：http://www.shtong.gov.cn/dfz_web/DFZ/Info?idnode=56768&tableName=userobject1a&id=49888

18　當時又稱中環大書院、中環大書館等。

19　維多利亞書院改名，是為了避免和區內其他同以「維多利亞」為名的學校混淆。又，皇仁書院在中環鴨巴甸街的校舍，二戰時曾被日軍徵用作騎兵總部，後遭炸毀。書院目前所在的高士威道校舍，是晚至 1950 年才正式啟用的。

20　不過當地如有教會或民間團體要自籌經費辦校，英殖民政府原則上都會歡迎，並會放任它們發展，一般不去干涉這些民間私校的課程及教學語言等，甚至在殖民地財政狀況許可的情況下，還會以補貼形式，為它們提供部份的辦學經費。這種相對寬容的殖民地教育及文化政策，可是與當代的另一個殖民強權——法國的相關政策頗有差異。

21　新加坡時為海峽殖民地（Straits Settlements）一環。海峽殖民地乃 1826 至 1946 年間，大英帝國將馬六甲海峽沿線的新加坡（石叻埠）、檳城（檳榔嶼）和馬六甲（嗎六呷）這三個英屬港口湊成一塊的殖民地，當地華人俗稱為三州府或叻嶼呷。

22　根據統計，1901 年時，華人在新加坡已佔當地總人口的 72.3%（quoted in Warren, 2003: 18），是強勢族群，所以殖民地官校當時若教授與中國文化相關的課程，既非難以想像之事，亦可謂合理。

23　中央書院創校初期，學校分中、英文兩部。1896 年它雖正式結束中文部，八年後的 1904 年，就重設了所謂 vernacular school 的中文班（黃振威，2019: 4）。

24　黎璧臣又譯胡禮，是繼史釗域（Frederick Stewart）之後的皇仁書院第二任掌院，任期由 1881 至 1909 年，即貫穿利希慎的整個在學時期。

25　原出自 1896 年 6 月 6 日的 *The Hongkong Government Gazette* (p. 472)，轉引自（黃振威，2019: 7）。

26　中央書院時期，其班級制度常有變動。以 1871 年為例，分一至六班和預備班，而這裏的「班」（Class），其實是指「級」（Form / Level）。書院後來逐漸發展成八級制：第八級最低，第一級最高。七、八級是初小部；六至四級是初中部，學生可兼讀英文；三至一級是高中部，學生可兼讀中文（黃振威，2019: 4）。利希慎當時身處的 2A 班，應是相當於 Form 5 的高中二 A 班。

27　利希慎本名利廷羨，號希慎，1897 年入讀皇仁書院時，用的顯然仍是本名 Li Ting Shin。由於西人當時在處理華人的英文姓名時，偶會略去中間的那個字，Li Ting Shin 就成了 Li Shin。

28　何東的過繼子何世榮（Ho Shai-weng, later Ho Shai-wing or Ho Wing），也在同一份獲獎名單上出現。他是 1A 班學生，榮獲班級獎項的第三名。

29　除了皇仁書院，香港當時著名的新式英校，還有聖保羅書院（St. Paul's College）、聖士提反書院（St. Stephen's College）、拔萃書室（Diocesan School & Orphanage）、香港華人西醫書院（College of Medicine for Chinese, Hong Kong，即香港大學醫學院前身）等。不過黃振威指出，它們的地位都不如具官方性質的皇仁書院來得崇高（2019: 14）。1887 年創立的香港華人西醫書院，雖然屬於專上教育，但當時仍未獲得港府立案認可，故無法頒發正式的醫學士學位和行醫執照。

30　廖仲愷不僅是和利希慎同一世代，兩人的背景也頗有相似之處。廖仲愷 1877 年生於美國舊金山的一個華工家庭，1893 年父親在當地病故後，才隨母親回到廣州。他是在 1896 年入讀香港的皇仁書院，翌年（即利希慎入皇仁之年）與香港地產商何戴的女兒何香凝結婚，1898 年才自皇仁書院畢業。

31　早年中央書院／皇仁書院的中國籍學生當中，不少都是來自華南——尤其廣東一帶的精英學子。

32　印度人和巴斯人各僅一位。相關的數據見 2006 年 1 月 24 日，香港「古物諮詢委員會」召開第 123 次會議討論「荷李活道已婚警察宿舍前址」時，提供予委員參閱的「附件 A」（AAB123_A）。

33　何甘棠是何東的同母異父弟弟，乃其母施娣與華人男子郭興賢所出，並非混血兒。

34　電話訪談利德蓉，2021 年 10 月 29 日，香港—瑞士。

35　今江門台山市白沙鎮西村。台山市是於 1992 年獲中國國務院撤縣設市，成為廣東省江門市轄下的縣級市。

36　黃蘭芳的原籍地，見加拿大溫哥華《僑聲日報》在她逝世後的一則報導：〈利希臣夫人黃蘭芳逝世〉，1956 年 6 月 9 日，頁 8。

37　黃蘭芳的堂兄弟黃中文、黃淵偉、黃子文、黃奕偉等人，後來都定居於加拿大的溫哥華市。

38　應指掌校者。

39　本屆總理是於農曆的壬子年十一月廿八日（1913 年 1 月 5 日）交接上任，故雖是「壬子總理」，任期基本上是落在癸丑年。

40　這方面的重要旁證，是利希慎在為前三個兒子填報出世紙時，父親一欄寫的中文姓名都是「利熙臣」，英文姓名則分別是 Lai Hi Shan、Lee Hi Shan 和 Lee Hi Son。這三個兒子即 1905 年誕生的利銘澤、1908 年誕生的利銘洽，以及 1910 年出世的利榮根（利孝和）。惟 1915 年當四子利榮森出生時，利希慎在出世紙上父親一欄填報的，卻已是「利希慎」（Lee Hy San）。

41　'Assassination of Mr. Lee Hysan', *The Hong Kong Telegraph*, 30 April 1928, p.1. 利希慎在滙豐銀行供職的時間甚短，且是在銀行的買辦部門，所以我們至今都沒有在滙豐的檔案處找到相關記錄。不過《士蔑報》是和利希慎同一時代且相對嚴謹的本地西報，這項資料應該可信。

42　'The "Victory in War" Lees: A HK Clan to the Bitter End', *South China Morning Post*, 26, October 1975, p.6.

43　利德蕙與賴際熙一樣，都沒提到利希慎待過滙豐銀行買辦部門的這段短暫經歷。

44　1905 年，利希慎為長子利銘澤申報出世紙時，填寫的父親職業及住址分別是「店東」（Shareholder）和「文咸西〔街〕柒十五號三樓」（Poy, 1998: 242）。不過據 1922 年出版的《中華人名錄》，當時在文咸西街 75 號上經營的公司，名為「永安隆」（Wing On Loong），主要是經營「參茸玉桂」等中藥材。而公司的成員方面，有甄渭清（總經理）、余伯疇（司庫），但無陳念典。我們在《中華人名錄》所列經營中藥材的商號名單下，也找不到瑞榮昌（香港南華商務傳佈所，1922: 299-300; 432-437）。不過滄海桑田，1922 年才出版的《中華人名錄》，或已不能反映 1905 年時文咸西街上的現實。此外，我們也無法排除利希慎一家當時只是租住文咸西街 75 號 3 樓的可能。

45　賴際熙乃晚清的末代進士。他是於光緒二十九年（即 1903 年）的中國最後一場科舉考試中，考獲二甲進士。所謂「赴都道港」，是指他為了赴京應考而途經香港，並曾在此短暫寓居。利希慎與本地的文人雅士向來都有交往，所以不難經由這個社交圈子結識當時已薄有文名的這位過客。

46　1905 年利希慎在長子利銘澤出世紙上填的職業一欄，英文雖然都是 Shareholder，中文卻是用了「店東」一詞，而非「股東」。

47　利榮根（利孝和）真實的出生日期是 1910 年 4 月 21 日，不過利希慎是晚至 1911 年 5 月 10 日，才為他在香港登記，當時申報的出生日期則是 1911 年 4 月 10 日，即為他登記前的一個月「才」誕生。就此而言，利孝和有可能也是生於澳門，而非香港。

48　1915 年出版的《香港中華商業交通人名指南錄》，曾指禮昌隆是位於皇后大道中 204 號，業務性質乃「蘇杭雜貨商行」（Soochow, Hangchow and European Goods Dealers / Firms）。至於東主（proprietor），則是利文奕（Lee Man Yick）（鄭紫燦，1915: 283）。

49　雙德豐船務局的登記地址，原是在德輔道西 33 號（香港南華商務傳佈所，1922: 12）。不過由利希慎對外的書信可見，他是到了約 1915 至 1919 年間，就以永樂街 183 號作為主要的辦公地點，即便以雙德豐船務局的名義發的電文，也會註明地址在永樂街 183 號。1919 年後，利希慎則是轉到皇后大道中 202 號的利希慎公司（Lee Hysan & Co.）地址處辦公。這個地址，其實也是家族擁有的禮昌隆商舖所在。

50 這方面例子很多，譬如 1917 年 5 月 16 日，利希慎致上海 J. O. Anderson 的電文，就提到 'Over fifty chests stored in Shameen duty paid'，下有雙德豐船務局的章（Seang Taik Hong & Co., Hong Kong）。另一例則可見 1917 年 4 月 16 日，廣州的 L. Albert 致香港雙德豐船務局的利希慎函，收信地址寫的正是永樂街 183 號（183 Wing Lok Street, Hong Kong）。

51 例子有 1918 年 11 月，利希慎致新加坡 Lo Tsit Pang 的系列電文。

52 該公司即 1923 年 11 月 7 日成立的利希慎置業有限公司（Lee Hysan Estate Company Ltd.）前身。

53 時稱檳榔嶼或「庇能」（Penang）。

54 時稱石叻、叻埠、星架坡、星洲等。

55 早年賣到中國市場的鴉片，主要是來自印度摩臘婆（Malwa）與孟加拉（Bengal）兩地的鴉片，出口前並會由英屬印度政府先作認證。摩臘婆地區較為接近孟買，故摩臘婆鴉片主要是以孟買為集散點；孟加拉鴉片則會先往區內的加爾各答匯集。

56 以孟買為例，可見 1919 年 10 月 3 日利希慎致 Yanlun c/o Ahwee（131 Frere Road, Bombay）及 1919 年 10 月 11 日利希慎致 Yanlun c/o Cheungtai（221 Khojagulty, Bombay）的兩則電文，利家家藏史料。相關的孟買華商商號，似為「長泰號」（Cheungtai）。

57 時稱岷里拉。

58 二十世紀初的南洋，並無「馬來西亞」（Malaysia），「馬來亞」（Malaya）則是英國在馬來半島和新加坡兩地各殖民地的統稱。英屬馬來亞當時最重要的行政中心，就在新加坡。

59 這篇報導的相關段落是：'Lee Hysan studied for a couple of years at Queen's College, was for a while a Hongkong & Shanghai Bank clerk, later travelled to Malaya. There he tried his hand at journalism, became a sawmill owner, ended back in Hongkong as manager of a shipping company and even bought a ship of his own.'

60 因地理位置鄰近，南洋可謂四邑人最早的出洋之地。鴉片戰爭後，北美洲的淘金熱潮，雖然大大分流了湧向南洋的四邑移民，南洋的四邑人群體仍持續壯大，新加坡尤是。而與美洲情況不同的是，在南洋，人數最多的四邑人不是來自台山，而是新會（梅偉強、張國雄，2001: 77）。

61 利良奕從舊金山返鄉並定居新會嘉寮後，曾出錢請人編了光緒廿四年版（1898 年版）的《河南郡利氏家譜》。

62 利舜英不識此人，所以宣稱 'The sender was Lee Hin Shang, a total stranger'（Sperry, 2009: 4）。利顯相於 1935 年重修族譜時，曾在〈義為堂利氏家譜再錄付印緣起〉一文中自述從商，所以雖然「少年十七歲時即手錄此家譜以為將來集成族譜之意，不料事與願違，一入商場數十年來東走西奔南來北往，既無時間、又乏機緣……」，文末則自署為「庇能顯相」，表示當年他仍定居於庇能（Penang，即今之馬來西亞檳城島）。（利氏家族，2018: 9-10）

63 利寶鈞名維揚，號寶鈞、字伯平。據《河南郡利氏家譜》所載，利寶鈞生於光緒十七年，亦即 1891 年，所以比利銘澤年長。不過其輩份為第廿三世祖，這比利銘澤的第廿二世祖要低一輩（利氏家族，2018: 78；湯日垣，1923: 116）。

64 此文收錄於林博愛在 1923 年主編出版的第一集《南洋名人集傳》內，篇名〈利寶鈞君〉，其時利寶鈞才過而立之年未久。這篇傳略說利寶鈞是「廣東新會縣銀湖鄉人，以詩書世其家。父顯相，獨業商，母氏譚，昆季三人。君居長，幼岐嶷，復受家庭優秀之教育。年雖少，儼若成人。入校肄業，每試輒冠同曹。漢文畢業中學校，即在港潛心專習西學。嘗慕乘長風破萬里浪之宗愨，遂南渡馬來海峽，僑居於檳島。」（湯日垣，1923: 116）

65 見《香港利氏家族史》第九章的尾注 11（利德蕙，2011: 49）。

66 〈利寶鈞君〉一文提到，利寶鈞定居檳島後，「博於中西學之朱和樂君，君之父執也。見君裴然可裁，
    誘掖之，獎勸之，以成其德，達其材……羅君文玉，有知人鑑，一見君，即大相期許。知君有繙譯才，
    因作曹丘，荐於檳城新報，迄今已歷八載，日從事於西文西報之繙譯。」（湯日垣，1923: 116）

67 如前所述，其時唯馬來亞而無「馬來西亞」。

68 舉例來說，1917 年時，負責幫利希慎打理南亨的人是 Tang Kam Ching。見 1917 年 7 月 11 日，
    南亨公司致洛士利洋行（W. R. Loxley & Co.）函。

69 CO 129.508.7. *Report on the Examination of Some Account Books Relating to the Macau Opium
    Farm for the Years 1924-27*, 22 October 1928.

70 1917 年 7 月 11 日，南亨公司致洛士利洋行（W. R. Loxley & Co.）函。

71 利良奕在 1913 年給諸子分產時，分的只是鄉下的田產和房產。他在香港營商積累下來的資本，
    主要應該還是留在禮昌隆公司。禮昌隆後來就是由人在香港的利希慎主導。

72 利希慎在他親筆記錄的股票明細簿 Book B 內，曾記錄他給妻妾們分配的金星織造公司股份如下：
    利希慎自己持有 35 股，黃蘭芳 25 股，張瑞蓮（張門喜，首妾）10 股，蘇淑嫻（次妾）10 股。
    1914 年利希慎買下皇后大道中 202 號的禮昌隆舖位後，其實是將它放在元配黃蘭芳名下，而他
    也多次借用黃蘭芳的名義買股，但說到給妻妾們都分配股份，就只有金星織造公司和利希慎置業
    公司兩家，可見利希慎將金星織造視作家族企業。

73 蕭瀛洲是澳門番攤總公司的總司理。

74 梁仁甫是仁記洋行（Gibb, Livingston & Company）買辦。

75 九龍倉乃「香港及九龍碼頭及貨倉公司」（Hong Kong & Kowloon Wharf & Godown Co. Ltd.）
    簡稱。

◎ 利希慎與黃蘭芳及子女在大屋門前留影

03

◆

公煙爭雄

有時候，當我聽到引擎喧鬧的咆哮聲，思緒就會飄回年幼時我在澳門笨拙地
爬進三輪摩托車側座的那一刻。司機們穿著制服，阿媽[1]和三個小童都獲邀赴
澳門總督的下午茶之約。姐姐[2]和我同坐一部車，母親、父親和四弟榮森則要
擠入第二部。摩托車從我們所住的小丘上呼嘯而下南灣，[3]應該只要十秒，然
後沿著岸邊，駛向澳督府。[4]

── 利舜英，*Running with the Tiger*，約 1918 年，作者中譯

利希慎正式涉足香港的鴉片專賣生意不久，或是出於安全考量，就向警方申請了一紙合法擁槍執照。[5] 據 1912 年 9 月 6 日以當時的警察首長——香港巡警道（Captain Superintendent of Police）名義發給利希慎的擁槍執照顯示，他的身份是雙德豐船務局經理，公司地址則是在德輔道西 33 號。至於槍械，利希慎獲准持有的是一支布朗寧手槍（Browning Pistol），以及一百發子彈。

鴉片在港澳兩地，當時仍可合法地買賣吸食；而中國內地正值清廷傾覆、民國誕生之際，政治情勢丕變，政策上則不免躁動反覆。港澳兩地的鴉片專賣制度是由政府發牌，再向獨家或寡頭壟斷的持牌者，逐期收取定額的稅費，而這意味著鴉片生意的暴利是由少數人壟斷。其結果自然是爭奪激烈，行業也就變得相對凶險。此外，鴉片商在專賣制下，必須和殖民當局打交道並參與競投；取得專賣權後，又需確保其來自海外的鴉片供應穩定，還要能安排相關的國際匯款、船運及出入口通關，而這都需要具備一定的英語溝通能力。利希慎精通雙語，所以相對於其他也有意沾手鴉片的華商而言，可謂佔盡優勢。話雖如此，鴉片專賣入行的資金門檻甚高，為解決資本問題，利希慎的第一步，是選擇與四邑同鄉——富商馬持隆及馬敘朝合夥。

馬持隆和馬敘朝是親戚，也都來自四邑的台山白沙，兩人在商業上的合作也很緊密，四邑僑匯網絡裏廣為人知的廣州五洲銀號，就是他倆所創。馬敘朝以公有源綢緞莊起家，但其發跡得力於北美洲的僑匯及代辦華工出洋等業務，生意範疇幾與金山莊無異（李培德，2014: 43-45）。此外，公有源綢緞莊的舖址是在皇后大道中 249 號（ibid.: 53），和位於 202 號的利家禮昌隆號相距甚近，兩家有可能早就熟識。所以利希慎和兩位馬氏富商合作的裕興有限公司（Yue Hing Company Ltd.），也算是他投身南北行生意後，其四邑華商網絡的延伸。

❖　　初涉公煙　　❖

1912 年 4 月 26 日裕興公司成立時，發行 2,000 股，每股 100 元，共集資 20 萬元。公司的主要股東有八人，除馬持隆、馬敘朝、利希慎三人外，還有古彥臣、梁建生等。利希慎手上僅 20 股，算是小股東，不過他與主要投資人——兩位馬氏似乎

早有協議，由他主導公司的日常營運。所以據 1914 年裕興清盤案的法庭文件顯示，利希慎是裕興的董事總經理（Managing Director），包攬公司大小事務，馬持隆則擔任經理（Manager），而公司的主要業務是「買賣生鴉片，並經營各項與鴉片相關的業務」。值得一提的是，裕興創立之初，就已經擁有多達 212 箱的鴉片。[6]

裕興公司成立後不到一年，即 1913 年初，利希慎就出任東華醫院的總理一職，[7] 而他所用的公司行號，確認了其鴉片商的新身份。利希慎在東華醫院 1913 年初至 1914 年初的「壬子總理」15 人名單中，排行第 7，[8] 下署的商號及行業性質則是「裕興公司公白行」（東華三院，2000）。[9] 所謂公白行，「公」是指「公司煙」（公煙）或「公班土」，即經過洋行這類「公班衙」（company）加工煮熟後煉製而成的黑色熟鴉片；「白」則是指「白坭」或「白土」，即尚未煮過的生鴉片，而生鴉片之所以喚作白坭，是因採集自罌粟果的汁液原呈乳白色，但其實汁液一經凝結，就會轉為暗褐色（夏歷，1989: 78-80）。 所以公白行，就是指買賣生、熟鴉片的公司。熟鴉片既經加工，價格自然要比生鴉片高，但其實港澳兩地的公白行，當時多以銷售生鴉片為主，原因之一就是可以將從印度和波斯等地進口的生鴉片，直接轉運到中國內地販售圖利。[10]

東華醫院的歷屆總理中，早年其實不乏公白行東主，[11] 惟自 1916 年起，總理芳名之下，已不復見公白行。這並不意味著 1916 年後，鴉片買賣已在香港遭到禁制，而是鴉片商自覺地特意迴避，改為只署「股商」二字（夏歷，1989: 83）。利希慎的鴉片生意合夥人馬持隆和馬敘朝，就曾先後在 1924 及 1925 年出任東華醫院主席，卻都不願再提及他們的鴉片商背景。鴉片商如此取態，顯然是與利希慎涉足鴉片業時的大環境有關。首先，鴉片戰爭正是因中、英雙方在鴉片貿易上的爭端而起，自此開啟了中國淪為列強半殖民地的歷史進程，而中國百姓廣泛吸食鴉片後，也確實深刻影響了好幾代人的健康與家庭福祉，所以雖曰合法，鴉片業自始就背負道德原罪。其次，吸食鴉片並不止於中國，十九世紀末時已蔓延至世界各地，尤其是華工群聚的南洋、美國西岸、秘魯及澳洲東南等地，引起各國政府關注，開始要設法拆解它所引發的社會問題。

二十世紀初，國際上的禁煙風潮漸成氣候。1909 年 2 月，由美國主催的第一場

照合理總院醫華東年丑癸

梁持南翁　葉曉庭翁　蔡賢善翁　朱作倫翁　利希慎翁　林少微翁　馮平山翁　袁英山翁　林煥如翁　馬介眉翁　張義生翁　陳慶孚翁　孔理端翁　楊貞花翁

◎ 癸丑年（1913）東華醫院總理合照，左五為利希慎。

「萬國禁煙會」（International Opium Commission），正是在上海召開，13 國代表與會。[12] 1911 年 12 月，除奧匈帝國外，12 國代表於海牙再度召開國際鴉片會議，翌年 1 月通過了《海牙鴉片公約》（The 1912 Hague International Opium Convention），規定熟鴉片、嗎啡、海洛英、[13] 可卡因和其他衍生物的製造、販售及使用，都只限藥用和正當的需求。1914 年 6 月 25 日，《海牙鴉片公約》正式生效。值得注意的是，英國及其海外屬地（即包括香港）、葡萄牙（澳門的宗主國）和波斯（鴉片產地之一）都是公約的首批簽署國，惟英國刻意在公約的但書中，排除了它對全球最重要的鴉片產地——英屬印度的約束。[14]

中國方面，清末即開始禁煙。清廷於光緒三十二年（1906 年）頒佈禁煙上諭，希望以十年為期，在中國全境禁絕鴉片。於是翌年（1907 年），清廷的外務部就與英國公使交涉，議訂了禁煙協定（Anglo-Chinese Opium Agreement）六條，首先即約定自 1908 年起，當以印度每年出口至中國的 51,000 箱鴉片[15] 為定額，逐年減少十分之一，十年減盡。條約的第四款則涉及香港，提到「香港所熬之煙膏〔即熟鴉片〕禁止運入中國境內，兩國各行設法自防在本境私入之弊，聲明港膏禁止出口入華，並禁止煙膏由華入港之貿易。」（于恩德，1934: 120-121）此約雖以十年為期，但有先試行三年的條款，英方要在三年後（即 1911 年）確認中國境內栽種的鴉片數量和吸食者都已確實減少後，才會繼續履約至 1917 年底。[16] 1911 年 5 月 8 日，因中方禁煙有成，英國與中國續訂了禁煙協定十款，當中的第三款規定：任何省份若已在省境內禁絕鴉片種植，且不再允許他省輸入鴉片，則印度鴉片也不得再輸入該省。不過條文訂明廣州、上海兩地，應是全面「禁止印藥[17] 入口」前，仍會保留的最後兩處口岸（ibid.: 121-122）。

晚清的禁煙行動雖有決心，卻時不我與。1911 年 10 月 10 日，辛亥革命爆發，翌年元旦，孫中山就在南京就任中華民國的臨時大總統。孫中山在這短暫的臨時大總統任期內，也曾頒令嚴禁鴉片（ibid.: 152），但他不久就被迫讓位給因促成清帝遜位而居功的袁世凱，難有作為。1912 年 3 月 10 日，袁世凱在北京宣誓就任中華民國第二任臨時大總統，[18] 而這正是一個多月後，利希慎緊接著成立裕興公司的時代背景。

袁世凱政府雖承襲晚清的禁煙政策，但民國初年政局甚亂，難以全面落實。1913

年 3 月 20 日，國民黨的參議院內閣總理人選宋教仁在上海遇刺身亡，袁世凱被
視為幕後的策動者，孫中山遂於 7 月發動二次革命討袁，惜敗。1915 年底袁世
凱廢共和稱帝，又引發護國戰爭，袁後雖取消帝制，1916 年 6 月 6 日即病亡。[19]
黎元洪繼任大總統後，中國又陷入軍閥割據之亂，而不少軍閥縱容甚至鼓勵轄區
內的百姓栽種罌粟，以抽稅養兵，禁煙更是無從談起（ibid.: 177）。與此同時，
孫中山以廣州為基地，1917 年 7 月組成護法軍政府，和北洋政府對峙，中國隱
然已呈南北分治之局。利希慎的鴉片生意，不論是香港的專賣權或澳門專賣，從
來都不侷限於港澳一隅，也因此必與民初的這一連串政經邅變息息相關。

總括而言，民初的中國政府在禁吸、禁售、禁種鴉片和禁運洋鴉片入華這四個
方面，禁吸、禁售成效不彰，但在禁種鴉片與終止印度鴉片進口上，則是略有
小成。按前述《中英續訂禁煙協定》第三款的規定，中國全境既已在 1917 年底
時禁種罌粟，英國就得相應地從 1918 年起，就不再讓印度鴉片賣入中國（ibid.:
163）。不過強人袁世凱 1916 年病逝後，因軍閥割據，吸食與栽種鴉片之風再起，
鴉片的走私活動也惡化。對此于恩德在其《中國禁煙法令變遷史》一書裏，是如
此描述：

> 故民國六年（一九一七）中國雖得依《中英禁煙條約》完全禁絕罌粟之種
> 植，但毒卉不久復萌，毒品違法私運亦漸興盛。因大連膠州青島澳門香港
> 等地實行鴉片專利，遂使毒害復潛入中國其他各地。而其最大之原因，則
> 由於軍閥之爭權奪利所致。（ibid.: 177）

于恩德提到的列強在中國沿海的租借地、租界[20] 及港澳這兩處華南邊陲的殖
民地，無疑亦令中國政府的禁煙行動備受掣肘。譬如他提到：「迄民國二年
（一九一三）為止，上海存土[21] 尚有一萬三四千箱，上海租界之鴉片店亦大增。
民國三年（一九一四）時尚有待運入中國之鴉片為一萬三千二百一十三箱，雖中
國全國禁煙聯合會派員阻止，亦未成功。」（ibid.: 164）

法庭文件顯示，利希慎與人合夥成立裕興公司的時機，確與中國政權的更替有
關。1912 年元旦孫中山就任中華民國臨時大總統後，曾宣示要嚴禁鴉片，加以

時局未定，香港的鴉片價格曾大幅滑落。惟同年 3 月袁世凱繼任臨時大總統後，利希慎與一眾合夥人顯然認為鴉片的政策既然未定，價格或有機會反彈，就成立了裕興公司囤積鴉片。換句話說，裕興公司的成立，本就帶有投機色彩。1913年初，香港的鴉片價格果然開始反彈，由每箱 2,800 元急升至 1914 年中的每箱10,000 元，令手握大量鴉片存貨者大賺。如果按裕興成立時，以集資得來的 20 萬元囤積 212 箱鴉片估算，每箱成本頂多約 943 元，公司獲利之鉅，可想而知。[22]

❖　買地建屋　❖

兩年間就從風險甚高的鴉片生意大賺的利希慎，深悉分散投資之必要，1914 年起，就開始買地建大屋和小規模置產。驅使他在此時為家人置產的另一原因，是他於同年 3 月深陷人生中的第一場鴉片官司，為免官司波及其名下所有資產，亦須早作綢繆。此外，1914 年 7 月，第一次世界大戰在歐陸爆發，隨後數年香港經濟亦受衝擊，不免讓手握現金的物業投資者有機可乘。另一方面，辛亥革命後，廣東一帶政治動盪、治安敗壞，也驅使不少頗有資財者舉家避居香港，這和昔日以單身男性勞工為主的移民群體明顯有別（冼玉儀，2017: 198）。香港的人口在1911 至 1921 年這十年間，大增 37%（丁新豹，2017: 132）。人口激增及扶老攜幼的舉家遷居模式，為香港帶來緊迫的住房需求，房屋租金飛漲，物業投資有利可圖。話雖如此，利希慎還是等到 1919 年其鴉片生意進一步擴大後，才大量置產及購買股票。1914 年時，他似乎自知財富根柢尚淺，並未妄動。

利家現存的某份截至 1931 年 1 月 1 日的黃蘭芳物業清單顯示，利希慎大屋所在的堅尼地道 32 號（後改為 74 號）地皮，以及禮昌隆公司所在的皇后大道中 202號的那棟三層樓房，都是在 1914 年 6 月 30 日購入。堅尼地道 32 號應是利希慎以個人名義購置的第一份物業，[23] 1928 年遇刺身亡後才由黃蘭芳繼承；不過皇后大道中 202 號則是自 1914 年起，就在黃蘭芳名下，[24] 而黃蘭芳正是在 1914 年6 月 30 日這同一天，去高露雲律師行（Wilkinson & Grist）[25] 辦妥手續，「充份授權」丈夫利希慎代她處置名下的所有資產。[26] 此後多年，利希慎就陸續將他新買入的房產和股票，部份放到了黃蘭芳名下。

檢視黃蘭芳的這份授權書，可見它鉅細靡遺地詳列了 19 項授權事項，交利希慎全權代理。[27] 不僅如此，1920 年 3 月 29 日，黃蘭芳又簽署了一份補充文件，[28] 追加利希慎作為其法律上代理人的權力，讓他得以處置黃蘭芳名下的出租物業和股票等有價證券。[29] 黃蘭芳在這方面的代持安排，多年後利德蕙亦曾提及，而這其實也間接說明利希慎對其元配黃蘭芳充份信任：

> 家中許多地契和證件在戰爭中遺失，導致戰後重整家族事業困難重重，進展緩慢。父親〔指利銘澤〕和他戰後第一位秘書江蕙蘭……經常一起去政府田土註冊處尋找文件正本。八叔公（祖父堂弟）在田土註冊處上班，幫了不少忙。最麻煩的是業主都不是同一人；祖父購買地產時，分別置在祖母、利希慎置業有限公司，以及利綽餘堂的名下。利綽餘堂代表祖父各房後人的總體利益。(2011: 147)

如前所述，利希慎發跡前，曾與家人先後住過文咸西街 75 號 3 樓及皇后大道中 204 號 3 樓。不過香港在 1894 至 1923 年間，常有鼠疫流行，每隔一段時日就會爆發，二十世紀初時情況尤劣。利希慎為了讓家人尤其是幾個年幼的孩子避疫，1910 年起，索性將他們遷往澳門，自己獨留香港，穿梭兩地，以兼顧家庭和生意（Sperry, 2009: 9, 14；利德蕙，2011: 44）。1914 年購入灣仔半山的堅尼地道地皮後，利希慎耗了四年多的時間來細心規劃和興建大屋，期間一度暫住在大屋附近的堅尼地道 17 號 A。[30]

由利希慎現存的對外書信來看，大屋應該是在 1919 年初就已落成，而他本人也即時遷入，但家人大多還在澳門。譬如 1919 年 1 月 20 日，利希慎曾致函香港電燈公司經理，知會對方大屋內的燈具改動皆已完成，要求公司盡早派員測試並檢查相關線路，以便通電。又，大屋工人在清洗建築物周邊時，曾因污水溢流到政府道路，遭港府的「建築事務監督」（Building Authority）於 1919 年 2 月 28 日發函警告，利希慎則很快在 3 月 4 日覆函，向當局解釋。不過大屋內的裝潢需時，添購傢俱、向港燈公司申請供電並測試線路等也急不得，所以據利舜英回憶，利家老少一直要等到 1920 年，才由澳門的荷蘭園正街遷回香港，住進這棟佔地 22,450 平方呎的豪門大宅（Sperry, 2009: 23）。

◎ 利希慎於大屋飯廳與黃蘭芳及眾子女合照，左起：利舜豪、
利舜棻、利榮森、黃蘭芳、利希慎、利銘洽、利榮傑、利舜賢。

1919 年大屋落成，標誌著利氏家族在香港的崛起，意義深遠。不過 1914 年利希慎剛買下大屋地皮之際，卻難謂志得意滿，因為他正要面對一場非常棘手、曠日廢時又高潮迭起的大官司，勝負未卜。

❖　　第一場鴉片官司　　❖

這場轟動香港內外、報章筆下的「百萬元大煙案」（The Million-Dollar Opium Case / The Big Opium Case），始於 1914 年 3 月。某位裕興公司的小股東，入稟香港法院，控告利希慎、馬持隆這兩位主要股東在主持業務期間，賬目不清，還編造虛假交易來欺騙其他股東，亦未按公司法的規定召開股東會議並呈報周年報表，遂要求法院頒令將公司清盤。面對部份股東的挑戰，利希慎、馬持隆一方則反對清盤，並指責原告作不實指控。[31] 兩派各執一詞，案件於是由時任首席大法官的戴維斯（William R. Davies）排期審理。[32]

本案的第一回合，是於 1914 年 4 月 22 日開審，[33] 1915 年 4 月 1 日裁決，審訊天數長達 29 天。撇開案件當中細枝末節的其他爭議不談——如裕興公司是否確曾召開過股東會議，以及是否真的上交過周年報表等等，重點其實在於「編造虛假交易」一項。對此，原告列舉了四項交易，藉以說明被告在主導公司業務期間，確實賬目不清。由於四項交易裏有兩項無足輕重，第三項的「利華隆交易」則與涉事金額最大的「寶源號交易」相關，本文僅集中討論後者。[34]

寶源號的交易之所以關鍵，是因為它涉及 100 箱鴉片的龐大利益，[35] 估值一度高達約 125 萬元，[36] 故有「百萬元大煙案」之說。由庭審的記錄可知，1913 年 4 月 22 日，利希慎曾代表裕興公司與利華隆公司達成一份銷售協議，裕興答應將 100 箱鴉片賣給利華隆，利華隆則先給裕興支付十萬元的訂金。雙方約定以三個月為期完成交易，否則作廢。從資料上看，利華隆後來確實沒按協議完成交易。利希慎於是在 1913 年 8 月 27 日，將這批鴉片轉賣給了一家喚作誠發源（Sing Fat Yuen）的鴉片公司。然而誠發源實為利希慎家族所有。利希慎在庭上作證時則是承認，1913 年 12 月 2 日，誠發源又將這 100 箱鴉片轉賣給了寶源號（Po

Yuen Firm），而寶源號為馬持隆家族所有。[37] 由於利希慎、馬持隆倆分別是裕興公司的董事總經理和經理，這樣的後續交易難免啟人疑竇，懷疑他們私相授受、謀取私利，欺騙了裕興公司的其他股東。[38]

本案的庭審時日既長，細節亦多，鄭宏泰、黃紹倫所著的《一代煙王：利希慎》（2011）一書也已經有過詳盡分析，此處不贅。簡略地說，針對裕興與利華隆交易衍生出的爭議，原告、被告都展示了各項證物，也傳召了證人作證。不過原告的兩名主要證人，尤其是身為裕興董事的古彥臣，因為證詞反覆且前後矛盾，曾遭法官戴維斯在庭上嚴詞批評，對其說法不予採信。[39] 法官對利希慎一方提供的證詞證物，雖也存疑，但基於舉證責任在原告一方，而原告卻未能提供充份及確鑿的證據，故只能認定其控訴並不成立。話雖如此，針對部份股東不滿公司管理層而要求法院頒令清盤一事，法官基於維護股東的整體利益，仍准其所請，要求政府的破產管理署（Official Receiver's Office）介入接管裕興公司。[40]

利希慎和馬持隆對法庭頒令強制公司清盤，並不服氣，遂提上訴，並獲上訴庭受理。1916 年 3 月初，雙方再度庭上相見。1916 年 4 月 29 日，上訴庭的兩位法官德索馬瑞茲（Havilland de Sausmarez）和甘弼仕（Henry Gompertz）一致駁回了上訴，維持原判。判決書指裕興的股東皆滿口謊言（a pack of liars），彼此狐疑，早就沒互信可言，所以公司基本上已經不可能透過內部的討論機制處理糾紛、解決分歧，清盤可謂迫不得已。[41] 兩位法官還特別指出，裕興公司選擇在 1912 年中華民國誕生之際創立，就是因為股東們一致認定，鴉片的價格持續低迷並不合理，不久終將反彈，才趁低價在市場上搜購大量鴉片。換句話說，這家公司自始就有強烈的投機取向。豈料鴉片價格短期內並未反彈，某些股東的信心開始動搖。利華隆要跟裕興買的那 100 箱鴉片，是在下訂後又撻訂，相信也與市道有關，但亦間接說明了確有這筆交易。不過法官也提到公司竟有好幾本重要的賬簿不翼而飛，主事者也未能提供合理解釋，以致案件疑點重重。某位法官甚至在下判時建議，因疑團深重，「應對交易展開全面調查」，[42] 暗示相關交易確有問題。

上訴庭的判決，並未讓這宗轟動社會的案件落幕，反倒將殖民當局也牽扯進來。破產管理署署長賈美樂（E. V. Carpmael）在法院頒令清盤後，啟動清盤程序，派

了清盤官去接管裕興公司。清盤官介入點算後，認為這 100 箱鴉片的交易如果真有問題，相關鴉片就該視作公司資產，破產管理署有責任代其追回。賈美樂於是發函寶源號，追討鴉片，但遭回絕。本來這類商業糾紛應由公司股東自行追討，即便公司已被破產管理署接管，相關費用也該從公司的剩餘資產中撥付。不過清盤官發現，裕興其實已經沒剩下多少值錢的資產。為了保障股東及債權人權益，賈美樂找律政司金培源（Attorney General Joseph Kemp）商議過此事後，建議由政府訴諸司法程序追討。

1916 年 12 月，破產管理署署長遂入稟最高法院，向寶源號、馬持隆和利希慎追討那 100 箱鴉片。[43] 由於爭議擴大、案子延宕，裕興公司的部份股東表示已無財力支持訴訟，要求政府出面協助。1917 年 1 月 28 日，港府同意接手，並要求押後聆訊，以便騰出時間來查閱文件、瞭解案情。[44] 不過在此期間，1917 年 5 月 30 日，警方竟高調拘捕利希慎和馬持隆，指控兩人在 1913 年 3 月 9 日串謀詐騙（conspiring to defraud）裕興公司的 100 箱鴉片。[45] 欺詐是刑事罪，一旦起訴，整個案子就成了刑事案，這就與當時仍懸而未決的追討鴉片之民事案性質有別。利希慎和馬持隆雖在短暫羈留後就獲保釋，靜待民事案審結後可能面對的刑事檢控，法院要求的保釋金額卻高達每人 5 萬元。[46] 兩人的代表律師砵打（Eldon Potter）[47] 後來曾刻意向記者透露，警方原本向法院提議的保釋金額，竟是驚人的每人 25 萬元。這些動作顯示，港府似乎有意為難利希慎和馬持隆。[48]

利希慎對當局懸在他頭上的這把「刑事檢控」之劍，顯然很有意見，遑論他和馬持隆還要面對定期赴警局報到的羞辱。他曾透過律師抱怨當局對他倆的不公待遇，要求撤銷控罪，[49] 但直到 1918 年 5 月最高法院正式公佈他倆在民事案中無罪的判決書後，刑事法庭才終於無條件撤銷其「串謀詐騙」公司股東的控罪。[50]

最高法院法官甘弼仕在長達 54 頁的判詞中，闡述了他對破產管理署追討鴉片案的裁判理據，而這始於以下四問：一、1913 年 4 月 22 日，裕興公司是否確曾賣給利華隆公司這 100 箱鴉片？對此甘弼仕的答案是肯定的，因為各項交易都有記錄。二、這項交易是否獲得公司董事同意？甘弼仕對此也予以確認，因為賬簿上確曾留下包括古彥臣等董事的簽名。三、這批鴉片是否以最好的時價出售？答案

同樣是肯定的。四、貨款是否已經支付公司？甘弼仕認為，從貨款的餘額（balance of the purchase money）看，確實也已經支付。[51] 據此四問，甘弼仕判定「利華隆交易」並非虛假交易，而是有憑有據的一筆真實交易。其次，這筆交易本就帶有投機色彩，被告又是在買方未能履約後才將鴉片轉手，故無不法，原告亦未能舉證證明被告欺詐，所以指控並不成立。

甘弼仕在判詞中還特別提到，原告的指控如果成立，那被告無疑是騙了公司股東和法庭；反過來說，原告的指控如果不實，那這另一位董事（甘弼仕指的是躲在幕後、找人代其出面控訴利希慎的古彥臣）就是個「放肆的勒索者」（impudent blackmailer）和作偽證者（perjurer）。這種判詞，無疑令律政司感到難堪，因為他竟罕見地為古彥臣動用了公帑，介入私人的民事訴訟。[52] 至此，經過殖民地司法上破紀錄的四年纏訟（1914 年 3 月至 1918 年 5 月），利希慎可謂大勝。

利希慎雖然勝訴，還有堂費一事未決。這場訴訟開支龐大，又極可能會涉及公帑，自然繼續引發香港社會的極大關注。原告的律師認為，訴訟皆都是因被告的「不當行為」（misconduct）而起，而被告在訴訟期間又極為傲慢，更在公司清盤一事上敗訴，所以不該獲得堂費。利希慎和馬持隆的代表律師則強調，本案關鍵是其當事人有沒有犯下「疏忽、詐騙、背信」（neglect, fraud, and breach of trust）這三大罪，除此之外皆旁枝末節，無關痛癢。原告要獲得堂費，就該證明被告在這些罪行上犯錯，否則就是誣告，被告才應該獲得堂費。至於被告的個人態度如何，無關訴訟。[53] 1918 年 6 月 17 日，法官甘弼仕終以指控查無實據為由，判給利希慎和馬持隆全部堂費，利希慎贏得最後一役。[54]

利希慎獲判堂費，也就意味著律政司金培源必須硬著頭皮向立法局要錢，以支付相關堂費。1918 年 10 月 3 日的立法局財務委員會會議上，當行政當局向議員尋求高達 151,039.70 元的撥款時，免不了要遭到一眾非官守議員非議抨擊。結果提案在 7 票贊成、4 票反對下通過，相當難堪。[55] 會上主席還提到原告在第一階段的訴訟中，就已經耗去約 12.5 萬元，如果加上政府接手後承擔的約 15.1 萬元，那這一連串訴訟的堂費總額，竟高達 27.6 萬元。對比港英政府該年的財政總支出 1,625 萬元，這筆錢已相當於年度總支出的 1.7%，可謂驚人。

利希慎性格上的剛烈、固執，在這場司法纏訟中表露無疑，但他善用法律來為自己爭取權益，以一介華民之力「擊敗」港英政府，為此聲名大噪。不過他利希慎不畏高額堂費的風險與古彥臣纏訟，除了膽識和自信，還因為有財力可恃。利希慎的鴉片生意，並未因 1914 年 3 月開始的這場訴訟而消沉停滯。他轉為相對低調地拓展各地的鴉片市場，十年間終崛起為公煙大王。

❖　　拓疆　　❖

裕興是利希慎與人合夥的鴉片公司，誠發源則是他個人經營的鴉片公司，地址和雙德豐船務局一樣，本來都設在德輔道西 33 號。1917 年前，利希慎已經轉到永樂街 183 號辦公，雙德豐、誠發源、南亨船務的地址也隨之轉移。1919 年，利希慎成立「利希慎公司」（Lee Hysan & Co.）[56] 後，公司地址則是設在禮昌隆的皇后大道中 202 號。此後多年，利希慎算是回到了禮昌隆這個家族來港時的起點辦公，辦公室位於二樓。[57]

如前所述，民國初年政局紊亂，中國不曾也難以完全禁絕鴉片。中國境內的多處列強租借地和租界範圍內，因中國政府無權管治，尤其如此。1916 年袁世凱病逝後，軍閥割據，北洋政府更無權威去督導禁煙，遑論軍閥本身往往就是鴉片產業的既得利益者。

誠發源起初顯然是以中國內地為首要市場。公司早年買賣的鴉片，主要就是來自印度摩臘婆（Malwa）[58] 與孟加拉（Bengal）兩地的鴉片，鴉片出口前都會先取得英屬印度政府的認證，成為 certified opium。摩臘婆地區生產的鴉片，主要是以孟買為集散點；孟加拉一帶栽植的鴉片，則匯集於加爾各答。加爾各答曾長期是英國東印度公司的總部所在地及英屬印度首都（1772-1911），更是印度鴉片最重要的集散地。利希慎開始經營鴉片生意的 1910 年代，英屬印度的首都才剛由加爾各答遷至新德里，惟加爾各答的鴉片產業重鎮地位不變。至於緬甸，當時仍是英屬印度一省（1886-1937），[59] 鴉片從加爾各答運往港澳及中國內地的海路上，也會航經緬甸的仰光及馬來亞的檳城、新加坡諸埠。

由利希慎後來在經營雙德豐（船運）及誠發源（鴉片）時的商業網絡來看，1900
年代他從事南北行生意後「壯游南洋群島」的那段歲月裏，似乎已先在孟買、加
爾各答、仰光、檳城、新加坡等地佈局，確立了他在這些據點內的合作商號與
人脈。這批港市皆大英鼎盛時的帝國一環，對於精通英語的香港英籍民利希慎來
說，可謂如魚得水。他不僅進出方便、語言無礙，商務上需要面對的金融和司法
體系也相通，利於匯款及解決貿易糾紛。此外，南洋各地早已經成形的綿密華商
網絡，同樣可讓四邑籍華商利希慎借力。

利希慎需要耗神費勁去處理的，反倒是中國革命後鴉片產業的亂局，以及全球民
間日益高漲的禁煙浪潮。他的第一場鴉片官司，正是因中國鴉片業的持續動盪而
起。前述清廷與英國在 1907 年簽下的禁煙協定，就是英國同意自 1908 年起，
以十年為期，逐年減少它賣到中國的印度鴉片數量，直到歸零。換句話說，1918
年起，印度鴉片再不能出口中國。該協定也同時封了鴉片由香港入口的門道，禁
止在香港熬製的熟鴉片賣入中國內地。不過英國在締約時，要求清廷也展現相應
的禁煙決心，必須在這十年間根除中國本土的鴉片產業。這一點清廷雖因覆亡而
無法履約，中華民國政府卻承襲其國際義務，故條約依然有效。

由本時期利希慎的對外書信來看，他要趕在 1918 年前賣入內地市場的鴉片，主
要應是透過廣州的沙面租界[60]與上海租界進行。而穗、滬兩地，正是 1911 年 5
月清廷與英國續訂禁煙協定時，明訂為全面禁止「印藥」入口前維持的最後兩處
口岸。不過 1917 年，當利希慎的裕興公司鴉片案仍在香港纏訟未決時，誠發源
號的中國鴉片生意也突遭打擊，一度讓他頗為焦頭爛額。

事緣中國全面禁止印度鴉片入口的起點，理應是 1918 年 1 月 1 日，但中國海關
奉北洋政府之令，卻是從 1917 年 4 月 1 日起，就不再准許任何印度鴉片入口。
事出倉促，利希慎應變不及，只能將不少鴉片先囤在廣州的沙面租界內，進不了
廣州及上海海關。[61]他緊急透過法律顧問高露雲律師行去找上海的愛理思律師
行（Ellis & Hays）打探消息，始知袁世凱曾派親信蔡乃煌[62]作為特使，於 1915
年 5 月 1 日和上海及香港的一批鴉片商（'The Shanghai and Hongkong Opium
Merchants Combines'）簽過協議，讓他們同意在 1917 年 3 月底就提前終止鴉片

貿易，以換取他們在江蘇、江西、廣東三省處置其鴉片存貨的一些特權。[63] 利希慎既非這個滬港鴉片商群體的一員，[64] 也認為這項國內協議不該凌駕中英禁煙協定裏的原有規定，即印度鴉片至 1917 年底仍可進口。基於權益受損，利希慎就循官方途徑據理力爭。

首先，利希慎透過港英政府，就中方提前禁印度鴉片入口一事，請派駐北京的英國公使及駐上海、廣州兩地的總領事都向中方提出正式抗議。[65] 1917 年 5 月 12 日，高露雲律師行又代表誠發源公司，致函北京的中國海關總稅務司，再度依法力爭，盼海關准其鴉片從上海或廣州入口。[66] 正當利希慎忙於處置他那批滯留廣州沙面的鴉片時，5 月 30 日，他和馬持隆又因裕興公司的鴉片案在香港短暫被捕。而 9 月 25 日，經過數次發函追問後，北京的海關總稅務司署終於覆函，拒絕讓誠發源的鴉片入口上海。[67] 接連受挫，利希慎的 1917 年想必很不好過。但他很快調整方向，1918 年鴉片官司勝訴後，就將其鴉片生意的焦點轉向澳門和其他的海外市場。澳門下節再敘，這裏首先略述利希慎拓疆海外的努力。

舉例來說，1918 年 11 月，利希慎曾與新加坡的 Lo Tsit Pang 頻繁通訊，請對方騰出一個月的時間，代他搭蒸汽船去一趟葡屬帝汶（Portuguese Timor）的首府帝力（Dilly），以便競標帝汶的鴉片專賣。[68] 不過這場競標的結果如何，因無後續資料，不得而知。此外，1919 年，利希慎與加爾各答的沙遜家族（Sassoon family）成功建立合作關係後，也開始將鴉片賣往南美洲的厄瓜多爾與智利的伊基克（Iquique）[69] 等地。[70] 厄瓜多爾和伊基克都位於南美洲西岸，而南美洲西岸距加爾各答的路途極為遙遠，為此利希慎還得費心安排船運。當時加爾各答確有大船可以直航伊基克，但是這船卻拒載鴉片；利希慎只好設法將這批鴉片先運到日本的神戶，再換船航至伊基克。不過鴉片運抵神戶後，也可能會面對當局刁難，無法取得換航許可，所以利希慎還作了備案，必要時將鴉片從神戶再轉到其他仍容許鴉片貿易的國家。[71] 一箱鴉片可裝 40 球生鴉片，而利希慎要賣到厄瓜多爾和伊基克兩地的鴉片數量，就分別高達 200 箱和 50 箱，[72] 其利潤顯然極為可觀。

由利希慎的財富增長軌跡來看，1919 年顯然是關鍵之年。1919 年，他開始大量購入物業及股票，並成立「利希慎公司」。其財富積累之得以加速，應與他在加

Ans/26/6/20

Moise   Calcutta

ship direct Hong Kong without
through Bill of lading we
tranship Macao ourselves
Hong Kong goverment permitted
~~reply~~ under treaty reply
                Leehysan

21/6/20   202 Queens Road
                     Leehysan

◎ 1920 年 6 月 21 日，利希慎致加爾各答 Moise Abraham Sassoon 的電報底稿。

爾各答的 M. A. 沙遜（Moise Abraham Sassoon）支持下，可以確保大量價格合理的鴉片供應有關。沙遜家族乃近代著名的中東背景的猶太世家，原以巴格達為根據地，1830 年代遷至印度孟買後更加興旺，借大英帝國的東風，百年間由孟買一路擴展至香港、中國內地、日本、英國等地。沙遜家族曾是遠東的大鴉片商，以 E. D. 沙遜（Elias David Sassoon）於 1867 年創立的新沙遜洋行（E.D. Sassoon & Co.）為例，[73] 公司選擇扎根上海，鴉片生意做得很大，不過 1907 年中英兩國簽訂禁煙協定後，它也隨之淡出鴉片貿易，終至徹底放棄。加爾各答的 M. A. 沙遜一族，似不如孟買的族人顯赫，但勝在當地經營鴉片已久，可以幫利希慎在加爾各答每月一回的鴉片拍賣場上，以合理價格拍下已獲印度政府認證的合規鴉片，[74] 再經香港轉運至澳門。至於香港轉口的玄機，則是為了善用港英與澳葡當局早在 1913 年就簽下的一紙協定，藉此合法避稅。[75]

❖　　澳門稱雄　　❖

利希慎雖因裕興公司的鴉片案纏訟四年，並未放棄鴉片生意，重心仍在中國市場。不過面對不確定性越來越大的民國政府，以及終於表態要從 1919 年起逐步取消鴉片貿易的港英政府，他開始將目光投向澳門市場。利希慎熟悉澳門，在當地也有豐沛人脈，[76] 1910 至 1920 年間，更是索性將家人都送到澳門避疫，他則在港澳兩地穿梭。港英政府在財政上長期仰賴鴉片稅收，[77] 澳葡政府尤甚，所以澳門短期內並無禁煙打算（Booth, 1996）。[78] 此時此刻，利希慎將鴉片生意的重心轉向澳門，可謂合理選擇。而他所擁有的優勢，除了當時應已具備的「澳門居民」身份外，[79] 更重要的是他與澳葡政府高層——尤其是澳門總督本人——都維持良好的親善關係。

利希慎三女利舜英晚年回憶說，年幼時，某個冬日午後（推算應是在1918年間），陽光燦爛，她難得有機會隨父母姐弟應邀赴澳門總督府作客，在其小腦袋瓜裏烙下深刻印象：

有時候，當我聽到引擎喧鬧的咆哮聲，思緒就會飄回年幼時我在澳門笨拙

地爬進三輪摩托車側座的那一刻。司機們穿著制服,阿媽和三個小童都獲邀赴澳門總督的下午茶之約。姐姐和我同坐一部車,母親、父親和四弟榮森則要擠入第二部。摩托車從我們所住的小丘上呼嘯而下南灣,應該只要十秒,然後沿著岸邊,駛向澳督府。(Sperry, 2009: 17,作者中譯)

這場邀約,側面說明了利希慎當時確與澳督關係融洽。1918 年 10 月,他首度向澳門的鴉片管理督導局申請專營(含入口及出口)牌照。10 月 23 日,該局發函批准了他的申請。豈料 11 月 12 日,澳督卻發文通知,「政府議局」(Conselho do Governo)已經決議按相關法律授予的權力,取消利希慎的鴉片牌照,但未說明原因。檔案資料顯示,1918 年由吳勉修擁有的大成鴉片商公司(Tai Seng Company),最終奪得了鴉片專營權。[80] 澳葡政府開出的條件是為期五年,年繳專利稅 667 萬 5 千元。不過到了 1919 年,年繳專利稅就已經被調降至 584 萬 5 千元。1920 年 3 月 31 日,大成公司更因已無力繳納專利稅,不得不放棄專營權。澳葡政府遂將大成公司 222 萬 5 千元的押金充公(莫世祥等,1998)。

轉眼一年多過去。1920 年 5 月 24 日,英文《南華早報》上的一則澳門報導,宣示了利希慎強勢回歸。報導提到就在上週五,澳門公開競投一項為期三年的鴉片專營權,結果由香港商人利希慎奪得。[81] 該場合除了踴躍參與的華商外,澳督和一眾高官也親臨現場,顯示澳葡政府對此極為重視。鴉片專營權的底價是 250 萬元,每口叫價則是 5 萬元。當叫價超過 300 萬元時,競逐者已寡。而到了 385 萬元時,利成公司(Lee Shing Company)的利希慎,突然將叫價一口氣拉高 10 萬至 395 萬元,終令對手卻步,贏得專營權。這項專營權為期僅三年,而 395 萬元的總價,意味著每年要支付政府 131.7 萬元,反觀澳門人口當時僅 8.4 萬人,利希慎的出價,乍看之下似乎過高。不過這恰恰說明了輸入澳門的鴉片,大多應會再循某些管道轉銷至中國內地,尤其是華南一帶(Booth, 1996)。

澳門專營權到手,無疑是利希慎鴉片事業的高潮。此後數年,穩定的可觀收入,為他在 1919 年以來就已雄厚的財力再添一筆。不過利希慎早就清楚意識到,鴉片財富長遠並不可恃。接下來他要做的是多元投資,買房買地買股票。又或許乾脆一些,他該直接買下一座山頭。

注釋

1　指利希慎的元配黃蘭芳。利舜英為庶出，故尊稱黃蘭芳為「阿媽 / 母親」（Ah Ma），喚其親母張門喜為「二姐」。

2　指利舜英的二姐利舜華。

3　又稱南環，昔日為澳門半島一處可供商船停泊的海灣，故其沿岸成了澳門的政治、商業中心。今因填海等工程，已不復舊貌。

4　這段文字的原文是：Sometimes when I hear the loud roar of an engine, I am back in Macao climbing awkwardly into the sidecar of a motorcycle. The drivers wore uniforms and Ah Ma, with three little ones, had been invited to afternoon tea with His Excellency, the Governor of Macao. Sister and I sat in one vehicle and mother, Father, and fourth brother Wing Sum (J.S.) squeezed into a second one. It must have taken all of ten seconds to roar down our hill to the Praya Grande, then along the water's edge to the Governor's Mansion. (Sperry, 2009: 17)

5　利家家藏史料。

6　*Hong Kong Law Report*: Vol. 10, No. 32, 1915; Vols. 10-14, 1961.

7　東華醫院成立於 1870 年，是香港首間以現代醫院形式提供中醫藥診治服務的機構。其後它甚至逐漸取代文武廟，發展成為本地華人議事、仲裁的機構，地位崇高，所以歷屆理事多是德高望重的殷商。1931 年起，東華醫院和廣華醫院（1911 年成立）、東華東院（1929 年成立）合稱「東華三院」，現已是涵蓋醫療、教育、社會服務等多個領域的香港最大型慈善機構之一。

8　本屆「壬子總理」是於農曆的壬子年十一月廿八日（1913 年 1 月 5 日）交接上任，故其任期基本上是落在癸丑年。東華三院的網站上，現已將該屆調整為「癸丑年董事局」。又，「壬子總理」15 人中，主席 1 人（袁英山），首總理 2 人（林煥如、馮平山），總理 12 人（馬介眉、林少薇、張義生、利希慎、陳廉孚、朱仲倫、孔理端、蔡寶善、楊貞石、葉曉庭、張博臣、梁持南）。利希慎在 15 人中排第 7 位，顯見他當時雖然還不到 33 歲，在香港的華商圈內卻已是頗有聲望，對東華醫院的捐獻亦多。

9　廣州一帶早在林則徐禁煙前，就已將鴉片煙土大分為三類，即公班土（公司煙）、白土（白坭）和金花土。舉例來說，林則徐的《林文忠公政書》的第二集第三卷裏，就收錄有他在虎門銷煙時，向道光皇帝奏報的奏稿，當中提到：「至烟土名色，亦有不同，其黑者曰公班土，閒係上等之烟；白土次之，金花土又次之。此次劈箱銷化，當將各色烟土分別編號登記，大抵公班土、白土居多，金花土不及百分一。」（轉引自夏歷，1989: 79）。又，鴉片採自罌粟果，採集者在罌粟果未熟時，就用一把爪形的刮刀，將果皮輕輕抓破，再收集其上流出的乳白色汁液，凝結後即為生鴉片。罌粟果一天只可抓破一次，翌日再採集，直至不再流出乳白色的汁液為止。

10　公白行既賣熟鴉片又賣生鴉片的另一原因，是鴉片煙館會將煙民吸食過的煙槍內殘留的煙土渣滓（即煙屎或「煙沙」），拿來混入他們從公白行買來的生鴉片後，再翻製成熟鴉片，以此獲利更豐（夏歷，1989: 80-81）。

11　如莫仕揚擔任主席的 1872 年初至 1873 年初的「壬申總理」12 人名單中，首總理陳兆祥乃麗源公白行東主，總理凌殿材則是全貞公白行東主（夏歷，1989: 81；東華三院官方網頁）。

12　41 位國際代表分別來自美國、中國、英國、法國、俄國、德國、意大利、奧匈帝國、日本、荷蘭、葡萄牙、暹羅、波斯。該會議通過九項決議案，敦促各國政府採取必要措施來管制鴉片的生產與消費，可謂國際合作禁煙之始。

13　嗎啡（Morphine）和海洛英（Heroin）都是鴉片類藥物，由鴉片提煉而成。

14　見聯合國的 Treaty Collection 網頁內，有關 1912 年《海牙鴉片公約》簽署國的 End Note 12 項下之詳細說明：https://treaties.un.org/Pages/ViewDetailsIV.aspx?Temp=mtdsg4&chapter=6&clang=_en&mtdsg_no=VI-2&src=TREATY#12

15　一箱鴉片內，共裝有生鴉片 40 球。見 Article 2, *Agreement between the United Kingdom and Portugal for the Regulation of the Opium Monopolies in the Colonies of Hong Kong and Macao,* signed at London, 14 June 1913。利家家藏史料。

16　中國境內較為大量地種植、生產鴉片，始於 1830 年代。當時因鴉片進口陡增且吸食日廣，就有人由印度引入鴉片自植。鴉片先是傳入雲南而有「南土」（土指「土藥」，即本土鴉片），次傳四川而有「川土」，再傳甘肅而有「西土」，隨後又傳入貴州、陝西、山西，再由西北地區傳入東北。不過 1858 年前，因清廷嚴禁鴉片，會將栽種鴉片者處斬，鴉片的種植面積不廣。1858 年清廷應英國之請，加上平息粵亂期間亟需餉源，開始對進口鴉片徵稅，鴉片遂得以合法進口。而鴉片既然可以合法進口，清廷也就沒理由再禁制本土鴉片的種植。此後清政府雖偶會禁止在若干地區栽種鴉片，但直到 1907 年它再度厲行禁煙前，大抵是持弛禁的態度，本土鴉片的產量於是大增（林滿紅，1980: 389-390）。據「國際鴉片調查委員會」的調查結果，1906 年時，中國本土鴉片（土藥）的產量約為 58.5 萬擔，進口鴉片（洋藥）則只有 5.4 萬擔，可見經過 1858 至 1906 年這近半個世紀的時光，中國的本土鴉片已大致替代了進口鴉片（轉引自林滿紅，1980: 390-393）。

17　即印度鴉片。

18　袁世凱在北京宣誓就職臨時大總統時，人在南京的孫中山其實仍未卸任，所以曾短暫出現過南、北兩位臨時大總統並存的局面。1912 年 4 月 1 日，孫中山才在南京解任。

19　1915 年 12 月 12 日，袁世凱宣佈翌年將改元「洪憲」並建立中華帝國，但因多方勢力反對，1916 年 3 月 22 日即被迫取消帝制。同年 5 月 6 日，他同意辭去大總統之位，但還來不及實現就已病逝。

20　租借地與租界稍有不同。列強在其租界內，通常會以「工部局」（Municipal Council）之類的地方自治機構管理；但在租借地內，列強不僅可完全掌控當地的行政權，亦可駐紮軍隊。

21　「土」指土藥，即本土鴉片。

22　另據 Norman Miners 分析，1912 年前，每兩鴉片的零售價格約為港幣 3.5 元，1912 年升至 5.5 元，1913 年時更已高達 6.5 元，即短時間內上升近倍。鴉片的零售價在 1914 年續升，9 月時每兩已達 10 元。1915 年再升到了 11.5 元，1918 年續升至 14 元後，才穩定在這個價格水平（1987: 231）。

23　見 ‘Rates for First Quarter, 1922’ 這份文件內，利希慎名下的公寓樓（Tenement）清單。利家家藏史料。

24　官方的差餉收繳記錄冊顯示，1887 至 1902 年間，皇后大道中 202 號的業主是 Wai Yuk；1902 年後改為 Lo Ip Shing；1914 年 6 月 30 日起才是黃蘭芳（鄭宏泰、黃紹倫，2011: 35）。此後利家長期持有該物業，直到 1992 年才再度易手（利德蕙，2011: 28）。

25　高露雲律師行當年的中文名稱為「高露雲狀師樓，威建臣及祈禮士律師」，更早期亦有譯作「威堅臣及寄厘時律師」者。高露雲律師行與利家關係密切，是利家長期的法律顧問與代表，深獲利希慎及利氏後人信任，百年至今，仍有業務委託。利希慎的兩場鴉片官司，就都是由高露雲律師行張羅辯護，並獲勝訴。又，1910 年代時，該律師行就設在皇后大道中 9 號，與利希慎辦公的皇后大道中 202 號相距不遠，所以據說利希慎常會直接登門議事。見作者與 John Budge 的訪談，2021 年 6 月 10 日，香港。

26　‘Wong Lan Fong to Lee Hysan: Power of Attorney’, Wilkinson & Grist, 30 June 1914. 利德蕙曾引利榮森口述，提到利希慎踏入商場後，「通過投入大量資金及購買其房產，取得禮昌隆公司的控制權。祖父自己的辦公室在二樓，三樓則供曾祖父及家鄉親友來訪時使用。」（利德蕙，2011: 28）這說明黃蘭芳只是皇后大道中 202 號名義上的持有人，該物業實為利希慎購入。

27　授權書的授權範圍相當徹底，開宗明義就説：'I WONG LAN FONG（黃蘭芳）of Victoria in the Colony of Hongkong Married Woman hereby appoint LEE HYSAN（利希慎）of Victoria aforesaid Gentleman my Attorney for me and in my name or in his own name if the Attorney shall think fit to do and execute all or any of the following acts deeds and things that is to say: ...'

28　'Wong Lan Fong to Lee Hysan: Power of Attorney', Wilkinson & Grist, 29 March 1920.

29　1917 年 9 月 22 日由黃蘭芳掛名安排的一項銀行融資，舉例來説，就很能夠説明相關授權。這是由黃蘭芳代表鴉片公司誠發源，與東方匯理銀行的前買辦 Alphonse Lecot 簽的一份追加融資協議。然而協議裏黃蘭芳的簽字是由利希慎代行，而「誠發源」的公司印章也是在律師見證下，由利希慎親手蓋上並簽署其下。見 'Wong Lan Fong and Others to Alphonse Lecot: FURTHER CHARGE on Section N of Inland Lot No.78A, Inland Lot No.1834, Garden Lot No.47 and Mortgage of Inland Lot No.1948 to secure Banking Facilities', Johnson Stokes & Master, 22 September 1917.

30　1917 年 5 月 9 日，利希慎曾致函「中日電話電力公司」（The China and Japan Telephone and Electric Company），申請為他在 No. 17A Kennedy Road 的住處安裝電話。利希慎當時曾明確要求對方，將該電話號碼登錄為「利希慎住家」（Lee Hy San's Residence）。翌日，利希慎又致函英國通用電器公司（General Electric Company of China），催促該公司盡快完成其住處的電力配置（electrical fittings），地址仍是堅尼地道 17 號 A。利希慎在這封信裏抱怨説，他早在 1916 年 10 月 10 日就和公司簽約，要求提供相關服務，至今卻只完成了一部份。這兩封信的內容或間接説明，利希慎在 1916 年底至 1919 年初大屋建設期間，曾暫住於此。

31　要求清盤的一方多是小股東，共持有 860 股；反對清盤的股東們，包括利希慎，則一共持有 1,040 股。見 Carl T. Smith, 'The Firm Of Wilkinson and Grist, Solicitors', unpublished manuscript, p.41。

32　案件名稱為 'In the Matter of the Yue Hing Company Limited'。

33　Hong Kong Law Report: Vol. 10, No. 26, 1915.

34　這四項啟人疑竇的交易，分別是 Michael & Company transaction、Goh Pak Chuen transaction、Lee Wa Lung transaction（利華隆交易）和 Po Yuen Firm transaction（寶源號交易）。前兩項交易只分別涉及兩箱和十箱鴉片，金額不大；利華隆交易則是與寶源號交易相關。（鄭宏泰、黃紹倫，2011: 173）

35　另一説法是 98 箱，如（Manson, 1975）。

36　見 Carl T. Smith, 'The Firm Of Wilkinson and Grist, Solicitors', unpublished manuscript, p.41。

37　The Hong Kong Law Report: Vol. 10, No. 32, 1915.

38　'Million Dollar Opium Case: Judgment for the Defendants', The China Mail, 23 April 1918, p.4.

39　Ibid.

40　Ibid.

41　'The Yue Hing Appeal: "A Pack of Liars."', The Hong Kong Daily Press, 15 March 1916, p.4; The Hong Kong Law Report: Vol. 2, No. 5, 1916.

42　'I am of opinion that this transaction is open to the very gravest suspicion, and itself calls for the fullest investigation.' The Hong Kong Law Report: Vol. 11, No. 53, 1916.

43　案件名稱為 'Ernest Vincent Carpmael v. the Po Yuen, Ma Chee Lung and Lee Hysan'。

44 最高法院的主審法官戴維斯和甘弼仕（兩人前已分別審理過裕興公司的清盤案及上訴案）針對政府這項極為罕見的決定，曾在 1917 年 8 月開庭時，特別詢問政府代表——即親自出庭的律政司金培源——接手該案的立場和理據。金培源則回說政府插手的主要考量，是為了彰顯公義（The Government have only one object in view, namely, to see that justice is done in this case），而不在意公義究竟偏向何方。所以金培源強調，不該因訴訟的某一方欠缺經費，而導致公義不彰。見 'The Opium Case: Government Advancing Plaintiff's Costs', *South China Morning Post*, 21 August 1917, p.3。

45 'Opium Case Formally Adjourned', *The China Mail*, 31 May 1917, p.4.

46 Ibid.

47 兩人在本案的另一位代表律師是 C. G. Alabaster。

48 'The Big Opium Case', *South China Morning Post*, 15 May 1918, p.3.

49 'The Million Dollar Opium Case', *South China Morning Post*, 26 April 1918.

50 'The Big Opium Case: Withdrawal of Criminal Proceedings', *The Hong Kong Telegraph*, 17 May 1918, p.8; 'The Million Dollar Opium Case: Government Withdraws Criminal Charge', *The China Mail*, 17 May 1918, p.5; 'The Big Opium Case: Withdrawal of Criminal Proceedings', *South China Morning Post*, 18 May 1918.

51 'Million Dollar Opium Case: Judgment for the Defendants', *The China Mail*, 23 April 1918, p.4.

52 'Hongkong Opium Case: Another Stage of a Record Action', *South China Morning Post*, 24 April 1918; 'The Big Opium Case: The Government's Help', *South China Morning Post*, 15 May 1918.

53 'The "Million Dollar" Opium Case: A Question of Costs', *The China Mail*, 16 May 1918, p.4; 'The Big Opium Case: Question of Costs Argued', *The Hong Kong Telegraph*, 16 May 1918, p.8; 'The Big Opium Case: Question of Costs', *South China Morning Post*, 17 May 1918, p.3.

54 'The Big Opium Case: Defendants to Have Full Costs', *The Hong Kong Telegraph*, 17 June 1918, p.8; 'The Million-Dollar Opium Case: Judgment on the Issue of Costs', *The China Mail*, 17 June 1918, p.4; 'The Big Opium Case: Costs for Defendant', *South China Morning Post*, 18 June 1918.

55 'The Million Dollar Opium Case: The Legislative Council and the Costs. Unofficial Members Oppose Payment', *Hong Kong Daily Press*, 4 October 1918, p.6; 'The Big Opium Case: Protest Against a Government Vote', *The Hong Kong Telegraph*, 4 October 1918, p.5;〈香港新聞：大烟案之餘波〉，《香港華字日報》，1918 年 10 月 5 日，頁 3。

56 即利希慎置業有限公司（Lee Hysan Estate Co., Ltd.）前身，當時仍是獨資公司。

57 利德蕙曾引利希慎堂弟利樹源口述，指出三樓是保留給大家長利良奕和鄉下親友來訪時使用（利德蕙，2011: 28）。

58 摩臘婆地區大致位於今印度的中央邦（Madhya Pradesh）境內，大多為平原之地，英殖時期曾是世界上重要的鴉片產地。

59 英屬印度（1858-1947）地域遼闊，包括今天的印度、巴基斯坦、孟加拉、緬甸四國。緬甸是晚至 1937 年才被劃出英屬印度，成為英國的直轄殖民地（Crown colony）。

60 沙面租界歸英、法兩強租用。英租界佔五分之四，位於沙面島的西部；法租界佔五分之一，在島的東部。當時在沙面法租界內替利希慎活動辦事的人，主要是 L. Albert。金融方面，利希慎則是仰賴法國東方匯理銀行駐沙面的分行。雙方在這方面的通訊不少，如 1917 年 4 月 16 日 L. Albert 致利希慎函、1917 年 6 月 27 日利希慎致 L. Albert 的電報（現存底稿），以及 1917 年 4 月 19 日利希慎致東方匯理銀行駐沙面分行的經理函。

61 1917 年 5 月 16 日，利希慎致上海 J. O. Anderson 的電報裏就提到：「逾 50 箱〔鴉片〕存倉於〔廣州〕沙面，已付稅。」（Over fifty chests stored in Shameen duty paid.）

62 蔡乃煌（1861-1916）是前清官僚出身，曾任蘇松太道道員（即上海道台）。民國時期，他在總統袁世凱的麾下擔任過「蘇、贛、粵專賣鴉片委員」及廣東鴉片專事局局長等職。

63 見 1917 年 5 月 1 日，上海的愛理思律師行致香港的高露雲律師行函；以及 *Agreement Relating to the Suppression of the Illicit Sales of Native Opium in Kiangsu Kiangse and Kwangtung*, signed between the Shanghai and Hongkong Opium Merchants Combines and Tsai Nai Huang [蔡乃煌], the Special Envoy of the Prohibition of the Sales of Native Opium in Kiangsu Kiangse and Kwangtung on 1st May 1915。利家家藏史料。

64 見 1917 年 5 月 8 日，高露雲律師行致上海的愛理思律師行函。

65 同上。

66 見 1917 年 5 月 12 日，高露雲律師行致北京的中國海關總稅務司（Inspector General of Customs）函。又，當時的中國海關總稅務司是英國人安格聯（Francis Arthur Aglen）。中國的近代海關，主要是由英國人協助建立，自 1861 年 1 月清政府任命英國人李泰國（Horatio Nelson Lay）為海關總稅務司以來，長年由英國人把持。

67 見 1917 年 9 月 25 日，北京的中國海關總稅務司署致高露雲律師行函。

68 見利希慎與新加坡的 Lo Tsit Pang 在 1918 年 11 月 12 日至 23 日間的通訊電文。

69 伊基克原屬秘魯，早年曾有四邑華工被運到此處開採硝石，遂逐漸形成小規模的華人社群。

70 見 1919 年 4 月 17 日，利希慎致加爾各答的 M. A. 沙遜（Moise Abraham Sassoon）函。

71 見 1919 年 5 月 24 日至 9 月 29 日間，利希慎致加爾各答的 M. A. 沙遜函。

72 見 1919 年 4 月 17 日與 6 月 7 日，利希慎致加爾各答的 M. A. 沙遜函。

73 舊沙遜洋行則是指由族長大衛・沙遜（David Sassoon）於 1832 年在孟買創辦的 David Sassoon & Sons，後易名 David Sassoon & Co.。E. D. 沙遜是大衛・沙遜次子。

74 1920 年利希慎取得澳門的鴉片專營權後，鴉片主要是由加爾各答供應。至於鴉片價格，舉例來說，在 1920 年 7 月份的加爾各答拍賣會上，M. A. 沙遜是以 5,001 盧比（Rupee）一箱的價格，代利希慎拍下了整整 100 箱的鴉片。見 1920 年 7 月 22 日，利希慎致 M. A. 沙遜函。又，利希慎偏好在拍賣會上而非市場上購買鴉片，是因為他認為拍賣會上的鴉片比較「新鮮」。見 1920 年 6 月 19 日，利希慎致 M. A. 沙遜函。

75 見 1920 年 5 月 26 日至 6 月 26 日間，利希慎致加爾各答 M. A. 沙遜的多份電報與信函。該協定的全稱是 'Agreement between the United Kingdom and Portugal for the Regulation of the Opium Monopolies in the Colonies of Hong Kong and Macao' (1913)。根據這項協定，澳門入口的鴉片，若是經香港轉口而來，可以不必另繳稅費。

76 例如 1912 年利希慎與人合辦的裕興公司，合夥人裏就有澳門鴉片商梁建生。另一位合夥人古彥臣，應該也是澳門人。

77 據統計，1915 年港英政府的鴉片稅收高達 4,765,026 元，佔其全年總收入 11,786,107 元的 40.43%。如果對照 1901 年時的相關比例，則只有 16.30%。隨後在 1916 至 1919 年間，這個比例仍維持在四成多的水平。港英政府同意在 1919 年起逐步取消鴉片貿易後，1920 年該比例已大幅回落至 29.39%。（*Hong Kong Blue Book*, various years）

78 香港未開埠前，澳門曾長期是中外商貿重鎮，乃各類洋貨（包括鴉片）進入中國最重要且甚至是唯一的海路口。第一次鴉片戰爭後，1840 年代香港開埠，澳門的特殊商貿地位就迅速被香港取代，而這也包括了它作為鴉片主要輸入口岸的地位（黃啟臣，1999）。

79 1918 年 10 月 3 日，利希慎首度向澳門的鴉片管理督導局（Superintendente da Fiscalisacao do Opio）申請經營牌照時，曾在文件中表示，他是代表一位名叫 Lee Pak / Lee Yuen Hang 的經銷商提出申請。至於 Lee Pak 為甚麼不親自申請？理由原來是 Lee Pak 乃香港居民，而他本人是「澳門居民」（轉引自鄭宏泰、黃紹倫，2011: 91-92）。

80 Arquivo Historico de Macau, No. AHM/A0962-P6824, 1918.

81 這意味著利希慎雖擁有「澳門居民」身份，但是在眾人眼裏，他仍是「香港商人」。

◎ 留學英倫的利孝和

04

❖

英倫鴻爪

My dear Harold,

I have received your various letters together with many reports from Mrs. Churchill and am glad to know that you are getting improvement in your studies.

Your school report shows that you have done well and I hope you will continue so doing towards success. I would like you to send all your reports from the school to me so that I know from time to time the exact position of your studies.

Yours affectionately,
Lee Hysan

P.S. You will hereafter write me letters in English and in Chinese to your mother.

——利希慎致英倫求學的三子利孝和函，1921 年 11 月 30 日

1918 年，利希慎的第一場鴉片官司終於徹底落幕。1919 年，他開始為厚積的財富作多元投資，大量置業並購買股票，與此同時，也思考家族未來更長遠的發展。回想自己年幼時在異域的學習成長經歷，彌足珍貴、獲益良多，如今財力人脈俱備，利希慎開始考慮安排幾個孩子出洋學習。

利家第三代成員裏，最早到西方求學的是利希慎的長子銘澤和三子孝和（原名利榮根），1920 年赴英倫牛津郡求學；1924 年二女舜華與三女舜英繼之。1920 年代，利希慎已是妻妾兒女成群，他選擇先讓幾位較年長的子女負笈英倫，顯然是經過深思熟慮與周密安排，尤其是要先確保財務上可行。而 1919 年起，他對自己的財務已深具信心。在談論利家兄妹的英倫歲月前，有必要先回顧利希慎 1898 年成家後的家庭生活，以及他教兒育女的經過。

❖　　納妾生子　　❖

1898 年利希慎仍在皇仁書院求學時，因已近弱冠之年，父母親就延請鄉下媒人為他安排了婚事。其妻黃蘭芳生於台山縣白沙鎮西村的德星里，[1] 地近利家祖居的開平縣水井坑村。利、黃兩家背景相似，既是地方大戶，家族裏顯然也都有人出洋到過北美洲西岸，所以不無可能早就相識。據前清舉人張啟煌撰寫之〈利母黃太夫人行狀〉，黃蘭芳的祖父黃儀樂曾是庠生，即地方上的秀才；而黃儀樂的同輩堂兄弟裏，亦不乏庠生（平樂、鵬樂）與貢生（虞樂、芹樂、華樂），黃平樂更曾掛「武略騎尉」的清朝正六品武散官銜，[2] 可見黃家在廣東這個相對貧困的台山一隅裏，也算是書香門第。黃儀樂膝下三子，名毓為、慶為、臻為，黃蘭芳即黃儀樂長子毓為和元配司徒氏所生之么女。[3] 司徒氏來自赤坎鎮，其四弟是武庠，所以司徒一家，看來在地方上也有些名望。黃蘭芳自幼纏足，顯見家境確實不壞，不過因生為女兒身而錯失教育機會，並不識字。

利希慎成家後，黃蘭芳曾誕下一女寶瓊，惜未足周歲即早夭。1904 年，在等足六年仍無子嗣後，利希慎討了個小妾進門。張門喜（後改名張瑞蓮）當時年僅 17 歲，是個在廣州出生長大的嬌小城市女孩。她家境清寒，需要工作，所以從

未纏足，也不識字。張門喜進門前，黃蘭芳不知道這位小妾到底長多高，但是為了確保張氏在跨過利家門檻的那一刻，她可以俯視對方，黃蘭芳還特意站到了一張小腳凳上。事實證明，黃蘭芳是過慮了。張門喜不僅身材纖細，還溫順認命，進門時就已照足規矩，給正室黃蘭芳下跪、叩頭、奉茶，尊敬地口呼「奶奶」，日後亦不逾矩。翌年 3 月 7 日，張門喜果然不負期望，為利希慎誕下了長子銘澤。（Sperry, 2009: 8-9；利德蕙，2011: 40）

1916 至 1917 年間，利希慎再度納妾。當時其妻小皆因避疫安頓在澳門，只有他獨留香港工作，穿梭港澳兩地，而三姨太蘇淑嫻，據說就是利希慎「在常去的茶樓看上的歌女」（利德蕙，2011: 40）。不過蘇淑嫻後來的兒媳婦梁趣沂（利榮傑之妻），對此倒是另有說法。她說蘇淑嫻是 15 歲（即 1913 年前後）就嫁入利家，也是窮家女。有一回黃蘭芳生病，有人建議她替丈夫納妾以沖喜，黃蘭芳就去找了位「聽話的」15 歲瘦小女孩回家，給丈夫做三奶：

> 那時候還在澳門，老爺〔指利希慎〕都不知道。他常到廣州做生意，來來往往，回家才發現大婆幫他找了個三奶。可是這位三奶，整天在哭，老爺就問為甚麼哭？她說她本來不想嫁他，但是家裏窮，阿媽說這個男人老實，衣食無憂，嫁給他對全家人都好。老爺又問她要甚麼？她說她想去學堂讀書。老爺就帶她到廣州的一間私塾，是一個女人帶幾個女學生的那種，三年就畢業，教會她寫家書、打算盤。我家婆〔指蘇淑嫻〕就是在那裏學會計數、寫字、看報，〔後來甚至〕還會買股票，我都不會。天天看報紙，也算有本事。[4]

有關三姨太出身的這兩個說法，因年代久遠，今天都已難求證。1923 年，利希慎又納一妾，四姨太吳悅（後改名吳佩珊）據說是利希慎於聲色場所宴客時，以最高價贏得初月權的女子，因利希慎對她念念不忘，娶之作妾。當時利希慎的一眾妻妾子女，都已經從澳門遷回香港同住在灣仔大屋，[5] 唯有吳悅和其年幼子女，是被利希慎安頓在中環自己辦公的禮昌隆公司附近，白天常去探看（利德蕙，2011: 40）。1928 年利希慎遇害後，吳佩珊才拖著三個稚齡孩子，兼挺著一個大肚子，到灣仔大屋請黃蘭芳收容。[6]

利希慎的一妻三妾在 30 年間，合共為他生下七子八女，其中長女夭折、八女為遺腹子。眾子女在家中的排行及其生母，如下表所示：

表 4-1：利希慎子女的排行及生母

姓名	出生年份 *	排行	生母
利寶瓊	不詳	長女	大房黃蘭芳
利銘澤 Richard Charles Lee / Lee Ming Chak	1905	長子	二房張門喜 （張瑞蓮）
利銘洽（利銘秩） Lee Ming Hop	1908	次子	二房張門喜 （張瑞蓮）
利孝和（利榮根） Harold Lee Hsiao-wo Harold William Lee / Lee Wing Kan	1910	三子	大房黃蘭芳
利舜華 Doris Lee Shun Wah	1914	次女	大房黃蘭芳
利舜英 Ansie Lee Shun Ying	1914	三女	二房張門喜 （張瑞蓮）
利榮森 Lee Jung Sen / Lee Wing Sum	1915	四子	大房黃蘭芳
利榮傑 Lee Wing Kit	1918	五子	三房蘇淑嫻
利舜琹 Joyce Lee Shun Kam	1919	四女	二房張門喜 （張瑞蓮）
利舜賢 Dione Lee Shun Yin	1919	五女	大房黃蘭芳
利舜豪 Amy Lee Shun Ho	1922	六女	二房張門喜 （張瑞蓮）
利榮康 Lee Jung Kong / Lee Wing Hong	1924	六子	四房吳悅 （吳佩珊）
利舜儀 Diana Lee Shun Yee	1926	七女	四房吳悅 （吳佩珊）
利榮達 Lee Wing Tat	1927	七子	四房吳悅 （吳佩珊）
利舜娥 Vivien Lee Shun Ngor	1928	八女	四房吳悅 （吳佩珊）

説明：* 所列皆為利希慎子女的真實出生年份，而非其出世紙上所載之年份。

利希慎本人雖受過西學洗禮，洞悉世變，英文亦佳，治家卻甚為傳統。簡言之，在利家，正室與側室依然尊卑有序、上下分明，嫡子與庶子也有差別，男女的地位亦不平等。黃蘭芳在家裏身為元配夫人，位尊權重，眾子女不論嫡庶，都要認她作母親，喚她「阿媽」。反觀諸妾，都只能夠屈身為「二姐」、「三姐」、「四姐」，矮了黃蘭芳不止一截。此外，黃蘭芳牢牢掌控並分配家中一切資源，妾侍們不僅要侍奉丈夫，亦須服侍正室。（Sperry, 2009: 9；利德蕙，2011: 42）

至於嫡庶之辨，利孝和、利榮森雖然只是利希慎諸子中的老三、老四，但身為嫡子，日後很自然地擁有更多的家族事務主導權。這方面唯一的例外，是利希慎於婚後七年才盼到的長子利銘澤。利銘澤因是側室先於正室所出之子，按舊俗交由正室撫養，祈能借福生子。正因為利銘澤是交由黃蘭芳親自撫養，兩人感情深厚，而黃蘭芳後來也確實「借福」生下了兩子兩女，自然和他較為親近。此外，利銘澤比嫡長子利孝和大了整整五歲，比親弟利銘洽也大上三歲，可謂名副其實的「大哥」。

利希慎的傳統家風，也表現在家族男女不一致的地位上。顯例之一，就是家人在大屋用餐時，男、女分席，男人和大男孩在二樓用膳，婦孺則在三樓（利德蕙，2011: 47）。利家第三代的男性成員，日後仍可見這方面的意識殘留。舉例來說，1936 年，利舜英自北平遊歷歸來後，曾想在香港本地找份工作，三哥利孝和卻勸說不必，「留在家裏彈琴即可」（Sperry, 2009: 78）。利家第四代的利德蓉、利蘊蓮，也都分別提到自己的父親利銘澤、利孝和，都曾在某個情境下對著她們慨歎，說她們的確出類拔萃，卻遺憾不是「男兒身」。[7]

然而利希慎畢竟是香港當代世家裏，少數不凡的中西合璧開創者。他雖然捍衛華人妻妾之間的傳統分際，卻早在 1925 年，就將「利希慎置業有限公司」的股份分給每一位妻妾子女，妾侍、女兒也不例外。諸子不論嫡庶，都分得 500 股；元配 250 股，側室則每人可得 100 股；女兒所獲最少，但也各有 70 股。[8] 華人企業家族的分產原則，傳統上都是「諸子均分、傳男不傳女」，而利希慎竟給一眾女兒及妾侍都分配家族企業的股份。女兒們獲分配的股數，雖然遠不及諸子來得多，但擺在 1920 年代保守的香港華人社會脈絡下看，已是重大突破。此外，利

希慎非常認真對待孩子的教育，不論男女，基本上一視同仁。譬如 1924 年，兩個已適齡入讀小學的女兒，包括庶出的利舜英，就獲得與長子利銘澤、嫡子利孝和同等的待遇，由利希慎不惜重金送往英倫求學。至於利家內部一度相當微妙的嫡庶之分，到了第四代，基本上也已經抹除。以 1981 年上市的希慎興業有限公司的領導權為例，1980 年代末當利榮森（利希慎嫡子）逐漸自商界退隱後，接續領導希慎興業的利家第四代成員——利漢釗、利定昌、利子厚和利蘊蓮，就大多不是利希慎的嫡孫。[9]

❖　　教兒育女　　❖

利希慎的獨特家風，還反映在他要求子女學好英文的同時，也打好中文及國學基礎。換句話說，他想讓子女複製他早年獨特的中西學習經歷，但要以傳統文化為根柢，並不追求下一代的全盤西化。利希慎在這方面的重要安排，就是當家人早年在澳門的荷蘭園正街[10]寓居避疫時，「特聘名師陳子褒先生為子女授課」（利德蕙，2011: 44）。不過利家是在 1910 至 1920 年間避疫澳門，這段時間內適齡入學的僅利銘澤、利銘洽、利孝和三子，其他子女如利舜華、利舜英、利榮森等，都年紀尚小。[11]而在「子褒學塾」（後易名「灌根學塾」）完整修畢其小學課程的，應該只有最年長的利銘澤、利銘洽兩人。

查 1915 年該校《灌根年報》內所列學生，利家兄弟是被歸入「新會縣人」一欄。而在新會縣籍的男學生裏，[12]利氏家族就有利銘澤、利百養、利銘秩（利銘洽）、利銘根（利孝和）、利國藩這五人同時在學（灌根學塾，1915: 1-3）。利百養乃利希慎兄長利紹世之子，利國藩則是利希慎大弟利綸世之子。由此看來，利希慎和他的兄弟們，當時都將家屬或一部份家屬安頓在澳門，其堂兄弟利樹培等看來也是如此。[13]澳門遂一度成為利氏家族在香港以外的重要據點。

陳子褒（1862-1922）是位頗富傳奇色彩的平民教育家，廣東新會望族出身，清末舉人。光緒十九年（1893 年）他獲鄉試第五名時，名次較同屆應試的康有為高，卻因佩服康有為的識見而拜他為師，傳為佳話。[14]1898 年，戊戌變法失敗，陳子

◎ 利希慎與二女利舜華（左）及三女利舜英（右）

◎ 利希慎安排利舜英和利舜華入讀拔萃女書院

褒因曾追隨康有為參與變法，被清廷通緝，只好流亡日本。旅日期間，他細心考察了日本各地小學的教育情況，翌年即懷著教育救國的熱誠來到澳門，在荷蘭園正街 83 號創辦「蒙學書塾」，後改稱「子褒學塾」。其弟陳子韶，則是在鄰屋創辦「子韶學塾」。兩兄弟因教學出色，聲名遠播，學生日增，校舍不敷使用，子褒學塾於是遷往龍嵩街，後再遷荷蘭園二馬路，並易名為「灌根學塾」。（方美賢，1975；吳志良等，2009a: 2082-2083）[15]

陳子褒採用新式教學法，又致力於推動婦孺教育，「首開華人辦學男女同校之先河」。他強調改革要從根柢做起，故專注辦好小學教育（夏泉、徐天舒，2004）。利希慎顯然是認同陳子褒的教學理念，才會將三子都送入灌根學塾就讀。利銘澤的中文能力、文化觀念與國家意識，正是在此奠基。他晚年接受《南華早報》專訪時，還特別強調將小孩送往境外留學固然好，但家長應該確保孩子們學好英文前，先牢記中文：

> 我們是最早將少兒送往境外留學的家族之一，現在很多人都這麼做了。不過這裏頭有個差別：我們是先跟隨老學者們（old scholars）學好中文，且是一輩子不忘。今天很多孩子的英語流利，但卻不會自己的語文。我想應該讓他們先〔在香港〕唸完中五（Form Five），才出洋留學。（Manson, 1975，作者中譯）

1917 年利銘澤在灌根學塾完成小學教育後，家人雖仍在澳門避疫，利希慎卻已安排他先返港，入讀自己的母校皇仁書院。利銘澤的皇仁歲月，留下來的記錄甚少，這首先是因為皇仁書院的大量官方記錄毀於二戰戰火，其次則與他在校的時日不長有關。書院前校長司徒莊（John Stokes）與太太合著的 *Queen's College: Its History, 1862-1987* 一書，曾簡略提到利銘澤是在 13 歲時離開皇仁（Stokes & Stokes, 1987: 35），但此說並不確實。利銘澤應是在 1917 或 1918 年間入讀皇仁，1920 年 5 月就與三弟利孝和一同搭船前往英國。所以利銘澤應該只在皇仁待過兩、三年的時間，1920 年離校赴英之際，已經是個心智相當成熟的 15 歲少年郎了。

利希慎因鴉片與航運等生意上的成功，1919 年時已成巨富，開始考慮送孩子出
洋留學的事。利希慎透過他很信任的家族律師兼老友——高露雲律師行的畢維
斯（C. E. H. Beavis）推薦，找上曾經任職於英屬錫蘭 [16] 和香港兩地的工務司
署（Public Works Department）、1917 年時已舉家回到英國牛津郡的工程師亞歷
克・邱吉爾（Alec Fleming Churchill）[17] 和他的太太埃莉諾・邱吉爾（Elinor
Elizabeth Churchill），請他倆擔任利銘澤、利孝和兄弟在英格蘭的監護人。邱吉
爾的海外生活與工作經歷豐富，除了香港，他與英屬錫蘭的淵源尤深，因為其父
約翰・邱吉爾（John Fleming Churchill）也曾派駐錫蘭多年，官至當地的工務
司署署長，是科倫坡市中心那座著名鐘樓的監造者（Churchill, 1986: 65, Plates V
& VI）。邱吉爾本人於 1910 至 1917 年寓居香港期間，曾經負責土地測量工作，
也曾代理過工務司署的署長職務，但他後來雙目失明，不得不退休返鄉。[18]

針對利希慎當年的留學安排，利銘澤的長女利德蓉則說，祖父是早在 1914 年或
更早以前，即利銘澤已屆入學之齡時，就和邱吉爾夫婦談好，著手安排長子留學。[19]
豈料第一次世界大戰隨後爆發，歐洲是主戰場，邱吉爾一家不便返國，結果這事
一拖就拖到了一戰結束後。[20] 1914 年可謂利希慎財富積累的第一個高潮，大屋
地塊正是在當年買入，利希慎頗有些躊躇滿志，所以此說確有可能。不過利銘澤、
利孝和兄弟是否真如利德蓉所言，是在 1919 年首度踏足英倫，就值得推敲。

1920 年 5 月 23 日，利希慎曾在一則發給新加坡萬國寶通銀行（International
Banking Corporation）的 Cheung Wai Hin 的電文中，提到他兩個孩子正在隨凱
蕾小姐（Miss Caillat）搭日本郵輪「三島丸」（Mishima Maru）前往英倫，請他
在郵輪於新加坡停靠時和他們碰面，並知會 Lot Sit Pang。[21] 其時蘇彝士運河雖
已開通，但郵輪由香港緩緩西行，經新加坡、馬六甲海峽、科倫坡、亞丁、紅海、
蘇彝士運河、地中海而至英格蘭，仍需耗上整整一個多月的時間，依此推斷，利
氏兄弟應該是在 1920 年的 5 月上旬或中旬，自香港啟程。此後在利希慎的對外
通訊中，才開始出現他與邱吉爾夫人和兩個兒子的來往信函。

除了電文，利孝和的「學校證書」（School Certificate）[22] 也清楚載明，利孝和是於 1920 年 9 月至 1927 年 7 月間，在牛津的莫德林學院中學（Magdalen College School）就讀。[23] 1990 年時，利孝和的後人曾透過倫敦某律師行，直接向這家名校查問利孝和的學籍資料，得到的回覆也是他於 1920 年入學、1927 年離校。[24] 所以利氏兄弟應是在 1920 年的 6 月或 7 月間抵達英格蘭，在監護人邱吉爾夫婦位於牛津郡克里克路 4 號（4 Crick Road, Oxford）的住家稍作調適後，9 月即入讀同郡的莫德林學院中學。至於陪伴及照看兩兄弟前往英格蘭的凱蕾小姐，應該只是某位正準備返國的在港英人，受託於航程中照料孩子而已，並非專職保姆。

1924 年，利希慎將次女舜華與三女舜英也一併送往英國牛津，在邱吉爾夫婦監護下求學。利希慎的長女夭折，所以其次女和三女，實為長女和次女。舜華、舜英同齡，雖是同父異母的姐妹，但從小一道嬉戲成長，感情甚篤，也甚受父親疼愛。1922 年兩女適齡入學時，利希慎先是將她們送入九龍名校拔萃女書院寄宿，每週六下午才和黃蘭芳一道帶著灌滿熱雞湯的保溫瓶，渡海前往九龍探視（Sperry, 2009: 35）。[25] 拔萃女校早年主要是招收歐洲人及華洋混血的女孩，僅少數英語還行的華人女孩可獲錄取。舜華、舜英當時都還沒認真學過英文，拔萃女校離家亦遠，利希慎卻仍安排入讀，顯見他希望女兒們也早日融入英語世界，為留學預作準備。兩女面試時，拔萃的女校長對利希慎說，她們在校需要洋名，就給利希慎寫了兩個。回家後，利希慎將這兩個名字投入帽裏，讓女兒抽取，結果舜華成了 Doris，舜英就是 Ansie（Sperry, 2009: 33）。

利希慎雖著意讓女兒在拔萃學好英文，但她倆入學後不久，利希慎就給拔萃的女校長寫信，先是請校長要求「牛奶公司」（Dairy Farm）每天供應一瓶滅菌奶給他的兩個寶貝女兒飲用，又說擔心她倆在校時荒廢中文的學習，所以校內若有專門教授中文的華人教師，利希慎也請校長安排她倆上課。[26] 舜華、舜英的確沒讓父親失望，在拔萃女校表現傑出，一年後雙雙取得班上第一名的佳績。[27] 不過利希慎念茲在茲的，仍是送女兒出洋留學，所以 1923 年 2 月，他就給邱吉爾夫人寫信，探詢牛津一帶是否有優質的女校可供選擇。[28] 邱吉爾夫人給舜華、舜英找了離牛津住家不遠的海丁頓女校（Headington Hill School），但原來利家家族律師畢維斯的夫人，也給她們安排了位於英格蘭東南方蘇塞克斯郡的聖心女校

◎ 左起：利銘澤、利舜英、利舜華、利孝和均被安排送往英國牛津留學。

（Moira House at Eastbourne in Sussex），[29] 所以兩人後來只在海丁頓女校待了不到一個學期，就轉去聖心女校（Sperry, 2009: 50）。

1924 年 3 月，利希慎為了替兩姐妹辦護照到英國留學，才去設法辦了她們的香港出世紙。利舜華、利舜英都是 1914 年生於澳門，但為免兩人在英國被人尷尬追問是否同父異母，暴露其父妻妾成群的事實，利希慎硬是讓利舜英比姐姐「小兩歲」，在出世紙上報稱她是 1916 年生於香港，母親和姐姐一樣，也是黃蘭芳（Sperry, 2009: 36-37）。與兩姐妹同行、負責在旅途中照料她們的則是 Miss Turner，一位恰好正要歸國的新聞記者。黃蘭芳不捨年幼的女兒遠行，哭得傷心，但利希慎不為所動，堅持要送兩女到英倫留學。兩姐妹應是在 1924 年 4 月啟程，臨行時，「約克市號」（SS City of York）就停泊在維多利亞港中央，利希慎、黃蘭芳帶著利榮森和一位攝影師同來送別。利希慎還鄭重其事地給女兒們準備了大張的白手帕，在小艇駛離大船回港時，讓電影攝影機捕捉下她倆以白手帕揮別的身影（Sperry, 2009: 36-40）。只是兩姐妹萬萬沒有想到，1924 年香港一別，竟是與父親的訣別。

❖　　牛津初體驗　　❖

回到 1920 年。當年初夏，利銘澤、利孝和兄弟從香港赴英倫的一個多月遠航，繞經半個地球，停靠新加坡、科倫坡、亞丁、塞得港諸異域，飽覽風光之餘，想必大開他倆眼界。大船最終航抵英格蘭南部的港市南安普敦（Southampton），兄弟倆再由凱蕾小姐陪著搭火車至倫敦，然後轉赴牛津。在牛津火車站等候他們的，很可能就和四年後利舜華、利舜英初抵牛津時一樣，是已經失明的邱吉爾先生和幫他引路的么兒巴斯特（Buster）。兩兄弟或許對此感到詫異，但在搭上四輪馬車後，隨即被沿路的景物分神吸引——由火車站至克里克路 4 號的兩公里路上，馬蹄嘚嘚敲著鵝卵石路面，而周遭牛津大學眾學院的尖塔、角樓，高低雜陳，古樸肅穆，在暮光下益顯孤傲。[30]

等在家門口迎接他們的，是舉止高雅和有著尖下巴、鷹鉤鼻的邱吉爾夫人。邱吉爾先生既已失明，監護兩兄弟的任務，主要就是由她負責。邱吉爾一家五口，[31]

另僱有廚子、女傭、園丁各一人,房舍連閣樓共三層,也有地下室、後花園。邱吉爾家境小康,不算富裕,利舜英在回憶錄裏就提到,兩姐妹在這個家中也要幫忙做點家務,並非養尊處優。邱吉爾夫婦的長子傑克(Jack)[32] 1906 年生於錫蘭的科倫坡,只比利銘澤小一歲。傑克出生後不久,邱吉爾夫婦即休假返國,翌年(1907 年)在國內誕下次子湯姆(Tom)。[33] 至於幼子巴斯特,[34] 則是 1911 年生於香港,只比利孝和小一歲。孩子們隨邱吉爾夫婦在科倫坡和香港兩地度過童年,直到 1917 年因父親雙目失明,才舉家遷回英國定居。

三個孩子和幾乎同齡的利家四兄弟姐妹都發展出深厚情誼,[35] 往後在某些歷史時空裏,甚至還有交集。三個孩子如邱吉爾夫婦所願,先後從軍。傑克和湯姆是陸軍,也都畢業自著名的桑德赫斯特皇家軍事學院(Royal Military Academy Sandhurst),亦曾派駐英屬緬甸,二戰時軍功顯赫。傑克官至中校,因作戰勇猛並兩度從敵營越獄逃脫,而贏得「瘋子傑克」(Mad Jack)的美譽,一生多姿多彩,充滿傳奇。湯姆則是比哥哥在軍中服役更久,退休時官至少將參謀。小弟巴斯特是海軍,畢業自皇家海軍學院(Royal Naval College),二戰時被調入精銳的艦隊航空兵(Fleet Air Arm),但 1942 年不幸在地中海的軍事行動中陣亡。(Churchill, 1986: 89-103; King-Clark, 1997)

牛津初體驗的第一步,是取個正式的英式洋名。利銘澤於是成了 Richard Charles Lee,利孝和(當年還叫做利榮根)也搖身一變,成為帶洋氣的 Harold William Lee。[36] 1920 年 9 月,在經過整個夏季的英式生活調適後——野餐、泛舟、後花園裏喝下午茶、河泳訓練等,利銘澤與利孝和就一同入讀牛津當地的莫德林學院中學。利銘澤比三弟大上整整五歲,所以只在這所私立中學待了幾個學期,就由邱吉爾夫人安排的私人教師在家授課,積極備考牛津大學。利希慎擔心兩子的英文不行,1920 年 10 月,還特地給邱吉爾夫人寄去幾本含中、英文句對照的參考書,以利她和兩子溝通,並作為輔助教材。[37] 利希慎也要求邱吉爾夫人別讓年紀較小的利孝和太閒,白天在校上課,晚飯後還要請邱吉爾夫人為他作輔導課業。[38] 不僅如此,他還要利孝和將學校發下來的所有成績報告都郵寄給他,以便他能緊貼兒子的學習進度。利希慎堅持以英文和利孝和通信,與此同時,又要求利孝和以中文給母親黃蘭芳寫信。然後他還會對利孝和寫給母親的中文信糾錯,改正後

◎ 利氏兄妹於英國期間的監護人邱吉爾夫婦

再寄回牛津，要利孝和細閱檢討。[39]

利希慎顯然也細看了利孝和寄來的所有學校成績報告。1921 年底，當他發現校長在某份成績報告裏留下評語，說利孝和有偷窺鄰座同學答卷的壞習慣時，他狠狠訓了利孝和一頓：

> 這是個很壞的習慣，你一定要警戒，別再被校長這麼說你。英諺有云：Honesty is the best policy〔誠實是上上策〕，[40] 你當永遠牢記。這樣的評語顯示，如果你戒不掉這個壞習慣，長大後必不誠實。所以我希望這樣的評語，未來不會再在你任何的成績報告上出現。（作者中譯）[41]

1922 年 3 月，在利希慎嚴厲督促與邱吉爾夫人悉心教導下，利孝和的課業不斷進步，終於拿下了學校全級的第七名。利希慎除了讚賞鼓勵，還更進一步，要求他把莫德林學院中學的學校簡介、他自己的班級時間表，以及「（一）校長或各位老師的名字，（二）學校照片，（三）其他所有具體資料」，都給他寄去參考。[42] 如此轉眼又過一年，1923 年 2 月，再度接到學校成績報告的利希慎，盛讚利孝和表現卓越，又說母親黃蘭芳知道後也非常高興，但同時要求利孝和「繼續努力，要每次都拿班上第一」。[43] 此後利孝和的學業成績即一路出色。而因為他的中文根柢尚淺，利希慎還特別交代邱吉爾夫人，要利銘澤給自己的弟弟補習中文，並規定一週要上兩或三堂課，每堂半小時。[44]

利希慎知道長子利銘澤嚴以律己，心智也更為成熟，所以對他明顯比較放心。1921 年 11 月，當利銘澤開始需要思考未來在牛津大學的主修科系時，[45] 他向父親提出工程專業的志向。利希慎也覺得修讀工程甚好，但他明確告訴利銘澤，他已將兩子全權交託給邱吉爾夫人看管，所以兩兄弟不論做甚麼事都要聽她的，選系之事也不例外。[46] 利希慎欣賞長子在學習上的勤奮，但 1922 年 3 月，他還是忍不住要嘮叨利銘澤信中的英文字寫得很難看，要他務必改進。[47] 利銘澤則會跟父親分享他在牛津的見聞，尤其是有關中國或華人學子在英倫的學習境況。利銘澤當年給父親寫的親筆信，今已難覓，不過 1922 年 7 月 31 日，他曾給小學母校——子褒學校千里去信，[48] 詳述了他在牛津的見聞和感悟，以饗校友，獲《十

2nd December, 1921.

My dear Harold,

I have noticed in one of your school reports that there are some remarks made by the Head Master about you as follw:-

"The bad habit of looking to see what his neighbour has put down as the answer."

That is very bad habit, and you must be careful to avoid such comment again. The proverb "Honesty is the best policy" should be impressed in your mind always.

The above remarks show that if you get into such bad habit you will not follow the policy of honesty when you grow up. Therefore I hope that in future such remarks will never appear again in any of your school reports.

Your affectionate father,

P.S. - Dick and you must also keep on to take the lessons in music

30th Nov, 1921.

My dear Dick,

Yours many letters have been received and contents duly noted. If you want to take your degree at Oxford University ir Engineering it is a very good idea but first of all you must consult the matter with Mrs. Churchill. If she agree with you, you may do it but not otherwise

I have written to Mrs. Churchill about same and left this matter entirely in her hand you must take her advice before doing anything. I have given her full power to look after you and therefore her advice must be respected.

Your loving father,

◎ 1921 年 12 月 2 日利希慎致英倫求學的利孝和信函（左）

◎ 1921 年 11 月 30 日利希慎致英倫求學的利銘澤信函（右）

年子褒學校年報》全文刊登，讓我們得以一窺其牛津生活點滴與社會觀察：

敬稟者：[49]

生等到英已〔以〕來，平安無事。至於水土，則凡華人無有不合者。生等現
寄居前香港工程師處，地名惡斯佛，華人號之曰牛津，為世界最有名大學之
地也。華人極少，連生等亦不足十人……〔以下從略〕。

今之留學於此者，多是不知稼穡艱難之輩，懶惰非常。往考大學試時，此科
曰難，別科亦曰難，科科均以難字自騙。覺難矣，於是不考，若不考，則父
母必有責罵。於是入一不用考試之大學，譯之曰無大學，不論何人均可入者。
於此掛號後，則寫信回家曰：我今已考入牛津大學矣。其在金橋〔劍橋〕者，
則曰我今考入金橋大學矣。其家人則全不知其中之弊也，以為牛津金橋二大
學而已耳，豈知金牛各有大學數十閒〔間〕之多。此輩掛號後，則遊蕩終日，
蓋極奢華。待至三年期屆，則買一紙文憑回國，虛張聲勢，及刊於報紙上曰：
某某牛津或金橋之畢業生也。苟有知之者而問之曰：汝於牛津或金橋何校畢
業，試為我言之，彼等則必無以對。此等之人，生今亦見有其二矣。

今也中國如此之弱，處于列強之閒〔間〕，苟無人材，將何以救國？但此輩
尚不自猛醒也。中國許多志士，欲出洋留學，因父兄無力供給，致不能往。
今此輩得父兄之力，而尚不努力，哀哉。

牛津縣裏，其氣候使人極為疲倦，故當夏季一至，人多往近海之地，否則必
發生疾病。生等今亦到心麻舌[50]處居住六星期，當暑假將完，然後返牛津也。
（子褒學校，1922: 5-7）

利銘澤的少年老成與憂國憂民之情，躍然紙上，而這種民族主義情感，正是陳子
褒給童年利銘澤烙下的印記，難以磨滅，伴隨終生。顯然，他既非「不知稼穡艱
難之輩」，亦非「遊蕩終日、蓋極奢華」的紈褲子弟，敏於思考、埋首苦讀，終
於 1923 年順利考上正牌的牛津大學。

❖　　流金歲月　　❖

兩子赴英倫留學兩年後，利希慎很思念孩子，急切地想要知道他們的高矮肥瘦、容貌變化，所以一旦知道利銘澤買了相機，就要求他倆多拍攝自己的生活點滴與英倫風光，每年至少要給家裏寄兩回照片。[51] 而為了讓兩個孩子瞭解家裏的近況，尤其是對他們來說依然陌生的灣仔大屋，利希慎也在大屋裏裏外外拍下不少和家人的合照，寄給他們。[52] 這些照片，既為大屋留下了珍貴的歷史紀錄，也讓後人可以重溫利家四兄弟姐妹在英倫的流金歲月。

由利銘澤與利孝和留學時期的照片、家書來看，經歷過數年牛津生活的調適後，兩人都已經能夠完全融入當地的社會與文化。這方面跡象之一，就是兄弟倆在1922年7月受洗，成了基督徒。利希慎看來並不反對這事，在他給邱吉爾夫人的信裏甚至表示，他和黃蘭芳對此都感到「非常高興」（very glad）。[53] 而利希慎給兩個孩子的信，則是要求他們既然受洗，就要當個真正的基督徒，且要盡最大的努力去遵守「十誡」（Ten Commandments）。[54] 這就與利希慎在兩子出洋留學前，告誡他們不得與洋女成婚，否則會喪失家產繼承權（利德蕙，2011: 51）的堅決的文化保守態度有別。隨著時間推移，他在這方面似已有所緩解、修正。

利孝和正值青春年少，除了課業，開始熱衷於中學裏的各項活動與球類運動，尤其是曲棍球、足球和草地網球。結果1921年時，他曾嚴重扭傷手臂，讓利希慎一度非常擔心。[55] 他也很自然地迷上西方流行音樂。據利舜英回憶，每當姐妹倆從寄宿的聖心女校返回牛津度假時，利孝和就要搬上閣樓的那間小房住。他會在閣樓小房裏，用留聲機播放各類爵士樂曲，或其他種種正風靡青少年的流行樂曲。他的小房間四周，也盡是糾結成一團的電線和各種打擊樂器（Sperry, 2009: 46）。而年歲稍長，每逢學校假期，利孝和已不會再隨邱吉爾一家外出英格蘭各地度假，而是會前往歐陸遊歷，且「極可能不是和大哥同行，因為他倆在品味及性情上，實在差異很大」（ibid.）。

利孝和後來的莫逆之交——建築師甘洺（Eric Cumine），也是在這段時期就相

◎ 留學英倫的利孝和（第二排中間）

知相識。中英混血的甘洺生於上海，父親 Henry Monsel Cumine 是在當地經商的蘇格蘭人。他少年時從上海負笈英倫，在倫敦知名的「建築聯盟學院」（Architectural Association School of Architecture）[56] 修讀建築。利希慎和上海的甘洺之父相熟，而 1922 年 11 月，對方曾請利希慎為他在倫敦求學的孩子找個監護人。利希慎很自然地想到邱吉爾夫人，徵詢意願後獲對方同意，監護甘洺。[57] 換句話說，利孝和與甘洺同受邱吉爾夫人照顧，常有機會見面，而兩人又都酷愛運動，很快就成為好友。

利舜華、利舜英的英倫時光，同樣美好。聖心女校是一間規模甚小的私立學校，兩姐妹入學時，全校只有約 90 位寄宿生和少數走讀生，而她倆是唯二的華人。另一位外籍女生 Raji 是印度人，日後成為印度印多爾（Indore）土邦主的妻子（Maharani）。兩姐妹在這裏享受到了和香港拔萃女校完全不同的自由環境與文化氛圍，以致利舜英不禁感嘆：

> 沒有一個孩子會比我在學校更開心。我們沒考試，高班的同樣沒有，也沒有校服。鋼琴課是學校課程的一部份，而女孩們大多還會玩另一種樂器。我對每週一場的晚間音樂會充滿嚮往，學校的管弦樂隊就在我宿房的下方演奏，而我的睡眠時間已到，只好把耳朵貼在地板上聽。古典音樂真神奇，對我倆來說可真是全新事物。Doris 選了小提琴，並且很快參與了管弦樂隊的演出，但我太小，[58] 還不能加入他們。後來我挑了大提琴來學，也在學校的音樂會上演出。大提琴簡直沒甚麼曲調變化可言，我很尷尬，卻還是獲得響亮掌聲。每週三的晚上，我們還有芭蕾舞課，下課前則要學交際舞……（Sperry, 2009: 50-51，作者中譯）

回到牛津，嚴肅老成的大哥利銘澤，則是在經過一番寒窗苦讀後，於 1923 年 8 月通過了牛津大學的初級試（Responsions）。[59] 利希慎接到邱吉爾夫人的報喜電報後，十分欣喜，立刻匯去 50 英鎊，請她代為獎賞利銘澤。[60] 利銘澤成功考入牛津大學這事，也讓利希慎興起訪英的念頭，一度跟兒子說要在翌年的大英帝國博覽會（British Empire Exhibition）期間，帶黃蘭芳同往英倫。[61] 惟因事忙或其他原因，利希慎的英倫之行，最終沒能落實。

1923 年 10 月,利銘澤進入牛津大學的班堡克書院(Pembroke College)修讀土木工程,成為早年牛津大學極罕有的華裔學子之一。牛津的書院寄宿生,會有專人負責照料生活起居,學生養尊處優,漸生貴族派頭。利銘澤不像利孝和這般高大,但也愛運動,既玩草地網球、曲棍球、划艇,更愛打拳。另一方面,據與他約略同期入讀班堡克書院的院友歐百恩(Percy O' Brien)描述,[62] 這位同學口中的 Dickie Lee,平日「總是疾步快走,極為守時,而且衣著整齊,常在背心口袋掛上懷錶」。此外,利銘澤「勤學用功,經常在 Radcliffe 理工圖書館研究功課」(轉引自利德蕙,2011: 54-55)。而基於利銘澤一貫的憂國憂民情懷,1925 年他更是在當選英國的「中國留學生會」(Central Union of Chinese Students in England and Ireland)會長一職後,[63] 選擇休學一年,全心奉獻會務,既服務中國留學生群體,也領導會員關注國是,如對當年 6 月發生的廣州「沙基慘案」發聲。[64]

利銘澤在這四年(1923-1927)的牛津大學歲月裏結識的同窗、朋輩,對其將來事業的發展影響深遠,更攸關利氏家族的整體發展。不過這方面的詳情,利德蕙的《香港利氏家族史》(2011)及鄭宏泰、黃紹倫的《香港赤子:利銘澤》(2012)兩書皆已觸及,本章不贅,會留待後面的章節再作補充。值得一提的,倒是兩書都忽略了利銘澤另一位同齡且未來聲名顯赫的同學,那就是傅爾布萊特獎學金計劃(Fulbright Program)的促成者、連任 30 年美國阿肯色州參議員的詹姆斯‧傅爾布萊特(James William Fulbright)。此君早年是憑羅德獎學金(Rhodes Scholarship)入讀牛津大學的班堡克書院,並於 1928 年畢業。利銘澤的長女利德蓉說,傅爾布萊特正是利銘澤在班堡克書院的知己之一。[65]

牛津大學四年,誠然是利銘澤的流金歲月。然而利銘澤並不知道,就在他當選「中國留學生會」會長的 1925 年,其父利希慎正在因省港大罷工引發的香港股災和經濟蕭條,遭遇經濟危機,周轉困難。而這樣的轉折,主要是因利希慎於 1924 年 1 月不惜耗鉅資並大量借貸,買下一個山頭而起。

◎ 留學英倫時的利銘澤

注釋

1　見利家現存的〈利母黃太夫人行狀〉。該行狀只是撰稿人張啟煌的「預薰」，未知是否曾對外發表。據張啟煌文中自述，該行狀是應其學生利榮森之請所寫。

2　「散官」是空有官名卻無實際職務的官銜。

3　黃蘭芳上有一位姐姐和兩位兄長，黃尚文是其一。見 1960 年代初，利榮森前往加拿大溫哥華拜訪定居當地的黃家親戚時（主要是黃中文、黃淵偉、黃子文、黃奕偉等黃蘭芳的堂兄弟），在 Georgian Towers Hotel 的便箋上記下來的黃蘭芳家系資料。

4　訪談梁趣沂與利潔瑩，2021 年 11 月 24 日，香港。

5　黃蘭芳和她的子女早年住大屋二樓，張門喜、蘇淑嫻則與自己的子女住在三樓（利德蕙，2011: 48）。大屋一樓是飯廳、客廳、偏廳，僅作為宴客、起居、娛樂之用；二樓和三樓則是各有兩個獨立單位，每單位配備一廳一房及浴室。不過蘇淑嫻因與黃蘭芳頗有齟齬，後藉故帶著獨子利榮傑搬離大屋，住進了銅鑼灣利舞臺對面的波斯富街公寓（訪談梁趣沂與利潔瑩，2021 年 11 月 24 日，香港；利德蕙，2011: 48）。

6　訪談梁趣沂與利潔瑩，2021 年 11 月 24 日，香港。梁趣沂是從其家婆蘇淑嫻處聽聞此事。據說黃蘭芳雖早就知道利希慎又討了個小妾，但在他遇害前，沒見過吳悅。吳悅攜年幼子女上門跪求元配收容後，黃蘭芳一度遲疑，惟當時也在現場的利希慎堂弟利樹滋，因是高露雲律師行的師爺，知道利希慎的遺囑內容，就開口說：「二嫂，妳要收留她，不收容不行啊，慎哥的那張遺囑裏有她子女的名字。」黃蘭芳這才正式讓吳悅入門。兩氏當時的互動情形如何，今已難考，不過從利家現存的老照片看，黃蘭芳最遲在 1924 年初就與吳悅有過一張多人合照，利希慎當時也在現場。所以至少「兩人事前從未碰過面」這一點，並不確實。

7　電話訪談利德蓉，2021 年 10 月 29 日，香港—瑞士；訪談利蘊蓮與利乾，2020 年 9 月 11 日，香港。

8　公司總股數 5,000 股，利希慎自己名下有 1,000 股。1925 年利希慎分股時，利舜儀、利榮達與利舜娥都還未誕生，所以利希慎加一妻三妾六子五女的總股數為 4,900 股，還有 100 股是分配給一眾利氏族人。見 1949 年 5 月 9 日，利希慎置業有限公司上交港府公司註冊處的周年申報表（Annual Return）；以及〈鍾寶賢，2011: 141〉。

9　利漢釗是二房次子利銘洽的長子，利定昌是三房獨子利榮傑的兒子，利子厚是四房次子利榮達的次子，只有利蘊蓮是大房長子利孝和的次女。

10　又名「肥利喇亞美打大馬路」或「荷蘭園大馬路」（Avenida do Conselheiro Ferreira de Almeida）。

11　利舜英也曾憶述當年在澳門，僅年紀較大的兄長——即利銘澤、利銘洽、利孝和三人——是在當地上學（Sperry, 2009: 17）。

12　子褒學塾（後改稱灌根學塾）亦收女學生。如果就 1915 年《灌根年報》的學生名單做統計，女學生共 76 人，比 72 名男學生還多。該校女生中，又以來自香山縣的為多，1915 年在校的就有 40 人，遠比同籍貫的 19 名男生多。

13　利樹培是利文奕五子。利樹培的長子利國偉（利錦成），就是在 1918 年 8 月 5 日生於澳門（黎子流、黃偉寧，1996: 163）。

14　據說康有為本來名列第二，但因其試文〈書同文〉沒有沿用朱熹注釋，被降為第八名。陳子褒讀了康有為此文，自嘆不如，特意前往「萬木草堂」拜謁，對談後大為折服，遂拜他為師，與梁啟超等一同受教。見張軍民的〈陳子褒〉一文，載於《華人基督教史人物辭典》（簡稱「華典」）網頁：http://bdcconline.net/zh-hant/stories/chen-zibao。

15　其弟的子韶學塾，則是在遷往板樟堂街後，改稱「沃華學校」（吳志良等，2009a: 2082-2083）。

16　Ceylon，即今天的斯里蘭卡。錫蘭時為大英帝國一環，故與香港的行政公務體系相通。

17　利漢釗曾經提到，這位 Alec Fleming Churchill（1876-1961）乃二戰時英國名相邱吉爾（Winston Leonard Spencer Churchill, 1874-1965）的堂兄弟。不過利漢釗也承認，這只是他早年陪伯父利銘澤及其友人聚餐時，從利銘澤口中聽到的説法，實情不詳。見 2020 年 11 月 30 日，美國新澤西州的利漢釗就作者訪談問題的錄音回應。查英國名相邱吉爾的 'Spencer Churchill' 為複姓，所以 Alec Fleming Churchill 雖也系出牛津郡，看來與英相邱吉爾沒有親緣關係。亞歷克·邱吉爾的次子湯姆（Tom），後來在他親撰的家族編年史——*The Churchill Chronicles: Annals of a Yeoman Family* 一書裏，開宗明義就強調家族的先人是自耕農（yeoman），所以既與英相邱吉爾 Duke of Marlborough 的家系無關，本身亦無貴族的家庭背景（Churchill, 1986）。

18　有關亞歷克·邱吉爾的個人資料不多，除了利舜英回憶錄裏的零星介紹（Sperry, 2009: 44），也可見其次子湯姆撰寫的家族編年史（Churchill, 1986），以及香港歷史研究者在網上的相關討論，如：https://gwulo.com/node/35565

19　1914 年時，利孝和年僅四歲，尚難遠行。

20　電話訪談利德蓉，2021 年 10 月 29 日，香港—瑞士。

21　1920 年 5 月 23 日，利希慎致新加坡萬國寶通銀行的 Cheung Wai Hin 電文：'My sons go England with Miss Caillat meet them Mishima maru inform Lotsitpang'。

22　School Certificate 是 1918 至 1951 年間，英國 16 歲中學生參加相關考試後獲頒的證書，相當於 1951 年後的 GCE O-Level。

23　Harold W. Lee, School Certificate A of the Oxford and Cambridge Schools Examination Board, issued in 1927.

24　1990 年 7 月 9 日，莫德林學院中學回覆倫敦的 Brain & Brain 律師行函。覆函中明確提到，利孝和 'came to this school at age 9 in 1920 and left at age 16 in 1927'。利孝和入學時，實際上已十歲，學校記錄根據的是其出世紙上不實的出生年份，即 1911 年。

25　利舜華、利舜英入讀拔萃女書院當寄宿生的點點滴滴，利希慎也有在信中向利銘澤、利孝和提及。見 1922 年 3 月 30 日，利希慎分別寫給人在英倫的利銘澤與利孝和函。

26　1922 年 6 月 15 日，利希慎致九龍拔萃女書院的校長函。

27　1923 年 3 月 16 日，利希慎致牛津的利銘澤與利孝和函：'I send you here with a newspaper containing an annual report of the Diocesan Girls School (Kowloon), from which you will be glad to learn that your sister Doris Lee is the first girl in Class Middle VIII and Ansie Lee has also got the First Prize of Class Lower VIII of the school.'

28　1923 年 2 月 23 日，利希慎致牛津的邱吉爾夫人函。

29　Moira House 於 2018 年 1 月和 Roedean School 合併，改名為 Roedean Moira House。不過學校因收生不足，難以為繼，現已關閉。

30　利銘澤與利孝似乎都沒以文字記下他們初識牛津時的情景、感受，這裏是依據四年後，利舜華與利舜英初抵牛津時的相似情境推想。利舜英在回憶錄中説，邱吉爾先生讓她們決定要搭計程車還是馬車，她倆選了馬車（Sperry, 2009: 43-44）。

31　邱吉爾夫婦其實共生四子，但長子 Alec Thorpe 早天，1905 年生於錫蘭，也死在錫蘭（Churchill, 1986: 89）。

32　傑克只是暱稱。Jack Churchill 的全名，其實是 John Malcolm Thorpe Fleming Churchill (1906-1996)。

33　Tom Churchill 的全名是 Thomas Bell Lindsay Churchill (1907-1990)。

34　巴斯特只是暱稱。Buster Churchill 的全名，其實是 Robert Alec Farquhar Churchill (1911-1942)。

35　舉例來說，1963 年 7 月 24 日，當利銘澤要在白金漢宮接受英女王頒發的大英帝國司令勳章（CBE）時，他邀請觀禮的兩位英國好友，正是傑克和湯姆（利德蕙，2011: 219）。

36　利榮根壯年時改名利孝和，此後即以 Harold Hsiao-wo Lee 廣為人知。其 Harold William Lee 的舊洋名，遂少有人聽聞。

37　1920 年 10 月 6 日，利希慎致牛津的邱吉爾夫人函。

38　1921 年 11 月 22 日，利希慎致牛津的邱吉爾夫人函。

39　1921 年 11 月 30 日與 1922 年 3 月 30 日，利希慎致牛津的利孝和函。

40　利希慎是以英文打字給利孝和寫信，但在這一句 'Honesty is the best policy' 後頭，他特意在括弧內親手寫上「誠實為第一重要」的七個中文字，顯示其對孩子踐行誠實的要求與重視。

41　1921 年 12 月 2 日，利希慎致牛津的利孝和函。利希慎還在信末附註：你和大哥也要繼續去上音樂課（Dick and you must also keep on to take the lessons in music）。

42　1922 年 3 月 30 日，利希慎致牛津的利孝和函。

43　1923 年 2 月 23 日，利希慎致牛津的利孝和函。

44　1922 年 11 月 13 日，利希慎致牛津的邱吉爾夫人函。

45　利銘澤是在 1923 年他 18 歲時，才考入牛津大學。利希慎看來自始就只以牛津大學為兒子的入學目標，不考慮英國的其他大學。

46　1921 年 11 月 22 日、1922 年 4 月 18 日與 1923 年 8 月 13 日，利希慎致牛津的邱吉爾夫人函；以及 1921 年 11 月 30 日，利希慎致牛津的利銘澤函。

47　1922 年 3 月 30 日，利希慎致牛津的利銘澤函：'I am sure that you can understand penmanship is one of the most important subjects in school. As the writing in your recent letters was so poor, I have to draw your attention in this matter and would like you to make improvement in future.'

48　1918 年，陳子褒將灌根學塾由澳門遷香港，再度改名為「子褒學校」，分設男女校於港島堅道及般含道。1922 年 7 月 4 日，陳子褒在香港般含道的子褒學校病逝。據《十年子褒學校年報》在〈利銘澤書〉的前言所載，利銘澤應是於 1922 年 7 月 31 日給學校去信，所以很可能是在牛津郡聽聞恩師去世的消息後，為感念恩師，提筆寫的信。

49　原文不分段落，書中段落為作者所分。又，原文的標點符號一律以「。。」標示，書中標點符號為作者依文意所加。

50　「心痳舌」應是指位於英格蘭西南部的薩默塞特郡（Somerset），以粵語發音。

51　1922 年 10 月 9 日，利希慎致牛津的利銘澤與利孝和函。

52　1923 年 2 月 23 日，利希慎分別致牛津的利銘澤與利孝和函。

53　1922 年 8 月 5 日，利希慎致牛津的邱吉爾夫人函：'My wife and I are very glad to learn that Dick and Harold have been baptised and we hope they will be true and pious Christians.'

54　1922 年 8 月 5 日，利希慎致牛津的利銘澤與利孝和函：'Although I am not a convert, I am very much pleased to hear that you have the intention of leading a Christian life... I hope therefore first of all you can make up your mind to be true Christians and devote yourselves in the Ten Commandments with the upmost efforts possible.'

55　1921 年 8 月 2 日及 1922 年 4 月 18 日，利希慎致牛津的邱吉爾夫人函。

56　該學院是英國歷史最悠久的建築類私立學院。

57　1922 年 11 月 13 日，利希慎致牛津的邱吉爾夫人函。

58　如前所述，兩姐妹其實同齡，只是因出世紙上虛報的年齡，令她們在校方眼中相差兩歲。

59　Responsions 是牛津大學獨有的入學試之一，已於 1960 年廢除。

60　1923 年 8 月 13 日，利希慎致牛津的邱吉爾夫人函。

61　1923 年 8 月 13 日，利希慎致牛津的利銘澤與利孝和函。

62　歐百恩後來擔任過牛津醫學院的臨床生化系主任，也是班堡克書院的院士。

63　利德蕙的說法，是利銘澤當年獲選為「中國歐洲留學生總會」（Chinese Students' Union of Europe）的會長（利德蕙，2011: 57）。另一種說法，則是他當選「英國及愛爾蘭中國留學生總會」（Central Union of Chinese Students in Great Britain and Ireland）的會長（The University of Hong Kong, 1964）。不過經查證，1927 年的某一期《留英學報》裏曾經提到，該組織的正確名稱為 Central Union of Chinese Students in England and Ireland，當年的中譯名則是「中國留學生會」（轉引自鄭宏泰、黃紹倫，2012: 62）。

64　1925 年 6 月 23 日，廣州聲援省港大罷工的示威者途經沙基路時，遭英、法軍隊從沙面租界的方向射擊，導致嚴重死傷，是為「沙基慘案」。

65　電話訪談利德容，2021 年 10 月 29 日，香港—瑞士。

◎ 利園牌坊

05

緣定銅鑼灣

再講利園，大抵本港人士可以記憶，利園當時的游樂場，可算是規模最大者，真有五步一樓，十步一閣的景況，因為整個渣甸山，開放佈置成利園，依照山形建設，更加人工的構造，普通游樂場，都是陳陳相因，但利園攬山林勝景，都市的熱鬧，不愧四季咸宜……。

—— 黃燕清，《香港掌故》，1959 年版

1919 年無疑是利希慎財富增長的另一個爆發點。因為鴉片及航運生意上的成功，1919 年以降，利希慎開始大量買入物業及股票，並成立獨資的「利希慎公司」。在此之前，利希慎擁有的物業，主要是堅尼地道 32 號（後改為 74 號）上的那塊地皮和利家大屋，以及皇后大道中 202 號上禮昌隆公司的那棟三層樓房。此後利希慎經歷了糾纏數年的第一場鴉片官司，其鴉片生意雖持續擴張，但他顯然意識到海內外輿情已變，鴉片生意的道德和經營風險過高，長遠必不可恃，何況港府也已經宣示要追隨倫敦風向，自 1919 年起逐步收緊鴉片貿易。利希慎亟需分散投資，並調整方向。

利希慎的分散投資之道，既傳統也新穎。首先，「有土斯有財」，華商有了餘錢，傳統上最愛的還是買地買房，而辛亥革命以來，廣東因政治動盪及鄉間匪禍觸動的移民潮，也讓利希慎敏銳嗅到了香港房地產業的商機。不少相對富裕的廣東家庭舉家遷入，香港人口激增，住房卻遠遠不足。利希慎乃順勢在 1919 年開始大量置業，除了買入現成的房產，也在新購土地上成行成排地蓋新樓房。不過與當代其他物業投資者一樣，利希慎圖的主要是穩定的租金收入，而非著眼於轉手獲利或建房出售。

其次，利希慎也藉著大量購股來分散投資。香港的股票買賣，約始於 1870 年，當時尚未出現證券交易所，卻已有華商透過買辦，購買大公司的股票。1891 年，隨著港府頒佈新股票條例及「香港股票經紀會」[1] 成立，香港有了正式的證券交易市場，也能夠買賣各種在香港發行的中國債券。不過華商一來對股票的性質認識不深，二來也有人在 1890 年代初國際銀價大跌時在股票市場吃過虧（夏歷，1989: 149-154），甚少沾手股票。所以當利希慎在 1919 至 1923 年間積極買進多家大公司的股票時，他就是香港華商中的先行者。利希慎不僅買得早、買得多、買得廣，更因為獨具國際視野，而同時涉足好幾個地域的股票市場。

❖　　投資猛進：物業　　❖

先說利希慎的物業投資。香港島地小山多，平地本來就少。1841 年英人登島殖民開埠後，又將中環至金鐘一帶劃作行政中心與軍事用地，華人移民只好都擠到上環及西環一帶聚居。不過華人聚居區的人口持續顯著增長，不僅推高租金，更

◎「利希慎置業有限公司」於 1923 年成立，翌年以公司名義從渣甸洋行手中買下東角鵝頭山及周遭土地。

導致整體居住環境惡化。1890 年代，港府曾為此落實大型的「海旁填海計劃」（Praya Reclamation Scheme），[2] 在中環填海，將中環海岸線向北推移至今天的干諾道中一帶。不過維多利亞城內的平地，依然稀缺，城區有必要東擴至下環——即今天的灣仔和銅鑼灣一帶。於是 1920 年代，港府再啟大型的填海計劃，這回就是在下環填海。1921 至 1931 年間開展的「海旁東填海計劃」（Praya East Reclamation Scheme），又將灣仔的海岸線由莊士敦道及軒尼詩道東段，向北推進到今天的告士打道一帶，填出了含駱克道、謝斐道等的下環大片土地。

利希慎似乎早就在緊盯海旁東填海計劃的進展。1919 年起，他先是在灣仔大肆購屋及買地建房，尤其是買入新填海區的海旁地段。而他善用槓桿，買進物業後，往往會將物業抵押給各家英資及外資銀行，取得銀行的貸款後再買。不過如此一來，雖能在房地產業迅速擴展，財務風險也相應提高。如第三章所述，利希慎置產時，除了以自己的名義購買，也會放在元配黃蘭芳名下，稍後亦將部份放在家族成員共享的「利綽餘堂」公司名下。1923 年底，當他將獨資的利希慎公司改組為「利希慎置業有限公司」（Lee Hysan Estate Co. Ltd.）後，大宗置產即歸於公司名下，翌年成交的銅鑼灣鵝頭山物業，就是顯例。

如果不討論利希慎置業有限公司及利綽餘堂名下資產，利希慎夫婦由 1914 年開始置產到 1925 年遭遇財務危機前，名下究竟擁有多少物業？這方面僅憑兩份史料，就足以顯示數量相當可觀：一是 1922 年第一季度時，夫婦倆需要繳納的差餉[3] 列表（見表 5-1）；二則是利希慎遇害後，其遺產繼承人黃蘭芳截至 1931 年 1 月 1 日的物業清單（見表 5-2）。必須再次強調的是，表 5-1 及表 5-2 所列，絕非利希慎在 1922 年初及 1928 年他遇刺身亡前，所擁有的物業全貌：

表 5-1：1922 年第一季度利希慎夫婦需繳納之差餉

利希慎名下的公寓樓（Tenement）	差餉額（HK$）
No. 32 Kennedy Road（堅尼地道）	117.00
Nos. 194 & 206 Queen's Road East（皇后大道東）	162.50
Nos. 1-9 & 2-32 Ui Hing Lane（匯興里，即後來的利東街）	387.40
Total ($)	666.90

黃蘭芳名下的公寓樓（Tenement）	差餉額（HK$）
Nos. 58A, 60, 60A, 62, 64, 64A, 66 Wanchai Road（灣仔道）	248.95
Nos. 207, 209 Queen's Road East（皇后大道東）	41.60
No. 38, [Stone] Nullah Lane（石水渠街）	32.50
Nos. 26 & 28 First Street（第一街）	44.20
No. 138 Second Street（第二街）	16.90
Nos. 55-59 Praya East （海旁東，即今莊士敦道與軒尼詩道東段）	258.05
No. 192 Queen's Road East（皇后大道東）	112.45
Nos. 11-15 Tai Wo Street（太和街）	46.80
Nos. 17-25 Tai Wo Street（太和街）	136.50
Total ($)	937.95

來源：'Rates for First Quarter, 1922'，利家家藏史料。

表 5-2：黃蘭芳的物業清單（截至 1931 年 1 月 1 日）

購買日期	物業所在的街道及門牌號碼	總計
30.06.1914	No. 202 Queen's Road Central（皇后大道中）	1
	No. 74 Kennedy Road（堅尼地道）	1
28.05.1919	~~Nos. 26 & 28 First Street（第一街）~~ 05.03.1929 sold $19,000*	2
	~~No. 137 Second Street（第二街）~~ 20.09.1930 sold $11,000*	1
09.09.1919	Nos. 62, 64, 66, 68, 70, 72 Wanchai Road（灣仔道）	6
15.11.1919	Nos. 74, 76 & 78 Wanchai Road（灣仔道）	3
	Nos. 38 Stone Nullah Lane（石水渠街）	1
02.02.1920	Nos. 17, 19, 21, 23 & 25 Tai Wo Street（太和街）	5
19.02.1920	Nos. 207 & 209 Queen's Road East（皇后大道東）	2
21.04.1920	Nos. 11, 3 & 15 Tai Wo Street（太和街）	3
22.11.1920	Nos.192, 192A, 194, 196 & 198 Queen's Road East（皇后大道東）	5
	Nos. 1-55 (Odd Nos.) Nos. 2-58 (Even Nos.) Lee Tung Street（利東街）	57
	Nos. 55, 56, 57 & 58 Praya East（海旁東）	4
26.06.1922	Nos. 200, 202 , 204, 204Λ & 206 Queen's Road East （皇后大道東）	5
	Nos. 33-65 (Odd Nos.) Spring Garden Lane（春園街）	17
26.03.1923	Nos. 60 & 60A Praya East（海旁東）	2

06.04.1923	Nos. 23, 25 & 27 Spring Garden Lane（春園街）	3
10.05.1923	No. 7 Spring Garden Lane（春園街）	1
19.05.1923	No. 15 Spring Garden Lane（春園街）	1
07.07.1923	Nos. 99-116 (Consecutive Nos.) Praya East（海旁東）	18
28.09.1923	Nos. 40-54 (even Nos.) Wanchai Road（灣仔道）	8
06.10.1923	No. 1 Spring Garden Lane（春園街）	1
24.10.1923	No. 3 Spring Garden Lane（春園街）	1
07.04.1924	Nos. 9 & 11 Spring Garden Lane（春園街）	2
08.04.1924	No. 29 Spring Garden Lane（春園街）	1
22.04.1924	No. 13 Spring Garden Lane（春園街）	1
01.05.1924	Nos. 17 & 31 Spring Garden Lane（春園街）	2
05.08.1924	No. 5 Spring Garden Lane（春園街）	1
18.08.1924	Nos. 19 & 21 Spring Garden Lane（春園街）	2
	Lee Building (Free)*（「利行」免費）	157

説明：＊這是文件上原有的紀錄／附註，非作者所加。
來源：'Wong Lan Fong's Properties (1st Jan 1931)'，利家家藏史料。

由上述兩表可見：（一）利希慎生前購買的物業，大多置於黃蘭芳名下；（二）兩夫婦名下的物業，絕大多數是在 1919 至 1924 年間買進。1925 年利希慎財務周轉出現問題後，窮於應付，往後數年，再無餘裕用兩人的名義添購任何物業；（三）1928 年利希慎身故後，財產已全數由黃蘭芳繼承管理，所以 1922 年時仍歸其名下的公寓樓，也會在 1931 年 1 月的這份黃蘭芳物業清單中出現。換句話說，我們可以將表 5-2 視作利希慎一生當中，以個人及元配名義買下的物業清單。當然，如表 5-2 內已遭刪除的三棟房舍所示，1928 年利希慎猝逝，家族要面對一場更大的財務危機，不得已拋售了他遺產中相當數量的股票及少數物業，以應付政府的大額遺產稅及每個月沉重的貸款還款。

利希慎大買物業時，焦點顯然是先放在灣仔地區。由表 5-1 可見，截至 1922 年第一季，利希慎買得最多的是匯興里（即今天的利東街）房舍，單這一季就要為此繳納 387.40 元的差餉。其次是海旁東（即今莊士敦道與軒尼詩道東段一帶）

的房舍，單季差餉 258.05 元。排第三的則是灣仔道的房舍，單季差餉 248.95 元。表 5-2 則顯示，利希慎在往後兩年多的時間裏，除了繼續大量買進海旁東和灣仔道的房舍外，也開始分批買入不少春園街的房舍。

表 5-1 及表 5-2 所列各項物業的門牌號碼，雖不能完全對上，但大致吻合。而兩者間之所以偶有差異，主要應該是利希慎在買下幾乎整條街或街道一側的整排物業後，會傾向於將部份舊樓拆掉重建，以提升租值。以春園街為例，利希慎在 1922 年 6 月 26 日收購的春園街 17 間房舍，[4] 就是交給他素來信任的公和洋行重建，一年後即竣工，準備出租。[5] 利希慎在發信催促公和洋行盡快向建築事務監督（Building Authority）申請竣工證明書時，還不忘要公和洋行提醒政府：「眼下住房短缺，請盡早批文」，以便他能早點將房子放租，增加市場上的住房供應。[6]

利希慎對利東街和海旁東的商業前景，尤其重視。1920 年 11 月 22 日，他大手買下了幾乎是整條利東街的 57 棟房舍，即門牌號碼單數 1 至 55 號和雙數 2 至 58 號的兩邊連排，既供人租住，也作商舖。至於海旁東，1920 至 1923 年間，經過幾個回合的收購後，利希慎也擁有了海旁東門牌 55 至 60 號及 99 至 116 號之間的所有房舍，共計 24 棟之多。這段時間恰是政府「海旁東填海計劃」開啟之時，灣仔的海岸線，即將從這裏北擴至今天的告士打道一帶，故地段優質，商業潛力巨大。灣仔區後來的發展，證明了利希慎的眼光與魄力。

❖　投資猛進：股票　❖

利希慎大買股票之舉，也是始於 1919 年。1919 至 1924 年間，他陸續買進很多大公司的股票，所涉業務非常廣泛。利家現存四本應是利希慎親筆的股票登錄簿，[7] 翻開這批本子，可見利希慎早期會分別以英文和中文，來為同一批公司的股票各記一頁。而他以中文登錄股票時，還會刻意用傳統的花碼來標記股票號數（scrip no.）及股份號數（distinctive no.）。不過這個以中英兩文登錄股票的習慣，利希慎並未貫徹始終，後來就全以英文來做記錄了。

如果只根據這四本登錄簿內的股票記錄檢視，利希慎似乎極少短炒股票。他自始就傾向於買入各地優良大企業的股票，尤其是經營電力、電車、貨倉、船塢等基礎設施的公司，和供應牛奶、冰塊、食糖、麻纜、紗線、火柴等民生物資的公司，並且長期持有（見表 5-3）。這一來是為了收取穩定股息，二來則是著眼於這些企業長遠的投資價值，並不急於收成。這種穩健作風，倒是和他經營物業時的風格一致，日後亦由黃蘭芳和利家第三代繼承。話雖如此，利希慎的股票投資組合裏，也有風險較大、投機性質較高者，只是比例相對小。譬如他透過新加坡萬國寶通銀行（International Banking Corporation）[8] 的華人買辦 Cheung Wai Hin 代購的兩家馬來亞橡膠股——吉打樹膠有限公司（Kedah Rubber Co. Ltd.）和 Bukit K. B. Rubber Co. Ltd.，就因為國際膠價當年起伏甚大，而頗具風險。不過風險最大的股票，莫過於 1919 年 7 月他透過股票經紀利安洋行（Benjamin & Potts Co.）在上海買入的蘭格志（或譯冷吉）拓植公司。這家公司正是 1910 年時，因其經營的橡膠價格暴起暴落，而觸發了上海一場大型股災的要角。[9] 無論如何，利希慎明顯是先大量買入優質、穩定的大企業股票後，才買進部份風險股，並未冒進。

表 5-3 所列的利希慎股票登錄簿內各家公司的股票及國債，如未特別說明，都是由他本人持有。至於黃蘭芳名下股票，也是由已獲授權的利希慎代為處理。作為對照，我們也查看了利希慎的對外書信與電報中，所有和股票買賣有關的細節。由信函的內容看，利希慎大量買入香港本土企業如牛奶公司、香港電車公司、中國電力公司等的股票，是始於一戰落幕後的 1919 年，尤其是在當年的 3 月至 10 月間，這與他大量買入物業的起點一致。這些大企業每年多會穩定派息，而由利希慎與這些企業的通信可見，他收息頗豐。以香港電車公司的股息為例，1922 年 4 月時，利希慎名下雖只有 2,579 股，卻已能收取公司派發的 1,580.68 元股息。這筆錢在當年並非小數目。同年 8 月，香港電車公司再派中期股息，此時利希慎的持股數已經增至 4,629 股，股息高達 1,777.57 元。換言之，單是香港電車這一家公司的股票，1922 年就為他帶來約 3,360 港元的收入。[10]

表 5-3：1919-1924 年間利希慎與妻妾曾持有的股票 *

資料來源：整理自現僅存利希慎的四本股票登錄簿，封面標示分別為 Book "A"、Book "B"、"C" 及 "D"。利家家藏史料。

公司名稱	備註
Shanghai Exploration & Development Co. Ltd. 上海興利墾植公司	由尼德蘭貿易公司（Netherlands Trading Society）手中購入。[11]
Dairy Farm Ice & Cold Storage Co. Ltd. 牛奶冰廠有限公司（牛奶公司）	由利希慎對外書信可見，利希慎是於 1919 年 3 月起，大量自他人手中買入牛奶公司股份。[12]
Star Ferry Co. Ltd. 天星小輪有限公司	
China Provident Loan & Mortgage Co. Ltd. 均益貨倉有限公司	1919 年 8 月起陸續購入。[13]
China Light & Power Co. (1918) Ltd. 中華電力有限公司（1918）[14]	1919 年 5 月起多次購入，[15]1923 年 2 月曾大手購入 9,620 股。[16] 持有期間，曾轉移小部份股票給他人。
Hong Kong Tramways Co. Ltd. 香港電車有限公司	利希慎 9,458 股，黃蘭芳 2,579 股。由利希慎對外書信可見，早在 1919 年 3 月，利希慎就陸續以黃蘭芳之名買入該公司股份。[17]
Hong Kong Rope Manufacturing Co. Ltd. 香港麻纜有限公司	
Central Motors Co. Ltd. (Singapore)	1919 年 9 月起陸續購入。由新加坡萬國寶通銀行的華人買辦 Cheung Wai Hin 代購。[18]
Hong Kong Fire Insurance Co. Ltd. 香港火燭保險有限公司	
Union Waterboat Co. Ltd. 於仁水艇有限公司	
Green Island Cement Co. Ltd. 青洲英坭有限公司	該股大多於 1924 年後才買入。
Union Insurance Society of Canton Ltd. 於仁洋面水險保險行	
Kam Hing Knitting Co. Ltd. 金星織造有限公司	利希慎 35 股，黃蘭芳 25 股，張瑞蓮 10 股，蘇淑嫻 10 股。

National Loan of the Third Year of The Republic of China 中華民國三年內國公債	民國三年即 1914 年。
Emprunt National Francais 4% 1918 1918 年法國四厘公債	1918 年 11 月，以約 9,972 元經廣州的東方匯理銀行（Banque de l'indo-Chine）購入。[19]
Indo-China Steam Navigation Co. Ltd. 印—華輪船公司（怡和輪船公司）	1919 年 4 月，以約 1,194 元經香港的東方匯理銀行購入。[20] 股票稍後賣出，惟日期不詳。
Hong Kong Electric Co. Ltd. 香港電燈有限公司	利希慎 200 股，黃蘭芳 250 股。黃蘭芳名下的香港電燈股份，是於 1920 年 3 月開始購入。[21]
Hong Kong & Shanghai Banking Corporation 香港上海滙豐銀行	1919 年 12 月起陸續購入。[22] 1926 年 12 月，曾轉手 10 股予 R. Sutherland。[23]
The Hong Kong Hotel Co. Ltd. 香港大酒店 [24]	1919 年 9 月起陸續購入。[25]
United Engineers Co. Ltd. (Singapore) 聯合工程有限公司（新加坡）[26]	1919 年 9 月，以叻幣（Straits Dollar）13,750 購入 500 股，由新加坡萬國寶通銀行的華人買辦 Cheung Wai Hin 代購。[27] 1920 年 3 月，再以叻幣 5,000 直接匯給聯合工程公司，增持 250 股。[28]
Shanghai Dock & Engineering Co. Ltd. (Shanghai) 英商耶松有限公司造船廠（上海）	1919 年 10 月起陸續購入。[29]
Oriental Navigation Co. Ltd.	似由他人代持，代持者為 A. M. H. Lemazel？
Gande, Price & Co. Ltd. 源和洋行 [30]	1919 年 11 月購入。[31]
Kedah Rubber Co. Ltd. (Singapore) 吉打樹膠有限公司（新加坡）[32]	1919 年底開始購入，由新加坡萬國寶通銀行的華人買辦 Cheung Wai Hin 代購。[33]
Hong Kong & Whampoa Dock Co. Ltd. 香港黃埔船塢有限公司（九龍船塢）	前 50 股應是於 1919 年購入；後 100 股則是於 1922 年 4 月至 5 月間分兩批購入。[34]
Bukit K. B. Rubber Co. Ltd. (Singapore) [35]	1919 年底由新加坡萬國寶通銀行的華人買辦 Cheung Wai Hin 代購。[36]
Malayan Matches Ltd. (Kuala Lumpur) 吉隆火柴有限公司（吉隆坡）	1919 年 10 月起陸續購入。由新加坡萬國寶通銀行的華人買辦 Cheung Wai Hin 代購。[37]
Maatschappij tot Mijn-Bosch-en Landbouwexploitatie in Langkat (Shanghai) 蘭格志（或譯冷吉）拓植公司（上海）	1919 年 7 月，由從事香港與上海股票仲介的利安洋行代購，惟至 1920 年 1 月才轉到利希慎本人名下。[38] 當中至少有 200 股，原是以利希慎堂弟利樹燊的名字持有。[39]
Malabon Sugar Co. 小呂宋（或譯嗎拉汶）糖公司 [40]	1920 年 4 月購入。[41]

China Sugar Refinery Co. Ltd. 中華糖局（渣甸糖廠）有限公司	有 600 股是於 1922 年 4 月至 5 月間 購入。[42]
Arratoon V. Apcar & Co. Ltd.	A. V. Apcar 的這家公司成立於 1924 年 9 月 9 日，利希慎應是其原始股東。兩 人交情甚深。[43]
Ewo Cotton Mills Ltd. (Shanghai) 怡和紗廠有限公司（上海）	1922 年 5 月起多次購入。[44]
A. S. Watson & Co. 屈臣氏有限公司	1922 年 6 月購入。[45]
Hong Kong & Canton Ice Manufacturing Co. Ltd. 香港廣州冰廠有限公司	該公司是於 1921 年 2 月 10 日 在香港成立。
Yeung Wo Nursing Home of Hong Kong Ltd. 香江養和園有限公司	即養和醫院前身。養和園創立於 1922 年。
Oriental Cotton Spinning & Weaving Co. Ltd. (Shanghai) 東方紡織有限公司（上海）[46]	1923 年 3 月起陸續購入。[47]
Shanghai & Hongkew Wharf Co. Ltd. 公和祥碼頭有限公司（上海）	1923 年 4 月購入。[48]
Shanghai Land Investment Co. Ltd. (Shanghai) 業廣地產有限公司（上海）	1923 年 5 月至 6 月間，分三次購入。[49]
Bank of Canton Ltd. 廣東銀行有限公司[50]	1923 年 1 月購入。[51]
Simplex Plaster Co. Ltd.	該公司是於 1924 年 1 月 7 日 在香港成立。
N. J. Concessions Ltd.	

❖ 買下一座山 ❖

從利希慎對外書信的內容來看，1919 年後，他雖已憑著鴉片和航運生意崛起為香港巨富，骨子裏的企業家進取精神卻始終未泯。除了藉物業和股票投資來分散鴉片買賣的風險，他還積極開拓各式各樣的海外商機，尤其是希望能與美國商界合作。舉例來說，1919 年 10 月 23 日，他曾給香港的萬國寶通銀行寫信，請它去信該銀行駐紐約和舊金山的辦事處，看看能否幫他找到一位專門買賣洋茴香油（Anise Oil）的代理，因為他「手上正有大批現貨，打算將一部份運往美國寄售」。[52] 1922 年 11 月 13 日，利希慎眼看香港因住房短缺帶旺了建築行業，又主動給三家遠在美國的磚廠同時發信，[53] 謀求和對方合作在中國建先進的磚廠生產磚塊，或向對方買進最新型的製磚設備自行生產。

與此同時，利希慎也開始思考，該如何建立一個有助維繫家族企業永續經營的框架？某些跡象顯示，早在 1922 年，利希慎就已經決定採用有限公司的形式，來成立一間家族旗艦企業。相比不少華商對有限公司的利弊都還不甚了了，利希慎可謂再開風氣之先。1922 年 9 月，他為了替這家籌辦中的公司打造一個精美且不易被人仿造的商標印章，還特地請遠在美國俄亥俄州的 Stanley Manufacturing Company 幫忙製作。[54] 1923 年 11 月 7 日，「利希慎置業有限公司」正式成立，地址仍設於皇后大道中 202 號。利希慎藉這家公司整合了家族名下物業，更是早在 1925 年，就將公司的大部份股權均分予諸子。他還給妻妾和女兒們也分配了數量不一的股份，所以這家公司乃名副其實的利氏家族企業。[55]

利希慎置業公司成立後的頭等大事，就是 1924 年時斥巨資，從渣甸洋行（Jardine, Matheson & Co.，後稱怡和洋行）[56] 手中買下東角的鵝頭山和周邊土地，開始更積極地進軍房地產。鵝頭山亦有東角山或渣甸山之名，[57] 利希慎購入鵝頭山後，因在此開發利園遊樂場，遂又有利園山之名。至於東角，香港開埠初期，原稱「勿地臣角」（Matheson Point），後來才改稱東角（East Point），即維多利亞城以東的海角之意。[58] 百多年前的東角，在經歷多次填海前，形狀確如一隻伸出維港的鵝頭。東角的東西兩側，當時都是淺灘，具體位置則是在今天東角道至百德新街

◎ 1860 年代的東角，照片中央位置的小山丘即為鵝頭山，亦有東角山或渣甸山之稱。
山上兩棟建築物為渣甸洋行的大班屋及二班屋。

一帶。其「銳角」早在 1855 年時，就已被填海抹平，整個海角也在歷次填海中消失殆盡。原來的銅鑼灣海面，被填成了維多利亞公園一帶；而皇仁書院至中央圖書館這一段，本來則是大坑的河口及淺灘。至於銅鑼灣的英文地名 Causeway（原意即堤道），則是來自 1883 年港英政府在銅鑼灣灣畔填海後，重新修築的一條喚作高士威道（Causeway Road）的石堤路。

1841 年 1 月英軍佔領港島後，6 月份即在澳門公開拍賣港島北岸約 50 幅的土地。渣甸洋行以 565 英鎊投得東角的三幅土地，分別位於今東角道、怡和街及渣甸坊一帶（鍾寶賢，2011: 70）。渣甸洋行隨後在此興建碼頭、倉庫、糖廠（1878 年）、冰廠（1880 年）等，以及作為其洋行總部兼大班、二班宅邸的兩棟別墅，[59] 成為銅鑼灣的第一代大地主。渣甸洋行的兩位創辦人，威廉·渣甸（William Jardine）與占士·勿地臣（James Matheson），也因此留名銅鑼灣：鵝頭山成了渣甸山，東角即勿地臣角。今日銅鑼灣區內，更是不乏渣甸街、怡和街、勿地臣街、波斯富街（Percival Street）[60]、百德新街（Paterson Street）[61] 等與渣甸（怡和）洋行直接相關的街名。

利希慎動念要買鵝頭山的 1920 年代，怡和洋行已在這一帶經營甚久。不過自 1864 年起，它已經將總部由山上的「大班屋」遷到中環（馮邦彥，2001）。東角的工業活動帶動了商業發展，鵝頭山麓的渣甸街已有露天市集，偏西的波斯富街、霎街、羅素街等街道，也建起多棟唐樓，電車更是已經在區內通行。[62] 不過鵝頭山的山頭畢竟仍在，而銅鑼灣離中環、上環、西環等熱鬧的老區也確實較遠，所以當地民居還不算多。

買鵝頭山可是一筆超大投資，利希慎需借助高比例的融資來完成交易，所以他和怡和洋行的這項買賣，其實風險甚高。然而利希慎為甚麼願意拋開之前一貫相對保守的房地產投資基調，去冒這個險？以目前僅有的一些內部資料來看，利希慎原有宏圖大計，希望將灣仔以東兩個新區的地產發展一併考量，惜事與願違。

利德蕙指出，利希慎本來的盤算，是買下鵝頭山後就將它剷平發展，而移山之土，可以運往北角填海，待北角的新填地完成後，又繼續蓋房子。利希慎顯然是在他

已大量購入灣仔的土地、樓房的基礎上，將目光沿港島北岸繼續東移，這回聚焦在銅鑼灣及北角這兩個偏區或新區：

> 香港處於丘陵地帶，極難興建樓宇，必須移山填海方能建設排列整齊的住宅。當時灣仔地價隨人口急增而大幅升值，而北角在港島北面的正中，位置優越，由此推斷出北角遠景良佳。如在北角沿岸填海闢地建造房屋，就近取用削平東角山所得的泥土，便可立刻提供大幅土地發展房產。祖父〔利希慎〕經過詳細盤算後，認為此計劃有利可圖，預計可以 1,040,369 元的成本，填造出 636,040 平方呎的可用土地面積。

> 根據祖父的估算，〔北角〕填海所得土地，可建造 467 幢華人住宅。更由於大批房屋同時興建，成本可低於其他香港建築商所建；鋼筋水泥可自行進口，木材石磚可大量採購以降低成本。每幢樓宇的造價約為 11,400 元，每一公寓單位可收 20 元月租，全部出租後可回收投資金 8 分利息。由於香港殖民地從未有如此租金低廉、具有現代化衛生設備之鋼筋混凝土住宅，故對中產階層租戶極具吸引力。(利德蕙，2011: 35)

這種細緻的盤算，說明利希慎早在出高價買鵝頭山前，就已經反覆思索、考慮周詳。至於賣家一方，怡和洋行此時看來更希望將它的業務集中在中環、上環等鬧區，而不想再費勁去開發他們那守了超過一甲子的偏區銅鑼灣。不過更重要的一點，還是怡和正面臨財務困窘，或許就在盤算著如何賣產減債，遂給了利希慎一個入手良機（鄭宏泰、黃紹倫，2007: 154-155）。怡和無疑是財雄勢大、根基牢固的香港英資龍頭企業，惟一戰結束後，歐洲慘遭戰火蹂躪，難以迅速復甦，通貨膨脹又嚴重影響了經營環境，怡和亦受其害。1922 年 1 月，香港爆發海員大罷工，更是雪上加霜，重擊了怡和的商貿與航運事業。[63] 航運停擺，除了令粵港兩地的關稅收入大減，商船上不耐久儲的貨物如茶葉、棉花、絲綢、布帛等，也會因積存過久而受潮變壞。然而海員大罷工發展到 1922 年 2 月時，被迫滯留維多利亞港內的商船，竟一度高達 169 艘，[64] 當中肯定不乏怡和商船（Keswick, 1982）。

由利希慎對外書信的內容來看，他是早在 1923 年 8 月，就與怡和的買辦蔡寶善[65]

大致談好了交易細節。怡和要賣給利希慎的那座鵝頭山／東角山／渣甸山，一共涉及五個地段，分別是海旁地段 365 號及內陸地段 29 號、457 號、1451 號、1452 號。[66] 利希慎對內陸地段 1451 號及 1452 號的出價最高，提議以 12 元一平方呎的價格買入。[67] 這兩個地段都在鵝頭山西側的平地上，即今天的時代廣場及利舞臺一帶，所以價格較山頭的地皮昂貴。不過兩地段都不是 1841 年怡和最早到手的那批東角土地之一，而是它後來添購的。譬如內陸地段 1451 號，就是怡和晚至 1918 年才從趙華等人的手中購入。[68] 至於這筆大買賣的付款方案，利希慎提議先付一成訂金，待交易完成後，三個月內再付三成現金。至於餘下那六成，則是要賣家向他提供一年期的按揭貸款，助他融資完成交易。[69]

1924 年 1 月 17 日，利希慎置業公司終以 3,850,960.35 元的總價，從怡和洋行手中買下東角土地（利德蕙，2011: 35）。不過據 1927 年利希慎周轉困難時，向渣甸家族與怡和洋行要求將按揭貸款延期的一份文件透露，這筆交易如果加上佣金和其他費用，其總價可是逾 450 萬元，而不只是 385 萬元。[70] 這筆交易無疑是香港開埠以來，金額最大的私人土地買賣，而買家利希慎的華商身份，對映賣家怡和的老牌英資洋行底色，誠然令人側目，頗有香港華商已非吳下阿蒙的意氣風發。不過表面風光之下，利希慎不無隱憂，因為這筆交易的金額實在太大，當中竟有六成左右的資金要來自賣方借貸。這樣的融資安排意味著，利希慎承受不起任何稍大的經濟動盪。

檢視公司註冊處所收存的利希慎置業公司的〈物業按揭紀錄〉（Particulars of the Property Mortgaged），可見渣甸家族和怡和洋行都分別給利希慎置業公司提供了貸款，金額一大一小。利希慎置業公司押給渣甸家族的土地，是海旁地段 365 號和內陸地段 29 號、457 號，受按人是 John William Buchanan-Jardine，[71] 按揭金額高達 2,088,000 元，亦即佔了東角土地交易總額 385 萬（或 450 萬元）的約 54%（或約 46%）。而利希慎置業公司押給怡和洋行的土地，則是內陸地段 1451 號、1452 號，按揭金額 342,000 元，亦即約是東角土地交易總價的 9%（或 8%）。換句話說，渣甸家族和怡和洋行為了讓利希慎可以籌到足夠資金來買下自己的地產，不惜借他一大筆錢。不過利希慎哪天要是還不起貸款，這批土地作為按揭，就會重歸他們之手。這一點恰是 1928 年利希慎遇刺後，利家最擔心的事。

利希慎一買下鵝頭山，就迫不及待地推進他發展銅鑼灣的大計。前述的內陸地段
1451 號、1452 號，當時還是個挨著鵝頭山的貧民區。1924 年初土地一到手，利
希慎就把這裏交給公和洋行去重建一批堅實的樓房，並將街道拓寬。至於鵝頭山
腳的波斯富街，利希慎也催促公和洋行要盡快蓋好 98 棟樓房，且為了避免官僚
的行政拖沓延誤進度，還特地請高露雲律師行的畢維斯出面，要求建築事務監督
盡早批准他的建築方案。[72]

然而利希慎的另一大計──移山填海以發展北角，卻遭遇重挫。利希慎在買下鵝
頭山前，應與港府有過某種初步的協議或默契，要移鵝頭山之土為北角填海，以
此來換取他未來發展北角新填地的權利（利德蕙，2011: 35）。[73] 豈料東角土地
成交後，港府反悔，不用他的鵝頭山，而改用政府公地的摩理臣山的砂土填海，
以便日後保有北角新填地的產權。這項意料之外的轉折，顯然對利希慎打擊甚
大，嚴重影響了他發展銅鑼灣及北角兩地的整體規劃，但也只能無奈地做相應調
整。[74] 利德蕙說，港府後來才發現「摩理臣山土質為岩石，炸碎岩石極為費錢費
力」（利德蕙，1995: 30），或許真的成了移山之「愚公」，悔不當初，但這已是
後話。

❖　　利園樂土　　❖

利希慎的北角發展大計既然落空，只好退而求其次，將鵝頭山開發成利園遊樂
場，大量添置休閒娛樂設施，並將曾經是怡和總部及其大班宅邸的「大班屋」改
為酒樓，全年開放，供民眾購票入場遊樂。這個轉向，雖說再度彰顯了利希慎敏
銳的商業嗅覺，終究是不得已的過渡方案，利希慎並未放棄他移山開發銅鑼灣的
執念。前述那份 1927 年時，利希慎向渣甸家族及怡和洋行要求延期還債的文件
就指出，利希慎為了這項鵝頭山投資，「已經傾注所有家當」，[75] 而利園遊樂場
的投資回報看來並不高，[76] 極不可能是利希慎頂著風險耗費巨資買下這座山頭的
最終目的。

無論如何，1925 年 6 月省港大罷工爆發時，利希慎也被殺個措手不及，周轉困難，

◎ 利園遊樂場

已經無暇也無能在短期內移山闢地。但他敏銳抓到了香港民間對休閒娛樂場所及設施的時代需求，意識到已經有些閒錢消費的華人市民，不少其實是無處可去，因為當時香港大部份的休閒活動和娛樂場所，都只對歐洲人開放。

香港第一個園林式的遊樂場，應是 1915 年在跑馬地黃泥涌道出現的樟園。樟園的主體，原是華商林景洲的私人別墅，依山而建，廣植樟樹，又有盆栽藝景點綴其間。據說主人好客，常會約文友到此雅集，吟詩喝酒下棋。友人見這邊風景獨好，就建議他闢為公開的遊樂場所。林景洲於是添置石凳石桌，又設茶亭，賣酒水、餅食、花生、瓜子等物，果然迎來遊人。樟園獲利甚豐，招引他人效仿，於是沒過多久，樟園附近就冒出了愉園。愉園除了亭台樓閣等勝景，還賣紅茶咖啡、粥粉麵飯，面積又比樟園大上好幾倍，遂名噪一時，電車公司一度也將「跑馬地」的站名改為「愉園」。隨後湧現的其他遊樂園，還有西環的太白樓及北角的名園。樟園、愉園本來都只有園林景致和小吃食肆，太白樓、名園則是加添了機動遊戲如旋轉木馬、氣槍射擊，還有池塘泛舟及夜市等，又奪走樟園、愉園的風頭。（陳世豐，1948：121-122；夏歷，1997: 127-129）

1924 年當利希慎的利園遊樂場在銅鑼灣出現時，樟園、愉園、太白樓都已經因為不同的原因停業，僅存名園一家。不過名園僻處北角，交通不太便利，而利園貼近市區，位置優越得多，再加上利希慎的巧思及用心經營，很快就被譽為香港四大名園（愉園、太白樓、名園、利園）之首。時人陳世豐在回憶利園時，提到利希慎為了開發利園，著手將鵝頭山的「岩石峻峰炸平，砍伐叢林樹木」，然後動工建設：

> 亭台樓樹，因應地形建築，奇花異卉，搜羅遍植，水池石山，塑上一些泥像人物，園中復有劇場、書院、遊藝場、酒樓、茶廳等，落成之日蔚為美觀，定名為「利園」，入門口處為一斜坡通道，可容汽車出入，右側拾級而上，曲徑通幽，轉出即豁然開朗，直達各遊樂場所，園內山上，復有不少羊腸小徑，匠心獨運，極盡曲折蜿蜒能事，每晚演出粵劇、電影、幻術、國技及唱女伶等遊樂節目，有獎遊戲有風槍射擊場、飛鏢場、擲藤圈，猜詩謎等，兒童遊戲則有鞦韆架、騎木馬等，入場券每位二角。（陳世豐，1948：122）

◎ 利舞臺

黃燕清在 1950 年代回顧、緬懷利園時,也對它多所肯定:

> 再講利園,大抵本港人士可以記憶,利園當時的游樂場,可算是規模最大
> 者,真有五步一樓,十步一閣的景況,因為整個渣甸山,開放佈置成利園,
> 依照山形建設,更加人工的構造,普通游樂場,都是陳陳相因,但利園攬
> 山林勝景,都市的熱鬧,不愧四季咸宜……。(黃燕清,1959: 26)

除了利園,利希慎還在山腳的波斯富街上興建「利舞臺」。利舞臺本該是利希慎
銅鑼灣願景的一部份,而非單純配合利園的文娛建設。這是一座金碧輝煌、專供
粵劇演出的現代劇院,1926 年左右落成,由法國建築師 Michael Xavier 設計。
其建築風格,是以法國和意大利的歌劇院為藍本,劇院內部則用上華麗絢爛卻又
不失莊嚴的巴洛克式裝飾。劇院內氣派非凡的拱形圓頂,繪有九條金龍,燈亮時,
會呈現出溫婉橙光。舞台的頂層刻有丹鳳朝陽,下層則雕著二龍搶珠。舞台的兩
側,各有精美雕樑,再往外還有左右兩副對聯,上書時任皇仁書院中文教師李精
一所撰的字句:「利擅東南萬國衣冠臨勝地;舞徵韶護滿臺簫管奏鈞天」。[77] 劇
院的旋轉舞台,則是香港首見的先進玩意,舞台後的化妝間也很寬敞。觀眾席共
分三層,以仁、義、禮、智、信和東、中、西座來劃分,座位總數達 1,283 個。
利舞臺可謂轟動一時,豪門富戶皆以到此觀戲為尚。(希慎興業,2018: 54-56;
鍾寶賢,2011: 120)

利園山上,還有一件雅事不得不提。利希慎與香江文人素有交往,1924 年慷慨
借出了利園山上的「二班屋」,讓以莫鶴鳴、蔡哲夫為首的文人雅集。兩人於是
聯絡各個詩社,合組成「北山詩社」,響應徵詩者達百餘人,成為香港開埠近百
年來最大的詩社。惜省港大罷工翌年爆發,社會動盪、社員流散,詩社登場短短
一年即畫上句點。「北山」之名,源自《列子‧湯問篇》北山愚公移山的典故,
以寓利園山主人利希慎移山建房的決心(程中山,2011: 279-281)。但利希慎終
其一生,未能移山,這個遺憾就從省港大罷工開始。

注釋

1　1914 年，香港股票經紀會（The Stockbrokers' Association of Hong Kong）易名為「香港股份總會」（Hong Kong Stock Exchange）。

2　早在 1855 年，港督寶靈（John Bowring）就因為港島北岸的平地不敷使用，而倡議從中環到東角一帶填海。不過這項倡議遭到擁有海旁業權的英國商人反對，未能成事。港府最終只能在上環和西環小規模填海，於 1868 至 1873 年間完成「寶靈海旁西」（Bowring Praya West），即今日的德輔道西地塊。1875 年，港府又建議在西環至中環的這一段海旁填海，但同樣因為經費不足及反對聲浪大而無法落實。1887 年，港府再提海旁填海計劃，這回幸獲身兼立法局非官守議員的九龍倉公司（Hong Kong and Kowloon Wharf and Godown Co.）大班保羅遮打（Paul Chater）支持，終於 1889 至 1903 年間落實（何佩然，2004）。

3　差餉（Rates）是港府就房產物業徵收的稅項，按季度預繳。

4　這 17 間房舍是連排，門牌號碼是單數的 33 至 65 號。

5　見 1923 年 6 月 12 日，利希慎致公和洋行函。該函標題為：re 17 new houses of Spring Garden (I.L. 42) / House No.137 Second Street。

6　信函同上：'…I shall be glad if you will point out to the Government that in view of the shortage of dwelling houses at the present such certificate should be granted at their earliest convenience.'

7　這四本股票登錄簿的封面上，是以 Book "A"、Book "B"、"C" 及 "D" 作分類。

8　即今天的新加坡花旗銀行（Citibank Singapore）。美國的 International Banking Corporation（IBC）早在 1902 年，就已到新加坡設立分行。新加坡當時是馬來亞的橡膠與錫礦交易中心，而橡膠與錫都是美國興旺的工業發展所需。美國汽車業尤其需要橡膠，所以 IBC 早年業務，主要就是為當地的橡膠與錫礦出口商提供融資（Starr, 2002）。1915 年，美國的 National City Bank of New York 買下 IBC，而 National City Bank of New York 就是花旗銀行前身。

9　1910 年時，蘭格志拓植公司（Maatschappij tot Mijn-Bosch-en Landbouwexploitatie in Langkat）主要是一家在荷屬東印度群島（即今日印尼）種植膠樹並生產橡膠的上海公司，兼營蘇門答臘島北部冷吉（Langkat）地區的石油專利開採及伐木等（Gerretson, 1958: 258）。該公司之所以觸發上海股史上的第二場股災，主要是因為膠價在短時間內劇烈波動，導致相關橡膠公司的股價也激烈震盪，不僅讓晚清的許多中國股民損失慘重，也殃及金融業，造成大量錢莊倒閉。當時膠價大漲，是因為生產技術改良後的美國汽車工業蓬勃發展，帶動了製造汽車輪胎所必需的天然橡膠價格（人造膠遠未面世）。不少東南亞的橡膠公司趁此良機，紛紛赴上海募股上市。據說南洋一帶的橡膠企業，曾有高達三分之一赴上海上市。惟好景不長，1910 年，膠價因美國這個最大買家對橡膠實施限制消費等政策而暴跌，上海股市遂受衝擊。此後膠價直到 1922 年底至1923 年初才恢復過來，牽動了新一波的橡膠股票熱潮。利希慎就是在此之前，買進不少橡膠公司的股票。

10　見 1922 年 4 月 18 日及 8 月 28 日，利希慎致香港電車公司的秘書函。

11　見利希慎股票登錄簿，Book "A"。

12　首度購股可見 1919 年 3 月 7 日，利希慎致牛奶公司的秘書函。

13　1919 年 8 月 25 日，利希慎致均益貨倉公司的總經理函。

14　公司註冊處的資料顯示，中華電力公司在 1901 年 1 月 25 日成立時，註冊股本僅 20 萬元，分為200 股，每股 1,000 元。不過公司壯大後，1918 年改組，將股本增至 100 萬元，但分成 20 萬股，每股僅 5 元。利希慎正是在這家公司改組後，才陸續購入（新）中華電力公司的股份。1924 年 1 月 21 日，公司開過股東特別大會後，又將股本增至 300 萬元，分成 60 萬股。所以利希慎41,305 股的持股量，意味著當時他已擁有 6.88% 的中華電力公司股權。

15 1919 年 5 月 14 日，利希慎致中華電力公司的總經理函。

16 1923 年 2 月 2 日，利希慎致中華電力公司函。

17 首次購股可見 1919 年 3 月 8 日，利希慎致香港電車公司的秘書函。

18 1919 年 9 月 29 日，利希慎致 Cheung Wai Hin 函。

19 1918 年 11 月 26 日，利希慎致廣州東方匯理銀行的經理函。

20 1919 年 4 月 23 日，利希慎致怡和輪船公司的總經理函。

21 1920 年 3 月 27 日，利希慎致香港電燈公司的秘書函。

22 1919 年 12 月 20 日，利希慎致滙豐銀行的經理函。

23 1926 年 12 月 10 日，滙豐銀行致利希慎函。利希慎買入優質的大企業股票後，向來甚少賣出，
    轉手這 10 股應與他當時急需現金周轉有關。

24 香港大酒店是香港開埠以來的第一間五星級酒店，1868 年啟用，原址於填海之前本來臨海，位
    於中環的皇后大道與畢打街交界處。酒店樓高四層，後來加建至六層，已是香港當年的最高建
    築（余震宇：2016: 8）。酒店於 1952 年結業，後遭拆卸。

25 1919 年 9 月 2 日，利希慎致香港大酒店公司的秘書函。

26 聯合工程是由兩家公司在 1912 年合併而成，可溯源至 1865 年創辦的 Riley Hargreaves & Co. 及
    1875 年成立的 Howarth Erskine & Co.。集團早年的主業為進口、供應及製造工業用的重型
    機械設備。公司目前仍是新加坡大企業，發展已歷百年。見公司的官方網頁：https://uel.sg/
    history/

27 1919 年 9 月 17 日，利希慎致香港萬國寶通銀行的經理函。又，叻幣是新加坡（舊稱石叻）於
    1903 至 1939 年間使用的官方貨幣。

28 1920 年 3 月 27 日，利希慎致新加坡聯合工程公司的秘書函。

29 1919 年 10 月 14 日，利希慎致上海「英商耶松有限公司造船廠」的秘書函。

30 源和洋行成立於 1892 年，原稱 H. Price & Co.，1912 年始易名為 Gande, Price & Co.。它既經
    營洋行的一般業務，也從事葡萄酒和烈酒生意。除了香港，源和洋行在上海、台北和日本的神
    戶也有分行，香港門市則位於皇后大道中 12 號（The IHHK Group, 2018）。

31 1919 年 11 月 11 日，利希慎致源和洋行的董事函。

32 前身為 Kedah Rubber Plantations，1910 年改組為 Kedah Rubber Company。這家公司顧名思
    義，是經營橡膠園並生產橡膠的公司。其橡膠園主要是在馬來亞半島北部，所以雖在新加坡註
    冊，卻是以檳城為中心。見 'Kedah Rubber Plantations', *The Singapore Free Press and Mercantile
    Advertiser (Weekly)*, 2 June 1910, p.14; 'Kedah Rubber Co.', *Straits Budget*, 23 November 1911, p.2；
    〈吉打樹膠公司近況之報告〉，《南洋商報》，1924 年 7 月 30 日，頁 15。

33 1920 年 1 月 12 日，利希慎致新加坡的 Cheung Wai Hin 函。

34 1922 年 4 月 28 日及 5 月 22 日，利希慎致香港黃埔船塢公司的秘書函。

35 這是一家 1910 年在新加坡成立的公司，也是經營橡膠園以生產橡膠。見 'Bukit K. B. Rubber Co.:
    First Ordinary Meeting', *The Singapore Free Press and Mercantile Advertiser*, 31 October 1910, p.8。

36 1920 年 1 月 12 日，利希慎致新加坡的 Cheung Wai Hin 函。

37　1919 年 10 月 26 日，利希慎致新加坡的 Cheung Wai Hin 電報。

38　1920 年 1 月 5 日，利希慎致利安洋行函。

39　利希慎股票登錄簿，Book "A"。

40　小呂宋即馬尼拉舊稱。嗎拉汶（Malabon）則是位於馬尼拉市北邊，昔屬黎剎省，現已成為馬尼拉大都會區（Metro Manila）一環。小呂宋糖公司創立於 1878 年，是菲律賓精製糖業的先驅。

41　1920 年 4 月 28 日，利希慎致小呂宋糖公司的秘書函。

42　1922 年 4 月 30 日、5 月 2 日及 5 月 3 日，利希慎致怡和公司函。

43　Arratoon Vertannes Apcar 是生於印度加爾各答的亞美尼亞裔香港商人。1923 年 3 月，當他帶同家人到英倫安養時，曾受利希慎之託，代他到牛津郡去探望利銘澤、利孝和兄弟。見 1923 年 3 月 16 日，利希慎致牛津的利銘澤與利孝和函。

44　1922 年 5 月 12 日，利希慎致上海的怡和紗廠公司函。

45　1922 年 6 月 30 日，利希慎致屈臣氏公司的總經理函。

46　前稱瑞記紗廠，1897 年由德商瑞記洋行（Arnhold, Karberg & Co.）創辦於上海。第一次世界大戰後，紗廠由英商安利洋行（Arnhold Brothers & Co.）接手，改稱東方紗廠／東方紡織公司。1929 年，紗廠由申新紡織公司收購後，又改稱申新七廠。

47　1923 年 3 月 5 日，利希慎致上海東方紡織公司的總經理函。

48　1923 年 4 月 17 日，利希慎致公和祥碼頭公司函。

49　1923 年 5 月（確切日期不詳）、6 月 4 日及 6 月 29 日，利希慎致上海的業廣地產公司函。

50　廣東銀行乃美國舊金山華僑李煜堂等人所創，1912 年始於廣州，但卻在香港註冊，所以可説是香港的首間華資銀行。

51　1923 年 1 月 8 日，利希慎致廣東銀行函。

52　1919 年 10 月 23 日，利希慎致香港的萬國寶通銀行函。

53　這三家美國磚廠，分別是俄亥俄州的 The Alliance Brick Company 和伊利諾州的 American Page Brick Association 及 Western Brick Company。

54　1922 年 9 月 28 日，利希慎致美國俄亥俄州的 Stanley Manufacturing Company 函。

55　如第四章所述，公司共 5,000 股，總值 500 萬元，也就是每股 1,000 元。1925 年後，利希慎只給自己留下 1,000 股，而給六個兒子（七子利榮達仍未誕生）各派 500 股。他又給元配黃蘭芳分派了 250 股，給三位側室每人 100 股，五個女兒（七女利舜儀、八女利舜娥仍未誕生）也各獲 70 股。至於剩下的那 100 股，利希慎是將它零碎地分派給一眾利氏族人。

56　渣甸洋行是由英國蘇格蘭人威廉・渣甸（William Jardine）和占士・勿地臣（James Matheson）於 1832 年在廣州創立。兩人在參與推動了英國對清朝的第一次鴉片戰爭後，就於 1842 年——即香港開埠後僅僅一年——將渣甸洋行的總部遷來香港。1843 年，上海作為《南京條約》下明定之通商五口正式開埠後，渣甸洋行藉原來廣州十三行之一的「怡和行」名聲，易名為怡和洋行，也入駐上海。本文除特定的歷史時空外，將以怡和洋行概稱該公司。

57　官方名稱是東角山（East Point Hill），民間則愛叫它鵝頭山或渣甸山。又，離此不遠的大坑以南，還有一座海拔更高的「渣甸山」，英文稱作 Jardine's Lookout。十九世紀時，怡和洋行曾在此設瞭望台，以管理出入港口的自家商船，故得名。

58	除了東角、北角，港島的「西角」位於西環舊西區裁判法院的對面，乃 1841 年英軍首次登陸港島時的駐紮地。西角填海後，就成了今天的西營盤。至於港島的南角何在？猶待考證。
59	鵝頭山上的「大班屋」建得甚早，是在公司購地後的第二年（1842 年）就著手興建，富麗堂皇，亦作為怡和的總部大屋。
60	波斯富（Alexander Perceval）是 1860 至 1864 年間的怡和洋行大班。1861 年時，他也曾是香港立法局的首席非官守議員，以及該年創立的香港總商會的首任主席。
61	百德新（John Johnstone Paterson）是 1921 至 1945 年間的怡和洋行大班。他在二戰前，也曾擔任香港行政、立法兩局的非官守議員。
62	1904 年 7 月 30 日，港島的電車服務正式啟用，由銅鑼灣的羅素街電車廠，開到金鐘的軍器廠街（李俊龍，2014: 38）。
63	香港兩大英資公司——怡和與太古船務的海員，因面對通貨膨脹，生活困苦，屢次要求加薪，卻都被拒。1922 年 1 月 22 日，「中華海員工業聯合總會」領導大罷工，許多華人海員參加，碼頭搬運工和煤炭工也相繼加入，罷工者眾，癱瘓了香港海運，貨船因此大量滯留於維多利亞港內，但資方仍堅拒加薪。港府後來將中華海員工業聯合總會宣佈為非法組織，部份罷工者打算步行回廣州時，又在沙田遭軍警開槍阻止，造成死傷（史稱「沙田慘案」），激起更強烈的民憤，升高對峙。資方最終讓步，為海員加薪 15 至 30%，港府亦解封工會、釋放被捕者，並發放撫恤金予沙田慘案的受害者。大罷工最終於 3 月 8 日落幕。（王建初、孫茂生，1986）
64	'Better Strike Outlook: The One Point of Difference', *The Hong Kong Telegraph*, 14 February 1922, p.1.
65	蔡寶善（Choa Po Sien）是蔡立志長子，向蔡家乃香港當時很有名望的歐亞混血裔家族。蔡家與怡和洋行的淵源甚深。蔡立志的叔父兼養父蔡紫薇，本來任職於怡和在馬六甲的分行，1880 年代赴港，擔任怡和旗下中華糖局（China Sugar Refinery Company）的買辦。該買辦職務後由蔡立志繼承。
66	Marine Lot No. 365 & Inland Lot Nos. 29, 457, 1451, 1452。見 1923 年 8 月 13 日，利希慎致怡和洋行的買辦蔡寶善（Choa Po Sien）函。
67	同上。
68	見 'Agreement between Jardine Matheson & Co. Ltd and Chiu Wah and Another, 8 October 1918'。利家家藏史料。
69	1923 年 8 月 13 日，利希慎致怡和洋行的買辦蔡寶善函：(5) 60 per cent balance of the purchase price will, on completion, be advanced by the Vendors to myself or sub-purchased as a loan on mortgage for a term of one year at a rate of interest 8 per cent per annum.
70	見 1927 年（月、日不詳）利希慎置業公司透過「的近律師行」（Messrs. Deacons）致怡和洋行的一份文件初稿。該文件請求渣甸家族與怡和洋行，將他們提供給利希慎置業公司的按揭貸款延期。文件標題是：'Lee Hysan Estate Ltd. and Lee Hysan and East Point Mortgages of Inland Lots Nos. 29, 1451 and 1452'。
71	John William Buchanan-Jardine 是當時的怡和洋行掌舵者 Robert William Buchanan Jardine（1868-1927）之子。1924 年初雙方成交時，Robert Jardine 已近 56 歲，或許因為準備讓兒子 John Jardine 接班，故由 John Jardine 出面擔任這筆鉅額貸款的受按人。Robert Jardine 於三年後逝世。
72	1924 年 2 月 8 日，利希慎致公和洋行及高露雲律師行的畢維斯函。

73 這一點不論是官方或利希慎置業公司，看來都沒有留下正式的協議文本，所以應該只是雙方的初步協議或默契。

74 利希慎當時的對外書信，頗能讓人感受到他對此事的不滿與無奈。不過他和港府之間的初步協議為何生變？是否單純出於港府不想失去其發展北角新填地的主導地位？至今不詳。

75 Draft document of the Lee Hysan Estate Company to Jardine, Matheson & Company (via Messrs. Deacons) which entitled 'Lee Hysan Estate Ltd. and Lee Hysan and East Point Mortgages of Inland Lots Nos. 29, 1451 and 1452', 1927: '...Mr. Lee Hysan purchased the property as an investment, not as a speculation and he has sunk practically the whole of this fortune in the venture.'

76 同上。這份文件為了說服渣甸家族及怡和洋行同意利希慎的延期還款要求，曾詳列利希慎置業公司名下各項不動產的保守估值，以及它們每個月可為公司帶來的固定收入。不動產方面，文件雖然都提到了波斯富街的那 98 棟樓房、利舞臺及利園山的土地估值，但在每個月的收入方面，文件只提及波斯富街那 98 棟樓房的租金（HK$11,760）及利舞臺的財務貢獻（HK$3,500），卻沒提到利園遊樂場的門票收入，顯見它能創造的收入不多。

77 李精一的對聯，是利舞臺對聯比賽的優勝作品（轉引自利德蕙，2011: 38）。對聯定稿前，還曾交利希慎的摯友賴際熙評閱。賴際熙將李精一原文中的「利盡東南」改為「利擅東南」，以避「盡」字這比較不吉利的「盡頭」之意（希慎興業，2018: 56）。

◎ 利希慎

06

壯志未酬

留英的第四個年頭，1928 年 4 月 30 日，就在我們回牛津郡過復活節假期期間，姐姐把我從睡夢中搖醒，說：「Ansie，我發了個怪夢，但我當時很清醒。父親來找我，跟我說：『別怕，一切都會沒事的。』他太真實了，真實得讓我不禁想要伸手摸他，但他卻消失了。他這是甚麼意思呢？」

「他看起來怎麼樣？」我問。房子很冷，我的半個頭還蓋在鴨絨被下。姐姐沒有回答。[1]

—— 利舜英，*Running with the Tiger*，作者中譯

1919 至 1924 年間，可謂利希慎的事業高峰。一方面，鴉片生意——尤其是 1920 年奪下的澳門鴉片專賣權——為利希慎帶來豐厚利潤；另方面，他善用了多年積累下來的巨額財富，積極投資房地產和股票，既以此分散風險，亦憑租金和股息為自己開創了另一個穩定的收入來源。1922 年 1 月至 3 月間的香港海員大罷工，雖導致海運癱瘓、經濟蕭條，但為時甚短，利希慎並未因此蒙受較大損失，反倒是因為曾經協助調停海員罷工，且慷慨租船為糧米不繼的澳門送米，而贏得名聲。[2] 1924 年 1 月，利希慎更是迎來人生中的巔峰時刻：以 385 萬元的高價，自英資怡和洋行手中買下東角的鵝頭山。他雄心萬丈，企圖移山，事先就與港府有過協議，要將鵝頭山的砂土運至北角填海，一箭雙鵰，既闢地開發銅鑼灣，也要在北角的新填地上大蓋樓房。

港府反悔，改用摩理臣山的公地砂土填海後，利希慎無奈暫棄移山大計，1924 年就先將鵝頭山改規劃為利園遊樂場，以待時機。他並在山腳的波斯富街上，蓋起大量四層高的新式樓房，更不惜費心耗資，在此創建一座中西交融的現代劇院利舞臺。而他慷慨借出利園山上「二班屋」供一眾香江文人雅集之舉，則是催生了短暫卻耀眼的北山詩社。詩社之名來自《列子‧湯問篇》中，「北山愚公」矢志移山的典故，[3] 顯見利希慎的文友如賴際熙、莫鶴鳴等人，都深知他的移山大志與錯失良機之憾，故以愚公有志竟成的精神勉之。利園遊樂場本就是個過渡性質的安排，利希慎始終未忘移山，不過遊樂場在他銳意經營下，倒也辦得有聲有色。然而僅僅一年之後，省港大罷工爆發，期間衝突迭起、拖延甚久，對香港社會的衝擊遠逾三年前的海員大罷工。利希慎的股票投資和企業經營皆受動盪波及，一度周轉困難，連是否保得住利園山都成了問題，自然無法再去動移山填海的念頭。

❖　財務危機　❖

1925 年 5 月 30 日，上海發生示威群眾遭公共租界的英籍巡捕開槍射殺之「五卅慘案」，[4] 香港基層勞工間的反帝國主義情緒——尤其是反英情緒——亦隨之高漲。時值國民黨「聯俄容共」路線下的第一次國共合作期間，中華全國總工會總書記鄧中夏與香港海員工會的蘇兆徵等串聯香港的各個工會組織，決議罷工。於

◎ 利希慎（站於後方中間者）在大屋宴客時與賓客合影

是自 6 月 19 日晚間開始，大量香港工人搭上火車、輪船，由海陸兩路離開香港返回廣州。6 月 23 日，聲援罷工的廣州示威者巡經沙基路時，竟遭英、法軍隊從沙面租界的方向射擊。這場「沙基慘案」死傷慘重，激起更強烈的民憤，香港的罷工活動越燒越熾，局勢混亂，就連殖民地的基層公務員也開始參與罷工。到了 1925 年 7 月中旬，幾乎所有的行業及交通、供電、治安等市政服務，都已經受到影響。不少罷工工人還重現了 1922 年海員大罷工時的壯舉，徒步走回廣州，並由廣州的國民政府出面接濟。罷工最熾烈時，估計共有 25 萬人離開了香港，佔全港約 80 萬人口的三成之多（丁新豹，2017: 133）。

省港罷工委員會在廣州成立後，汲取了海員大罷工時的經驗，組織糾察隊封鎖香港，既不准香港的英人或華人船隻駛入廣東的任何港口，也不讓任何裝載香港貨物或曾停靠過香港的外國船隻停靠廣東港口。這種「禁運」行動長達 15 個月，導致駛入香港的船隻大減六成，商界損失則高達五億元，[5] 而這還不包括因為資金緊絀，企業借不到錢或因高息導致成本大增等的間接損失，不少商號因此破產倒閉（ibid.: 133）。罷委會及廣州的國民政府在實施禁運期間，曾向港府提出多項復工條件，[6] 但都被港督司徒拔（Reginald E. Stubbs）斷然拒絕，所以直到他於 1925 年 10 月底離任前，雙方僵持，無法破局。金文泰（Cecil Clementi）自 11 月起接任港督後，就放軟身段，選擇與廣州當局接觸談判。與此同時，國民政府內部也出現了微妙變化，尤其是力挺罷工的國民黨中委兼工人部長廖仲愷於 8 月 20 日遭人暗殺後，黨內左右兩派之爭趨於激烈，蔣介石後來更揮兵佔據廣州，搜查罷委會總部，並在 1926 年 4 月率兵北伐。為了支持北伐，罷委會終於在 1926 年 10 月 10 日解散，結束這場堅持了一年四個月之久的罷工和針對香港的封鎖（ibid.: 134）。

省港大罷工除了沉重打擊香港的進出口貿易，還導致股市暴跌、金融體系近乎崩潰，而這就直接傷及利希慎的財務。1925 年 10 月，立法局議員羅旭龢曾在他就大罷工一事為港府所做的秘密報告中分析，[7] 香港向來不管制資金流動，所以在工潮醞釀之時，就已經有大批資金撤離香港。但港府後知後覺，罷工爆發後才驚覺資金外流嚴重，於是倉促通過緊急條例，允許銀行暫緩付款及限制存戶提款，以避免出現擠提，並對所有貨幣和貴金屬實施管制，堵截其外流。不過到了

1925 年 7 月初，資金依然緊絀，許多企業開始周轉困難，利希慎置業公司也不例外。

股市是利希慎面對的更大麻煩。1920 年代初利希慎積極投身股市時，正值香港股市榮景，不少大公司的股價都持續攀升。這首先是出於一戰結束後，西方「戰後重建」的概念帶動了股市。其次，本時期中國軍閥的混戰與社會治安崩壞，不斷驅使著廣東乃至華南一帶相對富裕的商賈及地主家庭，連人帶錢湧向香港，導致香港遊資氾濫，而入市炒賣股票的結果，自然又拉升了股市。[8] 1925 年 6 月大罷工啟動後，香港的經濟前景迅速惡化，銀行又收緊信貸，追回已批給投資者和經紀的購股貸款，迫使後者不得不拋售持股，結果環環相扣，觸發了整個大市的恐慌性拋售，股市崩跌。以香港股市極具代表性的滙豐銀行為例，其股價向來穩中帶升，利希慎也很看好，所以自 1919 年 12 月起就陸續購入。1925 年 5 月底，即大罷工前夕，滙豐股價已升到了近 1,300 元的高位。[9] 可是工潮爆發後，就連滙豐的股價，也急挫兩成多至 1,000 元左右。[10] 香港的三家股票交易所[11] 面對股市遽崩之局，不得不匆忙在 6 月 23 日——即「沙基慘案」發生當日——通告停市，暫停了一切交易。這可是港股歷史上的首次停市，此後交易所公告的復市之日，竟一延再延，直拖到整整四個月後的 10 月 24 日，才終於復市。這無疑會嚴重衝擊投資者的信心，以致復市後整整一年的時間裏，香港股市都相當冷清。[12] 它一直要等到 1926 年 10 月罷工徹底落幕後，才逐漸走出低谷（鄭宏泰、黃紹倫，2006）。

大罷工觸發的這場大停市，也暴露出香港股市當年不少弄虛作假、投機炒賣的陋習。港督司徒拔為了平息市場恐慌情緒，也為了給不少損失慘重的憤怒投資者一個交代，在 1925 年 8 月 14 日刊憲成立了一個以輔政司施勳（Colonial Secretary Claud Severn）為首的專責委員會，即 The Stocks and Shares Commission，以深入檢討股市現行的制度、運作及停市安排。[13] 委員會為此辦過八場聽證會，邀請了三家股票交易所的代表、獨立經紀的代表及商界重要人士與會，利希慎正是獲邀出席聽證會的商界代表一員。1925 年 10 月 22 日，委員會提交報告，談到了股票經紀和投資者當中存在的欺瞞行為、本地銀行過度借貸的現象，以及大罷工引發的信心危機等。惟委員會不認為應立法禁止投機炒賣活動，而是要強化交易

所的監管功能，允其自定行規，約束股市內的所有參與者（鄭宏泰、黃紹倫，
2006）。

值得一提的是，利希慎應是在 1925 年 9 月 17 日的委員會第五場聽證會上，藉機
向港府提交了兩份備忘錄。[14] 他先是在第一份備忘錄裏呼籲港府，應緊急向香港
的商人和企業提供貸款，以免他們在當前的經濟困窘下，因無力償還銀行的按揭
貸款而失去物業，甚至不支倒下。他以知名的馬玉山糖果餅乾公司（M. Y. San
Co. Ltd.）為例，說明局勢之嚴峻，是如何迫使一家原本在香港僱用逾千人的風
光大企業，因無法獲得新的按揭貸款而被迫清盤。[15] 至於第二份備忘錄，利希慎
則是宏觀分析了當前港幣在市面上的流通情況，並據此建議政府增加港幣的發行
量，讓商家得以獲得貸款救急。[16]

利希慎在第二份備忘錄裏，開篇就直指市面上的港幣流通量，在省港大罷工爆發
後已見嚴重不足。他的粗略分析是：三大英資銀行——即滙豐銀行、渣打銀行和
有利銀行所發行的港幣總量，約為 5,500 萬元，但這當中有 1,500 萬是在中國內
地的廣州、汕頭、梧州和它們的鄰近地區流通。其次，香港當時約有一萬家企業，
以每家企業平均持有至少 1,000 港幣計算，這又鎖住了約 1,000 萬元的流通資金。
其三，香港的華民，包括蜑家人，共有約略五萬戶人家，每家每戶估計都會保留
至少 100 港幣以供不時之需，而如此一來，又鎖住了 500 萬港幣的流通。其四，
外資〔及華資〕銀行如東方匯理銀行、東亞銀行、廣東銀行、荷蘭小公銀行、橫
濱正金銀行等，因見三大銀行都不作為，估計也儲備了共 1,500 萬港幣的應急資
金在銀行體系之內，不讓外流。所以當此動盪時刻，如果將這 5,500 萬元的港幣
發行總量減去前述的一、二、三、四項，那實際在香港市面上流通的港幣，就只
區區 1,000 萬元左右。[17] 而這 1,000 萬港幣當中，又有不少是已經由三大銀行以
股票及物業按揭的形式借出，目前極難回收。經濟前景混沌未明，三大銀行只求
自保，已經無力對商家施援。

為改善貨幣緊缺的現狀以盤活經濟，利希慎建議港府增發 2,000 萬至 3,000 萬的
港幣，並將這筆錢以 5 厘年息，借給能夠用本地股票和物業來作擔保者。如以
20 年為期，那 20 年後，政府就可以賺回 2,000 萬至 3,000 萬的淨利。[18] 利希慎

Re Sharebrokers future transactions.

As the Stocks and Shares Commission wishes to obtain my opinion in the matter I have drafted a scheme that I have thought out.

I expect that many people will oppose my views but I have carefully considered every point before I have written it down.

Please write to ask me questions upon the scheme after your perusal of same, I shall be happy to attend and to answer them to the best of my ability and explain more fully and particularly.

[signature]

10/9/25

◎ 利希慎在 1928 年的委員會聽證會上向政府提交的備忘錄

的建議，後來確實由他的皇仁校友兼好友羅旭龢以另一種形式實現，即由羅旭龢
推動港府向倫敦求助，希望倫敦方面能借出 300 萬英鎊，即約略 3,000 萬港幣的
一筆大錢，供香港解其燃眉之急。[19] 不過港府的這項緊急求助，結果在英國國會
拖延甚久，要經過多番辯論後才得以成事。1927 年 5 月當倫敦正式批出貸款時，
香港的風浪已歇。

利希慎之所以積極催促港府為本地商人和企業提供貸款，除了意識到危機深重，
需要挺身為華商請命外，顯然也是為了自救。1925 年 6 月的省港大罷工，事出
突然，而就在約略一年半前，利希慎才剛以逾 450 萬元（含佣金和其他費用）的
驚人總價，從怡和洋行手中買下東角土地。利希慎置業公司沒有如此巨額的現金
購地，所以利希慎除了從專營澳門鴉片的裕成公司等處調集資金，還需要跟渣甸
家族及怡和洋行貸款 200 多萬元，才得以買下整座鵝頭山。隨後因移山填海的計
劃受挫，利希慎將已改稱利園山的這座山頭先闢為遊樂場，對外開放，以入場費
及攤商的攤位費賺取少量收入。所以當香港因大罷工驟然陷入蕭條亂局時，利希
慎恰處於一個極脆弱的財務位置：首先是借債太多、債息沉重，而他在波斯富街
趕建中的那 98 棟四層樓房及利舞臺等大型工程未竣，仍需投入大量資金。反觀
收入方面，物業的租金正大幅下滑，而利園遊樂場的收入實在不多，更糟的是手
上的大量持股價格急挫，甚至因股市停擺而無法買賣。

股市大跌及突然停市，無疑是 1925 年最困擾利希慎的事。[20] 原本在 6 月時，他
已同時交代幾家經紀行賣出其大部份持股，當時仍可獲利，足以讓他收回約 60
萬元的資金。豈料合約未能履行，最終他只拿回一筆微不足道的現金。結果因未
能及時脫手持股，利希慎的股票價值大失五至六成，而他所擁有的龐大物業也難
逃衝擊，劇貶了三至四成。利希慎的部份唐樓在香港人口流失、市面蕭條下，待
租或未能滿租；而他某些公寓樓的租金也因為需求不振，變得奇低。股票和物業
都遭殃的後果，就是利希慎的收入銳減，相比危機之前，竟已折損一半之多。[21]

利希慎先是寄望港府盡快籌措資金，為突然陷困的商人和企業提供緊急貸款，惟
1925 年轉瞬即過，他並沒有盼到政府貸款。利希慎雖也嘗試向三大銀行以外的
華資及外資銀行尋求貸款，但在其物業價值劇貶及租金收入銳減的當下，根本沒

法用它們來擔保大額貸款，也就無法借新債來還舊債，暫時解困。話雖如此，利希慎還是咬牙撐了一兩年，在極艱困的 1925 至 1926 年間，並未停下他幾項大型工程的腳步：一是在波斯富街趕建的那 98 棟四層樓房，成本高達 100 萬元；二是同樣位於波斯富街的利舞臺，建築與裝修費用要耗上 70 萬元；三是開發利園遊樂場，以及為面朝禮頓山道的一處唐樓新盤整地，費用 40 萬元；四是為 32 棟蓋在今怡和街一帶的樓房整地、奠基，費用逾 10 萬元。[22] 然而利希慎為買利園山辦下來的貸款畢竟過大，債息負擔太重，至 1926 年底時，竟已給渣甸家族及怡和洋行支付過 50 萬元的極可觀利息。所以到了 1927 年，失去澳門鴉片專營權的利希慎終於不支，開始在財務上違約，利息逾期未付，只好向渣甸家族及怡和洋行要求將其按揭貸款延期。不過他同時承諾，會在 1927 年 6 月將所積欠的利息全數還清，此後也必將準時還款，因為波斯富街上的那 98 棟四層樓房和利舞臺，已經開始在為他創造收入了。[23]

利希慎是透過「的近律師行」向渣甸家族及怡和洋行要求通融，而時間應是在他未能按時付息後的 1927 年的 3 至 4 月間。利希慎提交文件，向對方詳細說明了自己當前的財務狀況及未來的還款規劃，最終取得怡和洋行掌舵者約翰·渣甸（John William Buchanan-Jardine）[24] 的理解，同意將其按揭貸款延期。至於具體安排，則是由怡和洋行的大班 D. G. M. Bernard 向遠在英國的約翰·渣甸建議。主要條件是讓這筆貸款由 1927 年 7 月起延長一年，年息 8.5%，每月付息。[25] 所以從 1927 年下半開始，利希慎在財務上終得以稍稍緩過氣來。不過 1927 年也是他另一場大煩惱的開端。本年年中，利希慎未能保住其澳門的鴉片專營權，也就意味著他失去了一個極可觀又穩定的收入來源。不僅如此，第二場鴉片官司還尾隨而來。

❖　　第二場鴉片官司　　❖

1920 年 5 月 24 日，利希慎的「利成」（Lee Sing）公司以 395 萬元的高價，在拍賣場上奪下為期三年的澳門鴉片專賣權後，其鴉片生意的重心，就已經轉移到澳門和這個葡萄牙小殖民地周邊的華南市場。利成公司的鴉片，起初主要仍是來

自加爾各答，由 M. A. 沙遜代利希慎在加爾各答每月一次的拍賣場上，以合理價格拍下已獲印度政府認證的合規鴉片，再經香港轉運至澳門。而之所以由香港轉口，是因為港英與澳葡當局早在 1913 年就簽過一紙協定，同意澳門進口的鴉片若是經香港轉運過去，可以不必另繳稅費。[26]

1912 年 1 月 23 日各國在海牙簽署的《國際鴉片公約》，雖說是禁煙公約，但有條款保留了一定彈性，譬如提到「鴉片之輸出輸入，亦應由政府許可之，遵照輸入國定章辦理。至已禁止或將禁止鴉片入口之國家，則絕對不許輸入」。換句話說，某國某地如果仍未禁煙，專賣商還是可以輸入鴉片（夏歷，1989: 86）。英國和葡萄牙都是公約的簽署國，所以鴉片的輸入輸出，當時在形式上都要獲得政府許可。澳門總督首先必須明文批准利成公司自加爾各答輸入具體數量的鴉片，[27] 然後要電告葡萄牙派駐英屬印度加爾各答的領事，再由該領事知會加爾各答當局，好讓它據此批准 M. A. 沙遜為利成公司代購的鴉片出口。[28]

利成公司的三年澳門鴉片專營權始於 1920 年 8 月，[29] 而在往後的五、六年裏，利希慎與澳葡政府的高層尤其是澳督本人，都曾維持良好的合作關係。[30] 澳督的任期普遍不長，比較值得一提的是澳督巴波沙（Artur Tamagnini de Sousa Barbosa）。[31] 巴波沙曾三任澳門總督，而在他首次及二度出任澳督時，和利希慎都有過交集。1918 年 10 月，巴波沙首度到任，利希慎也正是在當月首次向澳門的鴉片管理督導局申請專營牌照，並於月內就獲批。豈料 11 月 12 日，澳督卻發函通知利希慎，謂澳門的政務委員會已決議取消其鴉片牌照。翌年 8 月，巴波沙就被調回里斯本另用，澳督任期不足一年。1926 年 12 月，巴波沙再度被里斯本派往澳門擔任總督，這回時間較長，一直待到了 1931 年初才離任，期間利希慎失去其澳門的鴉片專營權，更在 1928 年 4 月 30 日遇刺身亡。1937 年 4 月，巴波沙第三度受委澳督重任，惟里斯本在 1940 年 6 月 28 日將他召回，要他為澳門因「容許走私及販賣鴉片，違反國際公約」而遭到國際聯盟（League of Nations）懲處負責。巴波沙旋被革職，但還沒來得及動身返回里斯本，就已在 7 月 10 日病逝於澳督官邸（吳志良等，2009b: 2610）。

利希慎與澳葡政府的緊密互動，以及他個人對澳督的影響力，從他在專營鴉片之

初安排澳門進口鴉片的過程，就清晰可見。1920 年 6 月，利希慎急著要先取得一批加爾各答鴉片，以供開業所需，但加爾各答當局似乎故意拖延，遲遲不下批文，導致 M. A. 沙遜無法將鴉片出口至澳門。[32] 利希慎很急，於是請澳督出面，直接給加爾各答政府發去緊急電報催辦，但對方還是沒有動作。利希慎只好再請澳督出手，換個方式施壓，這回是由澳督先拍電報給葡屬印度 [33] 的總督，請他去要求英屬印度的總督（Viceroy and Governor-General of India）直接給加爾各答政府下令，要他們放行。[34] 加爾各答政府果然在兩三天後就下了批文，讓利希慎託 M. A. 沙遜在加爾各答購買的首批 50 箱鴉片，最終得以在 1920 年 7 月 7 日裝上高田丸貨輪（S.S. Takada）出航。[35]

1923 年底，利成公司的三年鴉片專營權到期，因「無人競投」，[36] 澳葡政府決定讓利成公司續約半年。1924 年中，澳督又依法行使特權，不經公開拍賣，就將新的三年專營權合約交給利希慎實際控制的另一家公司「裕成」（Yue Sing）。[37] 所以由利成公司至裕成公司、由 1920 至 1927 年，利希慎在澳門專營鴉片前後近七年之久。這段時間內有幾點變化，甚值一提。首先是利希慎的鴉片貨源，已經逐漸由印度的加爾各答轉向波斯（鄭宏泰、黃紹倫，2011: 110-120），而這與英國政府正在承受越來越大的國際輿論壓力及禁煙公約的約束有關。[38] 其次，利希慎的鴉片進出口網絡，也變得更加寬廣，除了鄰近鴉片產地的加爾各答及波斯灣的布什爾（Bushire）港，他還開始從法屬印度支那的西貢及廣州灣（即今天的廣東省湛江市）[39] 進口鴉片，而這些輾轉由法屬印度支那輸入澳門的鴉片，應該都是印度鴉片。[40] 其三，專營鴉片的時間越久，利希慎與澳葡官場的利益結合也越深。澳葡官場的清廉名聲本就不佳，鴉片專營又涉及龐大利益，向來招人覬覦。利希慎為了確保營運順暢，顯然不得不經常要上下打點，除了給相關的官員及協作者「送禮」，少數情況下甚至得發放「月薪」，糾葛自然甚深。[41]

也許正因為利希慎自知和澳葡官場糾葛甚深，他在鴉片專營權於 1927 年 6 月底到期前，顯然有信心獲得續約。不過 1927 年 3 月 16 日，澳葡政府公佈了《鴉片及其副產品貿易章程》（施白蒂，1999: 208），以 1925 年 2 月 19 日在日內瓦簽署的修訂版《國際鴉片公約》為由，準備取消任何有關鴉片進口、加工及買賣的專營合約，而這意味著利希慎已無望續約。[42] 1927 年 7 月始，澳葡政府就正式

收回了它長達半個世紀的鴉片私人專營權，改由公家新設的「鴉片專理局」來專賣，並由財政廳官員羅保（Pedro José Lobo）[43] 負責管理（施白蒂，1999；利德蕙，2011: 65）。不過利希慎後來憤怒地發現，澳葡政府只是在玩文字遊戲，骨子裏換湯不換藥，還是交給私人專賣，而接手的這家又成（Yau Sing）公司的經理，竟是原來裕成公司專責澳門業務的經理畢侶儉。[44]

1924 年裕成公司在利希慎主導下成立時，集資 300 萬，總理（總經理）是利希慎和高可寧，司理（經理）則是馮作霖與畢侶儉。[45] 利希慎和高可寧坐鎮香港，主要是負責安排資金、拓展生意和對外聯繫；馮作霖和畢侶儉負責澳門業務，主要是處理鴉片的進出口與銷售。[46] 畢侶儉顯然是利希慎在鴉片生意上的得力助手，獲利希慎信任之餘，也深悉這個行業的機密與內情，所以 1926 年初，才會由利希慎派往波斯去採購鴉片。[47] 畢侶儉與他人合組的這家又成公司，地址就設在澳門鴉片專理局坐落的同一棟大樓裏。它在香港也開了辦事處，以其手握新的澳門鴉片專營權為賣點，開始在粵港澳三地招股集資（利德蕙，2011: 68）。

澳葡當局在鴉片專賣一事上耍手段換公司的動機，至今不詳，但性格剛烈如利希慎者，[48] 除了自覺遭到下屬背叛外，也對當局的程序不公感到忿恨，更重要的是裕成公司因無法續約，確實蒙受相當大的損失，而這對剛經歷過財務危機的利希慎來說，尤其難以容忍。利希慎在專營權即將到期前，因為自信可以續約，還買進不少鴉片囤貨，而鴉片的價格波動往往甚大，這批存貨正是在高價時購入。1927 年後，當他無奈被迫出清存貨時，卻又碰上鴉片價格低落，[49] 導致裕成公司嚴重虧損。[50] 於是 1927 年 10 月底，利希慎據理反擊，親撰陳情書（petition）並印製一批，除了上呈澳督，他還給政務委員會 [51] 的全體委員、16 名曾參與修訂鴉片法例的澳門律師，以及葡萄牙駐香港的總領事都發了這份陳情書。陳情書批評澳葡政府處理新專營權的手法既不透明、亦有違公開公正的招標原則，故要求調查，還裕成公司一個公道。利希慎與澳葡政府交惡，其實還涉及一筆大錢，即裕成公司在澳葡政府那裏繳存的 60 萬元按餉（保證金），合約期滿後仍未獲退還。澳葡政府似乎藉故刁難，要求裕成公司先上繳所有的賬本供其查核，沒問題後才會退還。[52]

利希慎在陳情書內，暗指又成公司花了 12 萬元去賄賂官員。這當中有 7 萬元是由與政府關係緊密的 Ah Nok 交給 Tuk Po，另 5 萬元則是由 Lo Bo 轉交給了 Tsoi Tung。利希慎提到的陳情書內關鍵人物 Lo Bo，顯然是影射澳門的鴉片管理專員羅保（Lobo）；而另一位他暗示的賄賂中介者 Ah Nok，則應該是指向 1924 年起就擔任澳門同善堂值理會主席的退休官員崔亞諾／崔諾枝（Joel José Choi Anok）[53]。至於 Tsoi Tung，則是指任職於澳葡政府庫務司的官員蔡東。至於 Tuk Po 此人到底是誰，爭議最大，可謂陳情書內最敏感的部份，因為 Tuk Po 指的若是「督婆」（即澳督夫人，粵語發音），那就意味著利希慎暗指澳督也收賄。[54] 羅保為此在香港興訟，[55] 控告利希慎誹謗，要求法庭頒令禁止他繼續給澳督發陳情書，並賠償其個人損失。

耐人尋味的是，本案開庭前，1927 年 12 月 21 日，港督金文泰在他給英國殖民地部寫的函報中，提到了某位名叫 Senhor [56] Barbosa 的澳門官員，曾在事發之初，特地由澳門來訪，拿著利希慎的那份陳情書，徵詢其意見。由這位高官能直接拜會金文泰的地位來看，幾乎可以肯定他就是時任澳督巴波沙。金文泰在信中指出，他個人覺得 Senhor Barbosa 應是忠實之人，想必會為此感到冒犯。不過 Senhor Barbosa 是否準備以具體的行動還擊利希慎，信中沒有交代。金文泰又提到，他與葡萄牙的駐港總領事接觸後，獲知澳葡政府並無意對利希慎採取法律行動（鄭宏泰、黃紹倫，2011: 193）。這一點倒是不難理解：庭審過程一切公開，官府若是親自出手，或難免在法庭上面對尷尬場景；不過若以羅保上陣，用個人的名義控訴利希慎誹謗，則不論結果如何，都可以既間接表明澳葡政府的態度，又不傷其顏面。

1928 年利希慎的這第二場鴉片官司，相較於 1914 年那拖延甚久的第一場，可謂乾脆得多。羅保對利希慎的民事誹謗案是於 3 月 26 日開庭，4 月 17 日就審結宣判。此案不涉港澳兩地官府，但卻牽扯到不少政商名流，尤其是利希慎這位帶有傳奇色彩的香港巨賈，所以轟動依舊，不僅聽審者眾，報章亦詳盡報導。兩方在庭上的交鋒，因已有專著論及（ibid.: 188-192），細節不贅。簡略地說，審案的首席大法官歌倫（Chief Justice Henry Gollan）宣判時，認為被告利希慎的舉動，雖確實傷害到原告羅保的名譽，卻始終沒證據顯示利希慎是在惡意誹謗羅保

（no proof of express malice）。[57] 此外，歌倫大法官也不同意原告一方所說，Tuk Po 一詞是利希慎刻意將中文的「作保」一詞誤譯，以讓人不當聯想到澳督夫人，而是真的意有所指。「作保」即作為保證金（as security）之意，而本案中由 Ah Nok 經手的那 7 萬元，若說是鴉片專賣所需繳付的保證金，法官認為未免過少，並不可信。所以 Tuk Po 一詞若真構成誹謗，法官認為那也不是在誹謗羅保，而是另有其人。[58] 利希慎最終勝訴，兼得堂費，創下了接連打贏兩場轟動官司的當代香港紀錄。

❖ 遇刺身亡 ❖

利希慎廣發陳情書，將澳門鴉片專賣權私相授受一事鬧大後，顯然威脅到了仇家利益。他開始一再收到恐嚇函，叫囂對他不利，更揚言要在他兒子的婚禮上投擲炸彈。利家親友都曾勸過利希慎，要他加倍警惕、調整日常作息，但利希慎似乎有恃無恐，並未認真防範（利德蕙，2011: 66）。無論如何，利希慎確曾申請過當局的保護。[59]

1928 年初的利希慎，雖因 1925 年省港大罷工的衝擊及 1927 年失落澳門的鴉片專營權而受創，不得不向銀行增加貸款以因應，但應已度過最艱難的時刻，且迭有喜訊：2 月 24 日，利希慎在皇仁書院舊生會的周年大會上，獲校友推舉為會長；[60] 2 月 28 日，他那位甫通過牛津大學的土木工程學位考試、回港度假的長子利銘澤，也順利和望族黃茂霖之女黃瑤璧成婚。這場婚禮可是辦得風光、盛大，何東與羅旭龢等香港名流大老都親自到賀，兩人更都代表賓客致詞，十分賞臉。[61] 緊接著 3 月 13 日，次子利銘洽與梁君甫之女梁琇珊的婚禮，也都順利舉行，並無意外發生。[62] 4 月 17 日，誹謗案宣判，利希慎勝訴，想必更是讓他覺得稱心如意。

利希慎的二女舜華和三女舜英，當時仍遠在英倫求學。不過 4 月 30 日，就在牛津郡一個乍暖還寒的清晨，利舜華突然被一個極為不祥的惡夢驚醒。同房的利舜英後來回憶：

留英的第四個年頭，1928 年 4 月 30 日，就在我們回牛津郡過復活節假期期間，姐姐把我從睡夢中搖醒，説：「Ansie，我發了個怪夢，但我當時很清醒。父親來找我，跟我説：『別怕，一切都會沒事的。』他太真實了，真實得讓我不禁想要伸手摸他，但他卻消失了。他這是甚麽意思呢？」

「他看起來怎麽樣？」我問。房子很冷，我的半個頭還蓋在鴨絨被下。姐姐沒有回答。(Sperry, 2009: 59，作者中譯)

說來奇妙，牛津郡的清晨六、七點，正是香港同日的午後一、兩點，而那正是利希慎遇劫之時。

1928 年時，利希慎已經在他的灣仔堅尼地道大屋擁有四輛私家車，但他只聘了一位司機。他平日的生活節奏，可謂穩定。每天早上十點，利希慎乘車外出，他往往會先去中環的禮昌隆辦公室處理書信、業務。午後一點左右，利希慎則會從禮昌隆前往鄰近的裕記俱樂部，與友人共餐。吃過午飯後，他會轉到雪廠街，去那裏的證券交易所察看股票行情。利希慎一般是在下午五點多返家，七點會再回到裕記去吃晚飯談生意，並經常在那裏逗留到晚上十點才回家休息。[63] 所以裕記可說是利希慎的生活與社交重心，據說他「即因事而不在該處用午晚兩膳，彼亦必每日一到裕記」。[64] 他在裕記的午晚兩頓飯，是和另外九位館友合夥的，當中包括太古洋行船務部的經理莫詠虞和百家利公司的創辦人羅玉堂。[65] 裕記俱樂部位於威靈頓街 196-198 號的四樓，樓下為明星鞋廠，因位處街口，需要走後門上去，而後門就開在有二奶巷之稱的九如坊至安和里的這段小巷裏。[66]

1928 年 4 月 30 日上午，利希慎與黃蘭芳坐同一輛私家車出門，也一同在永安公司的門口下車。黃蘭芳進永安公司購物，利希慎則是前往附近的律師樓和銀行議事。正午時分，利希慎又坐上一部人力車去禮昌隆公司取信，然後來來回回三次，包括前往鄧志昂在歌賦街的大宅弔唁他新喪的妻子馮氏，然後手裏拿著三封信，獨自一人漫步到裕記用餐。其時俱樂部內，除了例常與他同桌的館友，還有來訪的馮作霖與另一黃姓友人。[67] 午後 1 點 20 分，就在利希慎由威靈頓街後的小巷步上裕記時，突然遭人從背後連轟三槍：

163

利氏中二槍，一中右便〔邊〕肩膊，槍碼〔彈頭〕仍藏於肉內；一中左脅，子彈由脅外穿出，以此處彈為受傷最為重要。一彈未中，跌下二樓。利氏中槍時，大聲叫「人呀」之聲。當時俱樂部之前廳有十數人剛用午膳，有侍役六人正在手持餸菜，侍役一名羅流，一聞槍聲及叫聲，知有異，以為賊劫，遂疾馳出門口，見利氏已中彈倒臥於冷巷中，乃用手撫之，但覺其體尚溫暖，乃走出門口追逐兇手。甫下七級樓梯口，見有三號左輪一枝棄擲地上，乃拾該槍於手，然後疾前追逐，見一男子身穿柳條藍間之白竹紗衫褲者，由漢發茶居之旁邊小巷逃走。但羅流啣尾追之，一出巷口，忽失兇手所在。當時裕記俱樂部內各人聞訊，出而趨視，撫其體已冰凍，乃大鳴警笛。有二印警聞聲馳至，見該侍役手持短槍，以為該侍役持槍行劫，故拔槍將其指住，侍役乃陳述緣由。兩印警乃偕其追出九如坊，兇手已不知去向，遂再返俱樂部。羅流仍斟茶一杯與利飲，但當時已氣絕多時。[68]

利希慎遇襲之時，黃蘭芳尚在永安公司內購物。家裏忽接裕記來電後，就急急派人趕去永安公司通報：

妻聞訊，驚慌至面無人色，大哭不已，遂上裕記，一睹其夫情狀，悲至幾乎暈絕，其狀有如狂癲〔後由救護車送回大屋〕。其後利之二妾及四妾，相繼而至，各睹其夫情狀，悲泣如之，警察以彼等哭泣過甚，勸令先行回家。[69]

這位因驟然喪夫而悲痛至幾近「狂癲」的黃蘭芳，一個基本上不識字的台山女人，該如何帶領利家去面對接下來的艱險與亂局？此時此刻，恐怕沒幾個人真的相信，黃蘭芳可以做到。失去利希慎的利家，眾人不免心想，會不會恍如艷陽不再的深秋，沒落可期？

港聞

（本報特訊）

利希慎被刺斃命

連擊三槍　兇手未獲

本港鉅商利希慎君、於昨日下午一點二十分鐘、在九如坊側便小巷裕記俱樂部門口、被人用左輪手槍轟擊、當堂斃命、茲將經過情形、採錄於下、利希慎君、今年四十八歲、台山縣人、前曾在本港皇仁書院充當教員、後與本港鉅商往來、遂集合資本數百萬元、創辦裕成公司、經營澳門鴉片烟專賣、獲利尤溥、年前獨建築利園遊樂場、在本港物業極多、財產約八十餘萬之數、其住家在灣仔堅尼地道三十二號、有一妻三妾、子六人、女六人、二子二女留學英京、一子於月前始結婚、已赴滬度蜜月、有一幼子居家、利氏每日上午一時及晚上八時、必到威靈頓街尾一百九十六號明昌銀舖四樓、即九如坊之側便小巷裕記俱樂部午餐、當昨日下午一點鐘、到大馬路利品讌俱樂部坐談約十分鐘、乃步行上威靈頓街、由小巷直上裕記俱樂部、甫上至七級樓梯、忽有一人拔出手槍、向其發擊、連放三響、利氏中二槍、一中右便肋膊、槍彈仍留於肉內、一中左脅、子彈由脅外穿出、以此處彈受傷較為重要、一彈未中、跌下二樓、當利氏中槍時、大叫哎吔（人聲）之聲、當時俱樂部之前站有十數人用午膳、有侍役六人正在手持餸（食物）菜、侍役一名姓徐、一聞槍聲及呼聲、知有異、以為賊劫、急拔轆出門口、見利氏已中彈倒臥於冷巷中、乃用手攙之、但覺其精神消沉、乃急出門口追緝兇手、甫下七級樓梯口、見有三號左輪一枝棄擲地上、乃拾該槍於手、然後疾馳追逐、見一男子身穿柳條唐裝之白竹紗衫褲者、由威靈頓街之勞德小巷逃走、但羅波嘛尾追之、一出巷口、忽失兇手所在、當時裕記俱樂部內各人聞訊、出而巡視、將其撈已冰凍、乃大喚警察、有二印警聞聲趨至、見該侍役手持短槍、以為係侍役持槍行刺、故拔槍將其指住、侍役乃陳說緣由、兩印警乃偕其追出九如坊、兇手已不知去向、遂再返俱樂部、請視仍將茶一杯與利飲、但當時已氣絕多時、附近居人聚集、俱樂部中人乃通電警署、馬非爾撥及加利留耶米督察到場聞訊、親率中西警探廿餘人、馳赴該部地點偵查、

利希慎君遺像

并由加利留督察率領幫辦偕該俱樂部侍役羅徐、前赴澳門火船查覓、但仍無頭緒、當時利希慎之妻正在永安公司購物、忽接侍役報告、急奔該地上、後與紅十字車到該俱樂部時、一見既身首受傷、急喚紅十字車舁送堅尼地道住宅、其第二妾及第四妾與其媳婦亦於二點四十分鐘到該俱樂部、但當時利氏面色蒼白、一見其面、發生不測、故阻止其入內、囑其返家、及後由俱樂部負責者將相機具、將其屍身攝影後、有某醫生到場診視前觀察利氏、及至三點四十五分鐘、紅十字車始到場、至三點五分鐘、始將其屍身舁出威靈頓街尾、用十字車舁赴石塘咀殮房、後其家屬向政府遞港人情、不致剖驗、只由皇家醫生將傷口查驗畢、給發屍回堅尼地道住家、聞利氏中日出街、均攜有自衛手槍、昨日忽未攜帶、且兇手必已窺伺多日、緊隨其後、乘其不備、始行下手、侍役所拾該槍驗視、知係三號左輪、中實有子彈六顆、已用過三顆、查利氏昨日身穿灰色嗶嘰長衫、頭帶灰色軟帽、腳踏古老式之黑色絨鞋、利氏倒地時、一手捉帽、一手放開、兩眼緊閉、地上血跡甚少、彈已傷及腸臟、故當堂斃命、利氏既斃命後、被人紛紛傳說威靈頓街小巷口、警探兩田偵查、仍要係情殺、或係謀財害命、人人傳說、有街知巷聞之概、現利氏與曾在英京之頭面、將醫尼打斎起度、約一星期始可出殯云、（記）

◎〈利希慎被刺斃命：連擊三槍　兇手未獲〉，《工商日報》，1928 年 5 月 1 日。

注釋

1 這段文字的原文是：On April 30, 1928, during Easter holidays at Oxford in our fourth year in England, my sister woke me up and spoke. 'Ansie, I have had a strange dream, but I was really awake,' she said. 'Father came to me and said, "Don't be frightened, everything will be all right." He was so real that I reached out to touch him, but he disappeared. Whatever does he mean?'

'What did he look like?' I asked, my head half covered by the eiderdown, as the house was chilly. She did not answer. (Sperry, 2009: 59)

2 See Carl T. Smith, 'The Firm of Wilkinson and Grist, Solicitors', unpublished manuscript, pp.41-42.

3 《列子‧湯問篇》第二部份：「太形、王屋二山，方七百里，高萬仞。本在冀州之南，河陽之北。北山愚公者，年且九十，面山而居。懲山北之塞，出入之迂也⋯⋯遂率子孫荷擔者三夫，叩石墾壤，箕畚運於渤海之尾⋯⋯河曲智叟笑而止之，曰：『甚矣汝之不惠！以殘年餘力，曾不能毀山之一毛，其如土石何？』北山愚公長息曰：『汝心之固，固不可徹，曾不若孀妻弱子。雖我之死，有子存焉；子又生孫，孫又生子；子又有子，子又有孫；子子孫孫，无窮匱也，而山不加增，何苦而不平？』河曲智叟亡以應。操蛇之神聞之，懼其不已也，告之於帝。帝感其誠，命夸蛾氏二子負二山，一厝朔東，一厝雍南。自此冀之南，漢之陰，无隴斷焉。」

4 1925 年 5 月，上海發生工潮，日商「內外棉株式會社」的工人代表顧正紅，在與資方交涉期間遭日人槍殺。5 月 30 日，當學生大量在公共租界內最繁華的南京路上聚集示威時，租界警察動手鎮壓，導致百多人被捕，關押在老閘捕房。不過老閘捕房前面，隨後又有約萬人湧至抗議，英籍捕頭為了驅散人群，下令開槍，造成多人死傷或被捕，史稱「五卅慘案」。

5 「五億元」是據 1925 年 12 月 16 日的英國《泰晤士報》（The Times）上，引述香港股份總會（Hong Kong Stock Exchange）主席 H. Birkett 的說法。

6 這些要求包括：允許已遭辭退的工人復工、罷工期間的工資照發、每天工作八小時，以及政治性訴求如增加立法局內的華人議席、廢除所有歧視華人的措施等（丁新豹，2017: 133）。

7 Colonial Office Record CO 129/489, 24 October 1925, 'Robert Kotewall's Report on the Strike', enclosed in Governor Reginald Stubbs's confidential report to the Secretary of State for the Colonies, 30 October 1925.

8 同上。

9 'Local Share Market: Official Quotations', The China Mail, 30 May 1925, p.2.

10 此後滙豐的股價在大罷工期間持續低迷，直到四年多以後的 1929 年底，才收復失地，漲回 1925 年 5 月底時約 1,300 元的高價（鄭宏泰、黃紹倫，2006）。

11 即香港股份總會（Hong Kong Stock Exchange，其前身是「香港股票經紀會」）、香港股票經紀協會（Hong Kong Sharebrokers' Association）和香港股票及物業經紀社（Share & Real Estate Brokers' Society of Hong Kong）。

12 1925 年 12 月 2 日的《華字日報》，曾如此描繪當時的香港股市：「昨日股份市價仍極堅定，然較之前日差不多，蓋各人心理，只看此次工潮能否從速解決以為定，多數經紀仍未敢放膽做去，而手上有某項股份者，見得調停方面稍有眉目，亦多將貨揸緊不放，以是市面情形雖佳，交易仍不甚多⋯⋯。」（「昨日股份市價略錄」，頁 6）

13 施勳是該委員會的主席，七名委員則分別是立法局非官守議員羅旭龢、滙豐銀行大班 A. H. Barlow、怡和洋行大班 D. G. M. Bernard、半島東方銀行（P&O Banking Corporation）大班 L. E. Hopkins、有利銀行（Mercantile Bank of India, London and China）的 R. F. Mattingly、莫臣泰羅經紀行（Moxon & Taylor, Share & General Brokers）的 E. M. Raymond，以及香港股份總會的前秘書 P. Tester。（The China Mail, 16 August 1925）

14　委員會所辦的八場聽證會，日期分別是落在 1925 年 8 月的 20、27 日，9 月的 3、10、17 日，以及 10 月的 13、16、19 日。利希慎兩份備忘錄的日期，都註明是 1925 年 9 月 17 日，所以他很可能是在當天出席了聽證會，並藉機提交備忘錄。

15　'Government Loan against Property for Local Merchants is Urgently Needed', memorandum submitted by Lee Hysan to the Hong Kong Government, 17 September 1925.

16　'The Government's Assistance must be Needed: Moratorium or Government's Loan', memorandum submitted by Lee Hysan to the Hong Kong Government, 17 September 1925.

17　這項計算即 5,500 萬元 – 1,500 萬元 – 1,000 萬元 – 500 萬元 – 1,500 萬元 = 1,000 萬元。

18　'The Government's Assistance must be Needed: Moratorium or Government's loan', memorandum submitted by Lee Hysan to the Hong Kong Government, 17 September 1925.

19　事實上，羅旭龢在 1925 年 10 月寫給港府的那份內部報告中，也曾和利希慎一樣分析過港幣的流通現狀，只是所列舉的數額頗有差異。譬如他當時估計，港幣的發行總量大約是 6,500 萬元，但實際在香港市面上流通的港幣，則是僅 2,500 萬元左右。見 Colonial Office Record CO 129/489, 24 October 1925, 'Robert Kotewall's Report on the Strike', enclosed in Governor Reginald Stubbs's confidential report to the Secretary of State for the Colonies, 30 October 1925。利希慎與羅旭龢私交甚篤，也常有機會碰面，但兩人是否曾私下或公開討論過此事，不得而知。

20　'Mr. Lee Hysan was severely affected by the slump in the stock exchange in June 1925', see draft document of the Lee Hysan Estate Company to Jardine, Matheson & Company (via Messrs. Deacons) which entitled 'Lee Hysan Estate Ltd. and Lee Hysan and East Point Mortgages of Inland Lots Nos. 29, 1451 and 1452', 1927 (date and month unknown, probably in March or April).

21　同上。

22　同上。

23　同上。文件裏提到，波斯富街的這 98 棟四層樓房，如果以每月每單位 30 元的租金計算，就可以為利希慎帶來 98 x 4 x 30 = 11,760 元的收入。至於利舞臺，則是每月貢獻 3,500 元。不過這份文件並沒提到利園遊樂場每個月的門票收入，顯見這筆收入實在不多。

24　1924 年利希慎跟怡和洋行買下鵝頭山時，怡和洋行的掌舵者仍非 John William Buchanan-Jardine，而是其父 Robert William Buchanan Jardine (1868-1927)。

25　1927 年 7 月 16 日，怡和洋行大班 D. G. M. Bernard 致的近律師行函。該函標題為 'East Point Mortgages'。

26　1920 年 6 月 14 日，利希慎致澳門官員 Dr. Lello 的信函裏，就明確提到他們已通報過港英政府，往後加爾各答的 M. A. 沙遜會「經常地」（regularly）經香港運鴉片到澳門。

27　舉例來說，1920 年 6 月 14 日，即利希慎致函 Dr. Lello 的同一天，利希慎（以 Lee Ngan 之名）就獲得澳督批准，從加爾各答輸入總共 500 箱的鴉片（施白蒂，1999: 141）。

28　見 1920 年 6 月 14 日，利希慎致澳門的 Dr. Lello 函；以及 1920 年 6 月 15 日，利希慎致加爾各答的 M. A. 沙遜電報。

29　見 1920 年 6 月 26 日及 7 月 22 日，利希慎致加爾各答的 M. A. 沙遜函。

30　澳督施利華（Henrique Monteiro Correia da Silva）是在 1919 年 8 月 23 日上任，羅德禮（Rodrigo José Rodrigues）則是在 1923 年 1 月 5 日就職。緊接著是 1924 年 7 月 14 日上任的代理澳督山度士（Joaquim Augusto dos Santos）、1925 年 10 月 18 日上任的馬嘉禮（Manuel Firmino de Almeida

Maia Magalhães)、1926 年 7 月 22 日臨時接手的署任澳督罏些喇（Hugo de Lacerda），以及 1926 年 12 月 8 日到任的巴波沙（Artur Tamagnini de Sousa Barbosa）。巴波沙的履歷比較特別，他曾三度出任澳門總督（1918-1919、1926-1931、1937-1940），前後任期加起來共有八年多。（施白蒂，1999）

31　巴波沙（1881-1940）與澳門的淵源甚深。1882 年 1 月，巴波沙僅四個月大時，就被其父帶往澳門生活。巴波沙的父親年輕時，曾在澳門擔任過葡萄牙海外步兵團的軍官，後官至海外省財務總監，開始長駐澳門。巴波沙幼年就學於澳門的聖若瑟修院，17 歲時才回到母國葡萄牙的科英布拉（Coimbra）修習教育學。他畢業後曾擔任父親的秘書，陪他去過葡萄牙的多個海外殖民地。巴波沙個人的職業生涯，則始於葡萄牙海外殖民地部的財務文員。見〈澳門三任總督巴波沙〉，《現代澳門日報》，2019 年 10 月 17 日。

32　見 1920 年 6 月 26 日及 29 日，利希慎致加爾各答 M. A. 沙遜的信函與電報；以及 1920 年 6 月 30 日及 7 月 2 日，利希慎致澳門 Dr Lello 的電報與信函。至於加爾各答當局為何故意拖延，因相關的信函、電報都未提及，原因不詳。

33　葡屬印度當時的轄地，主要是在今印度西南沿海的果阿（Goa）邦一帶。

34　見 1920 年 7 月 2 日，利希慎致加爾各答的 M. A. 沙遜函：'Macao Government wire Governor Portuguese India request Vicory [Viceroy] India order Calcutta Authorities permit you [your] immediate shipment.'

35　見 1920 年 7 月 5 日，利希慎致澳門的 Dr Lello 電報；以及 1920 年 7 月 22 日，利希慎致加爾各答的 M. A. 沙遜函。

36　1923 年 8 月 22 日，澳葡政府的確曾在報章上刊登過鴉片專營權的招標通告，但據說一直沒有其他公司來下標競投。見澳門檔案館文件編號 MO-AM-DA-008-01-06 於最後一頁附上的相關通告。

37　Colonial Office Record CO 129/508/7, 22 October 1928, 'Report on the Examination of Some Account Books Relating to the Macau Opium Farm for the Years 1924-27'. 這是署理港督修頓（W. J. Southorn）在他於 1928 年 11 月 9 日給英國殖民地部寫的一封有關澳門鴉片問題的秘密信函中，隨附的一份報告。修頓在信中指出，利希慎遇害後，遺產稅務專員（Estate Duty Commissioner）就與相關部門對他的遺產開展點算工作。在此過程中，出入口總監（Superintendent of Imports and Exports）J. D. Lloyd 竟在機緣巧合下，於澳門檢獲數本雖不完整卻足以勾勒出利希慎之澳門鴉片業務的中文賬簿。這份報告就是 J. D. Lloyd 將這批中文賬簿譯成英文後，據此而做的分析報告（鄭宏泰、黃紹倫，2011: 107-108）。

38　利希慎對此應該心裏有數，不過對外他仍試圖淡化此事。譬如 1923 年 1 月 22 日，利希慎在回覆澳葡當局對其鴉片生意的五項提問時，針對英屬印度政府反對讓鴉片輸出澳門一事，回說那只是「印度政府在外交上採取的正式舉措」（It is only a formal measure taken by the Indian Government concerning diplomacy）。見 1923 年 1 月 22 日，利希慎覆澳葡政府函。

39　廣州灣是法國於 1899 至 1945 年間，在中國擁有的租借地。據 1899 年 11 月 16 日法國與清政府簽訂的《中法互訂廣州灣租界條約》，該地的租借期原是 99 年，這與英國向清政府租借香港新界的 99 年規定相同。不過 1945 年二戰結束後，法國政府就將廣州灣歸還中國。廣州灣在法國租借期間，是被劃入法屬印度支那，歸其總督管轄。

40　Colonial Office Record CO 129/508/7, 22 October 1928, 'Report on the Examination of Some Account Books Relating to the Macau Opium Farm for the Years 1924-27', Annex 3.

41　同上，Annex 4. 舉例來說，這批賬簿裏的記錄顯示，僅 1924 這一年，裕成公司就曾在聖誕節和其他節慶時，給以下諸人送過禮：

1924 年 7 月 24 日，送禮給美記（Beautiful One）〔註：「美記」為賬簿中的原文，'Beautiful One' 則是港府報告裏的英譯名，下同〕：5,000 元。

1924 年 8 月 2 日，送禮給美記：5,000 元。

1924 年 12 月 11 日，送鑽石戒指給澳督作生日禮物：1,200 元。〔註：當時在任的，是代理澳督山度士（Joaquim Augusto dos Santos）。〕

1924 年 12 月 11 日，送禮給一位麼記（Mor，外國人）：800 元。

1924 年 12 月 23 日，送禮給多位外國人：2,585 元。

1924 年 12 月 28 日，送禮給租記（Jo）：1,000 元。

1924 年 12 月 28 日，送禮給水警、文職人員及政府官員：2,080 元。

42　葡萄牙政府曾在日內瓦的相關會議上，承諾對澳門的鴉片貿易實施較嚴厲的監管（馬光，2010: 150）。

43　羅保生於葡萄牙在東南亞的偏遠殖民地帝汶（Timor Português），是個兼有馬來人、華人、荷蘭人及葡萄牙人血統的混血兒。他是幼時就隨養父來到澳門。1927 年時，羅保還只是澳葡財政廳裏的一位「二等書役」（segundo oficial）（施白蒂，1999: 210），但他後來顯赫一時。羅保在二戰時，主管澳門經濟及專門負責對日本的外交事務，並與何賢等人合組公司買賣黃金，因而暴富。其三子小羅保（Rogerio Hyndman Lobo）曾任港英時代的行政、立法兩局議員，也是一位顯赫人物。

44　畢侶儉（1894-1960）又名畢公萬、畢元勤，祖籍廣東花縣（即今廣州市花都區），父祖是緬甸富商，經營玉業起家。他生於廣州，也在廣州成長，據說青年時代曾就讀於北京稅務學堂，後來和弟弟畢剛勁一同當過海員（《花縣華僑誌》編輯組，1996: 300）。畢侶儉上岸後，就涉足鴉片及賭業，在利希慎遇害後翌年，即 1929 年的 11 月 21 日，獲澳葡政府任命為經濟局顧問委員。1930 年代，他還辦過實業，日本侵華後又「慨助救國公債達百餘萬元，並擔任救國公債勸募委員會澳門分會主任，還擔任澳門中華總商會值理及政府要職，出任澳門鴉片專賣局經理」（吳志良等，2009b: 2480）。不過畢侶儉晚節不保，「戰時查抄私煙土中飽私囊，又與日偽方合作經營投機生意，1945 年日本投降後被中國政府定為『漢奸』」（同上）。然而二戰甫結束，中國即陷入內戰，身在港澳的畢侶儉，得以不受「漢奸」的污名影響，1950 年代時仍是活躍於澳門的股商名流。

45　見裕成公司股票上的總理與司理署名。某張由「李杰夫」持有的裕成公司第 2050 號股票，可見於 O Caso da Falencia de Li Hisan e Ko-Ho-Ning（The Bankruptcy Case of Li Hisan and Ko-Ho-Ning）一書的底頁（Tipografia do Orfanato da Imaculada Conceição, 1928）。

46　Colonial Office Record CO 129/508/7, 22 October 1928, 'Report on the Examination of Some Account Books Relating to the Macau Opium Farm for the Years 1924-27'.

47　Ibid., Annex 5.

48　賴際熙在〈利公希慎墓表〉一文裏，曾經提到利希慎愛恨分明的剛烈脾氣：「公素耿直，喜任俠，直則志剛，俠則氣盛，志剛則不屈於人，氣盛則更能屈人。群聚議論，恒面折口斥，不為容悅，或拂之，更攘臂奮袂，無所忍避。」（賴際熙，1974: 125）

49　1926 年間，每箱鴉片的價格，曾經由 6,125 元急升至 9,640 元。而從鴉片的零售價來看，1926 年間，據說每兩鴉片要賣 14.5 元，第二年卻已劇跌至 8.33 元左右（Colonial Office Record CO 129/508/7, 22 October 1928; Miners, 1987: 231）。

50　前述港府的出入口總監 J. D. Lloyd，在就利希慎澳門鴉片生意的中文賬簿所作之分析報告中，對裕成公司蒙受的虧損，有過以下評述：

　　據說裕成公司虧掉了它大部份的資本。利希慎本人看來是這麼說，但裕成的股東們很不滿。在我們檢視過的公司賬簿中，有一本是用來處理給股份認購者支付 25% 款項事宜，但不清楚這是在分配利潤，還是退回股本？〔註：已從其他資料查知，這是在退回公司四分之一的股本〕。利希慎的遺囑執行人宣稱，利希慎欠裕成公司約 200 萬元。顯然，他為了在本殖民地買地，確實動用了公司的資金，之前也並未準備結束其鴉片業務（The Farm），希望能再度以自己開出的條件取得專營權。不過 1927 年初時，已有流言指這家公司虧損嚴重，那應該是可信的……（Colonial Office Record CO 129/508/7, 22 October 1928, p.41，作者中譯）

51　澳葡當局是於 1917 年設立政務委員會（Conselho do Governo），由官員及公眾人士組成。不過三年後的 1920 年，政務委員會就被分拆成議例局（Conselho Legislativo）和行政局（Conselho Executivo）。到了 1926 年，當局卻又將議例局和行政局合併，復設政務委員會。

52　見〈利希慎被刺斃命案續訊〉，《工商日報》，1928 年 5 月 3 日，頁 6。

53　崔亞諾（1867-1945）原名崔諾枝（Tsui Nok Chi），信仰天主教後才改名為 Joel José Choi Anok。他是澳門知名的慈善家和政界領袖，其子崔樂其則是誠興銀行創辦人。崔諾枝曾入三巴仔聖若瑟書院學習葡文，惟不久後輟學，隨父親學習裁製洋服、木工等手藝。他 15 歲時上葡國船艦工作，六年後擔任澳督府庶務員，據說曾前往里斯本任職五年。回到澳門後，崔亞諾升任澳督府庶務處長，此後任職多年，至 1925 年才退休，所以確實和澳督府關係緊密。（de Sousa, 2010: 97；黎細玲，2014: 333-334；施白蒂，1999: 183）

54　澳督巴波沙是於 1926 年 12 月 8 日就職，開始其第二任期，至 1931 年 1 月 2 日才離任（施白蒂，1999: 315），所以本案中的澳督夫婦，應是指巴波沙和他的第二任夫人瑪麗亞 · 安娜（Maria Anna Acciaioli，1900-1933）。巴波沙的首任夫人早逝，所以瑪麗亞是在巴波沙於 1918 至 1919 年間初任澳督時，就隨他來過澳門。1925 年，瑪麗亞遂以她在澳門的生活經歷為靈感，發表詩集 Lin-Tchi-Fá（Flor de Lótus），結果廣獲讚譽，成為詩人。瑪麗亞與巴波沙育有五子，1933 年 7 月 5 日生下第五子後，因併發症而病歿（Teixeira, 1995）。

55　誹謗乃民事訴訟，原告可選擇在他本人還是被告的居留地入稟。羅保既要求賠償，那在香港興訟，就會是個較佳選擇，因為這既能確保利希慎出庭應訊，一旦勝訴，也可以有效執行裁決，獲取賠償。

56　葡語對男性的尊稱，即閣下、先生之意。

57　'Lee Hysan Libel Action: Macao Official Loses Case', The Hong Kong Telegraph, 17 April 1928, pp.1 & 14.

58　同上。判詞的相關段落是：'In any case, if express malice was shown by the use of the words "tuk po" and those accompanying it, it was malice towards some person other than the plaintiff.'

59　見〈利希慎被刺斃命案續訊〉，《工商日報》，1928 年 5 月 3 日，頁 6。

60　'Queen's College Old Boys' Association: 8th Annual Meeting, Mr. Lee Hysan Elected President', Hong Kong Daily Press, 25 February 1928, p.4.

61　'Today's Wedding: Local Chinese Families United, Mr. Lee & Miss Wong', The China Mail, 28 February 1928, p.8; 'Chinese Society Wedding: Two Old Families United, Pretty Ceremony at St. John's Cathedral', Hong Kong Daily Press, 29 February 1928, p.5.

62　見〈利希慎被刺斃命：連擊三槍，兇手未獲〉，《工商日報》，1928 年 5 月 1 日，頁 6。

63　同上，頁 11；以及（利德蕙，2011: 28）。

64　同上，頁 11。

65　莫詠虞與羅玉堂不僅是利希慎的飯友，也是其皇仁書院校友。羅玉堂更是利希慎的鄰居，在堅尼地道上也建了一座大宅。兩人都與利希慎交往甚密。

66　見〈利希慎被刺斃命：連擊三槍，兇手未獲〉，《工商日報》，1928 年 5 月 1 日，頁 11。

67　同上，頁 6 及頁 11；〈利希慎昨午被人擊斃詳紀〉，《華僑日報》，1928 年 5 月 1 日。

68　〈利希慎被刺斃命：連擊三槍，兇手未獲〉，《工商日報》，1928 年 5 月 1 日，頁 6。

69　同上，頁 11。

◎ 大屋女主人黃蘭芳

07

守業 黃蘭芳

父親去世後，我們欠了滙豐銀行一大筆錢。來自灣仔物業的租金及利舞臺和
父親其他生意的收入，僅夠支付銀行的利息。姐姐舜華是和她的母親「阿媽」
同住，[1] 她告訴我，阿媽每天晚上都在掉淚。

—— 利舜英，*Running with the Tiger*，作者中譯

1928 年 4 月 30 日午後，利希慎在中環鬧市一隅遇刺身亡後，香港警方雖積極偵辦，黃蘭芳亦懸賞兩萬元緝兇，[2] 最終仍未能破案。不過從此案的蛛絲馬跡可見，殺手犯案前曾做過縝密規劃，犯案後似乎也有人接應，所以或是一位職業槍手。此人不僅先調查清楚利希慎的日常作息，專挑他孤身一人在巷子僻靜處上樓的時機下手，又先將手槍鋸短，以利收藏攜帶，避免招疑。[3] 不僅如此，槍手似乎還能對現場預作部署，安排人員在他出手之際，適時於附近的某座小土地公廟前燃放爆竹，以掩蓋槍聲，助其順利逃逸。[4]

利希慎性格剛烈，遇事往往據理力爭，不願苟且了事，且因鴉片生意及前後的兩場官司與多人結怨，潛在仇家不少，所以他遇刺一案，自然引發坊間的種種猜測與熱議，持續關注案子進展。香港警方為了偵破這宗轟動大案，也曾派人到澳門、廣州兩地查案，[5] 盤問了數百名目擊者，更一度扣押過兩名華裔嫌犯，卻仍一無所獲，兇手至今未解。[6] 無論如何，利希慎遇害多年後，孫女利德蕙曾在某個公開場合裏提到，其父利銘澤從此未再踏足澳門，也不准他的子女去，卻又不讓他們探問緣由。[7]

1928 年 5 月的利家，雖因大家長利希慎遽逝而陷入慌亂，但還不至於陣腳大亂，這與利希慎生前細心的安排有關。首先是物業方面，家族內向來有專人幫忙打理，不勞黃蘭芳操心。利希慎和黃蘭芳名下擁有龐大物業，而這些物業的租金，當時已是利家最重要的定期收入來源。利希慎早在 1923 年 9 月，就已將兩夫婦名下的租賃物業（leasehold properties）授權給三位他信賴的家族中人幫忙管理，即胞弟利希立、堂弟利樹滋[8] 和大侄兒利伯煖（利百暖）。[9] 換句話說，利希慎遽逝後，這三人仍可繼續代管利家龐大物業的繁瑣租務、稅務及維護工作，不必換手。[10]

不過利家之所以可平穩過渡、不鬧家變，更重要的一點，還是利希慎早在他遇刺三年前的 1925 年，就已經確立一份最新版本的遺囑，明定由黃蘭芳繼承及處置他身故後的所有財產。[11] 而在確立遺囑的同一年，他也相當公平地將家族企業——利希慎置業公司的 5,000 股股份，分派給妻妾子女。如第四章所述，利希慎只給自己留下 1,000 股，卻分給每個兒子 500 股，元配 250 股，側室各 100 股，

女兒各 70 股。1928 年黃蘭芳全面繼承利希慎的遺產後，手上的利希慎置業公司持股就已增至 1,250 股，成了公司的最大股東。從利希慎的遺囑安排，可見他希望自己哪天萬一不幸離世時，黃蘭芳可代他挑起大家長的重擔。長子利銘澤雖已近成年（1925 年時 20 歲），畢竟留學在外多年，歷練未深；而同在英倫的嫡長子利孝和，更是連中學都尚未畢業，遑論其他。此外，他將財產全數指定由黃蘭芳繼承，應該也有確保家族資產完整、便於統一支配的考量，避免家族成員輕易陷入爭產紛擾。

❖　　葬禮　　❖

1928 年利希慎去世時，利家已是香港望族。事出突然，黃蘭芳雖因此焦頭爛額，窮於應付大量她本來並不熟悉的事務，卻堅持辦好亡夫利希慎的葬禮。4 月 30 日下午利希慎遇害後，中環的禮昌隆號即關上舖門；銅鑼灣的利舞臺和利園遊樂場也是從當晚開始，暫停演出並休業，以示哀悼。[12] 利希慎的入殮儀式，是遇害次日就在他灣仔大屋的廳前舉行，不過利家為等候長子利銘澤及嫡長子利孝和從歐洲搭船千里迢迢趕回奔喪，同時也為了細擇風水上佳的墓地供利希慎安葬，並未即時定下出殯日期，而是將靈柩暫厝於大屋花園中。[13] 利銘澤當時正與新婚夫人黃瑤璧遠赴歐洲瑞士度蜜月，並計劃在蜜月旅行結束後留在英國，以完成他工程師專業所需的實習訓練。黃瑤璧將隨利銘澤赴英，並會藉機到牛津大學修讀葡萄牙文。[14] 至於利孝和，則是剛結束其中學學業並完成升讀牛津大學的考試，正在瑞士度假，並與大嫂黃瑤璧在瑞士初次碰面。

噩耗傳來，利銘澤夫婦與利孝和立刻就和仍在英國聖心女校求學的利舜華、利舜英會合，啟程返港奔喪。他們能夠安排到的最早一班郵輪，是從法國地中海沿岸的馬賽港出發的日本郵輪香取丸（SS Katori Maru）。一行人於是動身前往巴黎，在巴黎待上數天後，再搭火車前往馬賽。豈料郵輪在馬賽又耽擱了好幾天才啟程，經埃及的蘇彝士運河、錫蘭、新加坡等地回到香港（Sperry, 2009: 60-61）。由於整個航程耗時約一個半月，利家無法再等，終決定在 1928 年 5 月 25 日為利希慎舉殯，替他辦一場隆重葬禮。

◎ 年輕時期的黃蘭芳

5 月 25 日上午，當出殯隊伍自利家的灣仔大屋出發時，大門外早有數百民眾圍觀。先是蘇格蘭軍樂隊在大屋前，為整個隊伍奏樂起行；鐘聲慈善社的軍樂隊隨之，帶領隊伍踏上堅尼地道。[15] 利希慎遇害前為南華體育會會長，故南華足球隊員與南華所辦義學的部份學生，均往執紼，[16] 加上童子軍團、利園及利舞臺員工、社團代表、利家親屬等，隊伍壯觀，浩浩蕩蕩，綿延逾兩英里，本地西報《士蔑報》（The Hong Kong Telegraph）因此譽之為「近年來最費心籌辦、也可說是耗資最鉅的華人葬禮之一」。[17] 不僅人頭湧湧，「各花圈輓聯祭帳儀仗陳列於堅尼地道上，交通幾為之斷絕。」[18] 而據報章當日報導，現場僅花圈就有 500 餘個，祭輓則約百餘幅。[19]

利希慎的靈柩精緻，[20] 罩有篷蓋，覆以鮮花，由 36 人肩扛著緩緩前行。香港警方因恐利希慎的仇家再對利家人不利，更是派出「十四號英弁 [21] 及西探數人、華探六人，前往保護；而華民政務司署，亦派有華探七八人，與其私家衛隊數人，[22] 嚴密保護其孝幃」。[23] 隊伍自灣仔的利家大屋出發後西行，沿著皇后大道一路走到上環的南北行商區後，轉入德輔道西、山道，再折回皇后大道西，然後經卑路乍街穿過堅尼地城，以「一別亭」為眾人執紼的終點，在此鞠躬辭靈。利希慎的靈柩隨後再由仵工、親屬等，移送到香港仔的華人永遠墳場安葬。[24]

不少香港名流，當天都親赴一別亭辭靈。周壽臣、何東、羅旭龢、曹善允、黃廣田、李右泉、黃茂霖（利希慎姻親）、羅長肇、賴際熙、鄧志昂、羅玉堂、郭少流、莫幹生、莫詠虞、容子名、馬敘朝、馬持隆、曾富、何世耀、何世光、何世亮、高寶森等人都來了，教育司伍德（A. E. Wood）、皇仁書院校長古祿（A. H. Crook）、皇仁舊生會名譽秘書 C. G. Anderson、高露雲律師行的畢維斯和 D. H. Blake、E. S. Ford、A. P. Greaves、J. S. McKenzie 等西人，也都到場鞠躬送行。港督金文泰正返英述職，不在香港，但已先致送花圈弔唁。[25] 利希慎逝世前兩個月，剛當選皇仁舊生會的會長，[26] 而由山殯當日送行者的名單來看，利希慎一生中最重要的人際關係網絡，誠然與皇仁書院及香港的混血買辦群體密不可分，因為這批紳商名流，論其背景，不少人都與皇仁有過交集。

黃蘭芳自夫婿遇害後，由安排入殮、籌辦利園的七日水陸法會[27] 至出殯，轉眼已近一個月的時間，悲慟之餘，仍需打點喪事，似已身心俱疲。所以一別亭辭靈處後來出現的一場小騷動，終於觸動她壓抑多日的情緒，忍不住「抱頭大哭」：

> 昨日利希慎出殯，送者甚多……前行執紼者皆有名望之人，在後者皆苦力担坭婆居多，達數千人。一別亭之辭靈處招待室，備有汽水西餅啤酒等，以備招待。十二時半，靈柩已至，送殯之苦力担坭婆等已踵至，其數比之在中環時覺加數倍，蓋沿途加入者大不乏人也。担竹竿者有之，戴客家婆之藍邊帽者有之，各人均爭先恐後，甚為擠擁。經華探等拔出警棍彈壓，始能將鐵閘閉關，但外便[28] 之苦力呼叫之聲，鬧成一片，且有用人叠人方法，騎上圍牆而入，有等則向後欄而入，於是一別亭外便四面，皆被此輩包圍。聞此次各苦力担坭婆之到執紼者，皆以利宅分派兩元利是，故有如此擠擁。而有名望紳商後至者竟不得其門而入，甚而利之髮妻，跟隨靈柩之後而至，當時亦被苦力四面包圍，不得而入，坐于私家〔車〕中，抱頭大哭。[29]

然而利家派利是（紅包）的對象，實為自家員工，尤其是利園及利舞臺的員工。當日蜂擁群聚於一別亭者，大多只是冒認的利家人員。利家於是當眾宣佈，要待員工明天返回工作場所後才派利是，藉此排除冒認者。苦力們無可奈何，鼓譟擾攘一番後，最終散去。[30]

利希慎下葬後翌日，利家刊在報章上的謝聞，突出了諸子的嫡庶之辨，再度側映出它當時仍是個相對重視宗法傳統的望族。利銘澤雖是利希慎長子，卻為庶出；三子利孝和（當時仍叫利榮根）及四子利榮森，才是黃蘭芳親生的嫡子。此所以利家謝聞上諸子的直式排名，是以嫡長子榮根居首，另一嫡子榮森排在其下，年歲最長的銘澤與老二銘洽則還在他倆之下。至於同樣是庶出的銘杰（榮傑）、榮康、榮達三子，則位居排名的最基層。[31] 此外，由前清的翰林院編修賴際熙親撰、刻在利希慎墓地右側石碑上的〈利公希慎墓表〉，也清楚交代了利希慎諸子的嫡庶排序：「配室黃，男子子七，曰榮根、榮森，嫡室出；曰銘澤、銘洽、榮杰、榮康、榮達，庶室出」（賴際熙，1974: 123）。然而不論是長子銘澤，或嫡長子榮根，其實都未能趕上父親的葬禮。當他倆和妹妹舜華、舜英經歷逾一個月的遠

航抵達家門時，已近利希慎喪禮的「尾七」之期，換句話說，離利希慎遇刺喪命已近 49 天之久了（Sperry, 2009: 63）。

❖　　**遺　產**　　❖

黃蘭芳竭盡全力，將亡夫的葬禮辦得哀榮之至，內心的焦慮卻始終揮之不去。她對於該如何應付燃眉之急的遺產稅及還貸壓力，一時間顯然仍無頭緒。利希慎誠然是時人眼中的巨賈，更因以一介華民向英資大行怡和買下了整座鵝頭山，而聲名大噪。不過如前所述，1925 年時，利希慎曾在財務周轉上遭遇困難，1927 年又失落了利潤豐厚的澳門鴉片專營權，所以遇害前夕，他的財務狀況其實說不上理想，債務尤多。大家長一旦去世，不少債權人和債權機構就會急著催還，而催討迸發的結果，又會使借貸者的償債能力迅速惡化。此外，利希慎雖早已立下遺囑，確保財產轉移清楚、順利，利家仍需給香港政府繳納一筆高額的遺產稅，而短時間內要籌措這一大筆現金，對當時的利家來說也很不容易，何況利希慎的葬禮花費甚鉅，利家頓時感到左支右絀。

黃蘭芳出身廣東台山的某家地方大戶，本不識字。台山是窮縣，不過黃蘭芳的祖父黃儀樂曾是庠生（秀才），家族裏也算是出過一些讀書人。她自幼纏足，在傳統禮教的拘束下只能當個閨女，沒機會認字受教育。利希慎富裕後，常以黃蘭芳的名義購置物業，需要黃蘭芳簽署法律上的授權文件，所以要確保她至少會簽自己的名字。利希慎為此請來一位女家教，「花了很長一段時間」，終於教會黃蘭芳用英文簽字。不過黃蘭芳顯然無意深究英文，曾說過英文書寫是「畫雞腸」，只圖應付過去就罷（利德蕙，2011: 39）。此外，利家搬進大屋後，利希慎常會在一樓的華麗大廳裏宴請中西賓客，黃蘭芳身為大屋的女主人，自然也需要同場作陪，招待賓客。於是女家教的另一任務，就是要教會黃蘭芳在西人賓客向她致謝後，回對方一句 'Don't mention it'（不客氣）。不過就這麼簡單一句，對黃蘭芳來說亦覺拗口，學起來費勁（Sperry, 2009: 27）。[32] 而從利家珍藏的昔日照片來看，黃蘭芳或許正因為英語不佳，往往會在與西人賓客合影時，顯得並不自在。

179

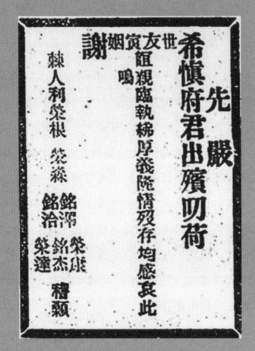

◎ 利希慎葬禮後的利家謝啟

◎ 黃蘭芳的一則簽名

黃蘭芳在日常生活中，也常表現出傳統、嚴肅、儉樸的一面，甚至帶著點鄉下人的土味，[33] 但她顯然並非無知之輩，也甚具開創精神。她會在傲視灣仔的利家那間耀眼豪宅的花園裏，種花育草、遍植果樹，甚至會留出一個角落養豬養雞，到過年過節時才宰來吃。[34] 早年她還曾在自家裏養蠶，以便取蠶絲做冬衣的墊料。1920 年代，大屋往下走的灣仔鬧區，仍有繅絲舖，所以利家養在扁圓形藤筐裏的蠶寶寶吐絲結繭後，就可以將蠶繭收集好，直接交給繅絲舖代為處理（Sperry, 2009: 39）。黃蘭芳又嫌棄市面上買來的粘米粉品質不佳，於是索性在花園裏的一座護土牆上，安裝木製的長踏板，用石杵石臼來自製更為細幼的粘米粉（ibid.: 27）。她持家一絲不苟，注重細節，家裏的工人雖多，倒也井然有序。不過在利希慎去世前，黃蘭芳名下的物業雖多，卻都已經在法律上授權其夫婿處理，所以她本人並沒涉及利希慎的生意及財務運作，在這方面所知甚少。

利希慎遽逝後，根據遺囑，黃蘭芳繼承了他名下所有財產，不過當年遺產稅（estate duty）的稅率高達 8%，黃蘭芳還需給香港政府繳付一筆由稅務部門點算完畢遺產總額後，再向她課徵的高額稅金。利希慎的「名下資產」，當然不是他所有的家產。舉例來說，利園山是利希慎擁有的最大一筆資產，也攸關他最大的一筆債務，但他把利園山放在利希慎置業公司名下，而他名義上僅擁有該公司 5,000 股中的 1,000 股，即只擁有公司的兩成股權。此外，利希慎將大部份的家族物業都放在黃蘭芳名下，而這批物業，自然也沒被計入利希慎的遺產總額。其「名下資產」，主要就是股票和一批借款人開給他的本票（Promissory Note）。即便如此，1928 年 11 月 17 日，經港府的遺產稅務專員點算及香港最高法院認證後，利希慎名下的遺產總值，依然高達 4,461,145.85 元。不過利希慎生前背負的債務，倒也不少，總計共達 1,744,751.30 元。所以將其遺產總值扣除債務後，利希慎名下遺產的淨值，是大約 2,716,400 元。[35] 而這筆遺產淨值的 8%，就是利家要向港府繳納的 217,312 元遺產稅，外加利息。[36]

不過香港最高法院於 1928 年 11 月 17 日認證的這份遺囑，並未計入利希慎生前所擁有的上海股票的估值。這批上海股票，因仍未完成法院的認證程序，利家無法處置。於是同年 12 月 29 日，利家透過上海的律師行古沃公館（White-Cooper & Co.），[37] 向設在上海公共租界內的「英國在華最高法院」（His Britannic

No.	When and where born.	Name if any.	Sex.	Name and Surname of Father.	Name and Maiden Surname of Mother.	Rank, or Profession of Father.	Signature, Description and Residence of Informant.	When Registered.	Signature of Registrar.	Name if added after Registration of Birth.
104	2nd November 1884 六子生十四年十月有八	Li Ying 利應	Male 男	Li Cat Hing 利書慶	Yung Sau 楊三	Seaman 行脈	Lai Yau inmate 14 Wing On	2nd December 1884	F. Stewart	

Extract from the Register of Births in the Colony of Hong Kong this 22nd day of December, 1928.

Fee, $1.

True Copy.

Depty Registrar of Births & Deaths.

◎ 利希慎遺囑內的「出世紙」

Majesty's Supreme Court for China at Shanghai）[38] 申請將利希慎的遺囑重新蓋印（resealing），以納入他在上海的五筆股票遺產。[39] 這五隻上海股票，是以1928 年 4 月 30 日利希慎逝世當天的市價估值，總值亦高達 297,236 元，毫無疑問也是一筆大錢。[40] 值得一提的是，它們都是利希慎在 1919 至 1923 年間陸續購入的股票，尤其是 1923 年，[41] 而他似乎相當重視這批上海資產，1925 年時雖突然遭遇周轉危機，被迫拋售了不少香港股票，卻絲毫沒賣過這五隻上海股票。

英國在華最高法院的管轄，只及於在華的英籍民／英國屬土公民（British subject），所以為了向該法院證明利希慎是英籍民，以受理其申請，高露雲律師行還給上海的古沃公館寄去利希慎的香港出世紙，強調他出生時原名「利應」（Li Ying），生於香港，與香港死亡登記冊及遺囑內的「利希慎」是同一人。高露雲律師行建議，上海方面如果認為這項證據還不夠充份，利家可以再提供利希慎胞弟利希立的法定聲明（Statutory Declaration），以證實利應就是利希慎原名。[42] 不過這份出世紙顯示，利應生於 1884 年 11 月 2 日，父名利吉慶，職業為「行船」，母名楊三，而這與本書前面的各章節裏，有關利希慎出生、成長及求學的經歷都並不相符。利希慎是否生於香港，攸關其英籍民身份，因為香港華人當時唯有生在香港，才能自動成為英籍民，而利希慎生前的確擁有這個身份，並曾據此要求香港殖民政府維護他在中國的鴉片生意權益。然而不少證據，其實都指向利希慎「1880 年生於開平水井坑村」一說，所以利應是否利希慎的原名？利應與利希慎是否真是同一人？不無疑問。無論如何，利希慎在上海的遺囑再認證過程順利，1929 年 1 月 10 日，就獲英國在華最高法院蓋印認證。[43] 利家隨後即透過香港的經紀行，賣出了利希慎生前持有的大部份上海股票，只留下一批怡和紗廠有限公司的股票長期持有。[44]

❖　　債　務　　❖

處理完利希慎的喪禮及遺囑認證後，黃蘭芳接下來要面對的最大挑戰，就是解決利希慎鉅額貸款的還款安排。利希慎之所以背負鉅債，源自 1924 年 1 月利希慎置業公司以 385 萬元——如果加上佣金和其他費用，總價更是高達 450 萬元以

上——的高昂代價,從怡和洋行手中買下鵝頭山及其周邊的銅鑼灣地段。由於資金不足,利希慎需要向賣家渣甸家族及怡和洋行尋求貸款,而這兩筆貸款合計,就已經佔了交易總額 450 萬元的五成半左右。渣甸家族給利希慎置業公司提供的貸款,高達 2,088,000 元,以鵝頭山為抵押;怡和洋行則是給公司提供 342,000 元的貸款,以今天時代廣場及利舞臺一帶的鵝頭山西側平地為抵押。[45] 換句話說,利希慎將他從怡和洋行買來的鵝頭山及周邊地段,又全都押給了對方,所以一旦無法準時還貸,這一大片銅鑼灣的土地資產,就會重歸怡和之手。

事實上,鵝頭山易手後翌年,利希慎就因為香港的營商環境遭省港大罷工重擊,開始面對財務危機。他勉力苦撐至 1927 年初,終究因為無法按時給渣甸家族及怡和洋行付息,債務違約,不得不向對方要求貸款延期。[46] 但他同時承諾,會在 1927 年 6 月就將積欠的利息還清,往後也必將準時還款。利希慎之所以敢於如此承諾,一是公司在波斯富街新建的那 98 棟四層樓房,當時皆已竣工,可以開始為他帶來一筆既可觀又穩定的租金收入;二是利舞臺自開業以來,戲曲演出廣受歡迎,這方面的收入也相當可觀。[47] 渣甸家族後來同意所請,但開出五項條件,除了要求利希慎置業公司先繳清「逾期利息的利息」(interest on overdue interest)並支付的近律師行的相關費用外,[48] 主要條件有二,分別是:(一)先清償怡和洋行為公司提供的那筆 342,000 元的較小額貸款;以及(二)渣甸家族那筆以鵝頭山為抵押的 2,088,000 元的鉅額貸款,公司方面也需要先還掉 200,000 元,以便將貸款小幅削減至 1,888,000 元。[49] 所以利希慎遽逝前,其實已獲渣甸家族同意,將這筆總額已降至 1,888,000 元的鵝頭山(今利園山)貸款,自 1927 年 7 月起延長一年,年息 8.5%,每月付息。[50] 這筆債務在 1928 年 4 月 30 日利希慎遇害時,仍未清償。渣甸家族深悉利希慎就是利希慎置業公司的頂樑柱,如今頂樑柱傾倒,他們是否還肯對這筆鉅額貸款通融?看來已經很不樂觀。

黃蘭芳的煩惱,還不止於此。利希慎置業公司的大額債務,除了欠渣甸家族的這筆 1,888,000 元貸款外,至少還有一筆欠東方匯理銀行的 250,000 元按揭貸款[51] 和一筆欠 Shenton & Turner 律師行的 130,000 元按揭貸款。[52] 而利希慎生前以黃蘭芳的名義,跟香港各大銀行辦理的按揭貸款金額,分別是滙豐銀行的 850,000

◎ 黃蘭芳與家人攝於大屋

元、萬國寶通銀行的 200,000 + 150,000 元，以及東方匯理銀行的 80,000 元。[53]
此外，利希慎的遺產稅高達 217,312 元，利家當時也無力一次過繳清稅款，只好
將利行的地皮押給香港政府，借款 100,000 元。[54] 所以就算撇去其他金額也以萬
計的較小額貸款不談，單計前述利希慎置業公司及黃蘭芳名下的債務，總數就已
近 365 萬元。而如果將其他金額較小的按揭貸款也一併算入，譬如黃蘭芳欠中國
康年人壽保險公司（China Hong Nin Life Insurance Co.）的 80,000 元及利希慎
置業公司為建設禮頓山道的樓房而貸的款，[55] 保守估計利家當時的債務總額，應
該是接近 400 萬元。

「裕成公司股東團」的討債動作，尤其讓黃蘭芳感到困擾。裕成乃利希慎為專營
澳門的鴉片生意才成立的公司，1924 年在他主導下創立，集資 300 萬元。1927 年
7 月，澳葡政府以收回鴉片的私人專營權、改由公家自營為由，停止公開招標，終
結了裕成公司在澳門的鴉片專營權。利希慎本該將公司的股本和溢利派還股東，
但公司面對澳葡政府刁難，要求它先上繳所有的賬本供當局查核無誤後，才會將
公司押在澳葡政府的 60 萬元保證金退還。此後利希慎又因續約問題與澳葡政府
交惡，甚至惹上官非，於是決定暫緩分派。[56] 不過，「此事為少數股東反對，故
月前利氏已接有恐嚇函件。」[57] 利希慎曾在 1927 年裕成公司未結束前，先給股
東們退回四分之一的股本，也曾邀集各大股東，前往公司設在中環禮昌隆商號內
的辦事處看過賬目，但他隨後遇害，退還公司股本一事遂懸而未決。「裕成公司
股東團」為此曾給黃蘭芳發函催討，更在 1929 年農曆春節前的 1 月底，登報向
黃蘭芳喊話施壓。[58] 結果財務上的種種壓力，都在 1928 年 5 月至 1929 年間襲來，
讓黃蘭芳心理上備感艱辛。

❖　　還貸　　❖

然而利家背負的債務再大，都絕非資不抵債。黃蘭芳為了給香港政府先繳付遺產
稅的一大部份，也為了先清理一些零碎債務、應付葬禮和維持一家十八口（四寡
母七子七女）兼其他利家親屬的日常開銷，[59] 已經拋售了利希慎生前持有的多數
股票，也被迫賣出少量物業，如 1929 年 3 月，以 19,000 元賣掉第一街的 26、

28 號兩棟樓房，以及 1930 年 9 月，以 11,000 元賣掉第二街的 137 號一棟樓房。[60]
然而既非資不抵債，面對利希慎去世後各方紛紛出面催討的鉅額債務，黃蘭芳就
必須決定，究竟是要變賣大量物業以償債，讓利家得以重新出發，還是該為了盡
量保全利家的物業，設法重組債務，並以物業租金和利舞臺等生意的收入來長期
還貸、儉省度日？利家物業的重中之重，無疑是利園遊樂場所在的利園山，但這
座山頭當時已確定移山不成，一段時間內都無望開發，利園遊樂場的收入亦薄。
既然如此，該不該賣呢？

黃蘭芳身旁可供諮詢倚賴的親人，其實不多。利家長子銘澤返港奔喪後，已決定
和新婚夫人黃瑤璧留在香港，未再返回英國實習，並於 1928 年底加入香港首屈
一指的一家工程師行——理柯倫治行（Leigh & Orange，今名利安顧問公司）當
見習工程師。二子銘洽也剛在 1928 年成家，父親去世時未滿 20 歲。三子孝和是
黃蘭芳親生子，利希慎遇刺前才剛考入牛津大學，所以返港奔喪後，要獨自趕回
英國，繼續學業。四子榮森則未滿 13 歲，根本幫不上忙。

利銘澤雖已成人（23 歲），更是出身牛津的名校畢業生，大學時代還擔任過英國
的「中國留學生會」會長，領導能力出眾，但他畢竟年輕，未經商場歷練，尤其
欠缺香港的本地人脈。他出洋求學七年，沒跟過父親從商，1927 年大學畢業後，
返港戀愛結婚，1928 年 2 月婚後又匆匆偕妻前往歐洲，故與父親朋輩及生意上
的夥伴鮮有交情。結果為了幫阿媽黃蘭芳籌集交遺產稅的現金，涉世未深的利銘
澤，在向多位父親的「老朋友」求助時備受屈辱，吃足了苦頭：

> 當務之急是需要籌足大筆現金，以支付祖父〔利希慎〕的遺產稅，故須拋
> 售幾乎所有股票，以換取現金……這是父親〔利銘澤〕生平第一次須低頭向
> 祖父生前好友告貸，體驗到人情冷暖，祖父一位朋友甚至吩咐家中下人，不
> 可讓父親進門，父親永遠無法寬恕此人，連對他的家人都反感。在當時對
> 父親伸出援手的朋友，此後便成為父親的世交摯友。（利德蕙，1995: 49）

至於利家到底該不該賣產清債，利德蕙的說法是：

當時家族有大批土地，但週轉現金短絀，許多人慫恿祖母〔黃蘭芳〕出售產業，幸好在父親〔利銘澤〕鼓勵下，祖母堅持不變賣任何產業。[61] 由此時開始，家人每月靠收租償押，經歷了幾年非常拮据的日子。今天我們所有子孫，對於祖母當日不變賣任何產業的決心由衷感激。多年來，房地產一直是家族的主要業務。(利德蕙，2011: 71)

黃蘭芳盡量不變賣家族物業的決定，或許確曾深受利銘澤影響，不過從現有的資料上看，黃蘭芳要確保的，首先是債務重組順利，能夠以一筆鉅額的新債去承接一批舊債，否則面對多方催討，利家其實並無其他選擇，只能賣產清債。環顧香港，當時有能力借出這筆鉅款的，也就唯有滙豐等極少數的大銀行。利希慎年輕時，曾在滙豐的買辦部門短暫待過，生前亦與滙豐常有業務往來，利家自然深盼能夠與滙豐達成某種財務安排。而代表利家與滙豐商討細節的，主要還是利希慎生前最信賴的高露雲律師行，尤其是利希慎的律師摯友畢維斯。而滙豐方面，利德蕙提到當年的滙豐會計主任摩士（Arthur Morse）是利家貴人，因為在飽嚐人情冷暖的利銘澤「非常難堪地」向他借貸時，他對利銘澤的「體諒與熱心支持」，讓利銘澤「永誌在心」，往後不僅成了終生好友，滙豐也因此成為利家長期交往的銀行（利德蕙，2011: 71）。

以摩士後來和利家的深厚交情來看，1929 年時仍只是滙豐一介會計主任的摩士，想必曾大力襄助過利家。不過摩士雖早在 1915 至 1919 年間，就由滙豐的倫敦分行被調到香港總行當助理，但他在 1919 至 1928 年間，其實是長期任職於滙豐的天津及上海分行，直到 1929 年，才剛由天津分行再度調回香港。1932 年他就任滙豐的首席會計師（Chief Accountant）時，利家與滙豐方面的財務安排早已敲定。[62] 由此看來，摩士縱有參與，應非主導這個過程的決策者。而由利家現存的資料看，時任滙豐銀行襄理的祁禮賓（Vandeleur M. Grayburn），[63] 應該才是與利家代表——高露雲律師行的畢維斯對接的決策者。[64] 此外，不得不提的一個人，是利希慎的堂弟利樹滋。利樹滋本身就是高露雲律師行的師爺兼口譯人員，他其實參與了這段過渡期裏，利家所有重要文件與授權書的簽署過程，並擔任黃蘭芳的中文翻譯。[65] 利樹滋顯然給堂嫂提供過不少重要的法律意見，並為其釋疑。[66]

◎ 黃蘭芳

1929 年 3 月，畢維斯在詳盡分析過利家的財務現況後，代表黃蘭芳向滙豐銀行提出建議：滙豐給利家提供一筆 300 萬元的新貸款，以承接利希慎置業公司和黃蘭芳名下的五筆大額貸款。[67] 利家方面，則會將其絕大多數的物業，都轉押給滙豐。這筆 300 萬元的滙豐貸款，單計年息就高達 210,000 元。不過畢維斯的粗略估算是：利家押給滙豐的龐大物業，其每年的租金收入在扣除差餉、地租、保險等固定支出後，還有 308,884 元，相對於利家每年要支付滙豐的 210,000 元利息，這樣的財務安排對雙方來說，都還算安全。[68] 畢維斯的估算，也證實了利家資產確實雄厚，並無資不抵債的隱憂，所以對滙豐來說，這項鉅額貸款並沒甚麼大風險可言。又，滙豐的祁禮賓曾建議畢維斯為利家設立一項儲備基金（reserve fund），將部份的物業租金撥入，以備不時之需。惟畢維斯認為利家當時開支甚多，諸事不確定性大，或難以辦到。[69] 由此可見，1929 年初的黃蘭芳，仍深陷財務困窘。

資料顯示，滙豐銀行顯然同意了畢維斯的相關提案。1929 年 4 月 24 日，黃蘭芳簽署授權書，讓高露雲律師行代她處置利希慎在滙豐留下的兩個賬戶及賬戶內的股票，並與滙豐就這筆資產作後續安排。[70] 1931 年 10 月，黃蘭芳又根據利家與滙豐的財務安排，賣出春園街的 12 棟樓房，以減輕債務。[71]

總而言之，因為滙豐的這筆新貸款，1931 年後，利家終於逐漸走出還貸危機，開始過上一段相對安穩、卻也較 1920 年代盛世之時拮据得多的日子。黃蘭芳節儉持家，無意也無法去圖商業上的進取，只求安然熬過這段還債歲月，為先夫利希慎守業，保住元氣再說。利舞英和姐姐利舞華自然無法回到英國繼續學業，只好重回出洋前曾短暫待過的拔萃女書院復學。她倆也不再寄宿，而是每日搭乘天星小輪往返九龍、港島。某一回，兩姐妹獲邀參加一場特別的社交聚會，利舞華婉拒邀約，利舞英卻很想去，求姐姐答應。「妳覺得我們可以穿甚麼赴宴呢？」利舞華悠悠回道（Sperry, 2009: 68）。利家仍是「世家大戶」，不能寒酸，為保顏面，寧可不去。

利舞英與生母張門喜和其他親兄妹同住利行，利舞華則是與生母黃蘭芳同住大屋。大屋與利行堂皇依舊，花園亦猶在，但失去利希慎的堅尼地道 32 號，氣氛

已不可同日而語：

> 父親去世後，我們欠了滙豐銀行一大筆錢。來自灣仔物業的租金及利舞臺
> 和父親其他生意的收入，僅夠支付銀行的利息。姐姐舜華是和她的母親「阿
> 媽」同住，她告訴我，阿媽每天晚上都在掉淚。(Sperry, 2009: 64，作者中譯)

注釋

1　如前所述，利舜英是庶女，雖非黃蘭芳所出，仍須尊稱她為阿媽。又，利舜英回香港奔喪後，就未能再返英國求學。她與生母張門喜同住利行，利舜華則是與生母黃蘭芳同住大屋。

2　起初是警方懸賞一萬元，但黃蘭芳「切齒痛恨兇手」，要加到五萬元，「惟其友人勸其勿操切從事，否則反為不美」，故最終懸賞兩萬元。見〈利希慎被刺斃命：連擊三槍，兇手未獲〉，《工商日報》，1928 年 5 月 1 日，頁 11；〈利希慎被刺斃命案續訊〉，《工商日報》，1928 年 5 月 3 日，頁 6；'Lee Hysan Murder Hunt: Detectives Sent to Macao and Canton. Reward Increased', *The Hong Kong Telegraph*, 4 May 1928, p.1.

3　見〈利希慎被刺斃命案續訊〉，《工商日報》，1928 年 5 月 3 日，頁 6。又，殺手行刺後棄置於現場的槍枝，是 0.38 吋口徑的史密夫威遜左輪手槍（.38 calibre Smith-Wesson revolver），彈匣內仍有三彈未發。見 'No Arrest. Lee Hysan Murder Rumour', *The China Mail*, 1 May 1928, p.1。

4　同上。所述之細節如下：據現在調查所得，兇手不祇一人，蓋裕記〔俱樂部〕後門，相隔不遠之處，有一福德宮，斯時適有人在此拜神，槍响之時，同時該拜神者，復燃燒爆竹。現因一般人士，皆以為此乃疑陣，蓋槍聲與爆竹聲，相差不遠，若祇响槍聲，則易為人注意，而兇匪之逃，未免較難。若有爆竹聲響，則雖有槍聲，人亦疑為爆竹聲也。然當日之槍聲，固响於爆竹聲，附近居人亦已知之，但疑為賊匪械刼响槍，故有竟至恐慌，而立閉其門者。唯其閉門也，故兇手之逃，無人見之⋯⋯。

5　'Lee Hysan Murder Hunt: Detectives Sent to Macao and Canton. Reward Increased', *The Hong Kong Telegraph*, 4 May 1928, p.1.

6　這兩名嫌犯，後來都被證明與本案無關，獲警方釋放。見 'The Lee Hysan Murder: Police Search for the Assassin. Two detained Suspects Now Released', *The Hong Kong Telegraph*, 10 May 1928.

7　2009 年 5 月 19 日，利德蕙在香港大學圖書館的 Reading Club 場合裏分享其近著 *Profit, Victory & Sharpness: The Lees of Hong Kong*（2006）時，曾經提到利希慎「被害的原因和為誰所殺，在家裏一直是禁忌」，而其父利銘澤「從不去澳門，在生時也不讓兒女去，也不准我們問原因」。見 2009 年 5 月 20 日的《明報》相關報導。2022 年 5 月 11 日，作者與身在加拿大多倫多的利德蕙視訊訪談時，利德蕙也親口證實，父親利銘澤曾嚴肅地告誡子女，別去澳門，而他也不願在孩子面前談到昔日在澳門生活時的點點滴滴。

8　利樹滋是利文奕第六子，亦即利國偉的六叔。他和利希慎都是皇仁書院的畢業生，當時已在高露雲律師行當師爺。利樹滋後來在高露雲律師行一待 30 餘年，是資深的香港法律界聞人。見〈榮哀錄〉，《華僑日報》，1954 年 3 月 14 日，頁 6。

9　利伯煖（利百暖）是利希慎兄長利紹世的長子。

10　See 'Power of Attorney: Lee Hysan and Wong Lan Fong to Lee Hy Lap and others', 26 September 1923. 利家家藏史料。

11　利希慎是於 1925 年 4 月 16 日訂立這份最新版本的遺囑，當時省港大罷工仍未爆發（1925 年 6 月）。見 'Probate of Lee Hysan's Will', 17 November 1928。利家家藏史料。

12　〈利希慎昨午被人擊斃詳紀〉、〈利舞臺即日暫停開演〉，《華僑日報》，1928 年 5 月 1 日。

13　〈利希慎被刺斃命案續訊〉，《工商日報》，1928 年 5 月 3 日，頁 6。另據《香港華字日報》報導，利家人後來澄清說，「利之遲延出殯者，並非因其兩子之未回港，實因採擇山地艱難，故遲至今。」見〈利希慎今日出殯〉，《香港華字日報》，1928 年 5 月 25 日，頁 7。不過綜合各項資料判斷，「採擇山地艱難」之說，應該不是利家延後舉殯的主因。

14　利德蕙說，母親黃瑤璧在父親利銘澤正式求婚且利家也上門提親後，曾表示自己年紀尚小，希望繼續學業，並無意太早結婚。利希慎於是建議讓黃瑤璧隨利銘澤返英實習，並利用這段時間在牛津大學修讀葡萄牙文，這才終於說動黃瑤璧（2011: 58）。

15   利希慎曾積極贊助過鐘聲慈善社。又，利家當時也出錢自聘了一支軍樂隊，沿途奏樂。所以整
      個出殯過程，其實有多達三支軍樂隊參與。見〈昨日利希慎出殯情形〉，《工商日報》，1928 年
      5 月 26 日，頁 6；〈利希慎出殯〉，《香港華字日報》，1928 年 5 月 26 日，頁 7。

16   同上。

17   'One of the most elaborate, and incidentally, most expensive Chinese funerals within recent years...'
      See 'Mr. Lee Hysan's Funeral', *The Hong Kong Telegraph*, 25 May 1928, pp.1 & 12.

18   〈昨日利希慎出殯情形〉，《工商日報》，1928 年 5 月 26 日，頁 6。

19   值得一提的，是當中某一幅語意似乎不善的輓聯：「致富易而多于今已矣，殺身兇且慘豈不悲
      哉」。輓聯上署「希慎先生鑒」，下署則只是簡略地寫下「黃某輓」。見〈昨日利希慎出殯情形〉，
      《工商日報》，1928 年 5 月 26 日，頁 6。

20   據報導，僅利希慎一副棺木的價值，就高達 1,300 元。見〈利希慎昨午被人擊斃詳紀〉，《華僑
      日報》，1928 年 5 月 1 日；〈利希慎被刺斃命案續訊〉，《工商日報》，1928 年 5 月 3 日，頁 6。

21   英籍警官。

22   指利家的錫克籍私人警衛 Kata Singh 和他的年輕兒子與侄兒。

23   〈昨日利希慎出殯情形〉，《工商日報》，1928 年 5 月 26 日，頁 6。

24   同上；'Mr. Lee Hysan's Funeral', *The Hong Kong Telegraph*, 25 May 1928, pp.1 & 12；'Mr.
      Lee Hysan: Impressive Funeral Held Yesterday', *The China Mail*, 26 May 1928, p.6。又，利希慎
      是長眠於香港仔華人永遠墳場的 3 段 11 台「巨」字位置。

25   同上。

26   'Queen's College Old Boys' Association: 8th Annual Meeting. Mr. Lee Hysan Elected President',
      Hong Kong Daily Press, 25 February 1928, p.4.

27   利園的七日水陸法會，是應何東夫人張靜蓉的建議辦理。張靜蓉在其《名山遊記》一書中提到：
      恩怨報復，因果循環。我佛云：慎勿造因。利園主人利希慎君，慘遭非命，其夫人攖變切慟，
      痛不欲生。余以佛力不可思議，度脫輪迴，勸延聘棲霞僧眾蒞港，建水陸法會，超度利君，解
      釋寃愆，利夫人歡示同意，遂在利園啟建。志願誠懇，供養周備，功德完竣，並假利園界眾打
      七一星期，及許與異日建萬人縱水陸〔法會〕之用。(何張靜蓉，1934: 105)

28   「外便」即粵語中的「外面」之意。

29   〈利希慎出殯〉，《香港華字日報》，1928 年 5 月 26 日，頁 7。

30   同上。

31   〈先嚴希慎府君出殯叩荷〉，《工商日報》，1928 年 5 月 26 日，頁 2。

32   童年時與黃蘭芳同住過大屋的利舜英說，英國人當時從不用 'You're welcome' 來回應致謝，要
      不黃蘭芳應該會比較容易掌握 'You're welcome' 的發音（Sperry, 2009: 27）。

33   見 2020 年 11 月 30 日，美國新澤西州的利漢釗（黃蘭芳孫輩）就訪談問題的錄音回應。亦可見
      作者在 2020 年 9 月 11 日與利蘊蓮及利乾在香港的訪談、2020 年 10 月 28 日與利美娟的視訊訪
      談、2022 年 2 月 5 日與利漢楨的電話訪談，以及利德蕙在《香港利氏家族史》一書中的相關段
      落（2011: 40, 72, 127）。

34   見〈百年家族說祖屋說興衰〉，香港《壹週刊》，2002 年 11 月 28 日。該文的相關段落，是記者
      引用黃蘭芳親生兒子利榮森的回憶。

35　這筆遺產雖比一般人預想的少，卻也絕不算少。作為對照，香港政府在 1928 這同一年的財政總收入，是大約 24,968,000 元（鄭宏泰、黃紹倫，2011: 217），所以單是「利希慎名下」的這筆遺產，已等同港府當年 10.9% 的財政總收入。

36　利家在香港最高法院辦理遺囑認證（probate）所需繳付的費用，亦高達 1,132.40 元。相關的遺產金額，可見 Probate of Lee Hysan's Will, The Supreme Court of Hong Kong, 17 November 1928；'Lee Hysan Leaves $2,716,400: Whole Estate Bequeathed to Wife. Crown Gets $217,000', *The Hong Kong Telegraph*, 19 November 1928, p.1。

37　1928 年 11 月 19 日，即利希慎的遺囑順利取得香港最高法院認證後兩天，黃蘭芳就正式授權上海古沃公館的兩位律師—— Reginald Francis Chester-Master 和 M. Reader-Harris，代她向位於上海的「英國在華最高法院」補遞資料，並同樣申請法院認證，此即所謂的 resealing（重新蓋印）程序。見 'Power of Attorney: Wong Lan Fong to R. F. Chester-Master and M. Reader-Harris', Wilkinson & Grist, Solicitors & Co., Hong Kong. 19 November 1928。

38　英國在華最高法院原稱「英國在華及在日最高法院」（或「大英按察使司衙門」），1865 年起，設在上海的公共租界內。它曾是負責審理英國公民在中國、日本、朝鮮三地所涉案件的最高法院，亦即英國對中、日、朝三國行使治外法權的機構。1910 年起，該法院就只對在華的英國人行使治外法權。1943 年，英國放棄對華的治外法權後，該法院即隨之裁撤。

39　'Petition for Resealing in His Britannic Majesty's Supreme Court for China at Shanghai, in the Estate of Lee Hysan deceased'. Petitioner: Reginald Francis Chester-Master. 29 December 1928.

40　這五隻上海股票，如以估值的高低排列，分別是：10,730 股的怡和紗廠有限公司（Ewo Cotton Mills Ltd.）；500 股的公和祥碼頭有限公司（Shanghai & Hongkew Wharf Co. Ltd.）；700 股的英商耶松有限公司造船廠（Shanghai Dock & Engineering Co. Ltd）；300 股的業廣地產有限公司（Shanghai Land Investment Co. Ltd.）；以及 4,400 股的東方紡織有限公司（Oriental Cotton Spinning & Weaving Co. Ltd.）。出處同上。

41　見本書第五章的表 5-3，即「1919-1924 年間利希慎與妻妾曾持有的股票」一表。

42　見 1928 年 12 月 24 日，高露雲律師行致上海的古沃公館函。

43　1928 年 12 月 29 日，黃蘭芳由上海律師 Reginald Francis Chester-Master 代表，向英國在華最高法院提出申請後，法院會公示十天，十天內如果沒有人出面據理反對，就會予以蓋印。見 'Citation for Resealing (Form 102) in His Britannic Majesty's Supreme Court for China: Probate Jurisdiction', 29 December 1928。

44　按照遺囑，這批上海股票仍由黃蘭芳繼承。怡和紗廠有限公司直到 1938 年，仍會從上海給黃蘭芳寄去該公司的 1937 年年報，顯見利家長期持有該股。又，利孝和自 1932 年從英國的牛津大學畢業返港後，就在代母親黃蘭芳處理其持股。

45　因為是平地，這塊地皮的面積雖然比鵝頭山小，其單位價格卻較鵝頭山頭的地皮昂貴得多。見 1923 年 8 月 13 日，利希慎致怡和洋行的買辦蔡寶善函。利家家藏史料。

46　See draft document of the Lee Hysan Estate Company to Jardine, Matheson & Company (via Messrs. Deacons) which entitled 'Lee Hysan Estate Ltd. and Lee Hysan and East Point Mortgages of Inland Lots Nos. 29, 1451 and 1452', 1927 (date and month unknown, probably in March or April).

47　同上。的近律師行當時的評估是：以每單位 30 元的月租計，波斯富街的那 98 棟四層樓房，可以為利希慎帶來 98 x 4 x 30 = 11,760 元的月收入；至於利舞臺，每個月也可以讓他入賬 3,500 元。兩者相加，每個月就有多達 15,260 元。不過這份文件並沒提及利園遊樂場的收入，顯見遊樂場的利潤不多，對解決利希慎當時的財務困窘助益不大。

48 的近律師行是受怡和洋行委託的一方，代其處理利希慎置業公司在 1927 年初的按揭貸款違約事宜。而利希慎置業公司（即利希慎）一方，當時仍是由高露雲律師行代表。

49 見 1927 年 7 月 16 日，怡和洋行大班 D. G. M. Bernard 致的近律師行函。該函標題為 'East Point Mortgages'。從信函的內文看，提出先還款 200,000 元給渣甸家族的，應是利希慎一方。

50 同上。1924 年，利希慎置業公司向渣甸家族及怡和洋行貸款時，年息是 8%；1927 年，利希慎要求對方在這筆借款上通融時，已被迫面對更為苛刻的條件，包括這新訂的 8.5% 年息。

51 利希慎生前，這筆東方匯理銀行的按揭貸款額為 117,000 元。利希慎去世後，利希慎置業公司以新債還舊債，1928 年 9 月 19 日，先是清償東方匯理銀行 117,000 元，9 月 28 日，再向它貸款 250,000 元。公司用作抵押的資產，是內陸地段 472 號 A7 部份、內陸地段 1612 號 A 部份、海旁地段 202 號，以及這三塊地皮上的所有物業。見公司註冊處收存的利希慎置業公司之〈物業按揭記錄〉（Particulars of the Property Mortgaged）；以及 1929 年 3 月 27 日，高露雲律師行的畢維斯就利家與匯豐銀行之間的財務安排方案，撰寫的備忘錄。該備忘錄的標題是 'Memorandum re Proposal to Hongkong & Shanghai Banking Corporation'。利家家藏史料。

52 同上。這筆貸款是以內陸地段 1451 號 A 部份為抵押，並於 1928 年 9 月 28 日在公司註冊處登記，可見這是利希慎遇害後，家族因急需資金，才安排的一筆貸款。Shenton & Turner 律師行的 Shenton，是指 William Edward Leonard Shenton，他曾是的近律師行的主事者，1927 至 1936 年間，長期擔任過香港的兩局議員；Turner 則是指 Michael Howard Turner。

53 見 1929 年 3 月 27 日，高露雲律師行的畢維斯就利家與匯豐銀行之間的財務安排方案，撰寫的備忘錄。該備忘錄的標題是 'Memorandum re Proposal to Hongkong & Shanghai Banking Corporation'。利家家藏史料。

54 利行所屬地皮為內陸地段 2206 號。見 'Particulars of Mortgages: Lee Hysan Estate Co. Ltd., Wong Lan Fong & Lee Hysan', 1928。利家家藏史料。

55 見 1929 年 3 月 27 日，高露雲律師行的畢維斯就利家與匯豐銀行之間的財務安排方案，撰寫的備忘錄。該備忘錄的標題是 'Memorandum re Proposal to Hongkong & Shanghai Banking Corporation'。利家家藏史料。

56 見〈利希慎被刺斃命案續訊〉，《工商日報》，1928 年 5 月 3 日，頁 6。

57 同上。

58 見〈利希慎夫人黃蘭芳嫂鑒〉啟事二則，《華僑日報》，1929 年 1 月 31 日，頁 2。

59 當時還有些利家親屬寄居在利行。

60 這三棟樓房，都是利希慎早在 1919 年 5 月，就以黃蘭芳的名義購入。見 'Wong Lan Fong's Properties (1st Jan 1931)'，利家家藏史料。

61 如前所述，這一點並非事實。為了還債，黃蘭芳變賣過手上的少量物業。

62 1938 年，摩士再獲擢升為匯豐襄理（Sub-Manager），1940 年被召回英國擔任倫敦總經理。1941 年 12 月，太平洋戰爭爆發，香港迅速淪陷，匯豐只好在倫敦遙控香港業務。1943 年，坐鎮倫敦的摩士，正式成為匯豐大班。

63 祁禮賓是在 1930 年 3 月，獲進一步任命為匯豐的署理總司理。同年 7 月，他就正式當上了總司理（Chief Manager），亦即匯豐大班。

64   見 1929 年 3 月 27 日，高露雲律師行的畢維斯就利家與滙豐銀行之間的財務安排方案，撰寫的備忘錄。該備忘錄的標題是 'Memorandum re Proposal to Hongkong & Shanghai Banking Corporation'。利家家藏史料。

65   例如見 'Power of Attorney: Wong Lan Fong to Messrs. Wilkinson & Grist', Wilkinson & Grist, Solicitors & Co., Hong Kong, 24 April 1929。利家家藏史料。

66   利希立雖是利希慎的親弟弟，但主要負責利舞臺事務，反而未見他在利家與滙豐銀行的財務安排中，發揮過積極作用。

67   這五筆大額貸款是：（一）利希慎置業公司欠渣甸家族的 1,688,000 元〔原本尚欠 1,888,000 元，利家建議賣出利希慎生前在滙豐賬戶內持有的股票，先還 200,000 元〕；（二）黃蘭芳欠滙豐的 850,000 元；（三）黃蘭芳欠萬國寶通銀行的 200,000 元；（四）黃蘭芳欠萬國寶通銀行的 150,000 元；（五）黃蘭芳欠東方匯理銀行的 80,000 元。見 1929 年 3 月 27 日，高露雲律師行的畢維斯就利家與滙豐銀行之間的財務安排方案，撰寫的備忘錄。該備忘錄的標題是 'Memorandum re Proposal to Hongkong & Shanghai Banking Corporation'。利家家藏史料。

68   同上。

69   同上。

70   See 'Power of Attorney: Wong Lan Fong to Messrs. Wilkinson & Grist', Wilkinson & Grist, Solicitors & Co., Hong Kong, 24 April 1929. 利家家藏史料。

71   See 'Wong Lan Fong: Schedule of Properties Mortgaged to Hong Kong Bank', 31 October 1931. 利家家藏史料。

◎ 黃蘭芳與其中三位親生子女：利舜賢、利榮森、利孝和。

08

❖

家族蓄勢

予[1]多年觀於其家,見子女熙熙,但分長幼,難判嫡庶。猶憶森[2]嘗從予受《公羊》[3],至〈隱公七年〉傳「母兄稱兄,母弟稱弟」,[4]曰此大是語病,均是父之子,同母始稱兄弟,不同母遂非兄弟乎?予應之曰:昔顧亭林[5]亦嘗向此辯論,森可云善讀書如古人,故與其兄根[6]之處異母兄弟也,均若同母,然亦太夫人[7]所感者然也,其均平專一可知……予以此知太夫人之兼有德,德無大於此者。

——張啟煌,〈利母黃太夫人行狀〉[8]

熬過風雲驟變的 1928 年及憂煩不安的隨後兩年，1930 年代，利家在滙豐銀行一筆鉅額新貸款的支持下，逐漸走出還貸危機，得享一段休養生息的歲月。家族賣出了利希慎生前積攢下來的不少股票，不動產則大致得以保全。不過為了按月還貸，家族現金緊絀，不得不相對節儉地度日，且轉趨低調。而在家族企業的經營上，本時期利家也以維持既有的租務及經營利舞臺和利園遊樂場為主，偶或試圖摸索新路向，但都謹慎以對，不敢冒進。黃蘭芳雖不識字，卻和利希慎一樣重視子女教育，不論嫡庶、不分男女，對利家第三代的學業都很支持。而在家族資源的分配上，她也力求公道，雖不免較偏愛其親生子女且重男輕女，[9] 但利家後輩眾口一詞，都對黃蘭芳一視同仁的持家之道印象深刻，至今引以為範。[10]

利家四房中，元配黃蘭芳及二姨太張門喜（張瑞蓮）一向同住。1920 年利家遷入灣仔堅尼地道的大屋後，大房住二樓，二房宿三樓，一樓則是大廳、偏廳、書房等供利希慎宴客及家人共享的生活空間（Sperry, 2009: 26-27）。三姨太蘇淑嫻也住過大屋三樓，但因與黃蘭芳不睦，很早就帶著獨子利榮傑搬出大屋，住到波斯富街的一棟利氏物業裏，利希慎去世後也未再搬回（利德蕙，2011: 48）。[11] 四姨太吳悅（吳佩珊）則是與年幼子女住在利東街的另一棟利氏物業裏，[12] 利希慎遇刺後才搬進大屋。大屋花園的另一頭，其實還有同樣宏偉氣派的利行，利希慎生前就已落成，不過利希慎將利行的套房分租給了寓居香港的日本人和西人，自家人基本不用。[13] 1928 年後，利行續有租客，不過 1930 年代中期起，大房以外的利家成員開始入住利行，張門喜和她的女兒們就是（Sperry, 2009: 79）。

至於財務狀況，利家在黃蘭芳按時還貸、為夫守業的大方向下，熬到 1930 年代下半，總算有了顯著改善。年紀較大的利家第三代成員，也因此有了更多赴異地工作、遊歷及留學的機會。不過 1930 年代，利家人大多北望神州，而不是航向西洋，開始踏足廣州、北平、[14] 上海、海南、廣州灣（今湛江）等地，與劇變下的當代中國的各項人、事、物，都產生了有機聯繫。本章將止於中國抗日戰爭伊始的 1937 年，此因七七事變後，風雲變幻愈烈，利家諸子的大時代經歷，猶待另章細說。

❖ 第三代的成長 ❖

1928 年 4 月 30 日利希慎遇刺身亡時，已經成年兼成家的子嗣，唯長子銘澤及次子銘洽二人，而銘洽嚴格來說，仍未滿 20 歲。三子孝和則是剛完成他在英國的中學學業，順利考入牛津大學。舜華、舜英亦在英國求學。至於年紀更小的榮森、榮傑、舜琹、舜賢、舜豪、榮康、舜儀、榮達、舜娥，或剛上中學，或讀著小學，或還只是個待在家中嬉耍玩樂的稚子，或正在牙牙學語，或依然蜷在母親的肚子裏（遺腹子）。有關利銘澤、利孝和、利榮森三人在 1930 年代抗戰前的人生歷練，因資料較多，下文另述，本節先簡敘利家第三代其他成員的成長。

利舜華、利舜英兩姐妹匆匆返港奔喪後，因家中現金緊絀，已無法再支持她倆重返英國的聖心女校求學，只好回到九龍的拔萃女書院繼續學業。但她倆不再寄宿，需要每天早起，搭天星小輪往返九龍、港島兩地。英倫四年，在兩姐妹的思想、文化態度上，都留下了深刻痕跡。利舜英就提到 1928 年她剛從英國回到大屋時，竟一時語塞，幾乎忘了該怎麼開口說粵語（Sperry, 2009: 64）。兩人後來在拔萃女書院的成績都出類拔萃，屢獲班上首名佳績，利舜華更曾是校內的領袖生（Head Girl）及英式籃球隊隊長，風頭甚健（Sperry, 2009: 59, 66）。但她倆仍深受時代侷限，身為女性，中學自名校畢業後，就和拔萃的其他女同學一樣，未再深造。

兩姐妹中學畢業後，因為想學好中文，就和同校的幾位好友——羅旭龢三女羅艷基（Doris Kotewall）[15]、四女羅婉基（Helen Kotewall）[16] 及簡東浦的長女簡笑嫻，[17] 一同前往俞叔文（俞安鼐）自辦的叔文書塾上課。俞叔文是老派的南來文人，清末時負笈北京編譯館，民國成立後則選擇落腳香港，設叔文書塾授徒，不計老少。他與學海書樓的淵源甚深，除了曾追隨賴際熙在 1923 年草創書樓外，也當過書樓司理，在書樓位於港島堅道的講堂裏，解經說道多年（區志堅，2020: 172）。[18] 利舜英晚年回憶時依然記得，俞老講課，往往半掩雙目，一卷在手，一扇輕搖，一襲灰色的長袍配布鞋。俞老身子雖粗，個頭卻不高，授課時聲如洪鐘（Sperry, 2009: 68）。而利舜英某日去叔文書塾上課時，途經堅道上的嘉諾撒聖心書院大

門，被一則速記及打字課程的通告吸引，又去報名學了速記、打字。這兩項技能看似瑣碎，日後竟改變了利舜英的人生軌跡。

利舜英與姐姐舜華同齡，且感情甚篤，但兩人性格差異頗大。利舜華性格內斂、文靜婉約，比較安於現狀；利舜英則活潑外向，愛嘗試新鮮事物，期待改變。中學畢業後，她老想讓做點甚麼有意義的事，不願賦閒在家，卻苦於無處揮灑，結果很快就被憂鬱的情緒吞噬。二哥利孝和察出異狀，帶她去見了醫生，豈料醫生的藥方，就是勸其遠行，藉此轉換環境和心情。於是 1935 年秋，利舜英獨自前往北平，寄宿在外交官熊崇志位於朝陽門附近大方家胡同內的院落裏（Sperry, 2009: 69-71）。[19] 熊崇志早年留美，是加州大學學士及哥倫比亞大學碩士，1935 年時，正在南美洲擔任中國駐巴西的全權公使，人並不在國內。不過熊夫人與四個孩子都留在北平，並未隨行。熊夫人是利舜英大嫂黃瑤璧的親戚，利舜英正是因此得以寄宿熊家。

利舜英寓居北平近一年，顯然十分珍視這一段無拘無束、無憂無慮的美好時光。大方家胡同位於今天北京的東二環範圍內，離紫禁城並不遠，可謂市內的精華地段。弟弟利榮森當時也在北平，是燕京大學學生，而燕大校園即今天北四環外的北京大學校園，[20] 當年只算是城外郊區。利舜英常會去找利榮森，和他的一班同學同去郊遊、野餐、登長城、訪天壇，回程時再去京城的名店享用烤鴨、炙羊肉片等美食，更曾在西人雲集的六國飯店（Grand Hotels des Wagon-Lits）舞池留下足跡。另一方面，她也隨熊夫人的母親一起跟老師勤學北京話，而熊家與英美兩國駐華的外交使團往來頻密，利舜英遂因緣際會，也有機會隨熊夫人和熊家長女 Christine 出入外交晚宴，結識了不少英美外交人員，包括時任美國駐華大使館武官、二戰時官至中緬印戰區美軍司令兼盟軍中國戰區參謀長的史迪威（Joseph W. Stilwell）一家（Sperry, 2009: 69-75）。

史迪威出身西點軍校，自 1920 年起，就屢次被美國軍方派往中國任職。利舜英旅居北平的 1935 至 1936 年間，正是史迪威第三度駐華之時。[21] 利舜英與史迪威的三個女兒 Nancy、Winifred 及 Alison 都很要好，尤其是 Winifred。她曾與史迪威家的三姐妹及熊家姐妹等共組交流廚藝的 the Eat More Club，交換菜譜、

◎ 利舜英與利榮森在北平

一起做菜,也會到每個人的胡同家裏互訪同樂。而史迪威上校也因為利舜英與自己的女兒 Winifred 性情相近,又和他們全家都很親暱,要利舜英也喚他作 pappy(老爸)(ibid.: 74-75)。

利舜英受洗,也在北平。早年留學英國時,利舜英就曾接過父親利希慎來信,明言不反對她成為基督徒,但要她最好多等幾年。如今離家在外,她終於決定為己作主,在某位傳教士的胡同家裏,由聖公會的華北主教為她施洗。1936 年 7 月,利舜英終於和返港度假的利榮森同行,經上海出洋,搭郵輪回到了香港(ibid.: 78)。[22] 利舜華隨後也去了一趟北平,住在錫拉胡同的女青年會裏。[23] 經過近一年的沉澱,利舜英自覺就緒,已經準備好投入職場,豈料三哥利孝和卻明說不會幫她覓職,更勸她不該工作,要她「待在家裏彈琴即可」(ibid.: 78)。利舜英當然並不服氣,開始主動參與一些本地診所及醫院的義務工作,但這都無法撫平她內心那股期待突破自我、面對真實挑戰的衝動。不過抗日戰爭隨後爆發,利舜英投身其中,終於為自己寫下一頁精彩卻艱辛的人生篇章。這段經歷,容後再敘。

利銘洽是家中老二,既非長子、又非嫡子,其成長經歷或因此稍異於利銘澤。童年時避疫澳門期間,利銘洽與大哥銘澤、三弟孝和都曾受教於教育名家陳子褒的子褒學塾 / 灌根學塾(灌根學塾,1915: 1-3)。以年齡推算,利銘洽應是和利銘澤一樣,在灌根學塾完成其小學課業。不過利漢楨說,其父亦曾入讀香港的嶺南小學。[24] 利銘洽後來前往廣州,在嶺南中學繼續學業,不過他無志於深造,未修畢中學課程就返港。利銘洽雖是在殖民時代的香港出生、成長,二戰日據時舉家遷回新會嘉寮的利氏祖屋避難期間,卻曾參與當地鄉間的抗日游擊活動,[25] 展現出對家國民族的深厚情懷與認同,這一點或該歸功於灌根學塾及廣州嶺南中學。

利銘洽的個人風格,相比利家的其他第三代成員,也可謂較少「洋味」。他為人隨和,身段低,所以總是很容易與基層打成一片。而由於經常在粵港兩地走動,利銘洽也曾是家族與新會鄉親之間的主要聯繫者。[26] 他成家甚早,不過 1928 年 3 月完婚未久,即遇父喪。此後利銘洽似曾參與過家族企業的租務管理,並在香港生兒育女,長子漢釗、長女慶雲相繼出生,惜夫人梁琇珊早逝。喪妻後,利銘洽曾在約 1936 至 1937 年間,應大哥利銘澤的召喚,隨他到海南島西北部的臨高

◎ 利舜華與利榮森在北平

縣開荒墾牧，主要是牧牛及栽種歐洲市場所需的黃麻（利德蕙，2011: 76）。在荒野之地生活，需擁槍自衛，利銘治正是在海南島學會用槍。1937 年 7 月中日兩國正式開戰後，利銘治及兄長都暫時離開海南，返回香港。他與續弦唐麗蕙隨後又生下漢楨、漢輝兩子，原想在香港熬過亂世，豈料 1941 年底太平洋戰爭爆發，香港也迅速淪落日軍之手。利銘治只好帶著家人離港避禍，回到新會嘉寮的祖屋生活。

利榮傑是三房蘇淑嫻的獨子，因蘇淑嫻在利希慎生前就已帶著他搬離大屋，落腳波斯富街，所以年少時沒在大屋成長，和其他房的兄弟姐妹們較少來往。不過黃蘭芳持家公道，雖與蘇淑嫻關係不睦，並未虧待三房。[27] 1930 年代，利榮傑入讀華仁書院，對其一生影響甚大。華仁是香港首間由華人開辦的英校，利榮傑在校時，香港另一望族——李石朋家族的李福逑、[28] 李福慶 [29] 堂兄弟，正是他的同窗好友，終其一生往來緊密。學校的英式文化薰陶，顯然在他身上留下重彩：利榮傑一生愛聽英文歌曲，卻不欣賞粵劇；一輩子愛看西洋電影，愛去歐洲旅行，更是「迷戀宏偉的歐洲教堂建築」，往往在這類建築跟前駐足不去，反覆欣賞。[30] 中學畢業後，他曾與李福逑、李福慶一道申請過麻省理工學院，盼能赴美深造。李氏堂兄弟倆成功獲校方錄取，更幸運地在 1941 年秋香港淪陷前夕赴美；利榮傑卻未能如願，乃入讀抗戰時正暫時遷往香港授課的廣州嶺南大學。[31] 遺憾的是，1941 年底，利榮傑短暫的大學時光，就隨著香港淪陷而劃下句點。[32]

1930 年代既是利榮傑美好的中學時代，也是與他歲數相近的三個小妹——舜琹、舜賢、舜豪享受她們無憂無慮的中學歲月之時。1930 年代的中國內地，誠然不靖，中原大戰及第一次國共內戰迭起，七七事變後更是戰火紛飛；反觀香港，在大英帝國殖民之下，倒是能偏安一隅，直到 1941 年底日軍偷襲珍珠港前，都還能讓人過上安穩日子。利舜琹與利舜賢同齡，利舜豪則小她倆三歲，三姐妹年齡相仿，又同在大屋成長，所以自幼親暱。利舜琹與利舜賢都在利希慎大力捐助過的聖保羅女書院就讀，[33] 利舜豪則是去了英華女學校，而利榮傑的夫人梁趣沂，正是利舜豪早年在英華的同窗閨密。這是一段利家女孩們偶爾都還能去玩個派對、參加茶敘，甚至有機會外遊北平上海的青春歲月。梁趣沂回憶說，她就是在 16 歲時，應邀到利行參加利舜豪的生日派對，[34] 才得以初識利榮傑。不過兩人

◎ 利舜賢與利舜棻　　　　　　　　　◎ 利舜豪與利舜棻

要直到社會氣氛壓抑、市面蕭瑟的日據時期，才真正開始交往。[35]

❖   海南農場   ❖

有別於利家三姐妹的歲月靜好，利銘澤 1928 年由歐洲返港後，其人生抉擇就很獨特。1929 年，在成功協助黃蘭芳取得滙豐銀行的一筆鉅額新貸款後，利銘澤加入香港的李柯倫治建築師行（Leigh & Orange）當見習工程師。在職訓練是他完成牛津大學土木工程學位的必要條件，但此刻他已無法選擇在英國實習，而這不免讓黃瑤璧感到失望。

利希慎為了說動黃瑤璧早婚，本提議讓黃瑤璧隨利銘澤返英實習，藉此在牛津大學修讀葡萄牙文，還答應第二年就要陪親家黃茂霖、麥玉珍夫婦「環遊世界赴英國探訪他們」（利德蕙，2011: 58）。這樣的遠景的確誘人，婚後夫婦倆也立刻啟程赴歐，到瑞士享受蜜月。然而利希慎遇刺猝逝後，夫婦倆不僅要中斷蜜月匆匆返港，黃瑤璧更是發現自己突然被困在一個不再自由的陌生環境裏，反差太大，一時間難以適應：

> 父母親〔利銘澤、黃瑤璧〕此時與祖母及其他家人同住大屋，家中月入償還抵押貸款後所剩無幾，而父親又正在實習階段毫無收入，因此祖母控制家用非常謹慎。年輕的母親剛嫁入一個完全陌生的傳統大家庭，父親又無法經濟獨立，她頓時失去財務上及精神上的自由，開始日漸消瘦，精神沮喪。於是外祖母〔麥玉珍〕決定要母親換個環境，便帶她去廬山靜養。(ibid.: 72)

黃瑤璧當時似已出現憂鬱症狀，且顯然無法適應黃蘭芳賴以持家的那套傳統威儀，因為這與她成長的那個「思想先進的基督徒家庭」，可謂截然不同（ibid.: 59）。[36] 利銘澤無奈，只得在黃瑤璧於廬山靜養了一段相當時日後，才親赴廬山，將她接回家中：

> 那時上廬山只能步行或坐轎子。母親從不說她在山上住了多久，只說她剛到

廬山時非常瘦弱，轎伕們都爭先恐後的抬她上山。因為她靜養期間吃得好睡
得好，等到父親〔利銘澤〕上山接她與外祖母〔麥玉珍〕下山時，卻胖得沒
有轎伕願意抬她。(ibid.: 72)

為了緩解妻子與阿媽生活上的矛盾，或許更重要的，也是為迴避自己在面對家族
企業時「長子卻非嫡長子」的身份尷尬，利銘澤在 1932 年實習期滿成為檢定工
程師後，就離開李柯倫治建築師行及香港，前往廣州工作。[37] 利銘澤對這種尷尬
身份的自覺，並非無跡可尋。利德蕙就提到，父親婚後即向母親坦白，「他是庶
出，非祖母〔黃蘭芳〕親生，不知母親是否介意。」而他之所以需要特別交代，
是因為「父親與祖母感情融洽，一如親生母子，外人均以為父親為正室長子」（利
德蕙，1995: 43）。另一方面，黃蘭芳雖曾親自撫養利銘澤，也確實善待並重視
這位利家長子的意見，但由她 1929 年訂立的遺囑可見，她並沒真正將利銘澤視如
己出。黃蘭芳 1929 年版的遺囑第一條，是將她的首飾和個人物品均分給自己親生
的兩子兩女；第二條是讓兩位親子（利孝和、利榮森）平分大屋；第三條才是讓
二房兩子（利銘澤、利銘洽）及四房兩子（利榮康、利榮達）平分利行，即將利
行的西半部歸二房、東半部歸四房。至於三房的利榮傑，則是獲分派位於海旁東
（Praya East）[38] 56 及 57 號的兩座樓房。[39] 這份遺囑既彰顯出黃蘭芳的公正，也說
明黃蘭芳心中畢竟仍存嫡庶之見。利銘澤終究不是黃蘭芳的親子和利家嫡子。

利銘澤與利孝和、利希立同是這份 1929 年版的黃蘭芳遺囑的執行人兼信託人，
自然瞭解阿媽的心思，何況利孝和即將於 1932 年學成返港。所以一旦實習期滿，
利銘澤就寧可迴避直接參與家族企業的運作，而是懷著一股愛國赤誠，遠走廣
州，另謀發展。另一方面，1930 年代前半的利希慎置業公司，也確是處於逐月
還貸的守業階段，並無新猷。此外，公司裏先是有堂叔利樹滋協助黃蘭芳與銀行
交涉，後又有專業經理人徐鏡波主持業務，而小叔利希立掌管利舞臺、堂叔利樹
源幫管租務（利東公司），亦無須利銘澤過多關注。

利銘澤在英國的舊識劉紀文，時任廣州市長，利銘澤不無可能是獲其邀請，才
北上廣州。[40] 劉紀文在清末時（1910 年）就參加過廣州新軍起義，入同盟會，
1912 年底由廣東軍政府派往日本留學。1917 年歸國後，他曾追隨孫中山，1923

年遂獲孫中山任命為廣東省政府歐美市政考察專員，帶隊赴英國留學。劉紀文於是在倫敦政經學院待過兩年，又入劍橋大學研習經濟一年，1926 年回國（林子雄，2012）。與此同時，利銘澤是在 1923 至 1927 年間入讀牛津大學，1925 至1926 年間出任英國的中國留學生會會長。魏白蒂撰寫的劉紀文傳記裏，就有附舊照顯示，1924 年左右，利銘澤曾與劉紀文一同出席過在劍橋大學舉辦的某場宴會（Wei, 2005: 36）。其時留英的中國學子如鳳毛麟角，加上利銘澤的留學生會會長身份，兩人很可能在當時就已相知相惜。

1927 年國民政府定都南京，劉紀文旋獲蔣介石推薦，出任南京首任市長，未幾辭任，隨蔣介石赴日，翌年 7 月再任南京市長，可見其政壇上的份量。不過劉紀文因 1931 年 2 月立法院院長胡漢民遭蔣介石軟禁一事，曾隨汪精衛、孫科等參加過反蔣的廣州國民政府，直到稍後九一八事變爆發，才與南京方面恢復團結。1932 年 3 月，他開始擔任廣州市長，上任之初即雄心勃勃，要設立「城市建設委員會」來對廣州市作總體規劃。不難想像，此刻劉紀文的腦海裏，或會浮現工程專業的老朋友利銘澤。1932 年 9 月，利銘澤前往廣州，先是在廣州市的工務局裏短暫當個技士。[41] 所謂技士（technical specialist），是個低於工程師的職稱，但該職應該只是個過渡安排，原因或是利銘澤當時仍未取得國民政府實業部的「土木科工業技師」（即土木工程師）的資格認定。[42] 隨後在 1933 至 1934 年間，他又短暫當過廣州市政府秘書[43] 及自來水管理處的副經理等職（鄭宏泰、黃紹倫，2012: 80）。

由利銘澤在廣州兩年的官場經歷看，他似乎並不十分如意。利銘澤性格耿直，未必能夠在國民政府的官場如魚得水，而這或許是他在 1934 年後，又決定遠走海南島去墾牧的伏筆。不過利銘澤在廣州市政府的工作穩定後，得以將黃瑤璧接到廣州和他團聚，夫婦倆每逢週末，才會搭火車回香港的大屋探親。兩夫婦後來又到廣州外圍的從化溫泉區買地建屋，在自家別墅旁遍植果樹，倒是難得地享受了一小段抗戰前的安逸歲月（利德蕙，2011: 72-74）。

1934 年，利銘澤辭去廣州市政府的工作，攜妻到邊荒的海南島開農場。至於這位出身香港望族又正值壯年的牛津畢業生為何作此選擇，其女兒利德蕙的看

法是：

> 我從未問過父親，是甚麼原因使一位牛津畢業生，帶著年輕的妻子到海南
> 島這樣落後的地方？我想部份原因是他好奇，又富冒險精神；畢竟父親一
> 生，有一種對新鮮事物追根究底的個性。但我認為，主要原因是父親想由
> 較為偏遠落後的地區，開始盡一己力量為中國效力。（ibid.: 75）

利銘澤顯然是很認真地看待他在海南島的農牧業投資，並非一時衝動。他先是
在海南島買地，而據利德蕙轉述母親黃瑤璧的說法，該地塊面積甚廣，地契上
卻僅粗略載明這塊地的範圍是「極目所及」（as far as one can see）。[44] 利銘澤先
是在農場牧牛，「由歐洲進口最好的牛隻到來繁殖，然後銷售至歐洲」（ibid.: 76）。[45]
而為了掌控其農牧產品的出口，利銘澤還在同一年與徐鏡波[46]成立了 Western
Trading Company。1936 年春，利銘澤更進一步，與陳顯彰、[47]王少平[48]等合
資買下已經停辦的寶成公司，開始在海南島廣種黃麻和甘蔗。寶成是 1928 年由
僑商許亮承、李寶熙等人創辦的公司，集資 30 萬，在海南島西北部臨高縣馬裊
港附近的洋古村購地 5,000 畝，專種黃麻。據說每噸黃麻的成本，當年只要 7 英
鎊，運到倫敦後，卻可以賣出 30 英鎊的高價，利潤豐厚，不過 1930 至 1931 年間，
因「匪禍連結、地方不靖」，公司半途而廢（王少平，1939: 81-82）。利銘澤等
人接手後，易名「利興種植公司」，當時已擁有 15,000 餘畝地，種黃麻及甘蔗。
寶成公司本已斥資建有大機房一間，更留下宿舍、辦公樓、犁田機、絞麻機等大
量設備，所以利銘澤接手經營時，已是事半功倍。

利銘澤與人合資買下海南島寶成公司的時機，即 1936 年春，或可說明他縝密的
盤算及遠見。國民政府當時顯然已計劃開發海南島。1936 年 11 月，時任全國經
濟委員會委員長的宋子文親赴海南島視察後，[49]國民政府更已有了具體規劃，
「故馬裊港，已實行測量開為商港，而環海鐵路，其起點亦在斯地。將來落成，
水陸交通，均臻便利，成為南中國之最良商港，海南島之中心要地矣」（王少平，
1939: 82）。《更生》雜誌第 4 號也提到，宋子文視察海南島後，「本年〔1937 年〕
一月，粵省建設廳[50]又擬定開發海南島四期計劃，準備分期實施。最近香港華
商總會又邀滬粵各界，共同組織海南島實業考察團，前往該島，作周密的考察，

◎ 1943 年，利銘澤與黃瑤璧及三子女在宜山合照。

準備在將來投資興業」（更生書刊社，1937: 2）。而王少平在 1937 年 1 月親赴海南島參觀利興種植公司時，利銘澤已將農場擴至兩萬餘畝地（王少平，1939: 83），早作部署、一切就緒，就只待政府落實開發海南島的東風了。

然而戰禍終非利銘澤所能準確預料。宋子文視察海南後未久，1936 年 12 月西安事變，他即忙於飛西安談判，謀求營救蔣介石。蔣介石答應聯共抗日後，緊接著 1937 年 7 月，抗戰即拉開序幕，海南島的開發大計自然無從推進，全國經濟委員會亦遭裁撤。利銘澤無奈，只好在 1937 年底先回香港。1939 年 2 月，當侵華日軍南下攻佔海南島時，登陸的地點，正是離利興農場不遠處的澄邁。而面對日本全面侵華，這位香港望族之子，再度作了個與眾不同的抉擇。

❖　　紳士歸來　　❖

1930 年代的利孝和，又是另一番故事。1928 年 5 月，已獲牛津大學錄取的利孝和，與兄妹返港奔喪，趕回大屋時已是 6 月中旬。身為嫡長子，他比利舜華、利舜英幸運，當年 8 月間應已搭船趕回英國繼續學業，10 月 16 日正式入學牛津。抵英後，利孝和就給母親寫信寄照片，而堂叔利樹滋和他在這段時間的書信往返，說明他調適良好，極享受牛津的大學生活。[51] 轉眼三年，1931 年夏，利孝和順利通過大考，於 10 月取得牛津大學的文科學位。[52] 1932 年 6 月，他又通過律師考核，在 6 月 8 日獲林肯律師公會（Lincoln's Inn）授予大律師執業資格，同月即獲頒牛津大學的民法學位。[53]

利孝和年僅十歲就到英國留學，並由教養良好的牛津郡邱吉爾夫婦親自調教監管，在 1920 至 1932 年間，完全沉浸於濃重的英國文化氛圍裏達 12 年之久，所以毫無疑問是利家第三代中最具英國紳士派頭者。他在牛津大學裏也從屬班堡克書院，在書院寄宿，房間裏的櫃頭上，還會左右各擺放一個利希慎與黃蘭芳的個人相框。書院寄宿有專人照料，大哥利銘澤也早已畢業離校，利孝和樂得自主自在，少有的遺憾，或許就是牛津畢業典禮時，沒有香港的親友能到場祝賀觀禮。利孝和在大學時，仍積極參與各項運動，尤精於曲棍球和網球，1930 年代初足

歲並考獲英國駕照後，也和當年的利銘澤一樣，買了一部車，閒暇時與朋友外出郊遊，冬季則赴歐陸滑雪。利家在這段時間裏雖財務緊絀，黃蘭芳還是盡力確保利孝和生活無虞。

利孝和年輕時就愛與有識之士議論國際事務，相知的英倫摯友，想必不少。但他身後留下的資料不多，難以拼湊全貌。如果從他早期的一些書信、賀卡入手，首先值得一提的，是三位與他同期在牛津大學研習的羅德學人（Rhodes Scholar）[54]：George Stevenson Cartwright、Francis West Fynn 及 Robert Emmett Houston Jr.。這三人都與利孝和年齡相若，但分別來自加拿大、羅德西亞（Rhodesia，即今天的津巴布韋）和美國。

Cartwright 在牛津時也熱衷於曲棍球，研習哲學、政治、經濟兼文學，成績卓越。回國後，他當過加拿大總督的秘書，也先後成為知名政論雜誌 Canadian Forum 及國際事務期刊 Current History 的編輯。1941 年二戰時，Cartwright 毅然加入加拿大皇家空軍，卻不幸在 1942 年 11 月的戰事中墜機身亡，成為二戰期間犧牲的第一位羅德學人。[55] Fynn 與利孝和一樣研讀法律，且同期成為律師，返羅德西亞兩年後又回英國。1939 年歐戰爆發，他先是入職英國廣播公司（BBC），後參軍，1941 年成為新組建的英國突擊隊（British Army Commandos）隊員，專責襲擊德國在歐洲的佔領區，戰績彪炳，屢獲殊榮。戰後他再度回歸羅德西亞，從事農業及工業生產，直到 1981 年去世（Dix-Peek, 2008）。Houston 在牛津也是學法律，1932 年回美國後，又到耶魯大學進修法律，後於紐約當執業律師。太平洋戰爭爆發後，1942 至 1945 年間，他亦投筆從戎，當過美國海軍軍官，惟因重病，不得不回到南卡羅萊納州的故鄉格林維爾市（Greenville）療養，後於故鄉去世。[56]

利孝和的英倫時代，還有兩位很聊得來的朋友，那就是 Henry McDonell Ridley 和狄林（William Teeling），三人彼此熟識。[57] Ridley 來自溫哥華，曾遊歷多地，但在倫敦有個落腳的家，1952 年就因為在溫哥華心臟病突發，英年早逝。[58] 狄林畢業自牛津，學史，但比利孝和年歲稍長，應非同期，早年當新聞記者時曾周遊各國，為泰晤士報撰稿。此君筆耕甚勤，又極富冒險精神，二戰時加入英國皇

◎ 利孝和年輕時在歐洲的日子

家空軍，1944 年即代表保守黨在補選中當選國會議員。此後狄林一再連任，直到 1969 年因病辭職。狄林在二戰後更加關注東亞局勢，是台灣當局的堅定支持者，[59] 與宋美齡有交情，1959 年還曾獲蔣介石頒授景星勳章。他與利孝和至少直到二戰期間，都還維持著相當緊密的聯繫。

民國著名外交家施肇基的兩個兒子施思明與施棣生，則是利孝和留英時的少數中國友人，而施家或許就是利孝和後來曾短暫為中國外交部效力的因緣。施肇基自 1914 年起的 20 多年間，曾多次出任中國駐英或駐美的公使、大使，晚年還為駐聯合國的中國代表團擔任高級顧問，可謂元老級的外交家。施家兄弟在父親早年駐英期間，就隨父移居英國，施思明後來在劍橋大學獲得內科醫學學位，施棣生則是劍橋大學的經濟學學士、碩士。利孝和正是與他倆相識於斯時。1934 年，施思明在倫敦與元老級上海銀行家李銘的長女李月卿結婚後，結束他在倫敦聖托瑪斯醫院（St Thomas' Hospital）的實習歸國，於上海從醫；施棣生則是在 1933 年劍橋畢業後，留在倫敦的金融圈工作兩年，後亦回上海，先後服務於花旗銀行及中國銀行，1937 至 1940 年間派駐香港。[60]

施家兄弟雖各有專業，但抗戰期間，基於他倆從小就在美國生活過的外交家庭背景，為了救國，先後加入國民政府專責美國租借法案的工作小組。1941 年，他倆也都親赴美國，擔任宋子文的機要及私人秘書，繼續協助他為中國獲取美援。1945 年二戰結束前夕，施思明以中國代表團成員兼醫學專家的身份，出席了締結「聯合國憲章」的舊金山會議，並藉該會議推動成立世界衛生組織，成為世衛組織的創始人之一。1948 年起，施思明轉任聯合國的醫學總監，並在職多年，直至退休。至於二戰後的施棣生，先是有幸隨中國代表團參加了世界銀行 1946 年在美國成立的會議，後又以外匯專家的身份，留在紐約的中國銀行分行。不過 1951 年，中銀因國內政權之更迭而易幟，施棣生被迫離開紐約中銀，從此留在美國。[61] 施思明的岳父——前中銀董事長李銘，戰後初期與利孝和也有過交集，這一點下章再敘。

1932 年 6 月，利孝和順利取得大律師資格後，就開始準備返港。他不想浪費這樣的一次遠航，希望藉此遊歷北美，增長見聞，所以 8 月底動身時，[62] 應是與牛

◎ 利孝和在英國倫敦 Ley-On's 餐廳前留影

津大學的法律科同學 Houston 一道，先從英國搭船橫越大西洋，去 Houston 位於美國南卡羅萊納州格林維爾市的老家小住，隨後再跟他一同北上紐約。[63] 紐約之後，利孝和繼續北上，9 月到加拿大的滿地可（Montreal）探望在當地經商多年的表舅黃淵偉。[64] 黃淵偉是黃蘭芳堂弟，其「佐珠黃公司」（George Wong & Co.）和許多早年的北美華人商舖一樣，基本上是對接香港金山莊的進出口貿易公司，但也兼營各項社區生活服務，如只提供簡單膳食的小飯館、洗衣服務、製作並銷售廣式的全蛋麵條等。[65] 黃淵偉夫婦接待利孝和在當地遊歷，還陪他去了一趟首都渥太華。[66] 1932 年 10 月初，利孝和轉搭火車，經太平洋鐵路，由加拿大的東岸橫跨全境至西岸溫哥華，再於溫哥華轉搭加拿大太平洋航運的郵輪返港。[67]

1932 年 11 月 14 日，香港《工商日報》上的一則報導，宣示了這位年輕紳士的回歸：

【本港又多一大律師　利榮根將在港掛牌】

利君榮根，於民九年赴英留學，入牛津大學。民廿年考得文科學士，翌年得民法學士，同年又獲大律師銜，近已學成歸國，擬日間入稟桌署〔法院〕，請准掛牌，接理律師職務。查利君年少英俊，酷好體育，如欖球木棍球絨球〔網球〕游泳等，皆有心得，尤以曲棍球最為出色，曾代表牛津大學對外比賽多次。惜港僑對於此種運動，無甚興趣，不然，則本港華僑體育界又當放一異彩。又查利君乃已故巨商利希慎之哲嗣云。[68]

利孝和大律師的辦事處，就設在亞歷山打行（Alexandra Building）五樓。[69] 亞歷山打行位於中環遮打道及德輔道中的交界處，當年可是一座文藝復興風格的五層高漂亮大樓，[70] 設有新式電梯，而利孝和租用的辦公空間，正是在頂樓。1930 年代，利孝和無疑曾接過案子打過官司，且表現似乎也相當出色，譬如 1939 年 1 月，他就曾在當紅的足球員楊水益[71] 涉嫌虐妻一案中，幫楊的妻子打贏過一場上訴官司，並獲本地英文報章詳盡報導。[72] 不過利孝和對其大律師的業務，似乎並不熱衷，他當時的主要工作，其實是主持家業[73] 和代母親理財，尤其利銘澤當時多半不在香港。黃蘭芳在利孝和返港後，就逐漸將財務支配大權轉移給他，

這一點可由 1930 年代不少家族成員在外需要金援時，都會寫信向他討取一事間接證實。[74] 此外，本時期的利孝和也開始涉足銀行業，還曾認真探討在家族利舞臺娛樂事業的基礎上，開創本土電影業的可能。他的這些嘗試，也將留待下一章集中討論。

美國傳奇女作家項美麗（Emily Hahn）在太平洋戰爭前夕，曾有機會在香港側面觀察過利孝和，留下了一段很有意思的文字。項美麗是在 1935 年以《紐約客》（The New Yorker）通訊記者的身份來到上海，此後伴隨中國走過了它極動盪的一段歲月。她和已婚的新月派詩人邵洵美在上海的戀情，轟動一時，後來又在香港和重慶兩地分別採訪了宋靄齡、宋慶齡和宋美齡，寫就《宋氏三姐妹》（The Soong Sisters，1941）一書。1940 年 8 月，項美麗由重慶飛往香港。在這裏，她又和已婚的英國駐港軍情六處少校負責人博克瑟（Charles Ralph Boxer）相戀。[75] 項美麗後來寫道，在香港的英國人，不少仍固守他們典型的英式生活，愛玩高爾夫球、網球、賽馬、風帆甚至狩獵，卻對當下發生在中國的慘烈抗戰漠不關心。博克瑟手下，倒是有一批年輕的情報人員專責本地工作，當中一人粵語無礙，於是被指定為該部門和本地華人之間的聯繫人。理論上，他該與香港的普羅大眾親近，瞭解他們大致的動向及想法，再鉅細靡遺地寫報告交代。然而實際上，此君的英國人氣息太重（too British），根本沒辦法交到本地好友：

> 他唯一的華人好友，是深度英化的利孝和（the ultra-British Harold Lee）。此君典雅的牛津作風，很快就讓他竄紅。利孝和魅力十足，但你找遍中國，都找不著比他更非典型的中國人。某位英國人有一天在利家擁有的某座辦公樓裏——利家可是富地主——偶遇利孝和，就和他打個招呼：「你好啊，哈羅德，你在這裏工作嗎？」
>
> 「算是吧。」利孝和懶洋洋地回話。
>
> 他住在家族豪宅，正開展前途無量的法律事業，還要兼顧所有的家族事務。他很聰慧，也讓自己在香港安頓得甚好，不過剛從牛津歸來之際，倒也曾備受衝擊。他在牛津時足球踢得很好，到處都受歡迎。而在香港，愚昧粗

俗的商人卻把他當本地華人看待,這一點利孝和並不喜歡。他並不介意當個華人,你知道的。他愛自視為華人,討厭我說他就是個英國人,但當那些胖嘟嘟的啤酒商人等都自以為比他高明時,他自然無法接受。所以利孝和最終只和少數英籍好友來往,譬如這位情報官員,外加一位政府裏的醫生和極少數美國人⋯⋯。(Hahn, 1946: 216-217,作者中譯)[76]

項美麗與利孝和並無深交,卻似乎敏銳察覺到利孝和在香港的「寂寞」。出身世家大戶的年輕紳士,剛從英國學成歸來,想必在社交場合備受重視,但 1930 年代的利孝和,不免和主流華人社會有些格格不入,仍多與香港的西人及西人過客交往。利孝和尤愛與各國的外交人員往來,譬如 1932 年他剛回香港時,恰逢暹羅王國(即今泰國)駐溫哥華的總領事 William Watson-Armstrong 途經香港前往暹羅,利孝和就將他請到了利家大屋作客。1937 年利舜華出嫁,利孝和還不忘以母親黃蘭芳的名義,給遠在太平洋彼岸溫哥華的 Watson-Armstrong 寄去婚禮婚宴的邀請卡。[77] 不過香港之外,項美麗沒機會看到的,是利孝和正沿著父親利希慎的老路,試圖強化利家與遠東另一華洋雜處之地——上海的聯繫。

❖　　燕園才子　　❖

利孝和與胞弟利榮森相差五歲,但兩人差別最大的並非歲數,而是文化底蘊。利孝和可謂活在香港的英國紳士,利榮森卻更像是個香港儒士,而這要從他倆不同的教育環境說起。

利家第三代成員中,利榮森幼年時所受教育,是明顯有別於其他兄弟姐妹。利希慎中英兼擅,既是皇仁書院的高材生,深知英文重要,卻也重視傳統文化,樂與中國文士往來交流。他對子女的語文教育要求,似以「中文要有根柢、英文要好」為原則。利希慎早年在澳門安排銘澤、銘洽、孝和入讀的子褒學塾,是民初以來辦的新式學堂,其實並不重視經學。到了孩子的中學階段,他就將銘澤、孝和送往英國,接受純粹的西式教育。不過利榮森顯然獲父親特別安排。據說利榮森「幼年在家接受中國傳統的私塾教育,老師多為前清遺老,為他奠定穩固的國

學基礎」（林業強，2009: 7）。利德蕙也提到「四叔〔利榮森〕留在香港讀中文，子女中唯有榮森叔父常隨祖父查察生意，造訪朋友及生意伙伴」（2011: 40）。[78]

利銘澤、利孝和早在 1920 年就去了英國，利銘洽稍後也去廣州上中學，而利榮傑當時還小，所以利希慎將已經懂事的嫡子利榮森經常帶在身邊，不難理解。不過 1920 年代香港的文化思潮，倒是值得一提。1919 年北京爆發五四運動，而運動批判傳統文化甚烈。1920 年，以賴際熙為首的前清遺老，因有感於香港社會「崇洋貶夏之風日盛，於是聚書講學」。[79] 1923 年，賴際熙再藉何東、馮平山、利希慎、鄧志昂、李海東等紳商之助，創辦學海書樓，目的則是為了使「鄒魯即存於海濱」（賴際熙，2008: 30），以回應當代中國「廢孔荒經」的浪潮。1924 年，利希慎買下鵝頭山後，又將原怡和洋行的「二班行」大樓，借給莫鶴鳴等文士定期舉辦詩詞書畫雅集，並由莫氏命名為北山堂，稍後更催生了北山詩社。由此可見，1920 年代，利希慎與香港的國學名宿及傳統文士交往甚繁。利希慎此時對傳統經學及文化的態度，或是他決定將嫡子利榮森留在香港，並讓他自幼即接觸傳統私塾教育的動機之一。

國學以外，利希慎和文人雅士及買辦紳商的交往，也造就利榮森日後對中國古文物的不渝熱情。利希慎與莫仕揚家族的第三代十分親近，莫幹生是與他約略同期的皇仁書院校友，莫鶴鳴則是利園北山堂的推手，莫詠虞更是與利希慎朝夕相見的裕記俱樂部飯友，還會經常帶小童利榮森去坐太古洋行的船，「在維多利亞港遊船河」。[80] 莫家當時已是歷三代的太古洋行買辦世家，既富亦好風雅。譬如莫幹生鍾情瓷器，有「花瓷閣」的齋號，收藏了不少清朝康雍乾三代的官窰（莫華釗，2009）；[81] 莫鶴鳴則愛收藏金石書畫，還曾在蔡哲夫襄助下，在香港經營一家名叫「赤雅樓」的古玩店。利希慎顯然也是在 1920 年代入住大屋後，開始收藏藝術品，如利德蕙所言，大屋曾「四處陳設世界各國的藝術品」，但可惜很多藏品都在二戰「家人棄屋逃難時被竊」（2011: 47）。而如今倖存於香港中文大學文物館內的一件利氏藏品——廣東雕刻名家梁維的「歷史故事圖牙雕」，正是 1926 年時，利希慎透過東方匯理銀行的買辦何穎泉購入（ibid.: 50）。利榮森從小就是在這樣的傳統文藝氛圍裏，耳濡目染，而與此同時，胞兄利孝和卻正在牛津郡的莫德林學院裏，勤學拉丁文。

從利榮森在香港官立漢文中學（金文泰中學前身）的成績表可知，利希慎是在利榮森12歲時的1928年1月，將他送入該校的高小一年級，而當時高小一年級應已開學數月。不幸的是，三個多月後，利希慎即遇刺身亡。漢文中學當年的學制，是高小三年，中學卻只有四年。[82] 利榮森隨後一直在該校求學，1930年升上中一，1935年7月順利畢業。[83]

利希慎為利榮森選擇漢文中學而非其母校皇仁書院，顯然是在延續他為這位嫡子所作的特殊安排。反觀利銘澤、利孝和出洋留學前，利希慎都是讓他倆先入皇仁。[84] 這間官立漢文中學的誕生，其實與前述賴際熙辦學海書樓時的時代背景一脈相承，即不少老派儒者痛心香港也逐漸在新文化運動以來的崇洋思潮中「沉淪」，想力挽狂瀾，保住傳統的經史之學。幸運的是，1925至1930年間坐鎮香港的總督，恰是欣賞傳統中華文化的「中國通」金文泰。於是1925年12月，紳商周壽臣、羅旭龢、李右泉、曹善允、馮平山等人就提議由政府撥地，創辦一家漢文中學，以中文授課為主。[85] 金文泰同意後，香港第一間官立漢文中學及漢文師範學院就在1926年3月成立，由賴際熙在香港大學的門生李景康任校長（區志堅，2020: 176）。緊接著1927年，香港大學的中文學院成立，由賴際熙領導。

李景康是香港大學1916年的首屆畢業生，國學根柢深厚、學識淵博，1924年起任港英政府的中文兼英文視學官。漢文中學創立後，他於1926至1941年間長期擔任校長，對利榮森影響甚大。而除了校長名重一時，1928年利榮森入學時，漢文中學的教員還有區大原、[86] 岑光樾、陳壆伯、羅憩棠、黃國芳等名師宿儒。學科方面，中學四年，學生都要一貫地研習經學、中史、國文三科。而該校中英並重，亦未偏廢英文，中學四年裏以英文授課者，除英語文科目外，還有算術、代數、幾何、西史、世界地理、動植物、物理、化學、礦物等科（漢文中學，1928）。漢文中學的重要推手馮平山，早在學校創立的1926年，[87] 就讓兩子秉芬、秉華入學，1928年雙雙自該校畢業。[88] 所以馮秉芬和利榮森不僅是校友，更曾短暫同校。兩人後來成為摯友，也共同推動了香港中文大學的成立。

前清舉人張啟煌曾在〈利母黃太夫人行狀〉一文中自述，他是從1929年起，即利榮森入讀漢文中學後翌年，「應利宅夜學一小時之聘」，擔任利榮森晚間的中

文家教，前後長達六年，直到利榮森考取北平的燕京大學。其時利希慎已逝，但黃蘭芳謹遵先夫的安排，請來家教，要確保利榮森的國學根柢紮實。夫子每晚教學時，也會順便督導利舜華、利舜英練習中文書法（Sperry, 2009: 70）。張啟煌還提到，據他對利家多年來的觀察，「見子女熙熙，但分長幼，難判嫡庶」，而利榮森在隨他研習《春秋公羊傳》時，讀到〈隱公七年〉篇裏「母兄稱兄，母弟稱弟」這一句，非常不以為然，認為既是同父之子，彼此就該以兄弟視之，不必在意是否同母所出（森……曰此大是語病，均是父之子，同母始稱兄弟，不同母遂非兄弟乎？）。張啟煌對此印象深刻，既稱讚利榮森「善讀書」，也將他與利孝和倆對其他異母兄弟的平視態度，歸功於黃蘭芳的身教（然亦太夫人所感者然也，其均平專一可知）。

利榮森的中學成績出色，似亦獲校長李景康重視，不過 1935 年他報考北平燕京大學的決定，是否曾受李景康影響，不得而知。漢文中學的畢業生，當時多能考上香港大學，但利榮森顯然另有看法。燕京大學乃美國教會團體在中國辦的私立大學之一，1930 年代時已享譽中外，尤其 1928 年校長司徒雷登（John Leighton Stuart）成功與美國哈佛大學合作，成立「哈佛燕京學社」，進一步抬高了燕大的學術地位。此外，燕大收生少，校園環境又極優美，素有貴族學校之稱。燕園有湖，原是清朝大臣和珅府邸花園內的人工湖，錢穆在燕大任教時以「未名湖」名之，「只見周圍湖光塔影，小徑蜿蜒，綠楊垂柳，草坪如茵，感覺無比震撼」（宋春丹，2019）。燕大的外籍教員不少，專業科目如利榮森主修的經濟學等，皆以英文授課。不過燕大在傳統的文史範疇，也實力雄厚，1935 年的燕大歷史學系，就有洪業、顧頡剛、鄧之誠等大家坐鎮，國文學系則有中國古文字學家容庚及兼任講師錢穆、聞一多等，俱一時之選。[89]

1935 年 7 月，利榮森赴廣州考場應試，[90] 成功考入燕京大學，9 月即赴北平入讀其法學院下的經濟學系。[91] 據說，新生會先在臨湖軒草坪上集合，與校長司徒雷登及各學院的院長握手。隨後開展的迎新活動，會有所謂新生十誡：「不許昂首闊步、不許出言不遜、不許說方言、不許男生穿西裝打領帶、不許奇裝異服、不許左顧右盼、不許搔首弄姿、不許趾高氣揚、不許胡拉關係、不許顧影自憐、不許面目可憎、不許語言乏味。」如有違者，就會被老生「拖屍」（toss）。「拖屍」

前會事先廣播、引人圍觀，然後把人掄三下，當眾拋進西校門附近一個齊腰深的水池裏。（宋春丹，2019）

利榮森與燕園的緣份，只有短短兩年。這是一段對他來說彌足珍貴的青春歲月，既能真實觸摸到古都北平厚實的文化積澱，又能與一批志趣相投者在燕大相逢相識。這裏有未來的鑒藏大家「暫得樓主」胡惠春、文物專家王世襄、文藝評論及翻譯名家宋淇等（林業強，2009: 7-8）。他們年歲相近，胡惠春比利榮森大上兩屆，王世襄大他一屆，宋淇則小他一屆。[92] 二十世紀上半清廷傾覆以來，戰亂頻仍，文物流散，反倒成了收藏中國藝術精品的最佳時機，北平故都尤其是民國時期重要的古玩古文物集散地。多年後的 1960 年，胡惠春與利榮森等文物收藏名家取〈論語・述而篇〉中「我非生而知之者，好古敏而求知者也」一句中的文意，在香港成立同好團體「敏求精舍」，至今仍對香港的文物鑒藏界影響深鉅。

利榮森在燕京大學經歷的另一變化，是其姓名的英文拼寫。中學學籍資料裏的利榮森，從來都是 Lee Wing Sum。1935 年 9 月入讀燕大後，其姓名的英文拼寫，卻成了接近國語發音的 Li Jung Sen。1937 年利榮森轉到成都的國立四川大學寄讀後，又將姓名的拼寫改為 Lee Jung Sen。此後利榮森即 Lee Jung Sen，回到香港後亦是。至於他何忍揮別未名湖，在 1937 年轉赴成都的四川大學寄讀？那就要從七七事變說起了。

◎ 利舜華與利榮森（右）在北平

注釋

1　張啟煌自稱。張氏為前清舉人,據他在〈利母黃太夫人行狀〉一文中自述,1929 年起,他曾「應利宅夜學一小時之聘」,擔任利榮森的中文家教,長達六年,直到利榮森考取北平的燕京大學。

2　指利榮森。

3　《公羊傳》是解說及注釋《春秋》的「春秋三傳」(左氏、公羊、穀梁)之一,相傳為戰國時的齊人公羊高所作。

4　原文見〈春秋公羊傳 · 隱公七年〉:「齊侯使其弟年來聘。其稱弟何?母弟稱弟,母兄稱兄。」這段占義的白話文意思是:「齊侯(齊僖公)遣其弟夷仲年至魯國訪問。為什麼稱夷仲年為齊侯之弟呢?同母之弟才能稱作弟,同母之兄才能稱作兄。」

5　即顧炎武,明末清初的著名思想家,與黃宗羲、王夫之同被譽為「明末三大儒」。

6　指利榮根,亦即利孝和。

7　指黃蘭芳。

8　如前所述,該行狀只是張啟煌的「預藁」,未知是否曾對外發表。

9　訪談利漢楨(利銘洽次子),2022 年 2 月 5 日,香港;訪談梁趣沂、利潔瑩,2021 年 11 月 24 日,香港。

10　見作者透過文字、電話、視訊等方式,與黃蘭芳孫輩進行的多場訪談,如 2020 年 11 月 30 日與人在美國新澤西州的利漢釗(利銘洽長子)的訪談、2020 年 9 月 11 日與利蘊蓮(利孝和次女)及利乾(利榮森獨子)在香港的訪談、2020 年 10 月 28 日與人在美國波士頓的利美娟訪談、2022 年 2 月 5 日與利漢楨在香港的訪談等。利德蕙在《利氏長流》一書中也提到:「祖父死後,每月分期償還貸款對家人來說非常吃力。當時我們有大批土地,但週轉現金短絀⋯⋯身為家中女家長的祖母,不但配給每房家人家用,甚至祖父的兄弟,在生活最艱難的時候,亦一樣家用無缺,從未發生任何爭議。」(1995: 49)

11　亦見〈利希慎被刺斃命:連擊三槍,兇手未獲〉,《工商日報》,1928 年 5 月 1 日,頁 11。

12　同上。

13　利行與大屋的結構基本一致,也是三層高,但一樓沒宴客大廳,每層的左右各一間套房,所以共有六個單位可供出租(利德蕙,2011: 48)。

14　北京時稱北平。1912 年中華民國成立後,北京曾是民國首都,不過 1928 年南京國民政府完成北伐,徹底取代了北洋政府,北京也因此失卻京都地位,被易名為北平。

15　羅艷基後嫁予施遇文(Adoph Zimmern,亦名施燦光)之子施玉鑾(Frederick Zimmern)。

16　羅婉基後嫁予施遇文另一子施玉榮(Francis Zimmern)。

17　簡東浦乃東亞銀行創辦人,其女簡笑嫻於 1933 年下嫁該銀行的另一創辦人馮平山之子馮秉芬。

18　亦可見「藝是網拍」網站上,有關其 2021 年的「三月月拍:近現代名人手跡與影像藝術專場精賞」之「蔡哲夫(1879-1941) 致俞安蕭有關北山詩社之信札」項下,對俞安蕭的簡介:https://ppfocus.com/0/en08e8ca8.html

19　亦見 1936 年 6 月 17 日,身在北平的利舜英致香港利孝和函。

20　1952 年,中國政府以「院系調整」為名,將原本是美國教會辦的私立燕京大學拆分,併入多家其他大學,終結了燕大。燕大的著名校園——「燕園」及園中所有的建築物,都由北京大學接收,成了北大新的主校區。燕園現已獲政府列為古蹟保護。

21　史迪威第一次駐華是在 1920 至 1923 年，期間曾赴東北蒐集日本擬對付蘇聯的軍事活動情報。1926 至 1929 年，史迪威再度駐華，擔任美軍駐天津的第十五步兵團的營長及參謀。1935 至 1939 年，史迪威第三度赴華，這回則是擔任美國駐華大使館的武官。

22　亦見 1936 年 6 月 17 日，身在北平的利舜英致香港利孝和函。

23　1936 年利舜華客居北平時的住址，可見於同年 9 月 29 日，身為利榮森「保證人」的利舜華，致北平燕京大學的「保證書」。資料現存於北京大學檔案館的燕大檔案。

24　嶺南小學是 1922 年 2 月才在灣仔開辦，時稱「廣州嶺南分校」，而利銘洽當時已近 14 歲。所以利銘洽如果真的讀過嶺南小學，應該也只是待上一段相當短的時間。見作者與利漢楨的訪談，2022 年 2 月 5 日，香港。

25　同上。

26　訪談利漢輝，2021 年 5 月 10 日，香港；訪談利漢楨，2022 年 2 月 5 日，香港。

27　訪談梁趣沂、利潔瑩，2021 年 11 月 24 日，香港。亦見（利德蕙，2011: 48）。

28　李福述是東亞銀行創辦人李子方（李作聯）之子，歷任港英政府的社會福利署署長、社會事務司及民政司（首位華人民政司，1977-1980），亦是香港特區首任終審法院首席法官李國能之父。

29　李福慶是東亞銀行另一創辦人李冠春（李作元）之子，早年任職於太古船塢，後繼承父業從商，專注於發展家族生意。

30　訪談梁趣沂、利潔瑩，2021 年 11 月 24 日，香港。

31　抗戰期間的 1938 年 10 月，廣州淪陷，嶺南大學被迫暫時遷到香港教學。在港授課期間，嶺大是借香港大學的部份校舍來教學及辦公，而嶺大農學院則是在新界復課。

32　訪談梁趣沂、利潔瑩，2021 年 11 月 24 日，香港。

33　訪談簡而理，2021 年 11 月 30 日，香港。

34　利舜豪當時已隨母親張門喜由大屋三樓遷出，入住利行。

35　訪談梁趣沂、利潔瑩，2021 年 11 月 24 日，香港。

36　黃茂霖是德高望重的會計師，曾任香港華人會計師公會的首屆主席，英語流暢。麥玉珍是歐亞混血女子，也能聽、講英語。黃家富裕，所以黃瑤璧從小就「生活十分悠閒，經常開車四處游泳、打網球及跳舞」（利德蕙，2011: 59）。

37　見 1937 年 7 月 1 日，利銘澤向國民政府實業部申請登記為「土木科工業技師」（即土木工程師）時，隨附的個人「出身履歷表」（中國第二歷史檔案館，全宗號 422／目錄 3／案卷號 1458）。

38　即今莊士敦道與軒尼詩道東段。

39　Draft Will of Wong Lan Fong, 1929, prepared by Wilkinson & Grist, Solicitors and Notaries. 利家家藏史料。該版遺囑的第五條，是要將黃蘭芳的「剩餘遺產」（residuary estate）的八分之一，讓利家的七女均分，其他則仍是由七子均分。

40　1937 年 5 月，劉紀文出任國民政府定都南京後的首任南京市長時，就曾邀請同期留英、肄業於劍橋大學的邵洵美，出任南京市政府秘書。不過邵洵美只當了三個月的市府秘書，就隨劉紀文辭任南京市長而離職。

41 1932 年利銘澤仍在香港時，廣州方面就預作安排，由時任廣州市長的程天固在劉紀文就職前夕的 2 月 13 日，先委任利銘澤為該市工務局的技士。見 1937 年 7 月 1 日，利銘澤向國民政府實業部申請登記為「土木科工業技師」時，隨附的相關委任狀（中國第二歷史檔案館，全宗號 422 ／目錄 3 ／案卷號 1458）。

42 利銘澤是晚至 1937 年 7 月 1 日，才向國民政府的實業部提出相關申請，並於同年 8 月，取得這項資格認定（中國第二歷史檔案館，全宗號 422 ／目錄 3 ／案卷號 1458）。

43 利德蕙指其父擔任過廣州市政府的主任秘書，而不僅僅是秘書，但未提供參考文獻（2011: 72）。

44 視訊訪談利德蕙，2022 年 5 月 11 日，多倫多—香港。

45 由利德蕙在此參照的王少平《菲島瓊崖印象記》的相關文字來看（1939: 69），利銘澤在海南農場養的是肉牛，而非奶牛。

46 徐鏡波畢業自民國時期廣州著名的教會大學——嶺南大學。1930 年代起，徐鏡波就負責統籌利家家族企業的行政多年。

47 陳顯彰是廣東台山人，清末年少時，就隨父親到荷屬東印度群島（即今印尼）一帶謀生，僑居爪哇島的梭羅 20 多年，在爪哇島各地種植咖啡，香茅、胡椒等熱帶作物。他於 1933 年歸國，應海南島實業局局長朱赤霓之邀，到當地考察。1935 年，陳顯彰就決定遷居海南島澄邁縣的福山墟，創辦福民農場，將咖啡引進海南島。換句話說，陳顯彰是和利銘澤同期到海南墾拓的企業家或所謂僑商，而兩人的農場，也相距不遠。

48 王少平原籍福建漳州，香港商人。1930 年代時，他是廈門淘化大同（簡稱淘大）公司在香港的分公司經理（王少平，1939: 4-5）。

49 宋子文因與蔣介石發生衝突，1933 年 10 月已辭去財政部長的職務，但仍是國民政府內重要的經濟決策者。1936 年時，他除了是全國經濟委員會的委員長，還兼任中國銀行董事長。又，宋子文雖生於上海，宋家的祖籍卻是海南文昌。

50 1930 年代的海南島仍未建省，是歸廣東省管轄。

51 見 1928 年 11 月 20 日，利樹滋致英國牛津的利孝和函。

52 Certificate of Degrees of Harold William Lee, Pembroke College, University of Oxford, 1932.

53 Certificate of Standing for Harold William Lee, The Honourable Society of Lincoln's Inn, 8 June 1932；同上。

54 「羅德學人」是指羅德獎學金（Rhodes Scholarship）得主。羅德獎學金始於 1902 年，夙負盛名，獲獎的菁英學子，可前往牛津大學進修。

55 此君生平，可見其母校——牛津大學基督堂學院（Christ Church College）網頁上的相關文章：'Flying Officer George Stevenson Cartwright' (Royal Canadian Air Force, 425 Squadron, Service number J/11102) https://www.chch.ox.ac.uk/fallen-alumni/flying-officer-george-stevenson-cartwright

56 見其妻 Elizabeth Williams Houston 於 2013 年去世時，家人發佈的訃聞：https://obits.postandcourier.com/us/obituaries/charleston/name/elizabeth-houston-obituary?pid=163715819

57 見 1937 年聖誕節前夕（確切日期不詳），倫敦的 Henry McDonell Ridley 致利孝和之聖誕賀卡。

58 'H. M. Ridley, Yachtsman, Dies Suddenly', *Vancouver Sun*, 17 March 1952, p.13.

59 台灣外交部 1957 年度的工作考成報告裏，曾有一項「加強對英宣傳及我在英之公共關係」的工作計劃。計劃在總結成果時，就提到英國議員狄林曾給外交部和新聞局介紹過一位英國人 Hubert Williams，並簽下一年合約，主要工作就是「以英人身分，側面為我活動宣傳。」（周琇環，72-73）

60 'Chinese Doctor: Marriage at London Legation', *Malaya Tribune*, 8 June 1934, p.11; 'London Chinese Wedding: Diplomat's Son Weds Banker's Daughter', *Straits Budget*, 12 July 1934, p.23; 'Ambassador's wife Going Home', *The Washington Times*, 12 October 1935, p.6; 'Deson C. Sze, Retired from Brokerage Firm; Son of an Ambassador', *The New York Times*, 6 May 1979, p.36.

61 'Dr. Szeming Sze, 90, U.N. Health Official', *The New York Times*, 8 November 1998; 'Szeming Sze; World Health Organization Co-Founder', *Los Angeles Times*, 9 November, 1998; 'Deson C. Sze, Retired from Brokerage Firm; Son of an Ambassador', *The New York Times*, 6 May 1979, p.36.

62 這是據 1932 年 8 月 24 日，牛津郡某家裁縫店給利孝和發的一張收據推估。利家家藏史料。

63 Houston 當時是要到離紐約不遠的耶魯大學繼續進修法律。見利孝和珍藏的一則剪報：'Young Chinese-English Attorney Says Need Have No Fear of Japan'。這應是 1932 年 9 月間，南卡羅萊納州格林維爾市某家地方小報關於他的特別報導，惟報章名稱及確切的日期不詳。

64 利孝和的麗思卡爾頓酒店（The Ritz-Carlton）賬單顯示，1932 年 9 月他在滿地可。利家家藏史料。

65 佐珠黃公司用箋的信頭上，由上至下條列了四項業務，即 Cafe and Laundry Supplies，Manufacturers of Egg-noodles，Liquid Blueing，以及字形比其他業務項目稍大的 Importers and Exporters。又，它在滿地可的具體地址是 1007, Clark Street。見 1928 年 7 月 7 日，佐珠黃公司刊登在加拿大早期中文報章——《大漢日報》頁 5 的廣告；以及 1932 年 10 月 27 日，加拿大滿地可的黃淵偉致香港利孝和函。

66 見 1932 年 10 月 27 日，加拿大滿地可的黃淵偉致香港的利孝和函。

67 這是根據 1932 年 10 月，利孝和的書信往來、火車票及船票等，推斷出來的行程。

68 〈本港又多一大律師　利榮根將在港掛牌〉，《工商日報》，1932 年 11 月 14 日，頁 9。

69 見 1934 年 2 月 28 日，廣州灣的陳閏覺致香港利孝和函。

70 1950 年代，亞歷山打行被重建為「歷山大廈」；1975 年又獲翻新為今日「置地歷山」的 37 層高大樓。

71 楊水益曾是 1936 年柏林奧運時，中國代表團的足球隊成員。1939 年官司期間，他是香港南華足球隊一員。

72 該上訴案的詳情，可見：'When Is a Wife Not a Wife?', *The Hong Kong Telegraph (Final Edition)*, 9 Jan 1939, pp.1 & 4.

73 此言非虛。舉例來說，1934 年 7 月，利孝名下皇后大道東 202、204、204A、206 號這四間唐樓舖面的裝修改造工程，就是由利孝和與建築公司敲定細節。見香港又昌建築公司致利榮根大律師函，1934 年 7 月 28 日，標題：「蒙委判造」。

74 例如 1936 年 6 月 17 日，身在北平的利舜英致香港利孝和函；以及 1938 年 5 月 15 日，身在成都的利榮森致香港利孝和函。

75 1941 年底日軍攻佔香港後，在戰鬥中負傷的博克瑟進了戰俘營。1945 年二戰結束，博克瑟即與項美麗結婚。他在 1947 年退役，後受聘於倫敦大學的葡萄牙語文系，成為專研葡人海外擴張史及葡萄牙帝國的傑出學者。

76　這幾段文字的原文如下：

His one close friend among the Chinese was the ultra-British Harold Lee, whose name was rapidly becoming famous for his quaint Oxonian mannerisms. Harold is a charming fellow, but you could search throughout China without finding anybody less typical of his native land. One of the Englishmen ran into him one day in an office building belonging to the Lees, who are wealthy landowners. 'Hello, Harold,' said the Englishman. 'Do you work here?'

'Vaguely,' said Harold in languid tones.

He lived in the family mansion and was embarked on a promising career in the law, besides keeping an eye on all his family affairs. He was a brilliant man and pretty well settled in Hong Kong, though it had been a shock when he first came back from Oxford, where he had done particularly well at soccer and had been popular all around. In Hong Kong stupid, vulgar merchants treated him like a native and Harold didn't like it. He didn't mind being Chinese, you understand. He liked that, and hated it when I told him he was English. But naturally he objected to being patronized by some fat beer merchant or other. Ultimately he settled down with a few good English friends like this officer, and a doctor in the government, and a very few Americans...

77　見 1937 年 11 月 10 日，溫哥華的 William Watson-Armstrong 致香港的黃蘭芳函。

78　利德蕙在相關的注釋中，曾説明這是來自「利榮森口述」。

79　見學海書樓官方網頁之「大事年表」：http://hokhoilibrary.org.hk/ 關於學海書樓 / 歷史 / 大事年表 /

80　訪談莫華釗，2021 年 7 月 28 日，香港；以及 2021 年 8 月，莫華釗補述其伯公莫詠虞與利榮森的相關事蹟。莫詠虞曾任太古洋行船務部的買辦。

81　亦可見〈承襲家族遺風　落力資助教育　承訓堂藏有所託〉，《大公報》，2018 年 10 月 17 日。

82　據 1928 年《漢文中學年刊》內所載之招生簡章，投考該校的高等小學者，「須年滿十一歲有初小畢業或相當之程度」；而投考中學一年級者，「年齡須滿十四歲及有高小畢業或相當程度」（漢文中學，1928）。

83　見 1935 年 7 月 15 日，利榮森報考燕京大學時呈交的「中學成績表」；以及 1935 年 7 月 22 日，利榮森的燕京大學「入學報名書」。資料來自北京大學檔案館的燕大檔案。

84　檢視利孝和留下來的遺物，當中有一份皇仁舊生會寄給他的 1937 年度「常年報告書與賬目報告」（Annual Report and Statement of Accounts）。報告書羅列的「終生會員」（Life members）名單裏，Lee, H. W.（利孝和）和 Lee, R. C.（利銘澤）都在其中。所以利孝和出洋留學前，應曾在皇仁的高小部短暫待過一段時間。

85　早年香港的官立學校雖有中文課，卻往往每週僅數小時，私立英校基本上也是如此，所以學子的中文水準日漸低落。

86　即區大典之弟。清光緒二十九年（1903 年）時，兄弟倆曾同榜高中進士。

87　馮平山也是漢文中學創校當年的校董（1926-1927）。另三位校董是曹善允、尹文楷及李亦枚（漢文中學，1928: 68）。

88　馮秉芬、馮秉華兄弟及同班同學李幼成，當年都順利升讀香港大學，可見該校的學術程度不凡。

89　見燕京大學 1935 至 1936 年度的教職員名單，北京大學檔案館檔案編號：YJ35009 (35-36)。

90　見 1935 年 7 月 22 日，利榮森的燕京大學「入學報名書」。

91   利榮森的燕大學號為 35165。見他在燕京大學法學院的「學生成績簿」。

92   見燕京大學 1935 至 1936 年度的學生名單，北京大學檔案館檔案編號：YJ35009 (35-36)。

◎ 利家姊妹
後排左起：利舜賢、利舜豪、利舜英、利舜棻
前排左起：利舜儀、利舜娥

09

走入抗戰

在我的小小世界裏，晚餐都是從員工廚房送來辦公室，而送飯時間總是在下午五點。如果當天天氣晴朗，空襲警報就會在我還沒來得及用膳前響起。此時我就得匆匆離去，衝進停候在建築物外的一輛車內，讓司機載我到一處僅供蔣夫人等極少數人專用的防空避難所。[1] 除了蔣夫人，端納〔William Henry Donald〕偶爾也在，〔蔣介石〕大元帥[2]則是還在他處忙碌著。可憐的重慶，空襲下頓成一片火海，場面震撼。對我來說，慶幸的是，火海總在遠處。[3]

—— 利舜英，*Running with the Tiger*，1939 至 1940 年間在重慶，作者中譯

1937 年七七事變後，日本全面侵華，中國軍民隨即陷入一場長達八年的艱苦抗戰。不過當時歐陸戰事仍未爆發，日本侵華並非歐美眼中的二戰起點，對這場殘酷卻遙遠的戰禍缺乏關注。而日本方面，在挑起太平洋戰爭前，亦無須同時與英美兩國在東南亞及太平洋鏖戰。所以抗戰前期，英美基本上隔岸觀火，日本也暫時不去招惹英美，其結果，就是孤懸華南的英殖香港，竟在 1941 年 12 月前恍如亂世淨土，與上海租界一樣不受戰火波及。然而對香港的利家來說，第三代的利希慎子女中，早有人主動走入抗戰，自 1930 年代起，就已經和中國大地的命運交融。

❖　「孤島」上海　❖

1937 年 9 月 15 日，即七七事變後兩個多月，利舜華出嫁，地點就在香港利園。[4] 黃蘭芳的長女利寶瓊，未足一歲即早夭，所以容貌出眾、性格內斂的二女利舜華，對她來說就是長女，寵愛有加，自然也格外重視其婚事。女婿鄭觀成系出名門，是家住上海的洋捲煙銷售大亨鄭伯昭第三子，曾留學英國的劍橋大學。[5]

鄭家宅邸位於上海公共租界內的極司非爾路（Jessfield Road，今萬航渡路）4 號及 6 號。[6] 這裏是極司非爾路與愚園路交會的路口位置，鄰近靜安古寺和夜夜笙歌的百樂門大舞廳（The Paramount）。此區曾是上海的「貴族區」，今屬靜安區一帶，上海最早的現代有軌電車路線，就是從 1908 年開始，由靜安寺運行至外灘。不過鄭、利兩家聯姻時的 1937 年 9 月，上海正值淞滬會戰，[7] 國軍與日軍就在蘇州河[8] 以北的上海市區內激戰數月。鄭宅落在公共租界內，而公共租界是由當時「中立」的英美兩國軍隊駐守，所以暫不受戰火波及。不過據說日軍的流彈，也曾擊中鄭家宅邸（黎細玲，2014b: 319）。鄭、利兩家倒也不是刻意挑一個戰火紛飛的日子聯姻，這椿婚事早在七七事變前的 6 月份，其實已經敲定，只是雙方都沒料到戰禍這麼快就降臨。[9]

黃蘭芳為利舜華費心安排的這門親事，可謂門當戶對。親家鄭伯昭也是廣東人，1861 年生於香山縣（今中山市），少年時代就到上海的中西書院學習英語。據說

◎ 1937 年，利舜華與鄭觀成婚禮合照。

鄭伯昭營商極為精明，其發跡之路，始於上海的一家粵商公司永泰棧。永泰棧經銷菲律賓雪茄，兼營英美煙公司（British American Tobacco Company）的香煙。鄭伯昭由職員升任永泰棧經理後，成功讓英美煙公司生產的數種香煙都在江浙滬熱賣，於是 1912 年，英美煙公司索性將大英牌香煙[10]在華的經銷權全交給他，讓他得以迅速積累財富。1919 年，鄭伯昭自立門戶，獨資創辦了永泰和煙行，將英美煙公司的經銷權也從永泰棧帶走，接著又憑過人的營銷手段，逐一擊敗其他的煙草公司。1921 年，英美煙公司入股永泰和煙行，煙行也改組為「永泰和煙草股份有限公司」，由鄭伯昭出任董事長兼總經理，負責重建整個銷售網絡。此後鄭伯昭的洋捲煙生意進一步擴大，在全國的 40 多個大中城市擁有經銷點。1925 年五卅運動後，中國國內特別是上海的反帝國主義情緒高漲，本土的華商捲煙廠激增。鄭伯昭於是又設法打擊，最終將大多數的華商捲煙廠成功擠出市場（黎細玲，2014b）。

除了經銷洋捲煙，鄭伯昭從 1920 年代開始，也在上海投資電影院，這與 1930 年代利家在香港嘗試過的投資方向類似。電影的製作、放映，在上海可謂時髦的新興行業，當時利潤可期。上海既是中國電影的發祥地，也是電影院最先登場的中國城市，早在 1908 至 1910 年間，就有三家電影院在今天的虹口區先後冒現，卻全是由西人開辦。鄭伯昭的奧迪安大戲院，正是首家由中國人自己開辦的電影院，地點也在今上海的虹口區內。這家奧迪安大戲院一如香港的利舞臺，也是建築豪華、設備先進，惜在 1932 年日本挑起的上海一二八事變中，毀於炮火（上海通志館等，2020）。1930 年，鄭伯昭在上海的寧波路又開了一家新光大戲院，比奧迪安大戲院的投資更大，建築物至今猶存。

鄭伯昭重視子女教育，次子鄭觀昌、三子鄭觀成、四子鄭觀同在上海青年會中學畢業後，都被他送往英國的劍橋大學（黎細玲，2014b: 319）。而他崛起為滬上富豪後，也開始涉足房地產（張秀莉，2010: 80）。由於外國人不能在租界以外購地，鄭伯昭身為英美煙公司的大買辦，早在 1920 年代就以宏安地產公司之名，出面為英美煙公司在租界外置產。[11]鄭伯昭也在此過程中，跟著投資房地產，物業漸多後，就為自己在香港註冊了一個「昌業地產公司」，由四子鄭觀同掌管（張秀莉，2010: 80-81）。

◎ 利舜華與丈夫鄭觀成

1937 年 7 月，日軍全面侵華，時局混沌，鄭伯昭似已開始思考資金的可能退路，利用香港再作部署。所以 1937 年 11 月 13 日，亦即上海淪陷翌日，鄭伯昭就和親家聯手在香港註冊成立「南華置業有限公司」（Southern Investment Co. Ltd.）。資料顯示，公司發起人是鄭伯昭和利榮根（利孝和），資本額 50 萬港元，地址則是皇后大道中 202 號，亦即利家的禮昌隆商號所在。公司的股東主要是鄭家男性成員（鄭伯昭、鄭觀柱、鄭觀昌、鄭觀成、鄭觀同）及昌業地產公司，董事則是鄭伯昭、黃以聰、[12] 鄭觀柱、鄭觀昌、鄭觀同、利銘澤、利榮根（上海社會科學院經濟研究所，1983: 85）。由這家公司的股權結構來看，利家人並未直接參股，但卻樂於施援，為鄭家出面擔任公司董事。

1939 年 6 月，有鑑於戰禍不止，鄭家再度請利孝和協助，在香港註冊成立一家幾乎百分百由鄭家人持有的投資公司，[13] 可見鄭家已決定將資產加速轉移至境外。這家 General Investment Company，據利孝和戰後與徐鏡波通信時透露，是「純粹為投資股票而設」，不作其他用途。[14] 而與南華置業公司的股權分配不同的是，這回鄭伯昭是不論男女，一律給他的六子六女各分派 80 股，他本人和利孝和則只是象徵性地持有 10 股。[15] 無論如何，鄭伯昭仍請利孝和出面當個公司董事。事實上，二戰結束後的 1948 年，利孝和就連這 10 股也轉讓給鄭家子孫共享的「鄭永慶堂」，亦不再擔任公司董事，讓它成為一家純粹的鄭氏家族企業。[16]

鄭、利兩家不僅在商場上互助，抗戰前期也往來甚密。上海這個當時最國際化、匯聚最多資源的中國城市，無疑是連接兩家的樞紐。中國各大城市的發展直到 1920 年代，仍在地理分佈上相對均衡。當時北有奉天（瀋陽）、天津、北平，中有上海、南京、漢口，南有廣州，各領風騷。不過 1930 年代起，隨著日軍步步進逼，各大城市相繼陷落，上海遂呈獨大之勢。尤其自 1937 年底上海陷落到 1941 年底太平洋戰爭爆發前的整整四年間，公共租界內蘇州河以南的區域 [17] 及法租界，成了被日佔區和 1940 年後汪精衛政權之轄區包圍的「孤島」，孤島內外，截然有別。孤島之內，公共租界及法租界仍歸工部局及公董局分別管轄，既無戰事，工業生產也不受影響，又能維持自由的對外交通與貿易，自然吸引了大量戰時資金、富豪與各行各業的精英湧入。所以上海租界的孤島時期，反而弔詭地享受著抗戰時的畸形繁榮。上海租界的歷史起點，與香港相近，[18] 工部局（Shanghai

Municipal Council）的管治模式，也與港英政府類似，所以孤島上海的璀璨，雖令香港失色，兩地在此刻卻靠得更近，人員的流動也更加頻繁。

鄭家與利家的互動，正是如此。1939 年 4 月，已經遠嫁上海的利舜華的胞妹利舜賢，就曾搭郵輪北上，到上海租界內的姐夫家暫住，一住數月。期間她與不少上海名流茶敘、飯敘、看電影，或到當地的高級舞廳如百樂門、仙樂（Ciro's）和大都會（Metropole）等同歡共舞，[19] 享受著抗日烽火下難得的安逸歲月。[20] 1940 年 6 月，利舜華誕下獨子鄭漢銘後，黃蘭芳又曾託二房的張門喜代她奔滬，到女兒家中去幫忙照顧外孫（Sperry, 2009: 120-121）。

由利舜賢旅滬時給胞兄利孝和寫的家書可見，鄭、利兩家與「火柴大王」劉鴻生的家族都交往甚密，劉念義夫婦尤其熱情款待過利舜賢。大家長劉鴻生當時不在上海，因為他早在淞滬會戰後的 1938 年 6 月，就已先撤到香港避戰。劉鴻生把國內的企業交給留滬的弟弟劉吉生和長子劉念仁、次子劉念義打理，自己則是在二戰結束後的 1945 年 10 月才返滬。而避居香港期間，劉鴻生為了分散企業的戰時風險，還特地在離島的坪洲開辦大中國火柴廠（Lo, 2018）。他把一眾子女都分別送往美、英、日三國留學，顯然也是出於「分散家族風險」的考量（Wong, 1988: 75）。次子劉念義留英，與鄭觀成同是劍橋大學校友，而他 1931 年赴英深造時，利孝和仍在英倫。[21] 三人是否英倫舊識，不得而知，但看來交誼甚厚。此外，鄭觀成與利銘澤年齡相近，[22] 鄭觀成留學劍橋時，或已認識當年一度活躍的留學生領袖利銘澤。

利舜賢的上海家書裏，還特別提到了黃寶熙。這位曾經在巴黎大學人類學系肄業的上海文化人，後來也去了香港，當過多年的太古洋行船務買辦，又成為敏求精舍一員，以豐富的古籍善本和書畫收藏知名。總之，上海的名流們對利家似乎並不陌生，也都樂與利家人親近，且大多熟悉利孝和，至少在上海的粵商圈子內如是。譬如有一回，利舜賢在百樂門大舞廳內經人介紹，初識某位蔡先生（Mr. Choy），此君立即追問她是否利孝和之妹？蔡先生還恭維說，利孝和名聲響亮，所以利孝和之妹，想必亦非等閒之輩。[23] 利孝和與中國友人在 1930 年代的通信也顯示，利孝和當時或許常在香港、廣州灣及上海三地之間走動。[24] 不過利孝和

的商業網絡與先父類似，主要還是靠英、法兩國的殖民地及在華租界串成，規模卻已不及利希慎時代。

❖   初涉影業   ❖

1930 年代下半，利家雖仍未恢復盛勢，卻已算安渡危機，乃意圖再起。糾葛甚多的鴉片買賣，已經隨利希慎身故而逝，來自物業的租金及利舞臺的利潤，則堪稱穩定，[25] 惟利園山還是缺乏資金開發。利園遊樂場本就是利希慎「移山」前的過渡性安排，如今遊樂場風潮已過，利潤更低，利家若要重振利園山，就必須摸索新的路向。

利園遊樂場曾是香港四大名園之首，有所謂「遊樂之場，所在多有，箇中翹楚，首推利園」的讚譽（馬鉅濤，1926: 68）。不過先施百貨公司、大羅仙酒店及皇后酒店，後來都在自家的天台加設遊樂場搶客，並以女伶唱曲、短劇、大力戲、幻象表演和奇人異獸的展覽等吸引遊人。此外，全新的大眾娛樂形式——電影也逐漸興起，而利園離港島鬧區畢竟較遠，於是遊人漸失（鍾寶賢，2011: 118）。四大名園中的愉園和太白樓，其實早在 1920 年代初已停業；僻處北角的名園，則是撐到 1930 年代初也難以為繼，一度租給聯華影業公司作為攝製場地。

利家誠然意識到利園遊樂場走向沒落，卻苦於不夠資金將利園山頭剷平，只能沿著山腳零星地開發房地產項目。利園的一部份，後來終於也和名園一樣成了電影製片場，但這是利家主動轉型之舉，而溯其源，搞電影的念頭其實起於利希慎。

1930 年 5 月，黃蘭芳將香港電影業的先驅人物黎北海一狀告上法庭，要求黎北海歸還利希慎生前已經支付給他的 6,000 元。官司上報後，不少人這才意識到，原來利希慎生前已開始投資電影這個嶄新行業。[26] 報導提到 1927 年 12 月，利希慎曾與黎北海共同籌辦一家電影攝製公司。黎北海負責提供特定器材，再由公司以發行股票的方式，用 25,000 元買下這批器材。不過公司成立前夕，黎北海就要求利家先為這批器材預支 6,000 元。豈料 1928 年 4 月，利希慎遇害遽逝，電

影公司沒辦成。黃蘭芳於是要求黎北海還錢，將器材退還給他。黎北海一時手緊，就去找利希立協議，讓利家將這批器材視作保證金，待其還款時才取回。不過黎北海終未還款。黃蘭芳為此告狀討債，但雙方不久就以庭外和解了事。[27]

黎北海可謂香港電影先驅中的先驅，早在默片初起的 1909 年，就參演過短片《偷燒鴨》。1913 年，他又參與製作了首部香港電影《莊子試妻》。1923 年，黎北海和大哥黎海山、六弟黎民偉在香港創立首家華資的電影製作公司──民新製造影畫片有限公司，不過港府拒絕讓這家公司在香港設立影棚，不得已改設於廣州。1926 年省港大罷工落幕後，黎北海曾與利希慎籌辦電影公司，後因利希慎遇害而中斷。隨後他創立「香港影片公司」，而利家是否秉利希慎之遺志，繼續投資於香港影片公司，則猶待查考。黎北海顯然並未因黃蘭芳的討債官司和利家結怨，因為香港影片公司其實就設在銅鑼灣的利園內。1931 年，由該公司出品、黎北海編導兼主演的古裝默片《左慈戲曹》，正是在利園搭景拍攝，外景地則是選在柴灣（Fonoroff, 1998: 32；Zhang, 1998: 216；鍾寶賢，2011: 118）。[28] 香港影片公司還在利園內自設「養成所」來培訓演員，《左慈戲曹》的女主角許夢痕，便是由此出身。1931 年 3 月 15 日，《左慈戲曹》首映，地點更是安排在利家的利舞臺。[29]

《左慈戲曹》是在省港大罷工導致香港電影業消失數年後，[30] 第一家成立的電影公司之首部作品。它不僅標誌著香港電影業的復甦，更是當時僅見的本土大製作。據說拍攝該片所用的器物服飾，都相當考究，在利園搭建的宮殿佈景，更是力求逼真。此所以《左慈戲曹》首映時，公司敢於在報章上如此宣傳：

> 全劇為竭力摹仿漢時宮殿起見，但求神似，不惜重資，一柱之費，耗金數百，一殿之構，經時數月，以故堂皇壯麗……劇中所有地點，俱依照劇本所擬定，風景佈置，無不與古相合，廢時多日，物色妥當，始行攝演。故雖在香港九龍洋場十里之地，而漢宮荒野，無不肖極……。[31]

利希立無疑是繼利希慎之後，推動利家投資電影業的第一人。1932 年利孝和學成返港，也嗅出電影業的商機，故曾試圖擴大利家對電影業的投資，而這也是他關注娛樂行業之始。利希立向來主管利舞臺，所以和粵港兩地的粵劇名伶、劇院

老闆及演藝人員素有交往,譬如本土劇團出身的香港名演員林坤山,看來就與他交情匪淺。[32] 因為長期掌理利舞臺,利希立在粵劇界也頗有威望,1933 年就參加過太平戲院老闆源杏翹推動的聯名請願,促成港督貝璐(William Peel)批准讓男女同台演出粵劇。[33]

1930 年代是電影由默片躍升至有聲片的蛻變階段,[34] 攝製技術也日益精進,於是逐漸發展成民間娛樂的主流,不少粵劇名伶都開始參與粵語片的演出。此外,1932 年上海電影業橫遭一二八事變的戰事衝擊,開始有業界精英選擇南下,為香港電影業帶來了難得的上海資金與技術。而與此同時,港產的粵語片也開始打入南洋市場,香港電影漸成氣候。1936 年,國民政府為積極推行國語政策,宣佈要禁拍粵語片,雖然禁令最終不了了之,[35] 卻又將廣州的一批電影人才也推向英殖香港,香港的粵語製片遂盛極一時。1937 年起中國全面抗戰,既加速了上海電影人南下香港的進程,也進一步確立香港製作「國防電影」的重要性,即在尚無戰事的香港,以愛國抗日為主題,拍電影激勵中國民眾堅持抗日。[36] 總而言之,1930 年代的香港電影,因各項歷史機緣的湊合,正蓬勃發展。

1934 年,利希立窺準趨勢,創辦「利東影片公司」,[37] 聘請粵劇名伶薛覺先為主角,開拍粵語片《毒玫瑰》。與此同時,利孝和也代表利希慎置業公司,向當局申請在利園設立一間影片沖印室(film laboratory)及攝影棚,1934 年 9 月獲批。該年年底,利孝和又獲准在利園加建一間專門用來儲存電影膠卷的附屬建築。[38] 利家看來一切就緒,但影片的攝製卻不順利。據說薛覺先因聲機方面的問題,取消了他與利東影片公司的合約,而改與邵醉翁的天一影片公司[39] 另立新約,完成《毒玫瑰》的拍攝。利希立認為該劇版權應歸他所有,[40] 遂在香港和廣州兩地狀告天一公司侵權,要求十萬元的賠償,並申請扣押令,要禁止該片出口及放映。[41] 不過利希立在廣州的官司,1935 年即敗訴,香港方面則較有勝算。[42] 惟利希立於 1937 年病逝,香港的官司也難以為繼。1937 年 12 月,《毒玫瑰》終得以公映,但已距它原定的公映日 1935 年 1 月 1 日,晚了整整三年。

利希立的電影公司因版權糾紛受挫後,1935 年,曾改由薛紹榮[43] 開拍另一部粵語片《阿蘭賣豬》,攝製場地就在利園。[44] 利家也會把利園租給其他的電影公司

242

用作攝影場，譬如南粵影片公司於同年開拍的粵劇電影《梁天來告御狀》，就是將攝製地點也選在利園。[45] 總的來說，利家初涉影業，開局不佳，顯然沒有搭上 1930 年代香港電影業起飛的東風。無論如何，以粵劇演出為主的利舞臺在利家經營下，盛名不衰，可謂保住了利家在娛樂演藝事業方面的根柢。1938 年 5 月，梅蘭芳為中國抗戰籌款而率領梅劇團 120 餘人到香港演出時，地點就是選在利舞臺。[46] 1939 年，利家更投資於利舞臺內加設放映設備，開始讓利舞臺從單純的粵劇演出場所，逐漸向電影院等附加功能轉型（《粵劇大辭典》編委會，2008）。

利希立去世後，利孝和似乎重新思考了利家切入電影行業的策略。他開始傾向於憑自己的歐美人脈，直接和美國的大電影公司如二十世紀霍士（Twentieth Century Fox）及派拉蒙影業（Paramount Pictures）等接觸合作，以更有效地將美國電影引入香港和中國，而不再將重心擺在本土粵語片的製作上。不過太平洋戰爭隨後爆發，香港淪陷，利孝和也被迫離港，這個念頭只得暫擱，但他並未放棄。二戰結束後，1946 年初，即將從美國歸來的上海銀行家李銘，亦即利孝和好友施思明的岳父，就曾與幾位美國電影業的大亨接觸，商談一項宏大的投資合作計劃。利孝和顯然也打算參與，但這回又碰上中國內戰，風雲變色，計劃終究未能成事。[47]

❖ 金融與實業投資 ❖

李銘是與上海商業儲蓄銀行的陳光甫素有深交的「江浙財閥」成員，不僅當過浙江實業銀行的董事長，1928 至 1935 年間，更曾擔任過中國銀行的董事長。此外，他在銀行業的資歷深，備受尊崇，所以也當過「上海銀行同業公會」及「全國銀行業公會」的理事長。利孝和與陳光甫和上海商業儲蓄銀行的因緣，很可能都始於李銘，而談到李銘與利孝和的關係，又要溯及施肇基家族。

施肇基是留美的康奈爾大學博士，1920 年代曾長期擔任中國駐美公使，惟 1914 至 1920 及 1929 至 1932 年間，也曾兩任駐英公使。利銘澤是在 1920 年赴英留學，

1928 年新婚蜜月期間就從歐洲趕回香港奔喪，所以和施肇基沒有交集。利孝和則是恰好在 1928 至 1932 年間入讀牛津大學，與施肇基的駐英歲月基本相合。利孝和的牛津校友余世鵬，晚年為文追憶牛津往事時，就提到利孝和在擔任牛津大學中國學生會會長期間，曾邀請施肇基公使到他們的學生會餐會演講，而施肇基當天則「歷舉我國當前迫在眉睫之危機」，認真地為學子們剖析中外時局（余世鵬，1976: 139）。

施肇基與唐鈺華[48] 共育有二子四女，長子施思明和次子施棣生都畢業自劍橋大學，年歲也與利孝和相若，三人在英倫求學時就有交往。1934 年 7 月，施思明在倫敦與李銘的長女李月卿結婚，隨後赴蘇格蘭度蜜月，9 月即返國回上海從醫。兩人的婚禮是在倫敦的中國公使館內舉行，現場冠蓋雲集。[49] 男女雙方的父親，一為現任的中國駐美公使，[50] 一為中國銀行的董事長，皆顯赫人物，所以婚禮是由駐英公使郭泰祺[51] 親自主禮，三人也都先後在婚禮上致詞。[52] 利孝和後來在金融與外交領域，都曾獲這三位長輩提攜，而 1940 年利榮森之得以入職中國銀行，或許也與李銘和當時已身在中銀的施棣生有關。施棣生 1933 年自劍橋畢業後，一直在銀行界工作。1935 年，他由倫敦赴華盛頓，再陪母親搭火車橫跨美國大陸至西岸，由西岸搭船返滬。他先是為駐上海的花旗銀行工作，後入職中銀。1937 至 1940 年間，施棣生被中銀派駐香港，與利家交往更密，利孝和的妹妹們和施家女眷也常有往來。[53] 而 1946 年利孝和在紐約參與聯合國會議期間，對外通訊的代收信人，正是當時已轉到中國銀行駐紐約分行工作的施棣生。[54]

利孝和與施氏兄弟十分親近，但他是否因施家姻親李銘的引介認識陳光甫，今已難查考。可以肯定的是，上海商業儲蓄銀行的創辦人兼主事者陳光甫，器重且信任利孝和。1943 年在戰時重慶，利孝和成為陳光甫主持「中英美平準基金委員會」（Sino-British-American Currency Stabilization Board）工作時的特別助理，後又獲邀加入其上海商銀的董事會。而陳光甫與前述的駐英公使郭泰祺，則是只隔兩屆的美國賓州大學（University of Pennsylvania）校友。[55] 所以戰後初期，當利孝和以郭泰祺特別助理的身份，[56] 隨這位中國駐聯合國的常任代表出入聯合國時，就不會令人感到太過意外。

不過利孝和早在二戰前，應該就已接觸過金融業。事實上，1930 年代，利家在利孝和主導下，似乎已建立起一套聚焦於粵桂兩省的金融網絡，以本土銀行的形式經營，惟商號不詳。利家可以藉此放貸、集資，而網絡的主要據點，就是英屬香港及法國在華的租借地廣州灣（今湛江）。從零星的資料推敲，這套金融網絡的雛形，應是源於利希慎在 1920 年代的鴉片生意。鴉片買賣對資金的需求甚大，而利希慎後期主要就是從法屬印度支那的西貢和廣州灣進口鴉片。1930 年代，這間利家主導的金融機構，似已在廣州灣頗具規模，利樹源也曾親自前往坐鎮。[57] 由於利孝和自英倫返港後，就掌管利家財務，該機構的主管也要向他請示，可算是其金融歷練之始。廣州灣也是香港富商許愛周早年成長、發跡之地，而資料顯示，他也曾向這家機構貸過款。[58]

金融業務以外，利家在資金已相對充裕的 1930 年代末，也開始投資輕工業。利銘澤愛做實事，不尚虛華，所以對真正能創造價值的「實業」，特別執著。1934 至 1937 年間，他全心投入海南島的開荒墾牧事業，就是這種價值觀的體現。在他主導下，利家於 1939 年 8 月創辦了國光製漆有限公司（Duro Paint Manufacturing Co. Ltd.），廠址就設在北角的馬寶道 1 號，生產油漆、磁漆、真漆和清漆（paints, enamels, lacquers, varnishes）。國光製漆的股權結構，是由利希慎置業公司佔大股，其他股東還有杜益謙、梁孟齊、馮作霖等人。利銘澤、利孝和、利榮森三兄弟也以個人名義持股，但股數都不多。至於公司董事，直到日佔時期，仍只有杜益謙、利銘澤、馮作霖三人。二戰結束後，利孝和加入董事局，顯示利家已全面主導國光製漆。[59] 利家人在香港淪陷之初，大多即離港避禍，但國光製漆在大總管徐鏡波主持下，日據時仍繼續生產，遂能在戰後香港百廢待興之際，就為利家貢獻難得的可觀利潤。[60]

❖　抗戰前期的利家身影　❖

抗戰爆發後至 1941 年底香港淪陷前，利孝和基本上都在香港，既當執業大律師，也主持家族企業。不過利榮森、利銘澤和利舜英因緣際會，皆已相繼走入抗戰。

利榮森自 1935 年秋入讀北平燕京大學的經濟學系後，轉眼兩年。1937 年夏，他一如往年返港度假，但北平城外，日軍卻在 7 月 7 日挑起盧溝橋事變，緊接著大軍開動，迅速侵佔了北平及華北多地。於是燕京大學轉眼就成了淪陷區內的大學。此後北平市內的國立大學如北大、清華等，為免遭到日軍控制和利用，紛紛內遷，惟燕京大學因其「外籍」身份，有恃無恐，選擇留在北平。燕大是由美國教會一手操辦及資助的大學，而日美兩國當時仍未因珍珠港事件開戰，並非交戰國，校長可徒雷登（John Leighton Stuart）[61] 於是在校園內升起美國國旗，續留北平 [62] 辦學，盼能為華北的學子保留一處清淨求學之所（宋春丹，2019）。不過利榮森顯然不願踏入日佔區，1937 年 9 月遂從香港給燕大法學院的院長兼經濟學系主任陳其田教授 [63] 發去電報，央其撰寫推薦函並申請在學成績，計劃轉讀英國的大學。[64] 不過也許因為戰亂，諸事難定亦難辦，留英之事未成。值得一提的是，陳其田的推薦函雖僅寥寥數語，卻突出了利榮森「個性開朗、英文甚佳」的特質。[65]

利榮森既希望完成他在中國未竟的大學學業，又不願踏入日佔區，只得無奈捨棄湖光塔影的北平燕園，轉赴成都。1937 年 10 月 20 日，他和燕大同學老洪澤由香港輾轉抵達成都，[66] 八天後，就開始在國立四川大學這個位於抗戰大後方的大學寄讀。[67] 所謂寄讀，是指利榮森的學籍仍歸燕大，但可以在獲得法學院院長陳其田批准後，於川大修習和燕大經濟學系相對應的課程。隨後川大方面會直接向燕大註冊課報告他的成績，「照章核算承認學分」。[68] 不過陳其田雖在 1937 及 1938 年兩度批准利榮森和老洪澤寄讀川大的申請，卻也明言希望他倆「返校續課，不然須各辦理轉學手續」。[69] 結果利榮森在川大的政治經濟學系一待兩年，因寄讀時間過長，不得不正式轉學至川大。1939 年 6 月，利榮森終以優異的成績從川大畢業，獲頒政治經濟學士學位。[70]

與利榮森約略同期在燕大求學的藝文同好中，胡惠春是於 1937 年夏完成學業，但其父胡筆江 [71] 第二年就在搭機出行時，遭日軍的戰機擊落身亡，胡惠春不得不倉促接掌父親創辦的中南銀行。王世襄只比利榮森大上一屆，七七事變後，他選擇留在日佔區，在燕大完成本科及碩士課程，1941 年碩士畢業。而比利榮森小一屆的宋淇，則是在七七事變後先去了上海避戰，不幸又在上海遭遇淞滬會

戰，只好離滬，翌年才途經香港回到上海租界內的光華大學（今華東師範大學）英文系借讀。不過有別於利榮森，宋淇在 1939 年選擇重回日佔區內的燕大上課，1940 年自燕大的西語系畢業，還留校擔任助教。燕大的寧靜，未幾結束。1941 年 12 月 8 日，日本偷襲珍珠港並對美宣戰後，[72] 日軍就公然進入燕園，將所有美籍教職員扣為戰俘，更逮捕了十餘位中國師生。當時人在天津出差的校長司徒雷登，也隨即被捕。燕大被封，燕園成了日軍的療養院，學生們則四處流散（宋春丹，2019）。1942 年 10 月，燕大終於也選在大後方的成都復課，但此時此刻，利榮森早已不在成都。

川大畢業後，世家之子利榮森不圖安逸，而是選擇為戰亂中的中國效力。1940 年，他加入中國銀行，在中銀總管理處轄下的國外部工作。[73] 中銀的國外部和信託部在抗戰爆發後，都已遷到英殖香港辦公，而主管這兩個部門的經理貝祖詒，亦由上海南下香港坐鎮，並在 1938 年升任中銀副總經理。所以利榮森初入中銀時，辦公的地點就在香港，上司即貝祖詒。貝祖詒是著名建築師貝聿銘之父，貝、利兩家後來亦成世交。1941 年底日軍攻佔香港後，中銀的駐港人員，包括貝祖詒和利榮森，又被迫遷往重慶，開展另一段更為艱辛的抗戰歲月。

而說到戰時重慶，利銘澤其實比四弟利榮森到得更早。1937 年底，利銘澤不得不擱下他已經營有成的海南農場，抱憾回到香港。利銘澤行前，將農場託人代管，原以為只是戰時暫別，沒想竟是再會無期。[74] 他真誠地希望為中國抗戰出力，而國府亟需用人之際，想必也不願錯失這位牛津大學畢業的才俊。不過利銘澤在英倫的舊識劉紀文，抗戰時已經失勢，未獲蔣介石重用。[75] 本時期利銘澤在國民政府官場內的聯繫，主要應是其牛津舊識錢昌照。錢昌照在 1930 年代末時，已官至國府資源委員會的副秘書長／副主委，正在蔣介石麾下工作。

資源委員會的前身是國防設計委員會，1932 年 11 月成立，乃蔣介石為了統籌對日作戰前的富國強兵規劃而設，其構想正是來自時任教育部次長的錢昌照。委員會的秘書長翁文灝當時人在北平，所以在南京坐鎮的副秘書長錢昌照，才是主事者。[76] 1935 年，國防設計委員會易名為資源委員會，錢昌照仍任副秘書長。1937 年抗戰爆發，錢昌照又建議蔣介石將上海及其周邊的主要工業設備遷

往內地,獲蔣同意,而他也參與了內遷方案的擬定,可見其深受器重(錢昌照,1998)。1938 年國府部會重組並成立經濟部,翁文灝出任經濟部長兼資源委員會主委,資源委員會遂與經濟部這個超級大部綑綁在一起,影響力大增。此外,錢昌照和手握國營銀行資源的宋子文關係甚密,而這都意味著錢昌照在戰時中國,掌握了大量國家資源的分配權。[77]

1938 至 1941 年間,利銘澤主要正是負責具壟斷性質的國企「中國茶葉公司」。不過中茶公司雖是由實業部(改組前的經濟部)催生,當時已直屬孔祥熙主導的財政部,不歸經濟部管。利銘澤曾擔任中茶公司的採購部經理與顧問,為此經常要往返香港、重慶兩地,黃瑤璧則留在香港。另據利德蕙指出,利銘澤後來還肩負一項分銷食鹽的任務,要幫忙解決戰時中國因某些內陸地區缺鹽(缺碘),導致居民普遍出現甲狀腺腫大的問題,惟工作細節不詳(2011: 79)。另一方面,這幾年也是利銘澤夫婦的三個孩子——利志翀、利德蓉和利德蕙接連誕生之時,所以利銘澤縱使忙碌,仍盡量抽時間留在香港。1940 年,他甚至當選中國工程師協會的香港分會會長,任內積極安排香港的工程師們去參觀過不少本地工廠和公司(ibid.: 78-79)。

現代戰爭極其消耗資源,燒錢甚速。國府財政上本就匱乏,如果要用空間換時間來熬過一場漫長的對日消耗戰,就必須將國內的農產、礦產、林產等資源都盡量整合,賣出國外,以換取寶貴的外匯來購買武器等戰備品。這方面的工作既需專賣機構,也要有嫻熟外事的商貿人才配合。中國茶葉公司正是這一類戰時機構。不過 1937 年 5 月中茶公司初創時,原屬官民合辦性質,總辦事處設在上海。公司的章程載明,這是一家由「中央政府和產茶省政府與私人茶商合辦的股份有限公司」。「中央政府」在這裏具體是指實業部,「產茶省政府」說的則是安徽、湖南、湖北、浙江、江西、福建這六個省政府。公司的董事會設董事 19 人,當中官股代表就佔了絕對多數的 10 人。其時抗戰烽火未起,公司的宗旨相對單純,旨在提高茶產業的整體品質,以拓展貿易、復興茶業。[78] 總經理壽景偉是美國哥倫比亞大學的經濟學博士,既曾任實業部的國際貿易局副局長,又當過經濟部的商業司長(1938-1939),[79] 所以和錢昌照是部門同事。他倆俱為熟悉國際政經的學者型少壯官僚,也都和利銘澤一樣,擁有留學歐美的經歷背景。

中國全面對日作戰後，因應國家需要，中茶公司的性質隨即改變。1938 年 6 月，國民政府頒佈《管理全國茶葉出口貿易辦法大綱》，對全國茶葉實行統購統銷政策。1939 年 6 月，行政院長孔祥熙又下令將茶葉的生產、收購、運輸和對外銷售（或易貨）等業務，全部交由中茶公司辦理。中茶公司一變而為國營性質的壟斷機構，民股退出，總部也撤到了重慶。結果全國茶葉在官方統購統銷下，1938 年的出口量即高達 4.16 萬噸，「躍升農產品出口第一位」，為國家賺取大量外匯，[80] 可見利銘澤的工作意義重大。

除了中茶公司，利銘澤在太平洋戰爭前夕，也開始和廣東一帶的抗日游擊隊建立聯繫，並結識中共在粵港的重要領導人廖承志，成為一生摯友。廖承志乃廖仲愷、何香凝夫婦之子，家族與香港淵源深厚，自 1938 年日軍攻佔廣州後，就以在香港活動為主。他在國共合作抗日的框架下，既在港設立「八路軍駐港辦事處」以募集海外捐給中共的物資、藥品、款項，組織華僑回鄉服務團，也協助東江地區建立抗日游擊隊，此即東江縱隊之始。此外，1938 年 6 月，廖承志還協助宋慶齡在香港成立了「保衛中國同盟」（China Defence League）這個國際救援團體，由宋慶齡親任主席，廖承志則擔任秘書長。

宋慶齡是在 1937 年底上海淪陷後，就來到香港，寓居於二弟宋子良在港島干德道 11 號的一棟小洋房裏。保盟不僅是在這棟洋房的客廳裏成立，初期也在此進行活動（陳成漢，2017: 52）。1938 年 6 月，美國名記者斯諾（Edgar Snow）依據他在陝北中共根據地所作採訪完成《西行漫記》（*Red Star Over China*）一書後，也來到了宋慶齡的這處寓所，和宋慶齡商議開展「工業合作運動」事宜。[81] 斯諾在香港逗留至同年 11 月，隨後數年內還兩度重訪香港，而利銘澤極有可能就是在這段日子裏，結識宋慶齡與斯諾。利銘澤和斯諾尤其友好，據何銘思口述，戰後斯諾每到香港辦事，都會借用利銘澤的辦公室（利德蕙，2011: 96）。

保盟成立初期，利孝和的牛津同窗約翰・利寧（John Leaning）曾經負責過保盟的宣傳工作，並為保盟編輯英文通訊。利寧本身是英國人，思想左傾，同情中國。事實上，早在利寧來港前，他與斯諾就在北平合編過一本名叫 *Democracy* 的英文月刊。1938 年某日，利寧帶著利舜英去干德道 11 號參加了一場保盟的會

議，會上眾人談論中共在延安取得的成就，讓利舜英印象深刻（Chan, 2009: 18;
Sperry, 2009: 85）。而隨著日軍攻城掠地、中方戰況不斷惡化，利舜英就更加希
望能為抗戰略盡綿力。[82] 於是 1939 年初，經某位友人提示，利舜英主動給時任
蔣介石顧問的澳洲人端納（William Henry Donald）去信，探詢工作機會。端納
回信說，委員長的重慶行營的確需要幫手，但他本人正在外遊，要請利舜英稍等，
歸來後再聯繫。此時中國紅十字會轄下「救護總隊」（Medical Relief Corps）的
隊長林可勝，恰好過境香港，宿於香港大酒店。利舜英和林可勝聯繫上，毛遂自
薦，遂獲林可勝邀她前往救護總隊在貴陽的總部當秘書。不過直到此刻，利舜英
仍以為她服務的對象是中國紅十字會，並未意識到她其實是要替條件更艱苦的救
護總隊工作。

林可勝出身新加坡望族，是新加坡著名僑領及前廈門大學校長林文慶的長子，八
歲時就被父親送往蘇格蘭留學。林可勝後來不負父望，考進林文慶的母校愛丁堡
大學醫學院，[83] 獲生理學博士學位。1924 年，林可勝為履行某項獎學金的交換
條件，赴北平的協和醫學院任訪問教授，從此走入中國的醫療衛生事業。1938
年春，基於戰地救護的迫切需要，他在漢口成立救護總隊，作為中國紅十字會轄
下專責軍事救護的機構。救護總隊其實是國民政府和紅十字會妥協的產物，形式
上雖隸屬於民間的紅十字會，在實際運作及資源調配上，卻是已經和國民政府的
衛生署及軍醫部門結合（張建球，2001）。

1939 年 3 月，利舜英匆匆收拾行裝，按照指示，前往貴陽。她先是搭一艘法國
船航往法屬印度支那的海防市，再隨已在海防市等候的香港醫生拖拔（Harry
Talbot）率領的卡車隊，由陸路穿過中越邊境的同登（Đồng Đăng）到廣西省的
南寧。然後於夜色掩護下，卡車隊再從南寧開抵貴州省的貴陽。其時廣西以東，
不少城市都已陷落，所以車隊若在白天趕路，很可能就會遭日軍戰機俯衝而過，
一陣低空掃射（Sperry, 2009: 87-92）。事實上，這一條由香港經越南往返中國
西南大後方的路線，在 1940 年 6 月巴黎陷落、法國維希傀儡政權建立前，不僅
利舜英走過，1938 年夏從四川大學返港度假的利榮森也走過，只不過利榮森兜
的圈子更大，是先由成都前往昆明，再從昆明搭火車到河內，然後由海防搭
船返港。[84]

1939 年時的救護總隊，已經將總部由漢口後撤到貴陽近郊的圖雲關。利舜英直到卡車隊伍抵達圖雲關，才驚覺自己原來是要為救護總隊工作，而非中國紅十字會。當時這個貴陽山區內的圖雲關總部，房舍簡陋，生活條件艱苦，各建築物之間的路徑，下雨即成泥濘，屋頂則必定漏水。利舜英棲身的宿舍，初來乍到時，也還沒有電力供應。不過這位原本可以安居於香港堅尼地道大屋的世家之女，卻甘於接受挑戰，在此認真工作，並與八方而來的國內外同事相處融洽。[85] 林可勝在得知利舜英會速記後，就將她從總務室調來當自己的秘書，1939 年 9 月赴重慶開會時，也帶她隨行。身在重慶的端納，於是藉機找她碰了面，邀她為自己工作。利舜英與端納一見如故，很聊得來，於是兩個月後，她就從貴陽轉到重慶工作（ibid.: 93-112）。

端納是中國現代史上一位形象隱晦的傳奇人物，曾先後擔任過孫中山、張學良和蔣介石與宋美齡夫婦的私人顧問，在歷史的幕前幕後若隱若現。端納是記者出身，早年曾任職於香港的《德臣西報》（The China Mail），辛亥革命前就來到中國，在風雲變幻之際結識革命黨領袖，開啟了他和中國各路政治人物的深刻互動，尤其是 1920 年代的張學良。1933 年張學良下野後，端納曾陪伴他遊歷歐洲，1934 年初隨他回到中國，又被蔣介石聘為顧問。1936 年 12 月，張學良發動西安事變，端納應宋美齡所請，赴西安斡旋，後又陪宋子文、宋美齡兄妹到西安談判，終於讓事件和平落幕。蔣介石夫婦從此對他更加信任。

利舜英在重慶的秘書任務之一，是協助宋美齡處理她口授的私人英文書信。《宋氏三姐妹》一書的作者項美麗，1939 年 12 月在重慶採訪宋美齡時，曾對宋美齡身旁的這位香港女子感到好奇，利舜英卻是一貫低調地閃避項美麗（ibid.: 113-115）。而她在重慶的這段日子，恰是重慶作為陪都，遭日本軍機最頻密地轟炸之時。一旦冬季的濃霧消散，日本轟炸機就會在夏日的萬里晴空裏，接踵而至，狂轟濫炸，誓要以此摧毀國民政府和民眾的抗戰意志，而重慶當局起初還無法對這類空襲作有效防禦。利舜英回憶道：

> 在我的小小世界裏，晚餐都是從員工廚房送來辦公室，而送飯時間總是在下午五點。如果當天天氣晴朗，空襲警報就會在我還沒來得及用膳前響起。

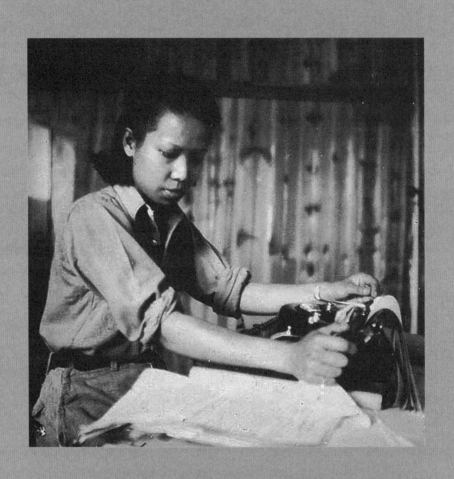

◎ 1939 年在救護總隊工作的利舜英

此時我就得匆匆離去，衝進停候在建築物外的一輛車內，讓司機載我到一處僅供蔣夫人等極少數人專用的防空避難所。除了蔣夫人，端納〔William Henry Donald〕偶爾也在，〔蔣介石〕大元帥則是還在他處忙碌著。可憐的重慶，空襲下頓成一片火海，場面震撼。對我來說，慶幸的是，火海總在遠處。(ibid.: 115，作者中譯)

重慶行營既壓抑又缺乏社交、缺乏運動的工作環境，讓利舜英自覺如籠中之鳥，身體日漸消瘦。端納眼見不妙，就幫她安排了一個機位，讓她飛回香港稍事休養。1940 年 2 月，端納本人也陪著剛動完手術需要靜養的宋美齡來到香港。端納藉機去利家的堅尼地道大屋探望了利舜英，也見過其妹利舜琹和母親張門喜；宋美齡則是去見大姐宋靄齡，住在其沙宣道家中。宋慶齡知道妹妹來了，也從干德道 11 號搬到沙宣道暫住。宋家三姐妹於是極難得地擺脫戰時紛擾，在香港重聚六週。

1940 年 3 月 30 日，汪精衛在南京建立汪偽政權。4 月 1 日晚，宋氏三姐妹為了宣示全民團結抗日，又罕見地同行，由香港的啟德機場搭乘國府專機，一道飛往重慶活動宣傳。小秘書利舜英也在這趟歷史性的航班上，身為隨員，默默坐在偌大專機內的機尾位置，返回重慶（Hahn, 1941: 307-310; Sperry, 2009: 117-118）。但利舜英終究沒能在重慶久留。1940 年 7 至 8 月間，端納因與蔣介石意見不和，辭職離開中國。隨後他從香港出發，駕艇環遊太平洋諸島，利舜英以其私人秘書的身份隨行。1941 年底，太平洋戰爭爆發，國際局勢再度驟變。宋美齡急電端納，希望他能重回中國助戰。端納帶著利舜英返航途經菲律賓時，卻被日軍丟進了集中營。

注釋

1　利舜英時任蔣介石夫人宋美齡的秘書，詳情下述。

2　指 1937 年七七事變後，國民政府於 8 月 12 日成立國防最高會議，並推舉軍事委員會委員長蔣介石為「中華民國陸海空軍大元帥」，以統領三軍、對日抗戰，英文文獻則以 Generalissimo 稱之。

3　這段文字的原文是：In my little world, supper was brought up to the office from the staff kitchen. It was always at 5 p.m. On clear days even before I could start eating, the air-raid alarm would sound. I would make a quick exit to a waiting car where I was driven to a very exclusive shelter where Madame [Madame Chiang Kai-shek] went, and sometimes Don [William Henry Donald], but the Gissimo [Generalissimo Chiang Kai-shek] was busy elsewhere. Poor Chungking would be in Flames, making an awesome display, always, thankfully, in the distance. (Sperry, 2009: 115)

4　見 1937 年 11 月 10 日，溫哥華的 William Watson-Armstrong 致香港的黃蘭芳函。

5　鄭伯昭娶妻黃氏、妾劉氏，有文章提到他共育有六子四女（黎細玲，2014b: 319），但從鄭氏家族企業 General Investment Company 的股權分配來看，鄭伯昭應有六子六女。見 Annual Return of the General Investment Co. Ltd., Hong Kong Companies Registry, 10 May 1947。

6　見 1939 年 4 月 19 日，上海的利舜賢致香港的利孝和函；以及 Annual Return of the General Investment Co. Ltd., Hong Kong Companies Registry, 10 May 1947。

7　1937 年 7 月 7 日盧溝橋事變後，日軍除了侵略華北，8 月 13 日也開始攻擊上海閘北，但卻遭遇國軍頑強抵抗，以慘烈的犧牲為代價堅守了三個月，是為淞滬會戰。11 月 12 日，國軍不支，上海陷落，淞滬會戰結束。日軍在攻佔上海後，就開始進攻首都南京。

8　淞滬會戰中的「淞」是指吳淞江，而吳淞江在上海市區內的河段，一般稱作蘇州河。

9　由 1937 年 6 月 10 日利銘澤以長兄身份代父職書寫的《復〔覆〕鄭姓文定書》來看（利銘澤，1937），可以確定鄭家在當年 6 月或更早以前，就已向利家提親。至於《納徵禮書》所署的日期，則是丁丑年八月初五日，亦即 1937 年 9 月 9 日。

10　永泰棧經銷的「大英牌」香煙，其實是美國煙，原稱「皇后牌」。1905 至 1906 年間，上海商會因抗議 1894 年的《葛禮山—楊儒條約》（Gresham-Yang Treaty）續簽，發起抵制美貨運動，皇后牌香煙遭殃，銷量大跌。鄭伯昭於是將「皇后」的牌子改成「大英」，以掩飾其美貨本質（黎細玲，2014b）。

11　英美煙公司讓鄭伯昭出面擔任宏安地產公司的董事長兼總經理，將相關物業都置於宏安地產公司名下，但留住地契，自己掌管（張秀莉，2010: 80）。

12　黃以聰是永泰和煙草公司的高級職員（上海社會科學院經濟研究所，1983: 85）。

13　該公司的註冊地址，仍是利家禮昌隆公司所在的皇后大道中 202 號。See Annual Return of the General Investment Co. Ltd., Hong Kong Companies Registry, 10 May 1947.

14　見 1946 年 9 月 1 日，巴黎的利孝和致香港的徐鏡波函：'General Investment is solely for the purpose of investing in stocks and shares... It was the intention of Mr. Cheang Pak-chew and myself to confine the activities of this company to investments and therefore on no account should the name of this company be used in connection with import or export or any other kind of trading.'

15　該公司共 1,000 股，當中 12 名鄭家子女的持股相加，就已佔了 960 股。鄭伯昭與利孝和共持有 20 股，還有 20 股是留給鄭永慶堂。鄭永慶堂應是鄭伯昭以其堂號註冊的一家公司，用以照顧鄭家後人。值得一提的是，利銘澤在這家公司裏，向來沒有持股。See Annual Return of the General Investment Co. Ltd., Hong Kong Companies Registry, 10 May 1947.

16　Annual Return of the General Investment Co. Ltd., Hong Kong Companies Registry, 3 July 1948.

17　即原上海公共租界的中區和西區。公共租界的北區和東區，自淞滬會戰爆發以來，實際上已淪為日控區，再也不是「工部局」（Shanghai Municipal Council，即自治的上海公共租界市政府）所能有效管轄的範圍。

18　上海租界（1854-1943）是中國境內開闢最早、持續最久、面積最大、管理也最完善的租界，與香港在 1841 年開埠相距不久。此外，上海公共租界的管治，向來是由英國人主導。

19　這三家名氣極大的上海高級舞廳，都是在靜安寺路（今南京路）一帶，換句話說，離鄭家宅邸甚近。

20　見 1939 年 4 月 19 日、5 月 8 日及 5 月 19 日，上海的利舜賢致香港的利孝和函。

21　劉念義在 1949 年後選擇留滬，且因為他曾親赴香港接父親劉鴻生回國，受總理周恩來接見表揚。不過劉念義的資本家身份，終究沒能讓他在文化大革命中免於迫害。1967 年 12 月 28 日，劉念義被上海縫紉機廠的造反派毒打一頓後，從高樓墜下身死（《中國民主黨派上海市地方組織誌》編纂委員會，1998）。

22　鄭觀成生於 1906 年，只比利銘澤小一歲。

23　見 1939 年 5 月 8 日，上海的利舜賢致香港的利孝和函。兩兄妹向來都以英文通信，這句利舜賢轉述的蔡先生的恭維話，是：'If there is a famous brother, there is a famous sister!'

24　例如 1937 年 11 月 24 日，上海的 B. Kan 致香港的利孝和函。B. Kan 家住「峻嶺寄廬」（Grosvenor House），而這是位於上海法租界核心區內一棟宏偉的高級公寓，住客皆為中外上流人士。

25　1929 年掀起的美國經濟大蕭條浪潮，雖曾嚴重衝擊世界經濟，香港的物業市場卻能大致維持穩定增長。這是因為日軍自 1930 年代初侵佔中國東北以來，即步步進逼，導致中國境內的不少避險資金和移民持續湧入香港，撐起了這個彈丸之地的樓市和股市（鄭宏泰、黃紹倫，2006）。

26　'Late Mr. Lee Hysan's Estate: Executrix Sues Debtor for $6,000. A Technical Error', The China Mail, 8 May 1930, p.12; 'A Project by The Late Mr. Lee Hysan Echo in the Supreme Court', Hong Kong Daily Press, 30 May 1930, p.6.

27　'A Project by The Late Mr. Lee Hysan Echo in the Supreme Court', Hong Kong Daily Press, 30 May 1930, p.6.

28　亦可見香港「星光大道」（Avenue of Stars）網頁上，有關「黎北海先生」的簡介：https://www.avenueofstars.com.hk/%e9%bb%8e%e5%8c%97%e6%b5%b7%e5%85%88%e7%94%9f/

29　該片映期三天，每天兩場。見〈影畫消息〉，《香港華字日報》，1931 年 3 月 12 日，頁 10；〈左慈戲曹〉，《工商晚報》，1931 年 3 月 14 日，頁 3。

30　省港大罷工期間，香港僅有的少數電影公司要不北遷上海（民新），要不西遷廣州（光亞），或只好無奈結業（大漢）。

31　見〈利舞臺：左慈戲曹〉，《香港華字日報》，1931 年 3 月 12 日，頁 15。

32　利家現仍保存林坤山在 1930 年代時，幾度向利希立借款的借據，可見兩人曾經相當親近。最早的一筆是在 1931 年 2 月 28 日，由林坤山親筆立下借據，向利希立借款 237.5 元。第二筆是在 1934 年 7 月 26 日，當天他又跟利希立借了 50 元。1935 年 8 月 21 日，林坤山再向利希立借款，數額仍是 50 元。

33　1933 年，源杏翹在獲悉聖士提反舊生會成功突破傳統、讓男女同場演出話劇後，也想推動男女同台表演粵劇。在他串連下，1933 年 10 月，由利舞臺的利希立、高陞戲院的呂維周及普慶戲院的陳珠三人聯署的相關請願信，就透過時任華人代表的羅旭龢及曹善允，上呈港督貝璐。1933 年 11 月，貝璐准其所請，取消了男女不得同台演出粵劇的禁令。這可是粵劇發展史上的重要一頁（夏歷，1989: 107-114）。

34　1933 年黎北海拍攝的《傻仔洞房》，就是最早期的香港有聲電影。

35　國府的粵語片禁拍令，原定於 1937 年 7 月 1 日開始實施。粵語電影界為此發起「粵語片救亡運動」，派人到南京請願，廣東省省長吳鐵城和國民黨要員孫科等也出面說項，終獲當局緩禁三年。不過 1937 年抗戰爆發，國民政府窮於應付戰事，已無暇他顧，禁拍令自然不了了之。

36　1938 年為募款而拍的抗戰電影《最後關頭》，就是由香港電影人集體編導並義務拍攝，票房極佳。

37　一說「華夏公司」，見〈香港影業大寫真〉，《總匯新報》（新加坡），1935 年 8 月 25 日，頁 7。

38　見 1934 年 9 月 10 日，香港消防隊檢測督察（Inspection Officer, Fire Brigade）J. C. FitzHenry 致消防隊總長（Chief Officer, Fire Brigate）函，標題為 'Application by Mr. H. W. Lee of the Lee Hysan Estate Co., to form a film laboratory in a detached building on I.L. 29 R.P. Lee Gardens, Wanchai'；1934 年 11 月 27 日，香港工務司署轄下建築事務監督（Building Authority, Public Works Department）C.B. Robertson 致李柯倫治建築師行函，標題為 'I.L. 29, R.P. & I.L. 457'；以及 1934 年 12 月 3 日，香港消防隊檢測督察 J. C. FitzHenry 致消防隊總長函，標題為 'Amended plan submitted by Messrs. Leigh & Orange on behalf of Mr. H. W. Lee of the Lee Hysan Estate Co., to erect a film store adjoining the film laboratory in Lee Gardens, Wanchai'。利家家藏史料。

39　天一是 1930 年代與明星、聯華並列的中國三大電影製作公司。1925 年，邵醉翁（邵仁傑）率邵氏兄弟在上海創辦天一影片公司，在香港和馬來亞都設有分部。邵醉翁即邵逸夫的長兄。

40　有資料提到《毒玫瑰》一劇的版權，原屬「和平公司新景象粵劇班」的班主馬斗南。1929 年，馬斗南將該粵劇班售予「大東公司大江東班」，而大江東班的班主就是利希立，所以利希立認為他擁有《毒玫瑰》的版權。按香港法例規定，這是不必註冊也受保護的權利。被告的天一公司則是主張，本案版權實為「白虹編劇社」所有，所以編劇者是這整個團體，並非個人。天一方面認為利希立找來替他告狀的原告歐漢扶，只是編劇之一，不能代表白虹編劇社。見〈邵醉翁擅自開拍毒玫瑰一片，利希立要求賠償損失十萬元〉，《電聲》，1935 年第 7 期；〈毒玫瑰訟案邵醉翁勝訴〉，《電聲》，1935 年第 18 期。轉引自 2018 年李鷹所撰之〈邵氏 × 版權：香港電影首例版權案〉：https://www.xuehua.us/a/5ec25e435843d6f1c6214db3?lang=zh-hk

41　同上；亦見〈香港影業大寫真〉，《總匯新報》（新加坡），1935 年 8 月 25 日，頁 7。

42　利希立在香港的官司，是由利家一貫信賴的高露雲律師行負責。天一公司方面，則是找來羅文錦當辯護律師。參考資料同上。

43　又名薛兆榮，是早年黎北海的香港影片公司在利園開設之「養成所」培訓出來的演員，與利孝和熟識。

44　見〈香港影業大寫真〉，《總匯新報》（新加坡），1935 年 8 月 25 日，頁 7。

45　同上。又，1938 年由陳公哲編寫出版的旅遊專著《香港指南》，曾如此描述利園：「……一度為遊樂場所，後以營業不振，乃局部分租與各電影公司為攝影場，一部仍為園圃，專植盆栽兼蓄水族。」（1938: 20）

46   梅劇團演出三天，頭兩天是要為中國戰時兒童保育會的香港分會籌款，第三天則是為廣東難民
救濟會籌款。見〈梅蘭芳將來港演劇〉，《工商晚報》，1938 年 4 月 25 日，頁 4；〈何東爵士樂
助戰時兒童保育會　梅蘭芳今明兩晚演劇籌欵〉，《工商晚報》，1938 年 5 月 28 日，頁 4；以及
1938 年 5 月 15 日，成都的利榮森致香港的利孝和函。

47   李銘和美國電影業大亨的合作構想，可見他本人在與對方晤談後，詳記下來的要點備忘：Li
Ming, 'Motion Picture Industry in China', 16 January 1946。利家家藏史料。

48   唐鈺華（唐金環）出身望族，是唐廷桂嫡長子唐傑臣的長女，亦即民國第一任內閣總理唐紹儀
的同族侄女。

49   出席婚禮的中外賓客中，還包括當時身在倫敦的馬來半島柔佛邦的蘇丹及蘇丹后（Sultan and
Sultana of Johore）。見 'London Chinese Wedding: Diplomat's Son Weds Banker's Daughter',
Straits Budget, 12 July 1934, p.23。

50   施肇基是於 1932 至 1937 年間，再度駐美。1935 年，中美兩國外交關係升格，施肇基亦隨即由
公使升任大使，成為中華民國的第一任駐美大使。

51   郭泰祺是於 1932 至 1941 年間駐英。1935 年，郭泰祺亦隨中英兩國的外交關係升格，由公使升任
大使，成為中華民國的第一任駐英大使。

52   'Chinese Doctor: Marriage at London Legation', *Malaya Tribune*, 8 June 1934, p.11; 'London
Chinese Wedding: Diplomat's Son Weds Banker's Daughter', *Straits Budget*, 12 July 1934, p.23; 'Diplomatic
and Official Notes: Ambassador's wife Going Home', *The Washington Times*, 12 October 1935, p.6.

53   'Ambassador's wife Going Home', *The Washington Times*, 12 October 1935, p.6; 'Deson C. Sze,
Retired from Brokerage Firm; Son of an Ambassador', *The New York Times*, 6 May 1979, p.36.

54   見 1946 年 9 月 1 日，巴黎的利孝和致香港的徐鏡波函。

55   陳光甫是 1909 年從賓州大學的沃頓商學院畢業，郭泰祺則是 1911 年自賓州大學的政治學系畢
業（北京清華學校，1917: 107 & 129）。

56   利孝和稍後的正式職稱，是「中國駐聯合國代表辦事處專門委員」。見 1946 年 6 月 20 日，中華
民國外交部致利孝和的聘函。利家家藏史料。

57   查 1934 年 2 月 28 日，廣州灣的陳閏覺致香港的利孝和函中，有「本辦房自源兄〔利樹源〕
返港之後，並未有揭出新款；至於各號之欠款，每於到期時多轉單轉息，其中或有略還多少而
已……」之句。利家家藏史料。

58   同上。陳閏覺在這封信裏，還向利孝和報告說：「許愛周自去年曾開設一間九八行〔註：即
中介行或經紀行，每促成一筆生意，就會按成交額向貨主抽佣百分之二，貨主實得百分之
九十八，故曰「九八行」〕在廣州沙基，名萬祥號，近日生意不景，對於許愛周之信用有連帶
關係，且街上謠傳甚盛，故他之信用已不如前。至於他前揭本銀行之款，應如何辦理，仍希卓
裁為盼。」

59   見 1946 年 3 月 12 日，利銘澤以國光製漆有限公司董事的身份，回覆香港公司註冊處處長函，
標題為 'Re: Notice of 12th February 1946 calling for details of Companies Regristration'；以及
昭和十九年（1944）九月二十七日，「香港占領地總督部法院」之《舊香港會社登記申請書綴
込帳》內，國光製漆有限公司的相關資料。

60   見 1946 年 7 月 24 日，香港的徐鏡波致倫敦的利榮森函。徐鏡波在信中透露，國光製漆雖持續
面對生產原料短缺的難題，公司截至 1946 年 6 月底的全年利潤，竟仍高達 105,000 港元。

61 司徒雷登自 1919 年燕京大學創校以來，就長期擔任燕大校長。1941 年底太平洋戰爭爆發、日美開戰後，身為美國人，他被日軍關押在北平整整三年多。不過 1945 年 8 月二戰甫落幕，他就回到燕大續任校長，後轉任校務長。1946 年 7 月，他獲美國總統杜魯門（Harry S. Truman）任命為駐華大使，見證了國共內戰最後的政權更迭。又，司徒雷登的父母都是美國在華傳教士，所以他生在杭州，講得一口純正的杭州話（Shaw, 1992）。

62 日軍攻佔北平後，翌年就將北平更名為北京，不過國民政府續稱北平。為行文方便，下文仍以「北平」稱呼日軍佔領下的北京。

63 陳其田（Gideon Ch'en）是福建人，早年留學英國，研究經濟。回國後，他先是在經濟部擔任專員，後於燕京大學的經濟學系任教，一待十多年。1949 年大陸遽變之際，他由天津前往香港，再從香港轉赴菲律賓的宿務（Cebu），一度屈就於當地中國中學的教職，1957 年才動身返國。見〈前燕大法學院院長陳其田由菲返祖國，在穗參觀數日昨赴北京〉，《大公報》，1957 年 6 月 24 日，頁 1。

64 見北京大學現藏之「燕京大學檔案」內，1937 年 9 月 25 日香港利榮森致北平陳其田教授的電報文。

65 'He has a pleasing personality and is good in English.' 見北京大學現藏之「燕京大學檔案」內，1937 年 9 月 30 日陳其田以燕大法學院長的身份，為計劃赴英留學的利榮森撰寫之學生身份證明兼推薦函。

66 見北京大學現藏之「燕京大學檔案」內，1937 年 10 月 30 日成都的利榮森、老洪澤致北平的燕大法學院院長陳其田函。

67 'Transcript of Record', Lee Jung Sen, National Szechuan University, October 1941. 利家家藏史料。又，國立四川大學最早可溯及清光緒二十二年（1896 年）成立的四川中西學堂。此後學校屢易校名。到了 1931 年，國立成都大學、國立成都師範大學及公立四川大學三校合併，成為國立四川大學。川大乃中國當時僅有的 13 所國立大學之一。

68 見 1938 年 6 月 14 日，陳其田就利榮森、老洪澤兩人於同年 5 月 18 日申請繼續借讀國立四川大學一事，所作批覆的內容。這封簡函現存於北京大學之「燕京大學檔案」內。

69 見 1937 年 10 月 30 日及 1938 年 5 月 18 日，利榮森、老洪澤致北平的燕大法學院院長陳其田函；以及 1938 年 6 月 14 日，陳其田批覆兩人申請的簡函。

70 見 1939 年 7 月 6 日，國立四川大學法學院頒給利榮森的大學畢業證書；以及 'Transcript of Record', Lee Jung Sen, National Szechuan University, October 1941. 由利榮森在川大兩年的成績紀錄可見，他每學期的各科平均分數，都能維持在 90 分上下。利家家藏史料。

71 胡筆江是民國著名的金融家，中南銀行創辦人之一，遇害時是中南銀行的總經理兼交通銀行董事長。

72 以夏威夷時間計，日軍是在 1941 年 12 月 7 日偷襲珍珠港。

73 見 1943 年 7 月 17 日，重慶的中國銀行副總經理貝祖詒致該行駐倫敦經理處的主任 T. Y. Lee 與 F. W. Gray 函。這封信的主旨，是向對方介紹中國銀行派駐倫敦的兩位新人員，亦即利榮森與劉本昆。

74 1949 年後，這家農場的廣袤土地，全被中共政府收歸國有（利德蕙，2011: 78）。

75 1931 年胡漢民遭蔣介石軟禁後，劉紀文曾隨汪精衛、孫科等人參加反蔣的廣州國民政府。兩派後雖和解，劉紀文已難再獲蔣介石的十足信任。劉紀文是 1932 至 1936 年間的廣州市長，但隨著 1936 年 7 月陳濟棠下台，他也轉任廣東省政府委員，由曾養甫取而代之。1937 年 2 月，劉紀文出任審計部政務次長；抗戰開始後，1938 年他又在重慶當過陪都建設計劃委員、特種考試典試委員長等職，但都已經不是要職。不過利銘澤重情義，並未疏遠劉紀文一家。1938 年前

258

後，劉紀文有女兒曾因逃避戰亂來港，獲利銘澤接待，在他家中寄住六個月之久（Wei, 2005: 126）。而 1948 至 1949 年間，當劉紀文帶著家人離開內地暫避於香港時，全家借住之所，就是利行（利德蕙，2011: 116-117）。

76　蔣介石雖掛名國防設計委員會的委員長，並不管事。

77　胡適也當過資源委員會的委員，但他對資源委員會把持國家資源及錢昌照壯大國企、壓抑民企的作法，甚不以為然。事過境遷，1954 年，胡適曾在一場演說中，提到有朋友在兩年前給他來信說道：「中國士大夫階級中，很有人認為社會主義是今日世界大勢所趨；其中許多人受了費邊社會主義的影響，還有一部份人是拉斯基〔Harold J. Laski〕的學生。但是最重要的還是在政府任職的許多官吏，他們認為中國經濟的發展只有依賴政府，靠政府直接經營的工業礦業以及其他的企業。從前持這種主張最力的，莫過於翁文灝和錢昌照，他們所辦的資源委員會，在過去二十年之中，把持了中國的工業礦業，對於私有企業蠶食鯨吞，或則被其窒息而死。他們兩位終於靠攏，反美而羨慕蘇俄，也許與他們的思想是有關係的。」（《胡適之先生年譜長編初稿》第七冊，頁 2374，轉引自孫宏雲，2008: 50-59）

78　見 1937 年出版的以下各家刊物的相關記述：《農業建設》第 2 期；《銀行週報》第 21 卷及第 17 卷；《國際貿易情報》第 2 卷第 13 期。

79　壽景偉的個人簡介，可見（中國徵信所，1936: 164）及（戚再玉，1947: 199）。

80　中茶公司在賺匯方面的成功，曾促使國民黨革命委員會於同一年提出要求，希望財政部的貿易委員會在與中茶公司訂立代銷合同時，務必附加「貨款以外幣計算，用國外匯票支付，並由中國茶葉公司負責將所有貨款匯票全部售予中國銀行」的條款，以加強外匯管制（中國茶葉股份有限公司等，2001：202）。

81　斯諾夫婦的「工業合作運動」構想，是希望將上海的失業工人和難民組織到未受日軍破壞的地方，以小型合作社的方式，生產戰時的必需品、軍用品等，以支援中國抗戰（陳成漢，2017: 52）。

82　利舜英在回憶錄中提到，她因為受過四年的英倫教育薰陶，曾經完全沉浸於英式生活，但她堅信眼下該是自己為國家「盡本份」的時候了：'My four years of schooling in England was at a very impressionable age, nine to thirteen years old. I had been completely submerged in the English way of life. There was no doubt in my mind that I had to "do my bit" for my country.'（Sperry, 2009: 85）

83　林文慶是英女王獎學金的首位華人得主，1892 年畢業自愛丁堡大學醫學院。

84　見 1938 年 5 月 15 日，成都的利榮森致香港的利孝和函。

85　救護總隊的圖雲關總部內，不僅有來自中國各地的醫生，也有少數外籍醫生出於對中國的同情與人道關懷，自願到此工作。而中國籍的醫生群體裏，亦不乏曾經留學歐美的高階專才，德國柏林大學的醫學博士屠開元，就是其一（Sperry, 2009: 99）。屠開元後來成為中國著名的醫學教育家。

259

◎ 抗戰時，部份利家成員選擇回到新會縣嘉寮老家避難。

10

❖

戰時
離散

中國銀行派了父親〔利榮森〕去英國。要怎麼去英國呢?他當時在四川,要先從重慶搭機飛「駝峰」航線,越過喜馬拉雅山脈去印度,這是一條危險的航線……到了印度,是哪個港口不記得了,要再搭船去英國。不過英國海域被德軍封鎖,船要等到有軍艦護航時,才能出發……天天等,天天吃咖喱,抱著救生圈睡覺。等了好像六個月吧,[1] 把咖喱都吃膩了。我記得小時候,他就能分辨這是 Madras 咖喱,那又是甚麼咖喱,這是「乾」的,那是「濕」的……某一晚,有人喊:「嘿,上船囉!」他就提著行李箱,上船到了英國。還好沒被潛水艇擊沉。

——利乾口述,記 1943 年父親利榮森由重慶赴倫敦履職[2]

1939 至 1941 年對國民政府來說，可謂最艱險的抗戰歲月。北平、天津、上海、武漢、廣州等大城市早已相繼陷落，首都南京亦無法倖免。日軍佔領了由華北、華東至華中的大片國土，並找來蔣介石的政敵汪精衛，於 1940 年 3 月在南京建立傀儡政權。國民政府先是撤至湖北漢口，再西遷四川重慶，冀以空間換時間，將日軍拖往中國內陸消耗，苦撐待變，卻始終未能盼到有利於己的國際局勢與外援。與此同時，歐洲戰場上，德軍正摧枯拉朽地攻城掠地，進展神速，1940 年 6 月即奪下巴黎，圍困英國。生死存亡之際，大英帝國自顧不暇，更一度在日本施壓下關閉滇緬公路，斷了中國接受外援物資的重要通道。至於太平洋彼岸的美國，孤立主義重新抬頭，對歐戰尚且不願介入，遑論更遙遠的中日戰事。1940 年 9 月，日本與德、意兩國正式簽署《三國同盟條約》，隨後又與法國的維琪傀儡政府達成協議，以切斷援華通道為名，進軍法屬印度支那北部。[3]

日軍的南向野心，直接威脅到南海的國際秩序，終於讓原本試圖置身事外的太平洋強權——美國深感不安。此後一年，美國對日本屢祭經濟制裁，逐漸掐斷了日本的戰略物資進口，甚至凍結日方資產。日本近八成的石油供應仰賴美國，所以美方的石油禁運，對日本打擊尤大（Anderson, 1975）。為確保能順利奪取東南亞各地的豐富石油、橡膠等戰略資源以延續戰事，日本終於決定先發制人，對美國動手。1941 年 12 月 8 日，[4] 日軍在偷襲美國夏威夷珍珠港海軍基地的同時，揮軍直入上海公共租界、英屬香港、菲律賓、[5] 英屬馬來亞及荷屬東印度群島。[6] 美國隨即對日宣戰，投身戰鬥。[7] 這場波瀾壯闊的太平洋戰爭，迅速扭轉了國府自抗戰以來的戰略劣勢，大量美援開始湧入。不過另一方面，對已經偏安多年的英殖香港來說，這卻是它三年八個月苦難之始。

❖ 利舞臺避難 ❖

1941 年 12 月 8 日清晨，當日本軍機空群而出、突襲香港時，除了身在重慶的利銘澤與正在隨端納從夏威夷搭貨輪前往馬尼拉的利舜英，利家大小成員，包括利榮森及利舜華等人，都在香港。1939 年利榮森自國立四川大學畢業後，就加入中國銀行，[8] 但他所效力的中銀國外部，早在 1937 年 8 月淞滬會戰後就遷至香

港辦公，[9] 所以利榮森等於是回香港工作。其上司貝祖詒，當時也坐鎮香港，就租住於利家的禮頓道物業。[10] 利孝和的好友施棟生，也在中銀的國外部工作，所以自 1937 年起，也從上海來到香港。不過施棟生在 1940 年就被中銀總行外派至紐約分行，幸運躲過香港戰事。[11] 至於遠嫁上海的利舜華，則應是在 1941 年初，帶著襁褓中的獨子鄭漢銘隨夫婿南遷，回到香港，住在九龍塘。[12]

空襲事出突然，香港居民多無防備。港英政府雖早有備戰防禦的舉措，卻遠遠不足，駐港英軍不論是在兵員、軍機、戰艦的數量和素質上，都極為欠缺。結果日軍一來犯，香港守軍就由新界、九龍一路敗退到港島，雖英勇負隅頑抗，18 天後終難以為繼。1941 年 12 月 25 日，即聖誕節當天，港督楊慕琦（Mark Aitchison Young）不得不向日軍無條件投降。楊慕琦和一眾港英官員、駐港英軍及重要機構的管理層等，皆淪為階下囚，先後進了戰俘營和拘留營。

利家對日軍的入侵行動，倒不是毫無準備。利銘洽的長子利漢釗，[13] 1941 年時已 12 歲大，和家人同住利行。據他憶述，祖母黃蘭芳「有遠見，早在有風聲傳出日軍就快要打到香港，市面上已經很難買到米時，就先在大屋和利舞臺囤了很多米糧。」空襲開始後，黃蘭芳就把家族所有成員都叫去大屋的地窖避難，加上利孝和的友人等，擠了大約 90 人。[14] 不過日軍勢如破竹，九龍半島很快淪陷。12 月 13 日，日軍派人到港島勸降港督不果後，就動用重砲，從九龍方面密集地砲轟港島，又出動轟炸機空襲，為登陸港島預作準備。利家大屋與利行所在的灣仔堅尼地道地勢高，又面向九龍，所以英軍就徵用了利行作軍事防禦，並在利行的一樓推滿槍枝。此時利家人仍躲在大屋地窖，就連吃飯也不外出，由傭人在廚房弄好伙食後，拿到地窖用餐。此外，所有人夜間都席地而睡，擠成一團。而除了利家人，黃瑤璧的父母黃茂霖、麥玉珍夫婦，以及利銘洽續弦唐麗蕙的娘家人，也在日軍空襲後避居大屋，在大屋的花園某處暫宿。[15] 黃茂霖夫婦的香港仔壽山村道住所，因位居戰略要點，也被英軍緊急徵用，限他們四小時之內遷出，只好連行李都來不及收拾，就狼狽地趕到大屋借住（利德蕙，2011: 84）。

日軍侵港的消息傳到重慶後，利銘澤曾匆匆搭上中國茶業公司的飛機，企圖趕回香港，但飛抵香港上空時，因九龍半島已經淪陷，無法在啟德機場降落，只得無

奈折返惠州（ibid.: 86）。12 月 18 日，日軍成功在港島的東北岸登陸，憑著優勢
兵力向內陸推進，隨後與英軍在黃泥涌峽激戰，12 月 23 日開始進逼銅鑼灣，並
與英軍在維多利亞城的周邊展開激烈巷戰（鄺智文、蔡耀倫，2013: 225-276）。
利漢釗說，就在聖誕節前夕，日軍砲擊甚急，目標顯著的大屋也被四顆砲彈擊
中。[16] 黃蘭芳心知不妙，就率眾出逃，徒步走下大屋通往灣仔鬧市的那道長石階
路，轉到地勢低平的利舞臺去躲避砲擊。當時巷戰就在利舞臺的周遭上演。[17] 黃
茂霖夫婦與唐麗蕙的娘家人無處可去，也都隨行，結果又是一大群人擠在利舞臺
劇院後台的房間裏。好在利舞臺的建築結構堅實，又有個廚房，黃蘭芳更事先囤
了不少米，得以勉強度日。人多口多，都要吃飯，黃蘭芳雖然盯米糧盯得緊，甚
至往往就坐在米袋上守著，但她會確保每個人都有飯吃。利舞臺的夥計幫忙煮
食，利家人則要輪流到樓上的狹小空間裏吃飯，一次只能容納兩桌人。利家人就
這樣在利舞臺又熬了約一個月。[18]

然而事實上，利家人避居利舞臺未久，英軍就在聖誕節當天向日軍投降，香港徹
底淪陷。翌日日軍設立軍政廳接手管治，一直到 1942 年 2 月 20 日，日本政府才
在香港成立總督部，取代軍政廳，並派陸軍中將磯谷廉介出任香港佔領地的首任
總督。而在英軍投降前夕，即兩軍還在港島混戰的這段短暫日子裏，不少人就鑽
了這個權力真空的縫隙，去利家大屋搶掠。隨後日軍進入堅尼地道，一見有人搶
掠，就會開槍直接射殺（利德蕙，2011: 103）。

日軍佔領香港後，因局勢未明，利家人仍心存疑懼，所以一直在利舞臺待到
1942 年 1 月，才鼓起勇氣搬回大屋和利行。此時大屋內值錢的東西，尤其是早
年利希慎購入的不少藝術珍品，幾乎已被搶掠一空，只有一件極珍貴的完整長毛
象牙雕得以倖存。[19] 香港的治安未幾再度惡化，利銘洽一家於是又遷離利行，借
宿在唐麗蕙的某位親戚家中，黃蘭芳、利孝和、利榮森、黃瑤璧等其他家族成員
仍留大屋。此時在廣東一帶活動的利銘澤，先是秘密託人轉告黃瑤璧帶孩子去內
地，後又託人叫利家人都內遷。此時香港已嚴重缺糧，米糧都需要配給購買，份
量卻遠遠不足，以致路有餓莩。時間一久，大屋囤的米糧已罄，配給得來的米卻
只夠煮粥，所以身為豪門，利家人當下也只能喝粥。軍政廳為解決這個棘手的缺
糧難題，就鼓勵香港的華民「返鄉」生活，以減少香港整體的糧食消耗。利家人

也不得不開始盤算離港。大家長黃蘭芳考慮周到,臨行前,請兒子利榮森先給利家每戶都發了一筆錢,讓大家能夠各渡難關。[20]

✧　離港　✧

利家人多,所以在面對是否離港、如何離港以及該去哪裏的問題時,自然難有一致看法。總的來說,香港淪陷後,利家成員的抉擇,大致有三:一是撤到桂林,二是返鄉,三是留港不走。

主流的桂林路線,是由利銘澤及利孝和倆籌劃安排,撤離的人數最多。不過隨著戰況推移,日軍西漸,桂林勢危,利家人不得不一再後撤,直至陪都重慶。利銘洽一家和四房的吳悅,則是選擇返鄉。利銘洽與利家新會鄉里的關係,向來較為緊密熱絡,所以戰時索性避開城市,回到非軍事焦點的廣東新會嘉寮村老宅生活,但其長子漢釗和長女慶雲,則是跟大隊去了桂林。吳悅孤身回到自己的廣西梧州老家,但也讓子女跟大隊去桂林避難。三房的蘇淑嫻和其獨子利榮傑,則是決定不走,以不變應萬變,獨留香港幫忙照看利家物業。至於利榮森,雖也離港,但與眾人的逃難目的不同。身為中國銀行的僱員,利榮森先是隨中銀的其他駐港人員撤回重慶總行,再由總行派往中銀的倫敦經理處(London Agency)工作,直至戰後。

1942 年 2 月,利銘澤首先從惠州遙距安排其妻小撤離。這類跨境安排,有賴於當時在香港境內外秘密活動的抗日游擊隊網絡,而這就與利銘澤的特殊人脈有關。中國對日抗戰後,利銘澤與在香港活動的八路軍駐港辦事處主任兼「保衛中國同盟」秘書長廖承志多有往來,而廖承志曾參與組織廣東東江日佔區內的各路游擊隊,後即發展為東江縱隊。因為這一層關係,香港淪陷之初,利銘澤似與東江地區親共的抗日游擊隊伍及重慶國民政府的游擊組織都有聯繫(利德蕙,2011: 95-96)。利銘澤在英軍服務團(British Army Aid Group, BAAG)內的角色,則更是沒有疑義。1942 年 1 月,香港大學醫學院教授、軍醫賴廉士(Lindsay T. Ride)中校在東江縱隊協助下逃到內地,並於同年 5 月在廣東曲江(即今韶

◎ 利榮傑與梁趣沂

關）創立英軍服務團。[21] 澳洲人賴廉士雖比利銘澤年長近七歲，但他 1922 年曾
獲羅德獎學金赴牛津大學深造，一直在牛津待到 1927 年，而利銘澤恰是於 1923
至 1927 年間在牛津研習，所以兩人或是牛津舊識。巧合的是，1928 年賴廉士即
獲香港大學聘為醫學院的生理學教授，從此以香港為家；利銘澤則是在同一年為
奔父喪，也從歐洲回到了香港。

英軍服務團的宗旨，原是為營救戰俘及照應成功脫逃的英籍軍民，故屬軍情九處
（MI9），不過後來也兼負起諜報任務。它雖是在中國戰區內活動，但不歸中國
戰區統帥蔣介石指揮，而是在英軍駐印度總部的情報科轄下，直接向駐重慶的英
國大使館匯報（Ride, 1981；香港里斯本丸協會，2009: 23）。中英文俱佳的利銘
澤，顯然曾在香港淪陷之初，短暫留在廣東襄助賴廉士蒐集情報。1942 年 3 月，
香港大學的學生徐家祥 [22] 從香港逃到曲江，第二度向賴廉士匯報時，就驚訝地
發現賴廉士身旁多了位中年華人。此君與賴廉士交談時，英語流暢，而沒過多久，
賴廉士就請徐家祥和這位男士聊聊：

> 他說他叫利銘澤，但他並不介意我叫他 Dick Lee。很快我就發現，他是已
> 故的名人利希慎之子。利希慎單獨擁有香港銅鑼灣的利舞臺和利園遊樂
> 場，是位巨富；事實上，利希慎可是他那個時代的傳奇人物。我也獲悉利
> 銘澤畢業自牛津大學，是國有國營的中國茶葉公司顧問。他極詳盡地詢問
> 了我從日據香港來此的路線，尤其是對我在靠近「中英邊境」或所謂「禁
> 區」的那段路很感興趣。當我提到我在〔東莞的〕李朗神學院短暫逗留時
> 接觸到的「紅軍」或「共產黨游擊隊」時，他顯得極有興趣。他特別問我
> 是否和曾生及黃卓如碰過面？這兩人據說是該區共產黨游擊隊的領導人，
> 擁有近乎傳奇的名聲。不過事實是，我沒有和他們碰過面，也從未見過他
> 們。我甚至直到此刻，才知道他倆的存在。當他聽到我家在粉嶺時，又
> 問我是否認識他的朋友李漢錦和李漢池，[23] 即來自粉嶺富戶李家的兩兄
> 弟……我們面談了約半個小時。（Tsui, 1989，作者中譯）[24]

1942 年 2 月，黃瑤璧帶著長子利志翀、長女利德蓉和未滿周歲的利德蕙，經沙
頭角邊境進入內地。利榮森把他們送到九龍搭火車至粉嶺，親戚伍英才 [25] 則是

一路送到沙頭角。隨後黃瑤璧經惠陽至惠州，[26] 與利銘澤重逢，再前往曲江，由此搭火車到桂林。利銘澤為家人在風景秀麗的桂林七星岩正對面，蓋了一幢房子，偶遇日軍空襲時，就可以遁入七星岩內躲藏。

利榮森緊接著帶利榮康出發，也是走類似路線，但他把利榮康送到桂林後，還要繼續北上重慶。香港淪陷後，中國銀行的駐港人員被迫要撤回重慶總行，貝祖詒、利榮森也不例外。途中，利榮森還特意在曲江停留，探望了止協助英軍服務團的賴廉士在華南做情蒐的大哥利銘澤（利德蕙，2011: 96）。[27] 此後利家其他十幾歲的孩子們——舜儀、舜娥、漢釗，也陸續在利孝和與利銘澤安排下，循這條路線輾轉來到桂林。

利家長孫利漢釗去桂林的行程，舉例來說，就是仍由利銘澤遙距安排。利漢釗年紀尚小，所以利銘澤就拜託某位他認識的香港富人，在其攜家帶眷到桂林避難時，也將利漢釗帶上，一路同行。其時廣東一帶盜匪猖獗，且行事兇狠，祖母黃蘭芳就讓家裏的傭人為他縫製一條藏錢的布帶，可以隱密地繫於腰間。結果利漢釗隨這家人從沙頭角乘船過大鵬灣時，半途果真遇匪，眾人皆失財物，只有他沒被海盜們搜出腰間的布帶。船行一兩日後，到了某地上岸，這家人又要乖乖地給當地悍匪奉上一筆保命錢，才能輾轉經惠陽、曲江、衡陽來到桂林。此時鄭觀成、利舜華夫婦和利榮康都已經在桂林安頓，就住在市郊桃花江畔的甲山村。[28]

甲山村屋前有江、屋後有奇巧岩洞，所以日本軍機一旦來襲，大夥也可以像住在七星岩附近的利銘澤一家一樣，躲入洞中避難。利舜華重視教育，就安排將這群正值中學階段卻失學的弟弟妹妹和侄子，都送進甲山村附近的一家好學校，即由李宗仁夫人郭德潔創辦的德智中學。[29] 孩子們在學校寄宿，但戰時該校每日僅供兩餐，每餐的飯菜也都一樣，就只有白菜、蘿蔔兩項，總是吃不飽。所以每個月一次放假外出時，孩子們才有機會回利舜華家或利銘澤家吃飯，這對利漢釗來說實在機會難得，「誰家吃的東西多，我就去那裏。」（利德蕙，2011: 102）黃蘭芳後來也由利孝和帶到桂林，孩子們放假時，就都去黃蘭芳那裏，由她弄些豬肉、雞肉給久未吃肉的孩子吃。[30]

最晚抵達桂林的一批利家人，是遲至 1942 年 8 月才從香港出發的黃蘭芳、張門喜、利孝和、利舜賢和利榮達（Sperry, 2009: 235）。考慮到母親黃蘭芳的年紀、健康狀況及利家在香港擁有的龐大物業，利孝和原想留守香港。惟香港的情勢急遽惡化，糧食奇缺，當時還未被日軍關入赤柱監獄的滙豐銀行總司理祁禮賓（Vandeleur M. Grayburn）及其下屬芬域（T. J. J. Fenwick），都力勸利孝和盡速帶家人離開，利孝和這才開始收拾行裝。[31] 黃蘭芳體貼，還特意在出發前，多囤積一些米糧和必需品給留守大屋的傭人。[32] 利孝和安排的水路行程，有別於利銘澤規劃的陸路行程，是先從香港搭乘許愛周的航運公司的船前往廣州灣，[33] 登岸後，再循廣州灣附近的水系北上桂林。利孝和也怕路上遇劫，但他沒請傭人幫他縫製布腰帶，而是將錢零散地藏在隨身攜帶的幾大箱書籍中。抵達桂林後，利孝和就用這筆錢和母親黃蘭芳、胞妹利舜賢租房而居。張門喜則是住進鄭觀成夫婦為她騰出來的甲山村房舍，夫婦倆和孩子則遷往桂林建幹路上的一棟漂亮房舍。這個新住處離利銘澤一家甚近，僅五分鐘路程。值得一提的是，利孝和未來的夫人陸雁群，當時亦隨家人避居桂林，也在建幹路落腳。陸雁群容貌出眾，未幾就在當地享有「建幹美人」的大名。[34]

❖　　打游擊　　❖

日據時利銘洽一家也離港，但沒跟大隊去桂林，而是真的「歸鄉」。利銘洽早年曾在廣州上過中學，熟悉廣東一帶的情況，也常與利家祠堂所在的新會縣嘉寮村的鄉人往來，和大伯利紹世一系的堂兄弟們都熟。所以香港淪陷後，利銘洽就決定帶著妻子唐麗蕙、次子漢楨、三子漢輝及襁褓中的慶茵，回嘉寮新村生活。嘉寮分新、舊兩村，新村比舊村的房舍要多一些，也漂亮些，但也就約略 20 戶人家，且村子裏連一家商舖都沒有，住的幾乎都是利氏宗親。利家的老宅位於嘉寮新村，向來是由黃蘭芳託她的大姐代管，[35] 因是大戶，在村子裏很有地位。利漢楨回憶說，老宅的院子裏種有木瓜、番石榴等各類果樹，利家在鄉下又有田產，由父親利銘洽僱工幫忙耕作，所以當地「甚麼都有」，即便在戰時，食物並不匱乏。[36]

日軍雖少在廣東的鄉野之地出沒，嘉寮畢竟仍在日佔區內，偶有日軍進村。村民每聞日軍在附近出沒，就要四散躲避，此時大人就會將年幼的利漢輝和利慶茵塞入兩個竹籮筐內，用扁擔挑著跑，而年紀稍大的利漢楨，則要自己跟著大人跑。此外，鄉間盜匪橫行，如有盜匪要入村搶掠的消息，利銘洽還要在利氏祠堂給村內的壯丁發槍，然後各據崗位，預作防禦。[37]

不過利銘洽說來並不常在嘉寮家中。據利漢楨憶述，其父當時曾參與游擊隊的抗日活動，往往一個月內只回家兩三趟，且都是在外披蓑衣的掩飾下，三更半夜才帶著自己的槍回家。利漢楨就曾親眼目睹利銘洽帶回一把左輪手槍或手提機關槍，且月圓之夜不回，要等到夜色暗沉時才回家，待到天未亮就走。利漢楨確知父親並非孤身一人，其游擊小組至少擁有幾名隊員，不過利銘洽為避免自己出事時暴露其他成員，會刻意不讓利漢楨和他們碰面。此外，利銘洽也不想連累其他利家人，所以守口如瓶，家族沒人知道他打游擊的事，直到戰後。[38]

鄉下打游擊，既要能說鄉下話，也要熟悉當地地形，更要與鄉民親善，才能獲鄉民暗中襄助。譬如日軍一旦出現，農地裏的耕夫，就會默默調整其蓑衣的方向，指向日軍，讓游擊隊員瞭解敵情。唐麗蕙也會說很多新會一帶的鄉下話，所以在嘉寮新村窩居時，與村民關係親善。夫婦倆更自掏腰包，在當地辦了間小學校，請來一男一女兩位教師，利漢楨正是在此啟蒙。他還記得男老師名叫鄧從龍，二戰後，也從鄉下來到了香港。利銘洽和鄧從龍雖已無主僱關係，還是很關照他，直到其子後來出國留學時，依然如此。利銘洽一家在嘉寮一直待到戰後的 1946 年，才由江門搭船回到香港。[39]

❖　　由桂入黔　　❖

利孝和帶著母親弟妹等來到桂林後，沒待多久，就因為其「平準基金委員會主席的特別助理」職務，於 1942 年底或稍晚獨自前往重慶。隨後他費了很大力氣，憑藉與陳光甫的關係，才得以入住上海商銀即將在重慶天壇新村竣工的公寓樓裏的某個小單位。有了落腳之地後，他又動用關係，在 1943 年 5 月成功安排黃蘭

© 1960 年代利銘洽與二子利漢楨

芳和利舜賢搭機，由桂林直飛重慶，到天壇新村與他同住。黃蘭芳因此得免舟車勞頓之苦。[40]

反觀利銘澤一家，倒是在桂林住了一年多。期間，利銘澤除了中國紅十字會出納的身份外，應該還在英軍服務團內扮演一定角色。英軍服務團雖是在粵北的曲江成立，1942 年夏，賴廉士就將服務團的總部西遷桂林，以便它能接觸到取道惠州或澳門前往重慶的香港難民及逃脫者。此外，桂林當時也是中美空軍的司令部所在，英軍服務團可與美國的陸軍航空隊（即第 14 航空隊）合作，為其提供香港及華南地區的情報，協助營救遭擊落的戰機機師，美軍第 14 航空隊則可為英軍服務團空運人員、物資，並協助通訊（鄺智文，2020）。利銘澤一家旅居桂林期間，黃瑤璧也曾經廣州灣偷偷溜回香港一趟，以便將她離港前就秘密埋在大屋後院的珠寶取出（利德蕙，2011: 102）。[41] 事實上，利德蕙提到，戰時利銘澤的活動多屬義務性質，基本上沒有收入，所以家人「全靠變賣或典當母親首飾維生」（ibid.: 103），黃瑤璧的私人珠寶首飾，在戰時可謂關係重大。

1943 年 1 月，利銘澤開始參與黔桂鐵路的修築工程。戰情吃緊，日軍已進逼廣西，重慶國民政府退守的西南大後方，亟需修築鐵路以確保物資供應、軍事調動及支援民生。黔桂鐵路起自廣西柳州，沿線經過宜山、獨山等地，終於貴州的省會貴陽，全長僅 489 公里，但卻是中國西南地區的第一條標準軌鐵路。[42] 國民政府是在抗戰爆發後的 1939 年 7 月，就開始修建黔桂鐵路，由留美的侯家源[43]主持，但因官僚貪腐、剋扣民工糧餉及匪患頻繁等問題，工程時斷時續，至 1940 年底只完成了三分之一，即由柳州至金城江[44]一段。國民政府後來為推進工程，成立了一個四人委員會，委員凌鴻勛、石志仁、侯家源、袁夢鴻皆中國當代極有名望的工程師或鐵道工程專家，仍由侯家源主持。不過在實際執行上，委員會仍需找到一位廉潔幹練的工程師去督導工程進度。袁夢鴻乃利銘澤舊識，交情始於 1930 年代劉紀文主政廣州之時。1932 至 1933 年袁夢鴻擔任廣州市工務局局長時，曾與利銘澤有過緊密的工作關係。袁夢鴻是否曾向委員會舉薦利銘澤，不得而知，不過 1943 年起，利銘澤就成了該委員會的執行委員。

1943 年初，有關國民黨「黔桂鐵路特別黨部」成立的資料，足以證實利銘澤確

曾參與修建黔桂鐵路。[45] 利銘澤不會說國語，所以參加相關會議時，需要有人代為口譯或發言。此時利銘澤一貫欣賞的一位年輕人——當過中國工程師學會香港分會秘書的吳慶塘，恰好也在桂林工作，利銘澤就說服吳慶塘，讓他轉當其秘書，從此成為利銘澤親信（利德蕙，2011: 104）。利銘澤負責監督的黔桂鐵路工程，是從金城江站繼續往南丹、獨山的方向修築，直至貴陽。金城江近宜山，[46] 而宜山是當時黔桂鐵路工程局總部所在，局長侯家源就給利銘澤撥了一塊位於總部附近的地，讓他「自己監工設計」，給家人蓋房子住（ibid.）。利銘澤於是採用當地壯族的建築風格與材料，建了一棟簡樸的兩層泥房，但是將傳統建材加以改良，即以水泥混進竹片和泥，使屋牆更加密實。房子竣工後，利銘澤的家人與親母張門喜，就在 1943 年由桂林遷至宜山。

黔桂一帶多是喀斯特地形（karst topography）的丘陵與峰叢，「地無三里平，天無三日晴，人無三兩銀」，尤其戰時資源極度匱乏，修建黔桂鐵路的工程極其艱辛，利銘澤亦曾因瘧疾病倒（ibid.）。隨著工程進展，利銘澤一家也沿著黔桂鐵路的預定路線，由廣西宜山遷到貴州獨山。此時桂林的情勢已日漸危急，利銘澤去獨山的同時，也請吳慶塘安排將還在桂林求學的利榮康、利舜儀、利榮達、利舜娥、利漢釗經柳州撤到宜山，住進利銘澤一家留下來的宜山泥房。[47] 鄭觀成一家則是從桂林撤得太晚，等到 1944 年 4 月日本發動「一號作戰」後，[48] 從桂林西逃的路線已經受阻，一家三口只得南遁，利舜華也因此在逃難中吃了不少苦頭，健康進一步惡化（Sperry, 2009: 235）。[49] 1944 年 11 月，桂林和柳州終於在日軍猛攻下陷落。

利榮康等利家這五個大孩子來到宜山時，張門喜和她養的那一大群雞，都還守在這棟泥房裏，孩子們難得又有不少雞肉可吃。惟日軍進逼，沒過多久，大夥又被迫要從宜山撤去獨山。人走可以，宜山泥房的那一大群雞，卻該如何處置？利榮達和利漢釗只好動手殺雞，把雞群吃了個精光才走。1943 年可謂這五個大孩子最顛沛流離的一年，他們和利銘澤一家在偏遠的獨山城郊重聚後，教育又成了問題。利銘澤想方設法，還是幫他們安排到一家當地的學校寄宿，但孩子們在獨山僅僅讀了半年書，1943 年底，又被迫要和利銘澤一家從獨山撤到貴陽。[50] 一行人初抵貴陽當晚，人在貴陽的民樂公司前總經理袁耀鴻來接。[51] 袁耀鴻即袁夢鴻

侄子，1930 年代下半主持民樂公司時，主要就是管理利舞臺。據利漢釗憶述，袁耀鴻很豪爽，帶了個公事包來，打開全是現金，跟利銘澤說：「阿 Dick，你攞去用啦！」大夥在貴陽只短暫待了幾天，利銘澤就先趕赴陪都重慶，再安排家人也撤到這座戰時相對安全的西南大城。[52]

利銘澤卸下黔桂鐵路的督導工作後，1944 年黔桂鐵路因日軍攻入廣西而全線停工前，僅完成柳州至都勻段，勉強通車營運。但即便是這樣一段以民工死傷逾萬為代價換來的未竟黔桂鐵路，隨後也因為戰事而損毀嚴重。1944 年 3 月，日軍沿著黔桂鐵路及公路直撲獨山、都勻等地，國民黨守軍為執行焦土抗戰，將獨山縣城燒個清光，並炸毀了都勻的橋樑。這條命運多舛的鐵路，直到 1945 年 3 月利銘澤的摯友袁夢鴻繼任為黔桂鐵路工程局局長兼總工程師後，才在同年 9 月將都勻至南丹段修復通車。

❖　　重慶歲月　　❖

利孝和早在 1942 年底就已落腳重慶，遂有餘裕為利銘澤一家張羅到一處位於重慶陶園的住所，房子就在長江江畔（Sperry, 2009: 235）。兩兄弟商議好，要讓利家成員在重慶分住兩處。五個大孩子去天壇新村與利孝和、黃蘭芳、利舜賢同住，張門喜和利慶雲則是去陶園與利銘澤一家同住。[53]

利孝和在天壇新村的住處，其實不大，卻是位於重慶精華的渝中區。渝中區是重慶自 1890 年代作為通商口岸對外開放以來，西方教會聚集之地，也較為洋氣，故抗戰時達官顯要多匯聚於此。利漢釗對這個公寓單位的回憶是：甚小，僅一廳兩房，黃蘭芳與親女利舜賢睡同一間房，利孝和則宿於另一小房，五個大孩子就只能睡客廳地板。廳裏沒傢俱，只有一張書桌和一個可收疊的床。又，八個人要共用一個廁所。不過這裏很快就少一人：利榮康未幾離開重慶，去了滇緬邊區作戰。

1944 年初，利榮康年方十九，基本上已經完成高中課程，又充滿報國熱忱，於

是參軍，受訓為野戰砲部隊的觀測員。利榮康能說英語，是軍中異類，故曾入美軍將領史迪威指揮下的盟軍部隊，在緬北作戰。[54] 史迪威時任中國戰區參謀長兼東南亞戰區副司令，麾下的國軍部隊多是美式裝備、美式訓練，也亟需口譯人員協助中美兩軍之間的溝通，所以據說沒過多久，軍方就讓這位會說英語的年輕小兵掛了中尉軍銜。[55] 利榮康身為砲兵觀測員，身手矯健，往往要爬上緬甸密林裏的大樹，指揮地面砲手調整方位，更準確地轟擊目標。戰事兇險，利榮康的臀部，曾被戰友頭盔上彈飛的日軍子彈所傷；而部隊補給嚴重不足，他和戰友不時需要在緬北的密林裏自行覓食，找到任何能吃的東西——水蛭、野菜等等，就用頭盔烹煮來吃。結果利榮康一度腹瀉兼感染瘧疾，上吐下瀉，跑到叢林裏瀉肚子時，又差點被日軍砲火擊中，全身被濺得髒兮兮的，狼狽不堪。又，緬甸戰役（Burma campaign）後期，據說史迪威見到利榮康後，得知他是利舜英之弟，就將他留下當自己的口譯員。[56] 不過史迪威與蔣介石關係惡劣，1944 年 10 月就被總統羅斯福召回美國，兩年後病逝。

回到重慶的天壇新村。黃蘭芳在香港是利氏望族之首，大屋裏有多人伺候，每天用餐時，單計工人就佔了整整兩桌。但在重慶，黃蘭芳身旁只帶同一位幫忙家務的女性親屬，[57] 家事基本上都要親力親為，下廚、洗碗、清掃，能屈能伸，尤其常做利孝和愛吃的鹹雞。1944 年 5 月利孝和當上上海商業儲蓄銀行的常務董事後，每逢節慶，上海商銀也會派人給利孝和送美食上門賀節，一家人才能享用到獅子頭、糖醋魚等江浙菜餚。[58]

抗戰爆發後，上海商銀就隨國民政府西遷，銀行的創辦人陳光甫也到了重慶。不過撤離上海老巢後，上海商銀的業務就比較清淡，而陳光甫戰時更重要的職務，一是 1939 至 1940 年間幾度代表國府赴美爭取貸款，並成功與美方達成著名的「桐油貸款」及「滇錫貸款」，二是受命主持「中英美平準基金委員會」。利孝和正是委員會主席陳光甫的特別助理。平準基金委員會原設於香港，1939 年 3 月起為「中英平準基金」，1941 年 8 月擴充為「中英美平準基金」，該年年底因香港淪陷，才撤到重慶。1941 年時，陳光甫其實已常在香港活動，委員會成員之一的貝祖詒，也以中銀副總經理的身份駐港，所以利孝和很可能早在 1941 年，就追隨陳光甫參與該委員會的運作。英方投入這個基金的資本，是來自滙豐銀行

和渣打銀行,而當時負責與倫敦方面接洽的,就是駐英大使郭泰祺。利孝和的留英背景,以及他和滙豐銀行最高層之間的長年私誼,[59] 應是陳光甫能夠借重利孝和之處。

陳光甫是民國著名銀行家,江蘇鎮江人,原名輝祖,後易名輝德,字光甫。他和當過外交部長的郭泰祺[60] 同是美國賓州大學的校友,私誼深厚,而郭泰祺曾多次到訪利孝和在重慶天壇新村的住處,顯見陳光甫和郭泰祺都很看重利孝和的才幹。[61] 陳光甫與貝祖詒也有很多交集,且要從貝祖詒之父貝理泰說起。辛亥革命後,貝理泰當過江蘇省吳縣的主計課課長,管錢,而剛從美國賓州大學沃頓商學院學成歸來的陳光甫,則是為江蘇省創設並主管江蘇銀行,因業務結識貝理泰。1915 年夏,陳光甫決定自辦現代化的私營上海商業儲蓄銀行,初期股本僅八萬元。常州富商莊得之[62] 出資兩萬,任董事長;陳光甫出資五千,[63] 任總經理。不過銀行甫開業,陳光甫的摯友——中國銀行上海分行副經理張嘉璈(張公權),就代表中國銀行存入七萬元,貝理泰也在銀行年底增資時出資五千,並終身擔任該行董事。[64] 1917 年,上海商銀設立蘇州分行,貝理泰即出任分行經理(許敬,2016: 148)。

貝理泰與上海商銀的董事長莊得之,也是至交。貝理泰的次子貝祖詒,更是娶了莊得之的女兒莊蓮君為妻,兩人的長子即貝聿銘(許敬,2016: 150)。莊得之是盛宣懷姨太太莊德華(莊畹玉)的堂侄,曾在盛宣懷手下辦事(傅亮,2019: A3),故與盛家關係密切,貝祖詒也因此得以結識盛家,1913 年進入盛宣懷主辦的漢冶萍公司上海總辦事處任會計,1914 年再由陳光甫向張嘉璈推薦,擔任中國銀行北京總行的司賬,從此開展其金融生涯。

另一方面,張嘉璈是留日的慶應義塾大學畢業生,1914 年於上海初識陳光甫時,也結識了年齡相若、同樣是留日背景的銀行家李銘。[65] 這三人日後不僅交誼深厚,更同是中國銀行界的中流砥柱。李銘先是接手官商合辦的浙江銀行,改組後又擔任過浙江實業銀行的總經理、董事長,[66] 而浙江實業銀行與上海商銀、浙江興業銀行,日後並稱為「南三行」,都是立足上海的中國新式銀行先驅(徐瑾,2016)。簡言之,張嘉璈、陳光甫和李銘都是江浙財閥的代表人物,彼此關係緊

密，[67] 而他們與中國銀行都有交集。中國銀行在 1935 年 3 月被財政部長孔祥熙強制改組為國有銀行前，[68] 曾是「浙江財閥的核心」，張嘉璈當過中銀總經理，李銘則一度是中銀董事長。而李銘與施肇基是姻親，利孝和與施肇基一家則關係密切，或因此連上這整個江浙財團的人際網絡。

利孝和在重慶負責的，主要是平準基金委員會的工作。平準基金乃專門用來穩定中國法幣匯價的基金。1935 年 11 月，國民政府推行幣制改革，放棄銀本位，強制市場使用紙幣，但也相應地由中央、中國、交通這三家政府銀行無限制地買賣外匯，以穩定其法幣匯價。不過抗戰爆發後，市場對外匯的需求劇增，上海尤是，單憑政府銀行拋售外匯，已無法滿足需求，國府不得不向英、美兩國求援，於是先後運作過「中英平準基金」和「中英美平準基金」。不過國府高層對於是否該維持上海租界內的外匯市場，以及如何維持的問題上，看法分歧；而中方與英美之間，觀點亦不一致（吳景平，2013）。簡略地說，宋子文主張在上海租界和香港以繼續出售外匯的方式，維持法幣匯價；孔祥熙則主張切實統制外匯，除非確有急需，不准購匯。蔣介石也認為在上海拋售的大量外匯，不少其實都會被汪精衛政權套購，所以也傾向節制售匯。每當法幣匯價劇跌，蔣介石就非常關注，進而抱怨宋子文，更對平準基金的作用生疑，而這往往又波及外匯政策的穩定，導致中方與英美頻生摩擦。

1941 年 8 月，中英美平準基金開始運作，[69] 設委員會五人。中方有委員三人，即主席陳光甫、席德懋、貝祖詒；英方的代表是霍伯器（Edmund L. Hall-Patch）；[70] 美方代表則是福克斯（A. Manual Fox）。[71] 而應中方要求，委員會名義上設於重慶，但委員主要是在香港辦公（ibid.）。1941 年 12 月，太平洋戰爭爆發，上海租界和香港皆淪於日軍之手，委員會在兩地的金融操作無以為繼，人員遂遷至重慶。此時中國的對外交通口岸亦已遭日軍全面封鎖，無法正常進行國際商貿活動，加上國民政府嚴厲管制外匯，平準基金再難發揮作用，1944 年 2 月終走入歷史（ibid.）。然而利孝和在二戰時為平準基金委員會工作的這段經歷，對他來說獲益極大。首先是難得的金融歷練，成就了利孝和由英國大律師至中國銀行家的轉型。[72] 1943 年 7 月 16 日，利孝和在致倫敦的滙豐銀行主席兼署理總司理摩士（Arthur Morse）的信中寫道，他很慶幸自己能有這樣的歷練機會，而

他也樂在其中：

> 自上回給你寫信以來，我就投身於極忙碌的工作當中。我是和平準基金委
> 員會的主席陳光甫先生一道工作，想你也認識他。他是個特別體貼和能幹
> 的人，我們已經成了很要好的老朋友。我發現自己正涉足中國的各類金融
> 與貨幣難題當中。我對經濟學這門學科，向來深感興趣，所以覺得自己幸
> 運極了，竟能有這樣的機會如此近距離地檢視這麼多重要與實際的問題，
> 並可以和像陳光甫這樣歷練豐富且素孚眾望的人物共事。我工作繁多，大
> 部份的工作都很有趣，且相信未來對我必有特殊價值。[73]

其次，經過數年共事，利孝和向陳光甫證明了自己的能力，深獲對方信任。1944
年2月，中英美平準基金委員會終止運作，利孝和又耗了數個月的時間，處理基
金的清盤工作。隨後陳光甫開口邀他加入上海商銀的董事會，利孝和遂在1944
年5月的銀行年會上獲選為董事，並在數日後的新一屆董事會上獲推舉為常務董
事。[74] 其三，這段經歷也讓利孝和開始接觸到國民政府最核心的財經圈子，得與
高層人物建立交情。譬如陳光甫與財政部長孔祥熙是老交情，孔祥熙亦長期擔任
上海商銀的董事，利孝和自然就成了孔祥熙的舊識。而貝祖詒乃中銀董事長宋子
文至交，兩人又皆與平準基金密切相關，利孝和與宋子文遂也有了交集。這種深
厚的政經人脈，在1949年後，仍是利孝和的一筆無形資產。

大時代下的利銘澤，也在中國累積另一種特殊人脈。利銘澤在重慶時究竟忙些甚
麼，囿於資料，至今難以捉摸。據四川省檔案館館藏之《國民黨政府各院部會科
員以上職員錄》所示，[75] 利銘澤在結束黔桂鐵路的督導工作後，自1944年1月起，
就到審計部出任審計專員一職。利銘澤的英倫舊識劉紀文，此時正是審計部政務
次長，因為不屬蔣介石的嫡系，自離開廣州官場後，際遇不算十分理想。無論如
何，當正直的老朋友利銘澤攜家帶眷，從黔桂一路撤到重慶時，劉紀文不無可能
出面，為他安排一個適合正直人的小小官職。但這純是合理推測，並無佐證。

不過另一種可能，是利銘澤正延續他在英軍服務團扮演的角色，在重慶成為中英
雙方就香港事務與情報溝通的中介者，尤其是有關戰後香港的管治及重建安排。

司徒莊夫婦（John Stokes & Gwenneth Stokes）撰寫之皇仁書院校史，曾經提到校友利銘澤「在重慶時，曾為英國情報機構工作」；[76] 而利銘澤長女利德蓉也說就她所知，英國方面尚未公開的檔案顯示，利銘澤曾是軍情五處（MI5）[77] 的成員。[78] 若真如此，利銘澤在重慶時公開的「審計專員」身份，就不無可能只是掩飾。有關 1944 年起利銘澤在重慶從事中英情報聯繫工作的旁證之一，就是他與1943 年 12 月才被英相邱吉爾派駐重慶的中國戰區特別代表——獨眼單手的傳奇將軍卡爾頓·德·魏亞特（Adrian Carton de Wiart）關係匪淺。尤其在日軍投降後的 1945 年 9 月，利銘澤、利孝和、黃蘭芳和張門喜正是搭魏亞特將軍的那班飛機，和他一道由重慶飛回香港。[79] 而據說 1944 至 1945 年間，利銘澤還曾偽裝成農民，在中緬邊境接觸那些剛逃出日軍戰俘營的英籍人員，和他們面談情蒐，一如 1942 年時他在粵北曲江所為，並協助對方前往安全地區。[80] 與此同時，英軍服務團也在 1945 年 1 月，將總部遷到了雲南昆明。

✦　　倫敦的中銀鑰匙　　✦

1944 年時，利家成員多已遷至重慶，暫保安全。利銘洽一家仍在新會嘉寮，利榮傑則是與親母繼續留守香港。至於利舜英，當時仍音訊杳然，利家人並不知道她和端納還被日軍扣在菲律賓呂宋島上的洛斯巴尼歐斯拘留營（Los Baños Camp）裏。此時唯有一人不在東亞，那就是被中國銀行派駐倫敦的利榮森。

香港淪陷後，中國銀行的駐港人員皆須撤回重慶。1942 年，利榮森經曲江把六弟利榮康帶到桂林後，就前往重慶的中銀總行報到。利榮森在中銀總行的國外部顯然表現傑出，人也非常可靠，[81] 所以 1943 年夏，貝祖詒就將他和清華大學畢業的國外部同事劉本昆，一同派往中銀的倫敦經理處歷練。[82] 貝祖詒在給中銀倫敦經理處主任寫的有關兩人的介紹函中，特別交代當地主任：

> 要給他倆機會去熟悉銀行業的所有操作程序，例如賬單、信貸、借貸、折扣、支票清算制度（clearing system）、會計等等，以及其他現代銀行業的新發展。在某些適當時刻，他們也應該獲准前往米特蘭銀行（Midland

Bank）[83] 或任何其他主要的銀行機構，以研習其組織、管理、設備，或任何他倆感興趣的銀行業運作領域。[84]（作者中譯）

然而利榮森或許並未料到，戰時國際交通再怎麼不便，他和劉本昆由重慶前往倫敦的旅程，竟要耗上約三個半月之久。從相關文獻可知，利榮森應該是在 1943 年 7 月 17 日或隨後的數天裏，由重慶出發，[85] 但他只能先搭機飛越喜馬拉雅山脈去英屬印度，再從印度的海港出發，航向倫敦。利榮森的獨子利乾，從小就聽父親分享過這段曲折經歷：

> 中國銀行派了父親去英國。要怎麼去英國呢？他當時在四川，要先從重慶搭機飛「駝峰」航線，越過喜馬拉雅山脈去印度，這是一條危險的航線……到了印度，是哪個港口不記得了，要再搭船去英國。不過英國海域被德軍封鎖，船要等到有軍艦護航時，才能出發……天天等，天天吃咖喱，抱著救生圈睡覺。等了好像六個月吧，把咖喱都吃膩了。我記得小時候，他就能分辨這是 Madras 咖喱，那又是甚麼咖喱，這是「乾」的，那是「濕」的……某一晚，有人喊：「嘿，上船囉！」他就提著行李箱，上船到了英國。還好沒被潛水艇擊沉。[86]

幾經周折，1943 年 11 月 5 日，利榮森終於抵達倫敦。[87] 倫敦是二戰前的全球金融中心，中國的國際調撥與匯兌款項，當年多是由倫敦的銀行經手。所以香港分行之外，中銀在海外開設的第一家分支機構，就是這個 1929 年張嘉璈任總經理時辦成的倫敦經理處。二戰期間，倫敦經理處既是集中調撥中銀總行及各分支行外匯資金的樞紐，對支持中國外貿關係重大，也是重慶國民政府爭取僑匯的重要窗口，尤其是在 1942 年東南亞各華僑聚居地都被日軍佔領之後。

倫敦經理處當時設在恩典堂街（Gracechurch Street）85 號，算是位於鬧區，離泰晤士河不遠，利榮森的身份是中銀國外部的會計股副主任。[88] 1944 年 8 月，他被派暫時代理倫敦經理處的會計職務；[89] 1945 年 3 月 24 日，中銀就讓利榮森補實，並改稱該職務為倫敦經理處的會計主任。[90] 所以簡單地說，利榮森在倫敦主要負責管錢，而貝祖詒給他派這項任務時，顯然是出於對其操守的絕對信任。

Bank of China

HEAD OFFICE—FOREIGN DEPARTMENT
CHUNGKING

July 17, 1943.

Messrs. T. Y. Lee, Agent &
F. W. Gray, Co-Agent,
Bank of China,
LONDON.

Dear Messrs. Lee & Gray,

This is to introduce to you the holders of this letter Messrs. Lee Jung-Sen & Liu Pen-kun, who have been transferred to London by order of our Head Office.

Messrs. Lee & Liu joined the Bank in 1940 and 1939 respectively, and have since proved to be very helpful to our Foreign Department. I have, therefore, much pleasure in recommending them to your care and trust that they will be instrumental in relieving your over-burdened routine.

Furthermore, it is my desire that upon their joining your office, they should be given a chance to get acquainted with all banking procedures, such as bills, credits, loans, discounts, clearing system, accounting, etc. as well as any other modern banking developments. At some suitable time they should also be allowed to go to the Midland Bank or any other leading banking institutions to study their organisation, management, equipment, or any other aspects of banking in which they may be interested.

I shall be glad to hear from you regarding the progress of their work in your office as well as their training in general.

Yours sincerely,

Tsuyee Pei.

◎ 貝祖詒給中國銀行駐倫敦經理處主任信函，介紹中國銀行派駐倫敦的兩位新人員，即利榮森與劉本昆。

利乾就提到父親曾親口對他說，自己在倫敦時「手握保險箱的鑰匙」，而這裏頭有「全中國的外匯」。[91]

利榮森在戰火依然熾熱的抗戰下半場，得以遠赴倫敦在金融領域歷練，無疑十分幸運，而他也非常珍惜這個機會。這段倫敦歲月，對利榮森未來人脈網絡的建構，也相當關鍵。二戰時滯留倫敦的香港才俊和世家子弟不少，簡東浦家族的簡悅慶、愛丁堡大學畢業的楊景煌醫生、[92] 時任英國某鐵路公司助理工程師的司徒惠、賴際熙之子賴恬昌等，都是利榮森在倫敦時往來頻密的好友，尤其是在異鄉做菜聚餐的場合。利榮森跟兒子憶往時，就愛提到當年在倫敦，偶會收到家人從中國寄去的臘腸、豆豉、柚皮等傳統家鄉美食，如獲至寶，要分好幾頓吃。此時朋友們就會聚攏到他的住處，煮飯分食。不過據說英國當時難找大米，所以大夥退而求其次，只能吃上薏米飯。[93]

倫敦數年，利榮森也應胞兄利孝和的要求，定期拜訪時任滙豐主席兼總司理的摩士，[94] 並常去牛津郡代利銘澤與利孝和探訪他們早年的監護人邱吉爾夫婦（Sperry, 2009: 236）。邱吉爾夫婦的戰時歲月，想必難過：么兒巴斯特，1942年命喪英國在地中海的軍事行動；長子傑克，一度也遭德軍俘虜關押，倖免於難。利榮森亦謹遵貝祖詒的要求，接觸英國銀行界，認真研習其運作。多年過去，1990 年代初，當利德蓉應牛津大學某學院的高桌晚宴（high table dinner）之邀擔任嘉賓時，同桌的另一位嘉賓，是已經退休的英倫銀行前行長 Gordon Richardson。[95] 兩人之間，開始了以下這段有趣的對話：

他問我：「噢，這位科學家，您來自哪裏？」

「Well，我是個來自香港的華人。」

然後他說：「我只認識一位中國人，我們多年前共事過。他叫 J. S. Lee〔利榮森〕。」[96]（作者中譯）

❖　返港　❖

回到重慶。1944 至 1945 年間，利家人的生活依然不易，尤其是還在學齡階段的
大孩子。幾個大孩子，包括利漢釗，先是去了一家離重慶船程約兩個小時的中學
寄宿，不過到了 1945 年的暑假，利漢釗和利舜娥都決定報考慕名已久的南開中
學。入學試競爭激烈，利漢釗仍順利考上。利孝和後來託人安排，讓利舜娥也進
了南開中學。不過未幾抗戰勝利，利銘澤與利孝和就決定讓利漢釗留在重慶，續
讀南開中學，利舜娥則是隨大隊由陸路返回香港。[97] 因為要將利漢釗獨自留在重
慶，利孝和就先作安排，返港前帶利漢釗去見了上海商銀在重慶的某位負責人。
介紹完畢，利孝和就請對方在利漢釗需要用錢時，代為幫忙。後來利漢釗要交學
費，就去找他，此人則請利漢釗逕去找重慶分行的某某經理，馬上了事。[98]

1945 年 8 月 6 日及 9 日，美軍在廣島和長崎各投下一枚原子彈後，中英兩國都
知道日本即將投降，遂各自準備接收香港。英國立刻組織了一支由夏慤（Cecil
Harcourt）海軍少將率領的艦隊，從太平洋開往香港，英軍服務團也派人自澳門
潛入香港，密令仍身處赤柱拘留營內的港英高官，準備從日軍手中接管香港。與
此同時，國民政府則試圖自廣西派兵，從陸路接管香港。1945 年 8 月 15 日，日
本終於向盟軍無條件投降，但駐港日軍卻尚未確定該向誰投降。英方最終獲美
國總統杜魯門（Harry S. Truman）支持，要對香港恢復殖民管治。8 月 30 日，
夏慤的艦隊抵港，成立軍政府，並於 9 月 17 日正式接受日軍投降（鄭智文，
2015）。

而就在中、英雙方爭奪戰後香港管治權的關鍵時刻，利銘澤、利孝和昆仲再度以
實際行動，證明了利家的非凡影響力：他倆應是在 1945 年 9 月間，[99] 各領著自
己的親生母親張門喜、黃蘭芳，搭上了英相邱吉爾派駐重慶之特別代表魏亞特將
軍的同一班飛機，由重慶先飛回香港，以協助香港的重建工作。而據利漢釗轉述，
利銘澤提到英國人當時還讓他們「幫忙帶了很多現金回香港的滙豐銀行」。[100] 返
港途中，飛機上的利銘澤與利孝和，心情想必五味雜陳。歷盡三年多的滄桑，除
了喜悅，難掩憂慮：香港還能是戰前的香港嗎？利家還能是戰前的利家嗎？

注釋

1　實際的等候時間未達六個月。下述。

2　訪談利乾，2020 年 9 月 22 日，香港。

3　即今越南北部一帶。

4　北美及夏威夷時間仍是 12 月 7 日。

5　菲律賓於 1898 至 1935 年間為美國屬土，1935 年取得自治地位，並已頒佈自治邦憲法，原擬十年自治期結束後即獨立。

6　即今印尼。

7　英國、中國等同盟國成員，亦隨美國正式對日宣戰；而德國、意大利等軸心國成員，則向美國宣戰。

8　見 1943 年 7 月 16 日，重慶的利孝和致倫敦滙豐銀行的摩士（Arthur Morse）函，滙豐檔案資料。

9　事實上，中銀總行的大部分處、室，都在抗戰前期轉移到香港辦公。見《大公報》在中銀香港成立百周年前夕發表的〈中銀香港的奠基人貝祖詒〉一文，2017 年 8 月 23 及 30 日。

10　訪談利乾，2020 年 9 月 22 日，香港。利、貝兩家素有交情，但它是否始於貝祖詒在 1918 至 1927 年間擔任中銀香港分行經理之時，則至今不詳。在利乾的印象中，貝祖詒一家不僅租住過利家的禮頓道物業，還住過利行。國際知名的建築師貝聿銘是貝祖詒長子，1917 年生於廣州，一歲時就隨父遷居香港，在香港度過童年。貝聿銘曾入讀香港的聖保羅書院小學，或許因為利、貝兩家早有交往，而與大他兩歲的利榮森認識。利銘澤與利孝和早在 1920 年已赴英倫留學，反倒不太可能認識小童貝聿銘。

11　'Deson C. Sze, Retired from Brokerage Firm; Son of an Ambassador', *The New York Times*, 6 May 1979, p.36.

12　鄭觀成夫婦的獨子鄭漢銘生於 1940 年 6 月，當時張門喜還曾依黃蘭芳的要求北上上海，去幫利舜華照料幼兒。依此推斷，鄭家三口應是在 1941 年初或再晚一些，才南遷香港。

13　利銘洽的妻子梁琇珊早逝，遺下一子一女，即利漢釗與利慶雲。利銘洽再娶唐麗蕙後，又誕下兩子漢楨、漢輝和兩女慶茵、慶萱。不過香港淪陷前，利慶茵與利慶萱都仍未出生。

14　見 1942 年 9 月 4 日，廣州灣的利孝和致倫敦滙豐銀行的摩士函，滙豐檔案資料。

15　見 2012 年時，利蘊蓮與利乾在香港訪談利漢釗的內容，確切日期不詳；以及 2020 年 11 月 30 日，美國新澤西州的利漢釗就訪談問題所作的錄音回覆。

16　利漢釗的記憶是大屋被兩顆砲彈擊中，利孝和的說法卻是四顆，這裏從利孝和之說。見 1942 年 9 月 4 日，廣州灣的利孝和致倫敦滙豐銀行的摩士函，滙豐檔案資料。

17　同上。

18　見 2012 年時，利蘊蓮與利乾在香港訪談利漢釗的內容，確切日期不詳；以及 2020 年 11 月 30 日，美國新澤西州的利漢釗就訪談問題所作的錄音回覆。

19　該藏品是利希慎在 1926 年時，透過東方滙理銀行的買辦好友何穎泉購入，詳情可見（利德蕙，2011: 50）。利家後來將它捐給了香港中文大學的文物館。

20　見 2012 年時，利蘊蓮與利乾在香港訪談利漢釗的內容，確切日期不詳；以及 2020 年 11 月 30 日，美國新澤西州的利漢釗就訪談問題所作的錄音回覆。

21　廣州陷落後，地處粵北的曲江，就成了廣東省的臨時省會。不過英軍服務團在曲江成立數月後，就進一步後撤至廣西省的桂林（香港里斯本丸協會，2009: 23）。

22 徐家祥是香港華仁書院及九龍華仁書院的創辦人徐仁壽第三子，後來被賴廉士吸納為英軍服務團的情報員。二戰後，1948 年，徐家祥成為港英時代的首位華人政務官（時稱官學生），六七動亂期間擔任過署理華民政務司。此後徐家祥又當過徙置事務處處長，1971 至 1973 年間成為勞工處處長。

23 「李漢錦」（Li Hon Kam）和「李漢池」（Li Hon Chee）都是音譯，正確與否待考。

24 這段文字的原文如下：'Soon I was asked to have a chat with the Chinese gentleman, who then told me that his name was Lee Ming Chak〔利銘澤〕, but he would not mind my addressing him Dick Lee... I soon discovered that he was one of the sons of the well known late Lee Hysan, the sole owner and proprietor of the Lee Theatre and the Lee Garden Recreational Park at Causeway Bay in Hongkong, a very wealthy man; in fact a Legend in his own time. I also learnt that Dick Lee was a graduate of Oxford University, and had been working as an Adviser to a State owned and operated China Tea Corporation. He questioned me in great details about the routes I had taken to come out from the Japanese occupied Hongkong. He was particularly interested in the parts close to the 'Sino British Border', otherwise referred to as 'No Man's Land'. He showed great interests in the 'Red Army' or the 'Communist Guerrilla' which I mentioned in connection with my short stay at Li Long. He asked if I had met, in particular, Tsang Sang and Wong Chok Yiu, the almost legendary Top Men reputed to be in charge of the Communist Guerrillas in that area. The fact was, I did not, and I never had. In fact I had not even heard of their existence until then. Hearing that my home was in Fanling, he asked if I knew his friends, Mr.Li Hon Kam and Li Hon Chee, two brothers of the well known wealthy Li family in Fanling... The interview lasted for about half an hour.'（Tsui, 1989）

25 伍英才是黃瑤璧表姐林美娥的丈夫。伍英才之子伍衛權，後來成了黃瑤璧之女利德蕙的夫婿。

26 1938 年 10 月日軍發動廣州戰役後，曾經攻佔惠州。不過同年 12 月，日軍就為了收縮戰線，撤出惠州城，只佔據東江下游地區的部份城鎮。

27 亦見 2020 年 11 月 30 日，美國新澤西州的利漢釗就訪談問題所作的錄音回覆。

28 見 2012 年時，利蘊蓮與利乾在香港訪談利漢釗的內容，確切日期不詳。

29 見 2020 年 11 月 30 日，美國新澤西州的利漢釗就訪談問題所作的錄音回覆。

30 同上。

31 見 1942 年 9 月 4 日，廣州灣的利孝和致倫敦滙豐銀行的摩士函，滙豐檔案資料。

32 視訊訪談利美娟，2020 年 10 月 28 日，香港—美國波士頓。

33 許愛周本人就是在當年的法國租借地廣州灣成長，廣州灣是他的商業基地。1930 年代，許愛周成立順昌航業公司，發展中國沿海及內河的運輸業。二戰期間，廣州灣因法國維琪政府與日本的友好關係，成為中立區，令許愛周的航運業務更盛。

34 見 2012 年時，利蘊蓮與利乾在香港訪談利漢釗的內容，確切日期不詳。又，陸雁群系出名門，祖父陸潤卿是香港廣東銀行的創辦人之一，父親陸文瀾則當過宋子文的私人秘書，後出任廣東省稅務局長。

35 黃蘭芳在家中排行第三，上有一姐一兄。

36 見 2016 年時，利蘊蓮與利乾在香港訪談利漢楨的內容，確切日期不詳。

37 訪談利漢輝，2021 年 5 月 10 日，香港。

38　見 2016 年時，利蘊蓮與利乾在香港訪談利漢楨的內容，確切日期不詳；以及 2022 年 2 月 5 日，作者對利漢楨的訪談，香港。

39　同上。

40　見 1943 年 7 月 16 日，重慶的利孝和致倫敦滙豐銀行的摩士函，滙豐檔案資料。由信中語氣可見，利孝和對自己能夠在戰時重慶達成這類特殊安排，頗感自豪，並將之歸功於利家的強大人脈：'By dint of much string pulling I managed to get them on to a plane from Kweilin and by still greater exertions I have got a two roomed flat which is in the course of completion. Such is the Vast Influence of the Lees!!' 又，從二戰時利孝和與摩士之間這類推心置腹的私函可見，兩人交情甚深，關係應在摩士與利銘澤之上。關於利孝和為母親和胞妹做的搭機安排，亦可見（Sperry, 2009: 235）。

41　黃瑤璧是因為追隨他們家到桂林的兩位女傭打算辭工，才決定在她倆未離開前，孤身返港，將埋在大屋後院的珠寶掘出帶走。黃瑤璧認定，這兩位女傭知道她的藏寶地點（利德蕙，2011: 102）。

42　「標準軌」是指採用國際鐵路聯盟於 1937 年制定的 1,435 毫米標準軌距的軌道。目前全世界的鐵路，逾半是標準軌。

43　侯家源曾考取清華學校的官費留學生資格，赴美國康乃爾大學研習土木工程，獲該校碩士學位後在美國實習，1921 年回國。他在 1939 至 1945 年間，擔任黔桂鐵路工程局局長兼總工程師，同時兼任滇緬鐵路的工程督辦。侯家源後隨國民黨勢力於 1950 年赴台，擔任過台灣省政府的交通處處長。

44　金城江現為廣西河池市內的一個市轄區。

45　譬如南京第二歷史檔案館所藏、題為「黔桂鐵路特別黨部成立經過及辦事細則、組織簡則和黨員通訊實施辦法與會議紀錄」的一份資料，就提到利銘澤是國民黨「黔桂鐵路特別黨部」的委員，分別在 1943 年 1 月 30 日及 4 月 30 日出席了黨部會議。而在其中一次工作會議中，利銘澤還就獨山段通車典禮的安排做了報告，會議節錄如下：
利委員銘澤報告：關於本路通車獨山慶祝典〔禮〕，本部準備參加電影幻燈畫展等節目，擴大慶祝一案，本人已與桂林英使館電影宣傳處商妥，屆時可在獨山放映第二次世界大戰影片。（中國第二歷史檔案館，全宗號 717 ／目錄 4 ／案卷號 1237。未標註頁碼。）

46　廣西宜山縣於 1993 年獲撤縣設為宜州市，再於 2016 年底成為河池市宜州區。今天的河池市下轄兩個市轄區，除了宜州區，另一個市轄區即金城江區。

47　見 2012 年時，利蘊蓮與利乾在香港訪談利漢釗的內容，確切日期不詳。

48　「一號作戰」即豫湘桂戰役，主要的戰略目標，是要將日軍在華所佔的北、中、南幾大塊領土連接起來，打通大陸橋，以利日軍從華北直通中南半島。桂柳會戰是日軍一號作戰的最後階段，除了攻打桂林、柳州、南寧等廣西城市，日軍也要摧毀設在該地區的美國陸軍航空隊基地。

49　利舜華在上海時，健康已經不佳。1939 年 4 月 19 日，旅居上海的利舜賢給胞兄利孝和寫的家書中就提到，利舜華一度瘦弱得只剩 91 磅體重。

50　劉一鳴、龍先緒在《貴陽文史》上發表的〈民主人士羅次啟先生〉（2007）一文，或可說明利銘澤一家是在 1943 年底離開獨山。該文提到，羅次啟身為中國遠征軍第 66 軍第 28 師的特別黨部書記，在 1943 年奉派至宜山督導黔桂鐵路的獨山路段，「次年〔1944 年〕元月，羅次啟從獨山奉調到柳州接任利銘澤督導的柳州—南丹段」。不過此文所指利銘澤和羅次啟先後督導過的黔桂鐵路路段，或有錯誤。黔桂鐵路是以柳州為起點修建，並非始於貴陽，所以應是先南丹後獨山。

51　袁耀鴻當時是在貴陽的某家戲院當經理（利德蕙，2011: 106）。

52 見 2012 年時，利蘊蓮與利乾在香港訪談利漢釗的內容，確切日期不詳。

53 張門喜偶爾也會到天壇新村那裏小住（Sperry, 2009: 235）。

54 視訊訪談利宗文（利榮康之子），2024 年 4 月 29 日，香港—美國德州聖安東尼奧市（San Antonio）；2020 年 11 月 30 日，美國新澤西州的利漢釗就訪談問題所作的錄音回覆。

55 視訊訪談利宗文，2024 年 4 月 29 日，香港—美國德州聖安東尼奧市。利宗文強調，關於其父在緬甸戰役裏的種種事跡，都是他小時候從父親在香港的前戰友處聽來，目前尚無法證實。

56 同上。

57 即利希立之女萍三。

58 見 2012 年時，利蘊蓮與利乾在香港訪談利漢釗的內容，確切日期不詳；以及 2020 年 11 月 30 日，美國新澤西州的利漢釗就訪談問題所作的錄音回覆。

59 利孝和在二戰前，就與滙豐銀行的多位高層交情匪淺。日軍攻佔香港後，1943 年 6 月，利孝和的老朋友——滙豐總司理祁禮賓，不幸因故被日軍送入赤柱監獄，兩個月內即病死獄中。不過利孝和的另一位摯友摩士，戰時在倫敦主持滙豐業務。換句話說，戰時滙豐的最高層熟識利孝和。

60 抗戰爆發後，原任中國駐英大使的郭泰祺，於 1941 年 4 月接替王寵惠出任外交部長。不過同年 12 月，郭泰祺就突然被免去外交部長的職務，改任國防最高會議外交委員會的主席。

61 據當年同住天壇新村的利漢釗說，利孝和在天壇新村的住處，其實訪客不多，所以郭泰祺多次來訪，說明兩人相當親近。又，陸雁群當時亦隨家人輾轉遷到了重慶，偶爾也會到訪天壇新村。見 2012 年時，利蘊蓮與利乾在香港訪談利漢釗的內容，確切日期不詳；以及 2020 年 11 月 30 日，美國新澤西州的利漢釗就訪談問題所作的錄音回覆。

62 莊得之名莊錄，字得之，江蘇武進人，清末洋務派官僚出身。他是盛宣懷姨太莊德華（莊畹玉）的堂侄，曾在盛宣懷手下辦事，又當過商禮和洋行的買辦。又，盛宣懷是中國紅十字會的首任會長，莊得之也因此在 1920 年代，當過七年的中國紅十字會總辦事處理事長（傅亮，2019: A3）。

63 陳光甫的這 5,000 元，部份還是莊得之代他先墊付的（許敬，2016: 148）。

64 孔祥熙和陳光甫也有私誼，稍後也代表孫中山出資一萬；而宋氏家族的大家長宋耀如（宋嘉澍），出於他與盛宣懷的私誼，也出資五千。上海商銀的股本，遂升至 20 萬元（許敬，2016: 148）。

65 李銘畢業自日本的山口高等商業學校，修讀的專業是銀行學。他比張嘉璈年長兩歲。

66 1915 年，浙江銀行改組為浙江地方實業銀行，李銘任上海分行經理。1923 年，浙江地方實業銀行一分為二，分成浙江地方銀行與浙江實業銀行，李銘任浙江實業銀行的總經理。

67 浙江興業銀行的總經理徐新六，和這三位巨頭也都熟識，年齡亦相若，惜 1938 年 8 月 24 日，他與交通銀行董事長胡筆江搭機從香港飛往重慶途中，在廣東上空遭日本軍機追擊，雙雙遇難身亡。

68 1935 年 3 月，財政部長孔祥熙決定改組中國銀行與交通銀行，強制這兩家銀行增發股票，再由政府以公債購買。此後中國銀行即被官股控制，張嘉璈的中銀總經理一職，亦由宋子文取代，中銀再無獨立自主可言。

69 新的《中英平準基金協定》與《中美平準基金協定》，其實早在 1941 年 4 月就已簽署，但因中方對委員會的人選有意見，委員會一直拖到 1941 年 8 月才正式成立（吳景平，2013）。

70 英國駐華大使館原財政顧問。

71　美國哥倫比亞大學經濟學教授。

72　利孝和後來常以「銀行家」的身份自許，而較少以大律師的專業資歷示人。譬如 1960 至 1970 年代，利孝和往往會在各類登記文件的職業一欄，填上 banker 一詞，而非「大律師」或「公司董事」。

73　見 1943 年 7 月 16 日，重慶的利孝和致倫敦滙豐銀行的摩士函，滙豐檔案資料：'Since I last wrote you, I have got myself very busy. I am with Mr K.P. Chen, the Chairman of the Stabilization Board, whom I expect you know. He is a particularly kind and able man and we have become really old friends. I now find myself much involved in monetary and currency problems of China. I have always been greatly interested in economics as a subject of study and I feel myself most fortunate to have such an opportunity to look at so many vital and practical problems at such close quarters – and in association with a man of K.P. Chen's experience and prestige. I am doing a great deal of work, most of which is interesting and, I believe of special value to me in the future.'

74　見 1944 年 6 月 3 日，重慶的利孝和致倫敦滙豐銀行的摩士函，滙豐檔案資料。該屆上海商銀的董事會共有常務董事七人，惟四人當時身在美國，所以身處重慶的利孝和，責任重大。

75　檔案編號為 3/1609/4。

76　'R.C. Lee served with British Intelligence in Chongqing…' (Stokes & Stokes, 1987: 127)

77　二戰期間，英國陸軍部共有多達 19 個軍事情報處。這當中，有些其實是由其他政府部門臨時編入軍事情報總處，譬如原本負責國內反間諜工作及政府內部保安的安全局（Security Service），就是從內政部暫時編入軍情系統之中，並重啟「軍情五處」這個一戰時使用過的代號。簡言之，軍情五處在二戰時，是負責英國本土及屬地的反間諜及內部安全工作。（香港里斯本丸協會，2009: 22-23）

78　電話訪談利德蓉，2021 年 10 月 29 日，香港—瑞士。又，訪談過程中，在場的利乾表示，有人也曾跟他提過這一點，但至今無法證實。

79　電話訪談利德蓉，2021 年 10 月 29 日，香港—瑞士。魏亞特與利銘澤的深厚情誼，還表現在 1950 年代利德蓉去英國上中學時，他會代利銘澤關照利德蓉，並在利德蓉申請牛津大學時，為她親自撰寫推薦函。

80　電話訪談利德蓉，2021 年 10 月 29 日，香港—瑞士。利德蓉指出，這是父親利銘澤去世後，當年的事件親歷者寫信告訴她的細節：'So actually after he died, I had letters… and then some of the letters that came in, was "the first time I met Richard Lee, he was disguised as a peasant, as I crossed the border."'

81　見 1943 年 7 月 16 日，重慶的利孝和致倫敦滙豐銀行的摩士函，滙豐檔案資料。利孝和在信中拜託摩士，請他在利榮森抵達倫敦後，多多關照他，並提到利榮森自大學畢業後，就加入中銀的國外部，誓以銀行業為其志業。利孝和又在這封信裏，簡略提到了利榮森在中銀內部獲得的評價：'I understand that he is very highly thought of in his Bank, and his special selection to go to London at this time has pleased everyone concerned.'

82　見 1943 年 7 月 17 日，中銀重慶總管理處國外部的貝祖詒致中銀倫敦經理處的主任 T. Y. Lee 及 F. W. Gray 函。劉本昆比利榮森早一年（1939 年）入職中銀，原是在中銀的上海分行工作。1949 年中國政權更替後，劉本昆獲中銀總行任命為倫敦分行的襄理。1967 年，他和英籍太太回國，被分配到中銀總行的國際部工作。文化大革命結束後，劉本昆官至中國人民銀行總行的國際部副總經理。見〈揭秘 1967 年周恩來一筆 1.2 萬英鎊存款之謎〉，《南方網》，2019 年 12 月 3 日：http://zhouenlai.people.cn/BIG5/n1/2019/1203/c409117-31487689.html

83　米特蘭銀行曾是英國四大銀行之一，1992 年被滙豐銀行全面收購，1999 年易名為英國滙豐銀行。

84 見 1943 年 7 月 17 日，中銀重慶總管理處國外部的貝祖詒致中銀倫敦經理處的主任 T. Y. Lee 及 F. W. Gray 函。

85 見 1943 年 7 月 16 日，重慶的利孝和致倫敦滙豐銀行的摩士函，滙豐檔案資料；以及 1943 年 7 月 17 日，中銀重慶總管理處國外部的貝祖詒致中銀倫敦經理處的主任 T. Y. Lee 及 F. W. Gray 函。

86 訪談利乾，2020 年 9 月 22 日，香港。

87 見利榮森二戰時在英國持有的身份證（Identity Card），利家家藏史料；以及 1943 年 11 月 12 日，倫敦滙豐銀行的摩士致重慶的利孝和函，滙豐檔案資料。

88 見 1943 年 8 月 6 日，中銀總管理處總秘書給利榮森發的通知書。當時他已身在印度，正候船前往倫敦。

89 見 1944 年 8 月 1 日，中銀總管理處總秘書給利榮森發的通知書。

90 見 1945 年 3 月 24 日，中銀總管理處總秘書給利榮森發的通知書。

91 訪談利蘊蓮、利乾，2020 年 9 月 11 日，香港。

92 楊景煌在 1946 年即獲選為倫敦的皇家內科醫學院院士。

93 訪談利乾，2020 年 9 月 22 日，香港。

94 見 1943 年 7 月 16 日和 1944 年 6 月 3 日，重慶的利孝和致倫敦滙豐銀行的摩士函；以及 1943 年 11 月 12 日和 1944 年 8 月 8 日，倫敦滙豐銀行的摩士致重慶的利孝和函。滙豐檔案資料。

95 Gordon Richardson 是在 1973 至 1983 年間，擔任英倫銀行的行長。

96 電話訪談利德蓉，2021 年 10 月 29 日，香港—瑞士。

97 見 2012 年時，利蘊蓮與利乾在香港訪談利漢釗的內容，確切日期不詳。

98 同上。

99 利德蕙説此行是在 1945 年 8 月（2011: 109），惟對照香港當時的事態發展，兩人幾乎不可能是在 1945 年 8 月返港。駐港日軍是遲至 8 月 28 日，才決定向英方投降；而夏愨率領的英國艦隊，也是晚至 8 月 30 日才抵達香港。

100 見 2012 年時，利蘊蓮與利乾在香港訪談利漢釗的內容，確切日期不詳；以及作者與利德蓉的電話訪談，2021 年 10 月 29 日，香港—瑞士。不過關於飛機上的利家乘客，利漢釗説的是「利銘澤、利孝和、黃蘭芳、利舜賢」，利德蓉的説法則是「利銘澤、利孝和、黃蘭芳、張門喜」。本文從後一説法。

◎ 堅尼地道 74 號大屋

11

❖

重整家業

我親愛的 Arthur：[1]

收到吾兄 Dick[2] 的一封信，告訴我他已經和你、芬域[3] 及艾丹遜[4] 談過有關利希慎置業公司的事。他說你認為該把一定數量的舊式房屋賣掉以變現，更專注於在利園（內陸地段 29）開發現代樓房。我完全同意這項政策，這事在我的腦海裏已縈繞多年。如你所知，到目前為止，這就是個耐心等候有利市場的問題……。[5]

—— 1946 年 8 月 9 日，人在巴黎的利孝和致滙豐銀行主席兼總司理摩士（Arthur Morse）函

1945 年 8 月 15 日，日本宣佈無條件投降，香港重光，由夏愨少將率領的英國艦隊在 8 月 30 日抵達香港，9 月 1 日即成立以他為首的軍政府。人在重慶的利銘澤、利孝和昆仲，則應是在軍政府成立的同一個月，就與英相邱吉爾派駐重慶的特別代表魏亞特中將搭同一班專機，由重慶直飛香港啟德機場。至於留在中國內地的其他利家成員，則是要晚至 1946 年，才陸續經陸路及水路返回香港。[6]

港英當局顯然很信任利銘澤與利孝和，也希望利家身為香港的大地主，能夠協助戰後重建；兄弟倆則是急於回香港去修整大屋、重建家業。利家成員在二戰時離散，曾經分頭避居或受困於多地。最多人選擇的路線是西去桂林，但這個「桂林大隊」，因面對日軍不斷地向西南方進逼，不得不一路後撤，最終在重慶重新匯合。利舜華與夫婿從桂林撤得晚，已經沒法再往西走，只得帶著幼兒鄭漢銘一路南下。利銘洽一家回鄉，在新會嘉寮蟄居，溫飽無虞；利舜英被日軍扣在菲律賓的拘留營，卻是飢腸轆轆，艱苦度日。而已經撤到重慶工作的利榮森，後來銜中國銀行之命派駐倫敦，得以暫離中國戰區。家族裏僅蘇淑嫻、利榮傑母子選擇留港不走，經歷了日據三年八個月的全過程。

❖　　戰時守業　　❖

利家在香港擁有龐大的不動產，戰時無法「帶走」，且黃蘭芳年逾六十，健康不佳，不宜遠行，所以 1941 年底香港淪陷後，利孝和一度猶豫是否該離港避難。本來他的盤算，是讓一部份家人尤其是年輕的弟妹們離港，自己和母親則留下來守護家業，但香港的情勢惡化太快，最終不得不走。[7] 利孝和的好友祁禮賓，當時已遭日軍控制，但身為滙豐大班，對日軍還有利用價值，故仍擁有一定的人身自由。[8] 祁禮賓在 1942 年 7 月，力勸利孝和帶著部份仍留港的家人快走，這才說動利孝和毅然於 8 月啟行。然而走不了的祁禮賓，翌年就因為安排偷運錢進赤柱拘留營去接濟營內的英國人，遭日方判刑，入赤柱監獄三個月。赤柱監獄的環境惡劣，祁禮賓在獄中也很可能遭到酷刑折磨，1943 年 8 月即病逝獄中。祁禮賓去世後，與利家關係同樣深厚的摩士繼為滙豐大班，[9] 惟戰時只能在倫敦遙控，鞭長莫及。所以日據時代的香港滙豐，一如利家，自身難保。

Re Myself: Since I saw you last I had put in a good deal of successful work onto the Estate. Fen. and I had the most fervent and secret hopes that the tide would at last turn in our favour. Then came the hostilities and we seemed to have been singled out for a rough time. Our own house in Kennedy Road was bombed, receiving four direct hits. I was sheltering about ninety friends and relatives in the house and it was a miracle that not a single person received any injury. The next day they started to shell us and I had to evacuate under actual fire. We took refuge in the cellar of the Theatre around which heavy street fighting developped! Then, before we could get back to our house looters concentrated their attention on to it, and when finally I got back, there was just a bare shell of a house with a lot of bloody corpses lying about. We were, however, determined to see the thing through and although I at once started to evacuate parts of the family into the Interior I had hoped that I and my Mother could stick it out in HongKong. The difficulties of moving the entire family out were great and many . I hesitated particularly on account of my Mother's age and health and although in the absence of Law and Order I could do little for the Estate, I had wished to stand by for any turn of events. It became apparent that conditions were deteriorating very rapidly - the food shortage is already appalling. Finally, in the middle of last month, V.M.G. and Fen urged that I should at once take my Mother and the rest of the family out of H.K. They felt that nothing but harm could come to us if we stayed any longer, so we packed up and, after a most unpleasant journey in a small Japanese boat, arrived here where we found the housing shortage at its most acute state. We are fortunately being given shelter by some good friends. In the meantime, my elder brother, whom you may remember, and a married sister have put up in the outskirts of Kweilin city some kind of wooden huts where their families are living. Being away from the city, the cost of living is cheap and it is comparatively safe. It is my intention to go in and put up some similar hut and settle my Mother safely there. After that I shall be free to fend for myself. The journey in is going to be extremely tough and I am resting the family here for a while before we move off. I have left a skeleton staff and a Chinese solicitor friend who used to be with Wilkinson and Grist in charge of the Estate. Fen. is going to do all he can, so I expect things will be alright.
The Eldon Potters are in the Stanly Camp-they are well. Sloss, I hear, is very seedy. He has been taken into the French Hospital through the efforts of Selwyn-Clarke who is doing a really magnificient job of work on behalf of the prisoners under the most trying circumstances. Dennis Blake is alright. I expect you heard that George Tinson was killed. Hong Kong certainly presents a sad sight and I feel there will be much more suffering. One thing we have been very fortunate in, we have all managed to keep physically fit which is all that matters at this time. Although we seem to have lost everything you may be sure that we have not in the least lost hope and confidence. I hope that you and the Mrs are in the best of health and spirits. Please drop me a line soon. Any communications addressed C/o J.S. Lee, Bank of China. Chungking. would be sure to find me. He is my younger brother who is with that bank in Mr Pei's Office. Wishing you both the best of luck and hoping it will not be long before we can meet again,

Yours very Sincerely,

Harold Lee.

P.S. Will you please drop a line to Dr R.H.Watt, Rosevale, Langholm, Scotland. telling him that Jock Morrison is O.K. and one to Mrs Fenwick. Hillcrest, Kinnoull, Perth. telling her that Fen. is quite alright and well.

P.S. Please ...

◎ 1942 年 9 月 4 日利孝和致倫敦滙豐銀行主席兼總司理摩士函

事實上，利孝和離港前，曾與他「幾乎日日相見」的滙豐高層芬域及莫里森（J. A. D. Morrison），和他有過多次長談。兩人託利孝和離境後，就盡速給坐鎮倫敦的摩士傳話，要摩士務必去找相關的政府部門「設法盡快」將祁禮賓弄回英國。[10] 芬域認為，英國政府或可利用英日雙方的換囚安排，以橫濱正金銀行駐倫敦的經理或哪個日本官員來交換祁禮賓。臨行前一日，利孝和還特地去找祁禮賓談話，確認他本人也很想回國，所以一到廣州灣，就速給摩士寫信。[11] 然而倫敦方面，對此竟無能為力，反倒是芬域和莫里森倆稍後都成功逃脫，1942 年 10 月抵達惠州。[12]

關於利氏家業，利孝和在信中告訴摩士，他在帶領最後一批利家人經廣州灣前往桂林前，已經把公司交託給「少數骨幹職員，和某位曾在高露雲律師行待過的華裔律師朋友」。[13] 利氏家族企業當時已初具集團規模，除了利希慎置業公司及其租務代理利東公司，還有專營利舞臺的民樂公司、從事實業生產的國光製漆公司，以及做進出口生意的「西方貿易公司」（Western Trading Company）。[14] 西方貿易公司本是利銘澤為配合其海南島的墾牧事業而設，1934 年前往海南島開農場時，是由他和徐鏡波出資成立，以利其農牧產品出口到西方國家。不過利銘澤離開海南島後，這家公司依然運作，二戰時還有貿易業務。利家另外還將少量物業放在以公司形式運作的利綽餘堂名下，當年性質以收租為主，算是家族成員共享的基金。[15]

利孝和口中的骨幹職員，首先是指徐鏡波。徐鏡波自 1930 年代起，就肩負統籌及實際運作利氏家族企業之責。徐鏡波是廣州嶺南大學早年的畢業生，歷練豐富、英文甚佳，日據時留守香港，戰後還繼續為利家服務多年。至於民樂公司，總經理袁耀鴻戰時去了華南，戰後才回歸，不過負責利舞臺戲院的經理董梓君仍在香港，由他維持利舞臺的戰時運作。國光製漆公司的主幹人物——首席工程師兼經理梁孟齊，在香港淪陷後也去了華南（陳大同等，1947），徐鏡波遂亦代管國光製漆廠。利希慎置業公司當時最主要的收入，就是租金，而留守的利樹源向來負責租務（利東公司），所以這方面也可以放心。由於蘇淑嫻和利榮傑母子選擇不走，利孝和臨行前，就授權利榮傑幫忙照看利東公司和利綽餘堂，並且跟他明確交代，守業固然重要，保命更重要，不必為了家業違逆日軍。據梁趣沂轉述：

我家婆〔蘇淑嫻〕說她在外面沒親戚，就不走了，留在香港，生就生，死
就死吧……利孝和同大媽〔黃蘭芳〕就說：「你們兩個人不走最好。」就將
利東公司授權給利榮傑打理。「如果日本人來，他們要甚麼，你就任他們
拿吧！只要保住條命。如果沒飯吃，你都有權去賣屋維生。如果業務上有
不明白的地方，就去請教李翰池律師啦。」[16]

梁趣沂是利舜豪的中學閨密，打從 16 歲在利舜豪的生日派對上認識利榮傑後，
就只有再碰過幾次面，並無深交。他倆在日據時代偶然重遇，才開始真正交往。
這段戰時歲月，糧食奇缺，兩人捱得辛苦，唯有苦中作樂。梁趣沂住在跑馬地成
和道的姐姐家，與利榮傑約會時，因港島缺電，往往沒電車、巴士可搭，又嫌三
輪車貴，捨不得花這筆錢，兩人只好徒步從跑馬地走到中環，去香港大酒店飲茶：
「最抵吃就係豆沙包，每個人只限一個，吃個包飲啲茶，返嚟就好開心啦。」[17]

利榮傑在這三年八個月的日子裏，生活低調，戰戰兢兢地守護家業，盼能由始至
終不變賣利家的任何一棟房子。然而香港居民銳減、貨幣貶值和佔領地政府的高
昂稅費，都導致公司的租金收入大減，收支難以平衡。首先，佔領地政府為了應
付香港缺糧而實施的威逼性歸鄉政策，硬是將 1941 年時香港逾 160 萬的人口，
壓到不足 98 萬人（香港里斯本丸協會，2009: 30-31）。其次，1941 年聖誕節駐
港英軍一投降，日本軍政府次日即宣佈以日圓軍票取代港幣，要讓港幣逐步在市
面絕跡，後來更是嚴禁居民私藏港幣。不過港幣與日圓軍票的兌換率，原定是 2
兌 1，1942 年 7 月 24 日起，卻又被粗暴地調降到 4 兌 1，嚴重貶抑了港幣的價值。
1943 年 6 月起，佔領地政府更是禁絕港幣流通，確立日圓軍票為香港唯一的合
法貨幣。惟與此同時，當局卻濫發日圓軍票，導致軍票價值持續低落。此時強制
香港居民換幣，就像是佔領地政府公然劫掠，輕易即可將港人財富大量轉入其手
中。利家的各個企業，自然也難逃貨幣剝削。[18]

利家現存的一份日據時期利希慎置業公司的收入概覽（表 11-1），或能讓人一窺
公司當時的窘況。梁趣沂曾在訪談中提到，利榮傑為了不變賣利家物業，當公司
實在缺錢時，「他被迫將利園山上的所有大樹都砍掉賣錢。」日據時物資普遍匱
乏，燃油尤甚，所以把樹砍了當柴燒，也很能賣錢。戰時缺糧，糧價飛漲，利東

公司麾下的收租佬生活困苦，利榮傑就拿這筆錢來救濟收租佬。[19] 表 11-1 顯示，梁趣沂所言非虛。利希慎置業公司的財務狀況，在 1942 年的日據前期尚可，到了 1943 年全面改用日圓軍票計價後，就開始需要借貸和賣東西了。公司先是在 1943 年跟 H. K. Lee 借了錢，1944 年再跟家族的好朋友羅玉堂[20] 貸款 7,000 日圓，到了 1945 年，更是需要分別從還在盈利的國光製漆公司和利綽餘堂那裏，調來大筆資金。公司賬面上的租金數額，雖可見逐年激增，畢竟只是假象，因為日圓軍票還在持續貶值。不過更引人注目的，恐怕是公司變賣的東西：1943 年賣掉了「舊門板」，1944 年賣掉「舊傢俱」，1945 年則更進一步，被迫賣掉了「利園山上的樹木」。香港重光前夕，利希慎置業公司之窘迫，可見一斑。

表 11-1：1942-1945 年（日據時期）利希慎置業有限公司收入概覽

1942		
By Rental b/d from last year	HK$	1,735.00
Wo Lee Company (Management fee)		585.58
Bank of East Asia		400.00
Sundry receipt		281.28
By Rental (Mar. to Sept. 1942)		11,894.15
	HK$	14,896.01
By Rental (Oct. to Dec. 1942)	¥	2,580.75
Wo Lee Company (Management fee)		300.00
Bank of East Asia		25.05
Sundry receipt		5.10
	¥	2,910.90
1943		
By Rental (Jan. to Dec. 1943)	¥	17,790.09
Wo Lee Company (Management fee)		450.00
Loan from H. K. Lee		2,100.00
Sale of old doors		1,225.00
Sundry receipt		27.64
	¥	21,592.73

1944	
By Rental (Jan. to Dec. 1944)	¥　60,568.83
Loan from Lo Yuk Tong	7,000.00
Sale of old furniture	9,325.00
Shares of Wo Lee Company	3,300.00
Sundry receipt	261.32
	¥　80,455.15
1945	
By Rental (Jan. to Sept. 1945)	¥　87,123.60
Loan from Duro Paint Manufacturing Company	190,000.00
Loan from Lee Cheuk Yu Tong	20,000.00
Shares of Wo Lee Company	4,088.00
Tree (Lee Garden)	6,000.00
Sundry receipt	4,781.30
	¥ 311,992.90

來源：利家家藏史料。作者曾微調表內文字。

說明：HK$ 指港幣，¥ 指日圓軍票。

❖　　家族重聚　　❖

日軍在太平洋與盟軍鏖戰至 1944 年時，敗象已露。1944 年 10 月，美軍開始反攻菲律賓，1945 年 2 月 23 日，又對端納、利舜英和其未來夫婿施伯瑞（Henry Muhlenberg Sperry）被拘禁的呂宋島洛斯巴尼歐斯拘留營發動傘兵突襲，救出了營內所有 2,000 多人（Sperry, 2009: 228-233）。直到此刻，利家才終於獲悉利舜英的下落，深慶她仍活著。由於香港當時仍遭日軍佔領，美軍無法將利舜英遣送回港，就將她先送到美國。在滿載著逾 3,000 婦孺的擁擠運兵船上，利舜英有幸和已故中國駐菲律賓總領事楊光洭 [21] 的太太嚴幼韻 [22] 和她的三個女兒同行，住進她們的艙房，抵達三藩市後，也曾與她們一家短暫同住。在三藩市停留的這段日子裏，利舜英去探訪了同住加州的北京舊識——史迪威將軍次女 Winifred，並在加州大學柏克萊分校研習國語（Sperry, 2009: 238-242）。校園裏某位美國同學的父母——紐南夫婦（the Nunans），往後與她成為終身摯友，而好客的紐南夫婦的三藩市寓所，更是未來每位留美的利家學子途經該市時，短暫留宿的棲身之所。

1945 年 8 月日本戰敗投降，9 月 1 日夏愨就在香港成立了軍政府，恢復英國的殖民統治。此後軍政府一直運作到戰時被俘的總督楊慕琦返港，並於 1946 年 5 月 1 日復位後，才重回文官管治。

香港重光之初，依然缺糧，軍政府遂將糧食、燃料等必要物資列為統制品，管制其來源和價格，不讓商界自由買賣，並從鄰近地區大量進口糧食。米糧會先由軍政府統一採購，然後交零售商照議定的公價配售，居民則必須以配米證購米。此外，基於種種考慮，軍政府對房租、工資等等也實施了公價統制。此後香港逐漸恢復自由貿易，但米糧的配售制仍維持了一段長時間，直到九年後的 1954 年 8 月才功成身退。而 1945 年就與利孝和一道由重慶搭機返港的利銘澤，不久就被楊慕琦委任為穀米糧食統制處的處長（穀米統制官），[23] 可見港英政府對他的高度信任。利孝和也很忙碌，但卻是忙於國民政府的外交工作，1946 年就隨外交官郭泰祺去了紐約，參加聯合國的安全理事會會議。兄弟倆戰後初期各自精彩，下文再述。

戰時在中國內地避難的其他利家成員，除了剛考進重慶南開中學的利漢釗，也都在 1946 年間陸續回到香港。「重慶大隊」主要是搭火車，逐段接駁南下；而在嘉寮新村蟄居的利銘洽一家，則是由江門搭船返港。鄭觀成、利舜華夫婦帶著幼子，最終也從華南輾轉回到了香港，定居於港島禮頓道的利家物業，不再返滬。[24] 回到香港後，利銘洽買了兩艘船，做起香港與內地之間的貨運生意。據說因戰時在廣東鄉下打過游擊，利銘洽在很多方面都有人脈，其船貨通關往往順暢。不過好景不常，1950 年韓戰爆發，中國遭到聯合國以貿易禁運制裁，利銘洽的航運生意也就難以為繼。[25]

戰後初期，香港縱使資源匱乏、百物騰漲，局面卻已迅速安定下來，利榮傑和梁趣沂於是決定在 1946 年 3 月結婚。這是利家戰後迎來的第一場婚禮，此後數年，家族陸續有多位成員結婚，但婚禮不全都落在香港。梁趣沂至今記得，自己當年難得有件新衣可穿，而為了婚禮，她到中環「龍子行」百貨公司去買的一對尼龍絲襪，竟要價 160 元，與同時期一斤米兩毫子的糧食價格差距懸殊。不過這也恰恰說明，夏愨軍政府的米糧統制政策，確實成功平抑了米價。婚禮宴客時，利家

原想預訂的香港會所（Hong Kong Club）二樓，已被同日一場極引人注目的望族聯姻——施玉鑾（Frederick Zimmern）與羅艷基（Doris Kotewall，羅旭龢之女）的婚宴捷足先登，[26] 只好將就在會所的樓頂花園辦個茶會。樓頂的空間較為侷促，所以僅雙方的少數親友能夠參加，形式也很簡單，就是請雙方親友喝茶吃一些茶點，然後主賓演講、切個結婚蛋糕就罷。豈料麻煩事不只一椿：現場請來的某位名攝影師，因為仍在使用戰前留存的菲林，未察菲林已經變質，事後竟無法沖曬出照片來，僅新人在大屋前與親友合拍的幾張黑白照片無恙。此外，利家當時也沒車可用，所幸某位友人之父在日軍南侵前，剛買了一輛新車，結果近四年間都沒有機會用過，戰爭結束時依然「嶄新」，尚可借來當新娘車一用。長兄利銘澤又跟政府借來幾部舊車，讓黃蘭芳等長輩可以搭車前往會所。[27]

同年 7 月，利舜英和施伯瑞在上海結婚。施伯瑞是美國「萬國寶通銀行」（花旗銀行）[28] 的僱員，和利舜英一道自菲律賓的日軍拘留營獲救歸國後，回紐約總部工作過一小陣子，再被派駐上海。張門喜和利舜琹特別前往上海，參加婚禮，但幾位要務纏身的兄長都無法出席。利銘澤只好請人在上海的陳光甫代為證婚，挽著利舜英步入上海聖三一座堂，將她交託給施伯瑞（Sperry, 2009: 248）。[29] 緊接著利舜豪年底出嫁，與她在澳門結識的袁自勉結婚。利舜賢的婚禮則是落在 1948 年，夫婿簡悅慶正是四哥利榮森戰時在倫敦的好友。[30] 而僅僅一年之後，利孝和與利榮森也都陸續成家。兩人的婚禮一在 1949 年 7 月，一在同年的 11 月，恰是中國內戰勝負已分、塵埃落定之時。此時香港空氣中瀰漫的焦慮，已非戰後初期久違的舒暢、輕鬆心情可比。

◎ 1946 年 3 月利榮傑與梁趣沂婚禮

◎ 1946 年 7 月利舜英與施伯瑞結婚照

❖　　利孝和在聯合國　　❖

抗戰期間利孝和在重慶時，就與當過駐英大使及外交部長的郭泰祺相當親近。利
孝和在天壇新村的寓所，訪客不算多，但郭泰祺至少就來過數次。[31] 郭泰祺與陳
光甫熟識，兩人顯然也都欣賞利孝和的才幹，所以二戰結束後，當國際政治重新
洗牌、中國以聯合國創始會員及安理會五大常任理事國之一的身份活躍於這個外
交平台時，英法雙語俱佳且已經具備了一定政經歷練的牛津畢業生利孝和，就因
緣際會，走入了聯合國。

1946 年 3 月 25 日，聯合國在紐約市布朗克斯區內的亨特學院體育館（the Hunter
College gymnasium in the Bronx），召開了第一屆安全理事會會議。[32] 中方代表
郭泰祺，正是這場歷史性會議及其開幕式的主席（Lehman College, 2008）。利孝
和身為郭泰祺的隨員，躬逢其盛，也在會議現場，並於《紐約時報》等國際傳媒
的相關報導中，留下了身影。[33] 郭泰祺請利孝和當他的特別助理，而利孝和稍後
的正式職稱，則是「中國駐聯合國代表辦事處專門委員」。[34]

聯合國安理會在紐約的會議告一段落後，重心即轉到同年 7 月在巴黎召開的和
會。這是二戰落幕後，戰勝國共商如何處置戰敗國（意大利、羅馬尼亞、匈牙利、
保加利亞、芬蘭等歐洲軸心國，但不包括德國及日本）的和會。中方團長是時任
外交部長的王世杰，郭泰祺亦為成員之一，所以利孝和又隨中國代表團出席了巴
黎和會。1946 年 7 月下旬，利孝和先從紐約抵達倫敦，在倫敦待上幾天後才轉
赴巴黎。而他在倫敦短短數天的行程，多少透露了對自己未來事業的方向和期許：
利孝和密集訪友，既去拜訪了英國的太古集團，[35] 也走訪老牌的資產管理與投資
公司 Lazard Frères & Co.，和公司的一位常務董事 Hugh Kindersley 談話等。[36]

與此同時，1946 年 7 月，利孝和在旅途中連任上海商業儲蓄銀行的董事，8 月獲
選為常務董事。[37] 這項上海商銀的高職，顯然並非酬庸。陳光甫為了因應戰後時
局，精簡人事，已在年度股東常會上動議將上海商銀的相關章程改為「本行設董
事長一人，副董事長一人，常務董事二人，總經理一人」。利孝和在這個精簡過

SECRETARY BYRNES ADDRESSES
THE UNO SECURITY COUNCIL

◎ 1946 年利孝和（後排左二）陪同郭泰祺（前排右一）在美國紐約參加聯合國第一屆
安全理事會，照片登上了《紐約時報》。

的五人常務董事會中，將單獨負責「常駐香港」，其他四人則全數留滬，可見利孝和在陳光甫對上海商銀未來發展的設想中，角色甚重。[38] 兩人顯然都已經預見到戰後中國政治情勢發展的不確定性，將為香港迎來大量的流動資金，香港的銀行業必有作為，故須未雨綢繆。[39] 事實證明，上海商業儲蓄銀行後來在香港註冊的「上海商業銀行」，對 1949 年前後逃到香港的「上海幫」企業家的事業發展，助力甚大。

利孝和對自己多年後能夠重訪巴黎，十分興奮，也對巴黎和會興致盎然，自覺在此過程中學到很多。他在給摩士的信中提到：「我被安排參與三個最重要的委員會，是處理有關意大利的程序、整體協調及政治與領土問題。在這三個委員會中，兩個是由我們的外交部長領導，另一個則是由郭泰祺博士帶領。所以很清楚，我不是來這裏度假的⋯⋯。」[40] 隨後他在給陳光甫稍的信裏，又提到「我們對意大利條約草案特別感興趣，而我是隨郭〔泰祺〕博士在條約的政治及領土委員會（Political and Territorial Commission）內工作。王世杰博士在主持和會的全體會議時，也要求我協助他。」[41]

利孝和說他曾想「盡早返港」，以便主持上海商銀在香港的業務，但因為答應過郭泰祺他會全程參與 1946 年的聯合國大會（General Assembly of the UN），而這場預定在紐約召開的大會，已經延至 9 月底才揭幕，他暫時未能抽身。[42] 利孝和牽掛中國經濟的現狀，尤其是對政府貨幣政策紊亂引發的通貨膨脹問題憂心忡忡，不忍民眾受飢。[43] 而他更記掛利家的家族生意，人在海外，也不忘要求徐鏡波將「所有〔公司的〕報告、市場報價和其他相關材料寄到紐約」給他，由駐紐約華爾街中國銀行的施棣生代收。[44] 1946 年 11 月，利孝和還乘隙在回紐約參加聯合國大會前，陪伴到歐洲遊歷的利舜賢和在倫敦工作的利榮森，去歐洲的幾個大城市遊歷一番，然後才出發至紐約。他在紐約至少待到 1947 年 2 月，[45] 旅居紐約時活動仍多。譬如 1947 年 1 月，利孝和就藉機實地考察了紐約金融業日常運作的過程，包括參觀紐約證券交易所，可見其雄心。[46]

利孝和當時雖不在香港，徐鏡波仍持續向他作業務報告。1946 年 7 月，徐鏡波寄到倫敦的一封信，就頗鉅細靡遺地向利孝和交代了家族企業自他離港後的近

況。徐鏡波報告說，利希慎置業公司每個月的租金收入仍非常穩定，不過工人的薪資漲了，而建築材料極為稀缺，所以暫無法大幅度地整修公司物業。香港的人口在戰後高速增長，物業市場非常活躍，很多人都來跟公司探詢租房租地的事。不過租金管制是個大障礙，而利銘澤已多次訴請政府撤銷租金管制。徐鏡波在信裏的總結性意見是：利家應該趁房價高時，將部份物業賣出變現，保留現金，靜待建築成本下降時出手。[47]

徐鏡波誠然也提到國光製漆等其他企業的近況，這方面留待下一章再敘，這裏僅先聚焦於物業市場。二戰前的利家產業，多是由利孝和代母親黃蘭芳處理，利銘澤則經常不在香港。不過戰後初期，利孝和忙於外交工作，反倒是他大部份時間不在香港。利銘澤遂在滙豐銀行裏助意見下，主持利家產業發展的大局。不過滙豐大班摩士還是會和利孝和直接通信，知會並徵詢他的相關意見。基於香港戰後的現實，利家與滙豐在如何及何時開發利園山的問題上，其實已漸趨一致。1946年8月9日利孝和給摩士捎的一封信裏，就討論到了公司戰後發展戰略的問題：

> 我親愛的 Arthur：
>
> 收到吾兄 Dick 的一封信，告訴我他已經和你、芬域及艾丹遜談過有關利希慎置業公司的事。他說你認為該把一定數量的舊式房屋賣掉以變現，更專注於在利園（內陸地段 29）開發現代樓房。我完全同意這項政策，這事在我的腦海裏已縈繞多年。如你所知，到目前為止，這就是個耐心等候有利市場的問題……。[48]

利孝和注意到，利東街或波斯富街的樓房現價甚好，如果能賣出一批可觀的數量，那就應該把握時機。這批舊樓部份其實是在黃蘭芳名下，惟利孝和早已獲得母親法律授權，可代為處理。不過利孝和同時強調，「任何重要的交易，都會先與滙豐仔細商討。」[49] 由此可見，滙豐確實因利希慎身故後給利家提供的鉅額按揭貸款，得以對利家早年的產業經營方向發揮影響。而利家急於趁戰後香港的物業市場興旺時，賣掉一批舊樓，除了要籌資建新樓，也是希望再清掉一部份滙豐的貸款。這筆錢顯然還不足以「移山」，剷平利園山的大事，還要等等。

❖　利銘澤當糧官　❖

日據時期，香港華人社會精英逃的逃、死的死，留在香港的，又有不少被迫或自願地屈從於日本統治者，所以他們的政治忠誠，在戰後歸來的英國人眼中，自然可疑。反觀牛津畢業生利銘澤，太平洋戰爭初起時就為英軍服務團效力，人在重慶時，又似曾協助過中英雙方溝通情報。這樣的一號人物，港英政府自然樂於倚仗。

不過利銘澤返港的第一要務，是重整家業，而這當中最緊迫的一環，就是去跟當局重新登記或補交日據時大量散佚及損毀的地契、屋契、公司申報文件等，以盡早釐清利家龐大物業的產權，免貽後患。戰後利銘澤的第一任秘書江蕙蘭[50]憶述，當年利銘澤常要帶她一起去政府的田土註冊處，尋找各種文件正本（利德蕙，2011: 147）。好在利銘澤的堂叔利樹燊在田土註冊處工作，[51]為他們分憂不少。這項任務最棘手之處，就是利希慎當年大量買入物業時，會分別將它們放在利希慎置業公司、黃蘭芳及利綽餘堂名下，產權歸屬不一，需要費心盤整。

利銘澤接下來要操心的事，一是一如利孝和，思索利家未來的發展方向，另一則是香港的糧米問題。如前所述，夏慤軍政府自始就非常重視戰後香港糧荒的困局，遂以統制糧米的手段來平抑價格、確保供應。英國人首先找來他們信任的羅文錦去當穀米統制官，奠定了米糧配給制度。[52]隨後羅文錦另有要務，無暇兼顧，離職後由夏健士暫代。1946 年 5 月 1 日，楊慕琦復任總督，兩週後（5 月14 日）即任命利銘澤為穀米統制官。[53]穀米統制官並非大官，卻對戰後香港的社會安定十分重要，尤其事涉糧票（配米證），貪污舞弊的空間甚大，港英政府找上利銘澤，顯然也是看重其正直秉性。

利銘澤上任後面對的首個難題，是當時的糧食供應必須由聯合國糧食局統籌，香港難以自主調節。僅僅一週後，利銘澤就必須開記者會宣佈減少居民的配米量，而所缺之糧，會以麵粉補足。[54]香港之所以缺米，正是因為聯合國糧食局只撥給香港兩萬噸米的配額，而香港所需實為四萬噸米。此外，聯合國糧食局又規定

香港只能由東南亞國家供米,但東南亞各國當時能供應給香港的米糧,卻只有 12,000 噸（60%）。港府雖就此提出抗議,情況並未改善。此後配米量還被迫再度減少,需要以增配的餅乾、麵粉補足。

利銘澤面對的第二項棘手難題,是米價正隨著中國內戰越打越烈、香港湧入大量難民而上漲,難以平抑。尤其到了 1948 年,米價和麵粉的價格都開始失控,利銘澤還要想方設法,從泰國和越南進口更多的廉價米。除此之外,他亦須分神化解民間各類騙取官方配給米的手法,並遏止米商囤積居奇。在其苦心經營下,可以說直到 1948 年 5 月他辭去這項義務性質的官方職務前,香港兩年來的米價,雖不免隨國際米糧供應的起伏波動,米糧的配給卻大致穩定、充足,更無舞弊情事。如此表現,既為他贏得民眾讚譽,也進一步確立了港府對他的信任。香港政府為此特別在 1948 年 5 月致謝函,對他大加表揚:

> 頃奉總督面諭,囑向先生代達衷曲,敬謝先生兩年來任糧食統制官時對本殖民地之寶貴貢獻。先生摒捨私務,出任斯職,以其犖犖大材,處理艱巨工作,殊多建樹,勞苦功高,此固總督所深知而又衷心感激者也。先生之出而為社會服務,純屬義務性質,此間社會,荷德良深,謹此奉達謝忱,祗請康祺。香港政府輔政司麥道高敬上。[55]

緊接著 1949 年元旦,英國皇室授勳,利銘澤位列香港七人名單之次,獲頒 OBE 勳銜。讚辭中肯定他出任穀米統制官時,「捐棄其個人之利益,慷慨為地方服務……而政績優越,大有利於香港」。[56] 這項勳銜,無疑是為利銘澤兩年的糧官生涯劃下美好句點,而其糧官履歷,更是他未來一連串公職之始。

◎ 利銘澤與英國亞歷山大公主

❖　留美五人幫　❖

二戰後世界格局劇變，歐洲殘破、美國稱霸，在經濟、民生、教育、科技諸領域都獨領風騷。利家第三代的年輕一輩，遂都開始嚮往去美國而非英國留學，走上一條與利銘澤、利孝和有別的人生路。

利榮傑自華仁書院畢業後，曾與同學李福述、李福慶一道申請過麻省理工學院，惜未能如願，於是入讀抗戰時暫遷香港授課的廣州嶺南大學。時值 1941 年秋，未幾香港淪陷，利榮傑短暫的大學時光即戛然而止。1946 年 3 月婚後，利榮傑仍未放棄赴美深造的夢想，但利孝和勸他三思。利孝和的理由是：利榮傑既已成家，日據時期的表現亦獲肯定，在公司有了位置，不妨安穩地工作下去，大學學歷對他來說或增值有限。利榮傑回家細思，覺得有理，就斷了升學的念頭。[57] 然而利榮康、利舜儀、利榮達和利舜娥都剛剛經歷過三年的顛沛流離，中學上得可謂斷斷續續，好不容易熬到和平之日，都有強烈的願望出洋留學、見識世界。

利家長孫利漢釗的赴美經歷，說來倒是有些迷糊。1945 年夏，利漢釗在重慶考入名校南開中學，緊接著日本投降、抗戰勝利，利銘澤與利孝和決定讓利漢釗獨留重慶，完成在南開的學業再說。轉眼三年高中過去，1948 年臨畢業前，眼見同學個個都嚮往到美國升學，利漢釗也不例外。他去學校的圖書館閱覽升學資料，但館內僅有的美國大學資料，全是哈佛、耶魯、麻省理工學院、加州理工學院等常春藤大學名校的資料，利漢釗對其他的美國大學，其實一無所知。他自承很早就受到大伯利銘澤影響，希望研習工程科系，[58] 看過資料後就挑了「最好的」麻省理工學院，然後給利銘澤寫信，報告其志向及選擇，但利銘澤遲遲未覆。於是南開中學畢業後，利漢釗以為留美無望，就著手準備報考清華大學和上海交通大學。他選擇去兩校設在上海的考場應試，並打算去借住三姑丈施伯瑞及姑姐利舜英家。惟動身前夕，上海商銀駐重慶的那位經理，卻突然接到利銘澤給利漢釗拍去的電報，要利漢釗「現在千萬別去上海，立刻返港」，改去美國教會在廣州辦的嶺南大學唸書，再伺機轉往美國大學。其時共軍南進，華北、華東局勢已亂，

不過在利漢釗看來，這算是利銘澤正式批准他去美國了，心裏反而感到踏實。[59]
回到香港，利漢釗順利考上嶺南大學，就去廣州就學。他和只考進嶺南大學預備
班的利榮達一同待過嶺南宿舍，期間又去考了留美的特備考試，憑著數理科目的
高分優勢，獲麻省理工學院錄取。[60]

1949 年利漢釗準備出發時，利榮森已經從倫敦回到香港，既管家族財政也管公
司實務，基本上已經是「大管家」，所以利漢釗申辦赴美簽證，就是利榮森陪他
去的美國總領事館。由於利榮康和利舜儀在利漢釗之前，已經先去了美國留學
（下述），利榮森對申辦赴美簽證已有經驗。到了美國總領事館，簽證官認出又
是利榮森，就問：「噢，今年家裏又有人去美國啊？」當時麻省理工學院的學費
很貴，要 800 美元一年，簽證官就問利榮森會為利漢釗準備多少錢？利榮森為求
過關報大數，說一年會給利漢釗 3,000 美元。[61] 但其實戰後初期，利家資金並不
寬裕，不能真的給足這筆大錢，所以利漢釗在美留學期間，常在學校工讀，以補
貼費用。美國簽證官批出簽證之日，已是利漢釗的船期，當晚出發。祖母黃蘭芳
特別打電話到利行，召他去大屋吃午飯，幾位大房的叔叔姑姐──利孝和、利榮
森、利舜華、利舜賢，都來同桌吃飯餞行。利漢釗難忘祖母當日的叮囑：「漢釗，
到咗美國，要勤力啲讀書，要慳啲。」[62] 利孝和還特別吩咐了一句：「漢釗啊，
到美國要去唸化學工程，因為我們有一家國光製漆廠。」利孝和還要他找機會去
吃美國龍蝦，說香港這裏可沒得吃。利舜華則是送了他一個藍色的真皮袋子，利
漢釗一直很珍惜，求學時都捨不得拿來用，直到後來就業。[63]

如前所述，利漢釗並非赴美留學的第一位利家人。抗戰後期參軍並在史迪威將軍
麾下當過口譯的利榮康，戰後也是先到廣州嶺南大學肄業，1947 年通過普林斯
頓大學的入學試後，就趕往美國升學。據說史迪威曾提點利榮康，他雖是中國軍
人，但因屬史迪威麾下部隊、當過其口譯員，仍有資格申請美方在《軍人復員法》
（Servicemen's Readjustment Act of 1944, or 'G.I. Bill'）下的補助，所以後來其
實是美國聯邦政府資助了利榮康在普林斯頓大學的學費。[64] 身為利家留美第一
人，利榮康出國時很風光，先是二姐利舜華特地為他在淺水灣的麗都酒店開歡送
會，讓他當晚盡情大秀舞技，出發當天，還有弟妹們全體去啟德機場送行。利榮
康搭的可是泛美航空早期的兩樓「波音 314 飛剪船」（Boeing 314 Clipper），沿

途要停靠菲律賓、關島、夏威夷等地，如此輾轉來到美國。[65] 1948 年，輪到利舜儀出洋赴波士頓研習音樂時，就沒這麼氣派了。利舜儀改搭郵輪，是「美國總統輪船公司」（American President Lines）提供的航線。1949 年當利漢釗去麻省理工學院、利舜娥去波士頓的西蒙斯學院（Simmons College）時，[66] 搭的也是郵輪。「留美五人幫」[67] 的第五人利榮達，則是 1950 年才前往波士頓大學。結果五人幫中，四人去了波士頓，[68] 一人到離紐約市不遠的新澤西州普林斯頓市，都在美國東岸。所以若由香港搭船出發，他們要先橫渡太平洋到美國西岸，上岸後轉搭火車，橫貫大陸，才能抵達東岸。

1949 年利漢釗去麻省理工學院時，就是先搭船到加州三藩市，由施伯瑞、利舜英夫婦和利舜英的美國朋友——紐南夫婦接船。施伯瑞還先在底特律買了部克萊斯勒的新車，由住處開往三藩市去接利漢釗。在紐南夫婦家裏暫宿幾天後，利漢釗聽從長輩建議，搭火車橫跨美國至東岸紐約，因為如施伯瑞所言，搭火車可以讓他「好好看看這個國度」。[69] 火車抵達紐約時，是六叔利榮康來接，而自認精明的利榮康，卻被紐約計程車司機騙了一回，兜了一大圈，回到近處。又，人在紐約時，利榮康說要帶利漢釗去吃好吃的，結果闖入時代廣場一家明星們經常光顧的著名餐廳。兩人入座一看餐牌，極貴，當時又沒信用卡，而利漢釗身懷的 1,000 多美元旅行支票，有 800 大元其實是麻省理工學院的學費。利榮康無奈建議，兩人只點甜點。結果當天晚上，利漢釗就只吃了一塊芝士蛋糕，沒吃上晚餐。[70]

❖　神州易主　❖

五人幫的留美歲月，恰是中國內戰由激鬥走向終局之時。就在利漢釗赴美留學的 1949 年，神州易主，而利孝和與利榮森卻都在當年成家，可謂時代氛圍極不尋常的兩場婚禮。

1945 年抗戰勝利時，利榮森仍在中國銀行的倫敦經理處擔任會計主任。翌年倫敦經理處獲升格為倫敦分行，利榮森也在 1947 年 2 月成為分行的會計股主任。[71]

◎ 1951年利舞英與戰後到美國求學的「留美五人幫」：（左起）利舞儀、利漢釗、利舞英、利舞英長子施輝明、利榮康、利榮達、利舞娥。

◎ 1949年在美國留學的利漢釗與姑母利舞英

但利榮森沒在中國銀行繼續工作下去，同年離職。利家顯然已經嗅出了神州巨變的可能，不再北望，開始退守香港、深耕本土。利孝和在 1946 年底回紐約參加聯合國大會前，曾與利榮森、利舜賢在歐洲碰面，一同遊歷了歐洲的幾個大城市，期間想必與胞弟有過深談。隨後利孝和前往紐約，完成他在聯合國中國代表團的階段性任務後，1947 年就回香港打理自家生意，未再參與中國代表團的外交工作。同年利榮森也從倫敦啟程返港，搭的是較小型的兩樓飛機，沿途要停靠好幾處海港，隔日再飛，結果耗上整整一週時間，才回到香港。利榮森此去，基本上就與中國銀行斷了關係。[72]

返港後，利榮森很快就投入家族企業的管理工作。利銘澤與利孝和都不愛管錢，[73] 而利榮森又是黃蘭芳疼愛的嫡子，乃逐漸接過早年黃蘭芳和利孝和主管家族財務的角色，並兼管家族內的大小事務。利孝和也積極地將自己的內外人脈，尤其是他在金融界的廣泛網絡，都引介給利榮森。利孝和與國府政要孫科（孫中山之子）在重慶時也有交集，而孫家在港島的淺水灣擁有一棟樓房。1948 年，利榮森就是在這裏辦的一場派對上，邂逅劉月華。

劉月華是在美國加州長大的華裔，1948 年本計劃跟母親同去上海探望姐姐劉肇雲。劉肇雲乃孫科次子孫治強之妻，當時正隨孫家住在上海。劉月華於是先從加州來到香港，準備再從香港北上上海。不過當時已有身孕的劉肇雲，[74] 眼見上海局勢日趨混亂，勸妹妹和母親暫時別去上海，先在香港小住一陣子，由她南下香港會合，待局勢平靜後再去上海。[75] 結果滯港期間，劉月華就在淺水灣姐姐家的派對上初識利榮森。兩人志趣相投，一年後即談婚論嫁。

已近不惑之年的利孝和，則是搶在前頭，1949 年 5 月 25 日與陸雁群結婚。[76] 陸雁群乃殷商陸文瀾次女，系出名門。祖父陸潤卿是美籍華商，生於美國加州，1912 年與兄弟陸蓬山等人創辦了香港的首家華資銀行——廣東銀行。父親陸文瀾也是粵港聞人，當過國府政要宋子文的秘書，亦曾出任廣東省稅務局長及福建省政府委員等職，1949 年時仍掛名廣東省政府顧問一職。[77] 陸雁群生於香港，先後入讀聖士提反女子中學的小學部及中學部；1945 年香港重光後即赴美升學，1948 年剛取得加州女校米爾斯學院（Mills College）的商業管理學位歸來。

◎ 1949 年 7 月利孝和與陸雁群婚禮

◎ 1949 年 11 月利榮森與劉月華婚禮

陸雁群是天主教徒，所以 1949 年 5 月 25 日她與利孝和的隆重婚禮，是選在港島花園道的聖若瑟堂內舉行。中華民國駐港最高代表——外交部駐港專員郭德華[78]親臨致詞，時任港督葛量洪（Alexander Grantham）夫婦亦親臨觀禮。律政司祁利芬（John Bowes Griffin）、駐港三軍司令馬調士少將（F. R. Matthews，1948-1949）等港英軍政首長、兩局議員及滙豐銀行大班摩士等中西名流，也都親自到賀，可謂冠蓋雲集。聖若瑟堂禮成後，利家還罕有地選擇在灣仔大屋舉行雞尾酒會，招待逾千名賓客，盛況空前。[79]

然而利孝和風光的婚禮背後，難掩香港社會當下的集體焦慮。婚禮當天，恰逢共軍攻入上海，佔領了大部份上海市區，國民黨政權就連上海這個中國及遠東地區最重要的經濟中心也失守，顯然已無力回天。而在此之前，國軍於徐蚌會戰（淮海戰役）大敗，共軍實際已經掌控了長江以北的半壁江山。1949 年 1 月，總統蔣介石為此下野，代理的原副總統李宗仁雖嘗試與中共談判，無果，4 月起共軍又陸續拿下南京，武漢、杭州，上海亦於 5 月失守。10 月 1 日，毛澤東就在天安門的城樓上，宣告中華人民共和國成立。10 月 14 日，廣州在經歷連番苦鬥後，也落入共軍之手，殘餘的國軍部隊只得退守海南島，之後再撤往台灣。

1949 年 11 月 21 日利榮森與劉月華的婚禮，正是在這種令港人驚疑不定的時局中完成。送禮致賀者仍多，除了周壽臣、何東、羅文錦、簡東浦、何善衡、何添、許愛周、岑光樾、岑維休等香港大老及名士，還有陳光甫、王寵惠、吳鐵城、葉公超、孫科等和利孝和素有交情的銀行界及國民政府大員，尤其是外交系統的要角。[80] 不過這批國府高官，恐怕都正在為大陸易主而心煩意亂，前途未卜。無論如何，婚宴當晚，孫科夫婦仍親赴利家在石塘咀廣州酒家擺的筵席。[81] 當晚到賀者計 1,200 餘人，除孫科夫婦及歐陽駒夫人外，[82] 還有滙豐銀行的大班摩士、華民政務司杜德（R. R. Todd）夫婦、勞工司鶴堅士（B. C. K. Hawkins）、副華民司黎寶德、副勞工司蘇雲少校、駐港空軍司令戴維斯（A. D. Davies）夫婦及陸軍參謀長曼塞爾准將（M. S. K. Maunsell）等人。[83]

利家人應該沒有料到，由抗戰勝利到神州易主，竟只短短四年。然而 1949 年利

家在香港操辦的這兩場盛大婚禮，已是清楚向外界昭示利家不會走，要在香港扎根。1949 年前後，英國政府已多次明示不會放棄香港，必將全力守衛，而利家選擇相信。利家確認其信念的動作，就是「移山」。

注釋

1 摩士是在香港淪陷後的 1943 年，因原任滙豐總司理祁禮賓病死在赤柱監獄，才正式接任總司理，但他當時身在倫敦，只能遙控香港業務。二戰結束後，摩士負責將滙豐的總行遷回香港，此後即常駐香港，逐步重建了滙豐的香港及全球業務，直至 1953 年卸任。又，1946 至 1953 年間，摩士還長期擔任港英行政局的首席非官守議員。

2 即利銘澤。

3 即滙豐銀行的 T. J. J. Fenwick。芬域二戰前就已在香港的滙豐銀行任職，和利孝和交情甚深。

4 即滙豐銀行的 A. S. Adamson。艾丹遜也是二戰前就已在香港的滙豐銀行任職，戰後曾短暫駐滬。

5 這段文字的原文是：'I have received a letter from my brother Dick informing me that he has had talks with you, Fenwick and Adamson about the Lee Hysan Estate. He has indicated that you are of the opinion that it would be wise to liquidate by sale a certain amount of the older type of houses and to concentrate more on the development of modern housing at Lee Gardens (I.L.29). I am entirely in accord with this policy which has been in my mind for some years. As you know, it has been up to now, a question of waiting patiently for a favourable market.'

6 舉例來說，1950 年 12 月 26 日利舜儀從美國寫給利榮森的家書中，就提到她是在 1946 年 12 月才回到香港。2016 年（具體日期不詳）利漢楨與堂妹利蘊蓮、堂弟利乾分享家族歷史時，也提到利銘洽一家是在 1946 年才從新會鄉下動身，經江門的船回到香港。

7 見 1942 年 9 月 4 日，廣州灣的利孝和致倫敦滙豐銀行的摩士函，滙豐檔案資料。

8 英軍投降後，祁禮賓夫婦與其他滙豐高層是被安排入住德輔道中的新華酒店，而不像許多英國人般被送入赤柱拘留營。這一是因為日軍需要他們來協助橫濱正金銀行（Yokohama Specie Bank）接管滙豐，更重要的是要迫他們在日軍從滙豐庫房裏奪來的所有未發行紙幣上簽名，再利用這筆鉅額港幣，從鄰近的地區購入所需物資。資料同上。

9 祁禮賓因被日軍控制，無法自主，倫敦方面其實早在 1943 年 1 月，就已任命摩士為滙豐的主席兼總司理。

10 見 1942 年 9 月 4 日，廣州灣的利孝和致倫敦滙豐銀行的摩士函，滙豐檔案資料：'Before I left, I saw Fenwick and Morrison almost daily and we had many long talks. They desire me to impress upon you in the strongest terms the absolute necessity of getting Grayburn out of Hong Kong back to England as soon as possible.'

11 同上。

12 見 1942 年 10 月 29 日，倫敦滙豐銀行的摩士致桂林的利孝和函，滙豐檔案資料。

13 見 1942 年 9 月 4 日，廣州灣的利孝和致倫敦滙豐銀行的摩士函，滙豐檔案資料。

14 Western Trading Company 似無正式的中文名稱，「西方貿易公司」僅是譯名。

15 日據時期，香港電話局 1943 年版的《電話番號簿》裏，「利希慎置業公司租務處」（即利東公司）的地址是在鵝頸波斯富街 82 號，「利舞臺」在波斯富街 27 號，「利綽餘堂收租處」則是設在利家擁有大量物業的利東街 34 號。

16 訪談梁趣沂與利潔瑩，2021 年 11 月 24 日，香港。必須說明的是，「李翰池律師」之名，是據梁趣沂的粵語發音判斷其寫法，不確定是否正確。

17 同上。

18 利孝和離境後，1942 年 9 月 4 日自廣州灣和 1943 年 7 月 16 日自重慶寫給摩士的信函，就都提到利家企業在日據時期面對的各項困難，包括貨幣剝削及高昂的稅費。滙豐檔案資料。

19 訪談梁趣沂與利潔瑩，2021 年 11 月 24 日，香港。不過由徐鏡波戰後致函利孝和報告家族企業近況的內容可知，利東公司和利綽餘堂的收租佬，因收入甚低、難抵開銷，背地裏犯下種種舞弊行為，利榮傑對此也很無奈。見 1946 年 10 月 2 日，香港的徐鏡波致紐約的利孝和函。利家家藏史料。

20 羅玉堂是百家利公司（The Bakilly Co.）的創辦人，利希慎生前好友。1928 年 4 月 30 日，利希慎遇刺前在裕記俱樂部內享用的那頓午飯，羅玉堂應是同桌飯友。

21 楊光洰是在 1942 年初日軍攻陷馬尼拉後即被捕。同年 4 月 17 日，楊光洰和其他七名總領事館內的中國外交官，就同遭日軍殺害。

22 嚴幼韻乃民國著名實業家嚴子均之女，上海復旦大學的首屆女畢業生。身為上海名媛，她與姐姐嚴彩韻、嚴蓮韻共享「嚴氏三姐妹」之名。

23 有報章亦將穀米糧食統制處譯作「穀米統制局」，利銘澤則是「穀米統制局局長」。可參考〈利銘澤退休　米糧商會歡送〉，《大公報》，1948 年 5 月 15 日，頁 4。

24 訪談利漢楨，2022 年 2 月 5 日，香港。

25 同上。

26 'Zimmern-Kotewall Wedding', *The Hong Kong Sunday Herald*, 24 March 1946, p.4.

27 訪談梁趣沂與利潔瑩，2021 年 11 月 24 日，香港。

28 該銀行時稱 National City Bank of New York，1955 年易名 The First National City Bank of New York，1976 年起才改稱 Citibank。

29 亦見 1946 年 7 月 31 日，上海的陳光甫致巴黎的利孝和函。利家家藏史料。證婚一事，説明陳光甫確實與利家尤其是利孝和交誼深厚。此事之所以由利銘澤出面邀約而非利孝和，主要是因為「長兄為父」。婚禮結束後，陳光甫就在信裏向利孝和交代了情況。

30 訪談梁趣沂與利潔瑩，2021 年 11 月 24 日，香港。

31 見 2020 年 11 月 30 日，美國新澤西州的利漢釗就訪談問題所作的錄音回覆。

32 其時聯合國大廈仍未動工興建，故借用該體育館為安理會開幕式的會場，並在此開會至同年的 8 月 15 日。亨特學院的這一處校園，二戰期間曾被軍方徵用為女兵訓練中心，當時學生仍未回到校園（Lehman College, 2008）。

33 舉例來説，在這第一場安理會會議上，當美國國務卿伯恩斯（James F. Byrnes）代表杜魯門總統致歡迎辭時，利孝和就坐在伯恩斯和主席郭泰祺身後，成了這張歷史性照片裏的一員。見 *The New York Times Magazine*, 31 March 1946, Section 6.

34 見 1946 年 6 月 20 日，中華民國外交部致利孝和的聘函。利家家藏史料。

35 見 1946 年 9 月 1 日，巴黎的利孝和致上海的陳光甫函：'I also looked on John Swire's and found only John Masson at work.' 利家家藏史料。

36 同上。

37 見 1946 年 7 月 30 日及 8 月 23 日，上海商業儲蓄銀行董事會致利孝和函。利家家藏史料。

38 見 1946 年 7 月 31 日及 9 月 13 日，上海的陳光甫致巴黎的利孝和函。利家家藏史料。

39 利孝和在約略同時（1946 年 8 月 9 日）給滙豐大班摩士寫的信中，就提到了這個觀點：'The effect of political conditions inland on Hongkong is a matter of chance but it does look as if a very large amount of liquid capital will be concentrated in Hongkong.' 利家家藏史料。

40　見 1946 年 8 月 9 日，巴黎的利孝和致香港的摩士函。利家家藏史料。

41　見 1946 年 9 月 1 日，巴黎的利孝和致上海的陳光甫函。利家家藏史料。

42　同上。

43　同上。

44　見 1946 年 9 月 1 日，巴黎的利孝和致香港的徐鏡波函。利家家藏史料。

45　利孝和的大通國家銀行（Chase National Bank）月結單，可說明他直到 1947 年 2 月，仍身在紐約。

46　見 1947 年 1 月 6 至 7 日，利孝和在紐約考察金融行業的行程表。利家家藏史料。

47　1946 年 7 月 24 日，香港的徐鏡波致倫敦的利榮森／利孝和函。利家家藏史料。

48　見 1946 年 8 月 9 日，巴黎的利孝和致香港的摩士函。利家家藏史料。

49　同上：'... and of course no important transaction will take place without thorough discussion with the Bank.'

50　江蕙蘭後與利孝和的秘書利家驥結婚。利家驥是利希立次子，亦即利銘澤與利孝和的堂弟。

51　利樹燊是利文奕第八子，利希慎的堂弟。

52　見〈利銘澤退休　米糧商會歡送〉，《大公報》，1948 年 5 月 15 日，頁 4。

53　見〈利銘澤接任穀米統制官〉，《工商晚報》，1946 年 5 月 14 日，頁 4。

54　即每五日（每期）減米半斤，但增加麵粉半斤，青豆的配給量則維持不變。見〈糧食問題日趨嚴重　配米量再減〉，《工商日報》，1946 年 5 月 22 日，頁 4。

55　〈港政府昨函謝利銘澤統制官　任內勞苦功高建樹良多〉，《工商日報》，1948 年 5 月 19 日，頁 5。

56　〈英廷元旦授勳　官紳七人膺獎〉，《工商日報》，1949 年 1 月 1 日，頁 5。

57　訪談梁趣沂與利潔瑩，2021 年 11 月 24 日，香港。

58　抗戰時期，利漢釗在貴州獨山和利銘澤一家同住時，因住處簡陋，沒自來水可用，利銘澤就常帶他同去附近某條小溪的瀑布那裏洗澡，跟他講很多事，包括自己在牛津大學研讀土木工程時的生活點滴，讓他印象深刻。見 2020 年 11 月 30 日，美國新澤西州的利漢釗就訪談問題所作的錄音回應；亦見（利德蕙，2011: 105）。

59　見 2012 年時，利蘊蓮與利乾在香港訪談利漢釗的內容，確切日期不詳；以及 2020 年 11 月 30 日，美國新澤西州的利漢釗就訪談問題所作的錄音回應。

60　利漢釗自嘲說，他當時「數理科目都很強，這方面的成績可能是滿分，但英文差，可能只是零分。」不過這項考試只計總分，所以拉長補短，最終利漢釗仍獲麻省理工學院錄取。見 2012 年時，利蘊蓮與利乾在香港訪談利漢釗的內容，確切日期不詳。

61　見 2020 年 11 月 30 日，美國新澤西州的利漢釗就訪談問題所作的錄音回應。利漢釗後來在美國的留學費用，都是由利榮森處理，一年給他寄兩回。

62　這是利漢釗見到祖母的最後一面。1956 年黃蘭芳去世時，利漢釗因已在美國就業，無法抽空返港。又，黃蘭芳很疼愛這位利家長孫，據利漢釗自述，小時候在香港，黃蘭芳會特地為他訂牛奶公司的牛奶，天天一樽，就放在大屋主要起居室外的一張桌上，讓利漢釗自己去拿來喝。見 2012 年時，利蘊蓮與利乾在香港訪談利漢釗的內容，確切日期不詳。

63 見 2020 年 11 月 30 日，美國新澤西州的利漢釗就訪談問題所作的錄音回應。

64 視訊訪談利宗文，2024 年 4 月 29 日，香港—美國德州聖安東尼奧市。

65 見 2012 年時，利蘊蓮與利乾在香港訪談利漢釗的內容，確切日期不詳。

66 Simmons College 在 2018 年重組架構後，改名為 Simmons University。

67 此說出自當過利銘澤秘書的吳慶塘之口。利孝和後來當文華酒店主席時，也把吳慶塘找去文華酒店幫忙。吳慶塘把這批約略同期留美的利家人，喚作 The Gang of Five 或 The Gang of Four。見 2020 年 11 月 30 日，美國新澤西州的利漢釗就訪談問題所作的錄音回應。

68 麻省理工學院雖位於劍橋市，離波士頓市區卻僅一河之隔。

69 見 2012 年時，利蘊蓮與利乾在香港訪談利漢釗的內容，確切日期不詳。

70 同上。

71 見 1947 年 2 月 18 日，中銀總管理處總秘書給利榮森發的通知書。

72 訪談利乾，2020 年 9 月 22 日，香港。

73 見 2020 年 10 月 27 日，作者與利乾在香港北山堂的談話。

74 孫治強與劉肇雲夫婦共育有兩女，後離異。長女孫嘉琳生於 1946 年 1 月，次女孫嘉瑜則是 1948 年 10 月生於香港（王允昌，2011: 158）。劉肇雲當時懷的正是次女孫嘉瑜。亦見〈探當年史憶祖輩情　枝繁葉茂〉，載《加拿大都市報》加西版的「史海鈎沉」欄目，2011 年 5 月 20 日。

75 事實上，1948 年上海局勢已壞，孫科本就有意讓懷孕的二媳婦劉肇雲離滬暫避。見作者與利乾的訪談，2020 年 9 月 22 日，香港；以及 2020 年 10 月 27 日，作者與利乾在香港北山堂的談話。

76 利孝和 39 歲成家，終於讓母親黃蘭芳釋懷。據說眾人向黃蘭芳祝賀時，黃蘭芳回說：「十年前你們恭喜我都嫌遲了！」見作者與梁趣沂、利潔瑩的訪談，2021 年 11 月 24 日，香港。

77 《華僑日報》，1949 年 5 月 26 日，頁 5；〈利榮根大律師與陸文瀾次女結婚〉，《工商日報》，1949 年 5 月 26 日，頁 6。

78 郭德華當時亦為外交部駐兩廣專員。

79 'Hsiao-wo Lee Weds Miss Look', The China Mail, 26 May 1949, p.3；〈利孝和陸雁群結婚盛況〉，《華僑日報》，1949 年 5 月 26 日，頁 5；〈利榮根大律師與陸文瀾次女結婚〉，《工商日報》，1949 年 5 月 26 日，頁 6。

80 王寵惠、吳鐵城和葉公超都曾在抗戰時期或戰後，出任國民政府的外交部長。

81 孫科在 1948 年底國民黨政權於內戰中接連受挫、風雨飄搖之際，曾再度出任行政院院長，但翌年 3 月就因為反對代總統李宗仁與中共談判而辭職。隨後他先回到廣州，再前往香港。

82 歐陽駒正是 1949 年 10 月剛失守的廣州市的市長，當晚僅由夫人出席婚宴。他是利家姻親，其子歐陽公實即利舜琹的夫婿。

83 見 1949 年 11 月 21 日，利榮森與劉月華夫婦所收新婚賀禮的清單，以及〈利榮森劉月華昨日舉行婚禮〉，《華僑日報》，1949 年 11 月 22 日。利家家藏史料。

◎ 1950 年代正在進行的移山工程

12

❖

移山！

東區利園山，現正漸次夷為平地，將來在此地區內，即有六座至七座新型大廈興建其間，其大小將與最近開幕之新寧招待所相同。利園山地區，在其業權人努力闢劃後，已將整個地區四十餘萬方尺開闢了十萬方尺以上，即現時新寧招待所所在地，及其側之新會路、新寧路、開平路等，原均為山地，後將山移去，始有今日。刻下利園山之待開闢者，尚有三十餘萬方尺，將來夷為平地後，即可實現興建六至七座大廈計劃，現有山地，高七十餘尺……。

—— 《工商晚報》，1949 年 5 月 7 日

1948 至 1949 年間，國民黨政權在中國內戰中的潰敗，雖有跡可循，不免仍讓許多城市裏的資產者、實業家和國府官僚驚惶失措。隨之而來的政權及政體更迭觸發的逃難潮，再度使戰時人口一度銳減的香港充斥難民。1945 年，香港甫自日本的軍刀下重光，人口凋零至 60 萬人，但到了 1951 年，卻又暴增至逾 200 萬人（Podmore, 1971: 26）。這意味著每三個香港居民中，就有一人是難民。而難民衝擊以外，倫敦和港英當局面對一路南下的百萬共軍及充滿敵意的中國新政權，[1] 亦不免忐忑，擔心香港不保。1949 年 10 月 1 日，中華人民共和國成立；翌年的 1 月 6 日，為保香港利益，英國就率先承認了中共政權，成為首個承認中華人民共和國的西方大國。[2]

1950 年 6 月，韓戰爆發，共軍援朝，美國及聯合國遂先後於 1950 年 12 月及 1951 年 5 月通過對中國及朝鮮實施貿易禁運。香港本就是個高度倚賴與內地商貿的轉口港，一旦中國內地遭貿易封鎖，香港難免受創，經濟頓時深陷蕭條。然而利家諸子，恰是在香港前景最晦黯不明的這段日子裏，結束北望、深耕香港，進一步本土化，尤其是傾家族之力開發利園山，圓了先父利希慎的移山宏願。1949 年利家斥鉅資移山之舉，無疑是在同年的利孝和、利榮森兩場婚禮之外，再度宣示利氏以香港為家。此後直到 1980 年代，利園所在的銅鑼灣，長期都是利家企業的發展重心。而利家憑藉它在銅鑼灣厚植的實力，又得以多元延伸，順著香港經濟在二戰後騰飛數十年的東風，日益茁壯。

❖　　逃離上海　　❖

1949 年 5 月 25 日，即利孝和與陸雁群在香港的大喜之日，共軍攻入上海。上海這個當代中國最工業化及國際化的大都會，對全國而言意義非凡，所以上海之失，幾可謂已宣告了國民黨政權在大陸的終結。利家與上海素有淵源，但這種種私人及商務上的聯繫，都在 1949 年後煙消雲散，直到 1990 年代才終有機會重構連結。

上海的一眾社會精英，不待共軍入城，其實早在 1946 年國共內戰重啟之初，就

已經陸續外移。而他們離境後落腳的第一站或者終站，往往正是香港。這批人裏不乏工商巨賈、銀行家和各行各業的頂尖人物，他們的卓越才幹及隨帶來港的金融資本、工業設備和技術，對利家及香港未來的發展都關係重大（Wong, 1988; Hamilton, 2021）。專研上海移民工業家的黃紹倫，就曾對他們這一波的逃難潮，有過如此描述：

> 1946 年末，曾有某位記者如此寫道：「『下午茶』時段的告羅士打酒店（Gloucester Hotel）、香港大酒店和其他旅館的大堂酒廊內，擠滿了來自上海的逃難商人。而他們發現，愈來愈多的老朋友正隨著一班班的船和飛機抵達。」[3] 1948 年終了之際，逃難的人實在太多，據報道一天之內，竟有至少八架來自上海的客機抵達香港。這些新來者據說塞滿了所有旅館，高級公寓的租金也跟著激漲。不論是在穿梭維多利亞港的渡輪上還是大街上，都開始聽到有人在講吳語。[4]（黃紹倫，2022: 31-32）

利德蕙也提到，二戰後由利希慎置業公司及上海商業儲蓄銀行[5]合股之「光利公司」經營的新寧招待所，1949 年開幕之際，恰逢大陸易主，而上海商銀又與滬上的實業家群體淵源甚深，故「許多上海的工商界要人逃至香港之後，都暫住新寧招待所。招待所業務繁忙，它的香檳廳更成了新寧的招牌，是五十年代香港人氣最旺的地方。」（利德蕙，2011: 152）這批到香港暫避或落戶的上海精英，除了後來赫赫有名的「上海幫」唐炳源、安子介、董浩雲、包玉剛、曹文錦諸人，還有利家一度重用的建築師甘洺（Eric Cumine）、上海商銀的創辦人陳光甫、[6] 江浙財閥的大老李銘、[7] 敏求精舍的聯合創辦人胡惠春，以及太古集團未來的高層姚剛等人。

不少家住上海的利家親戚，也都是在 1948 至 1949 年間，匆匆南下香港。利舜華的家翁——洋捲煙大亨鄭伯昭，原是滬上巨富，物業甚豐，不過自 1937 年 7 月日軍全面侵華起，鄭家就已經在利家協助下，逐步將大量資產轉移到家族在香港註冊的公司名下。不過 1949 年中國的政經劇變，還是對鄭家造成沉重打擊。鄭伯昭與家人趕在共軍到來前相繼赴港，雖得保平安，但心情鬱鬱，1951 年鄭伯昭即病逝於澳門（黎細玲，2014b: 319）。黃瑤壁的姐姐黃瑤珠，也帶著六個孩

子從上海逃到香港，借住於利行。而約略同期住過利行的，還有陸雁群之母陳淑穎和她原在上海當醫生的三子。[8]利舜英1946年在上海結婚後，就隨任職於萬國寶通銀行的夫婿施伯瑞駐滬，經歷過國民政府潰敗前夕瘋狂的通貨膨脹，直到共軍入滬前才不得不走。施伯瑞隨後轉駐香港，與撤到香港的「上海幫」維繫了多年的緊密關係。箇中關鍵，正是美資的萬國寶通銀行與華資的上海商銀一道，為1949年後上海企業家落戶香港時的初期發展，提供了大量按揭條件寬鬆的貸款（Hamilton, 2021）。所以利家在上海的人脈與商業聯繫，雖止於1949年，但家族與「上海幫」的關係，卻得以透過萬國寶通銀行及上海商銀這兩個中介，在香港延續。

除了自上海逃難過來的親友，前廣州市長、利銘澤的老上司劉紀文一家，也待過利行（利德蕙，2011: 117）。而另一位前廣州市長——1949年10月共軍入穗前夕才離任的利舜琹家翁歐陽駒，則是在抵港後，與家人暫居於新寧樓隔壁的一棟建築物樓下，「一大群人和一堆傢俬都擠在小小一處」。[9]歐陽駒後來赴台，當過蔣介石的國策顧問，1958年病逝於台北。至於歐陽駒留在廣州的大量物業，以及陸文瀾（陸雁群之父）在中山縣老家擁有的「家產、屋宅、田畝、商業等」，1950年時俱遭中共查封充公。他倆在中國大陸的所有資產，轉眼已然成空。[10]

不過在這股大逃港的滾滾洪流裏，也可以見到極少數的逆行者。利銘澤的摯友錢昌照，正是這當中一人。錢昌照在抗戰時期，曾獲蔣介石重用，官至資源委員會委員長，掌握大量國營企業的資源，但在1947年時掛冠求去。翌年他赴西歐數國考察，1949年3月回到香港。錢昌照隨後飛往上海，與資源委員會的正副委員長孫越崎、吳兆洪會晤，支持他倆違抗蔣介石的命令，不將南京的五個新廠拆往台灣。而從上海再度返港後，錢昌照又與中共在香港的組織取得聯繫，面告中共組織他所瞭解的資源委員會內部意向，同時獲喬冠華告知，中共邀他前往北平。錢昌照遂於1949年6月初來到北平，陸續見了毛澤東、周恩來、劉少奇、朱德、陳雲等中共高層人物，又託人將當時已身在台灣的妻兒秘密接到香港，再轉赴北平。1949年9月，因獲中共看重，錢昌照當選為第一屆全國政協委員（民革中央，2008）。這位利銘澤的牛津舊識，以及抗戰之初就與利銘澤在香港過從甚密的廖承志，正是戰後多年利銘澤與中央政府溝通、聯繫時，最重要的人脈。

❖ 　利舞臺再起　 ❖

1945 年香港重光，利銘澤與利孝和匆匆趕回重整家業時，第一步就是修葺大屋與利舞臺。其實戰後初期，利家雖仍有穩定的租金收入，但一方面工人的薪資上漲，另方面建築材料稀缺，公司尚無法大規模地整修物業。[11] 不過利舞臺對利家來說，極富象徵意義，而戰後香港民間對娛樂活動又有強勁需求，利家確實需要盡早整修利舞臺，並提升其各項設施。[12] 而據香港二戰後的首任布政司麥道高（D. M. MacDougall）憶述，利家修葺利舞臺的舉動，曾普遍被民眾視作香港社會安定、投資信心恢復的信號。當他們看到連豪門利家都不吝惜地掏錢投資時，不免感到振奮，紛紛議論起這樁「利家動工」的大事（The Lees are building!）（Snow, 2004: 284-287）。1946 年，利舞臺重開，既換裝了新式銀幕和一套全新的燈光設備，也安置了更舒適的座椅。此後多年，利舞臺逐漸由一個傳統粵劇的演出場所，向電影院及藝文表演的綜合場地轉型。民樂公司的總經理袁耀鴻，抗戰時去了華南，戰後返港即重新掌舵，加上戰時留守的經理董梓君和利銘澤從華僑聯合銀行那裏又挖回來的吳慶塘，[13] 組成了一支出色的民樂管理團隊。

利孝和對電影業的興致向來甚濃，與先父利希慎一樣，認定電影業極具前景。反觀利銘澤，則是對娛樂事業興致缺缺，據說甚至「從不看電影」（利德蕙，2011: 149）。1930 年代，利家就在利園山上經營過攝影棚，又租借利園場地給其他的電影公司製作電影。利希立的本土粵語的電影夢受挫後，利孝和參考了上海電影業的發展軌跡，開始構想以利舞臺為支點，為香港和內地引介甚至代理西洋電影。這個構想在戰後初期，一度有可能落實。

1940 年，陳光甫的摯友——上海銀行公會理事長李銘遭汪精衛政權通緝，好在翌年 3 月，他在美國駐滬領事館秘密護送下，成功逃到紐約。戰後李銘返滬前，曾在 1946 年 1 月 10 日，經美國投資銀行「雷曼兄弟」的總裁 Robert Lehman 安排，應邀到荷里活電影公司「二十世紀霍士」（Twentieth Century Fox）主席 Spyros Skouras 的辦公室裏，和二十世紀霍士及另一家電影公司「派拉蒙」（Paramount）的一批高管會面，商議三方合作投資中國電影業的可能方案。

美國電影界人士的提議是：組織兩家功能互補的公司。第一家需集資 500 萬美元，專賣和電影相關的房地產，即在全中國的重要城市裏興建並持有戲院；另一家則需要集資 150 萬美元，以向前者租用戲院的方式，經營這些中國戲院。李銘事後在記錄這場會面的備忘錄中寫到，美方只對經營戲院有興趣，並不希望涉足相關的房地產業務。至於這家專門負責營運中國戲院的公司，美方提議的合作方式，是由二十世紀霍士、派拉蒙及「我方」（our group）都各佔一份，亦即三方均攤。[14] 利家顯然就是李銘心目中的「我方」一員，故將備忘錄與利孝和分享。不過李銘對戰後中國局勢的發展，不免過於樂觀。[15] 隨著國共內戰再度爆發，經濟紊亂觸發驚人的通貨膨脹，國民政府 [16] 未幾即風雨飄搖，這個雄心勃勃的中美電影合作案遂無疾而終。而李銘本人，更是不得不在 1949 年再度離滬，流寓香港。[17]

1948 年，民樂公司獲倫敦電影公司（London Films）邀為其中國地區的代理，袁耀鴻遂與吳慶塘挑了四部倫敦電影公司極賣座的大製作，去上海試探市場反應。不過據吳慶塘晚年口述，試探的結果，卻令他們十分失望，兩人「甚至連路費盤纏都未賺到」（利德蕙，2011: 150）。但他倆在上海結識了左傾的名製片人夏雲瑚和導演蔡楚生，而對方很想跟利家合作，就將他們製作、導演的《一江春水向東流》和《八千里路雲和月》都送到利舞臺放映。這些描述抗戰時期國人艱苦生活及批評國民政府的苦情片，倒是在香港大賣（ibid.）。1949 年後，中國的社會環境丕變，利孝和與袁耀鴻也就不再考慮中國內地的電影市場，只專注於跟荷里活的電影公司打交道。[18] 譬如 1950 年 10 月，民樂公司成功與美國的哥倫比亞影業（Columbia Pictures）簽約，將其電影引進利舞臺，[19] 隨後亦與荷里活歷史最悠久的環球影片公司（Universal Pictures）開始合作。此後數十年間，利舞臺戲院放映的片子，正是以歐美賣座的首輪西片為主。

袁耀鴻既是人脈深廣的電影界要人，又與粵劇界淵源甚深，懂粵劇也愛粵劇，可謂主持利舞臺的不二人選。利舞臺之外，袁耀鴻亦曾受源詹勳之邀，管理其太平戲院，期間與堂兄袁德甫所辦的環球戲院合作，組成被業界喚作「太環線」的粵語片院線。[20] 利舞臺直到 1960 年代中期，無疑是粵劇團重要的演出舞臺，任劍輝和白雪仙聯辦的仙鳳鳴粵劇團，就是經常在此登台獻藝。不過此後傳統大戲在利舞臺的演出漸少，電影的場次和各類國際藝文團體的表演，則相應增多，值得

一提的尤其是香港小姐選美。1962 年香港大會堂落成前，利舞臺可謂香港最頂級的表演場所，所以一旦有英國皇室成員來訪，港府招待他們觀賞粵劇的場合，都在利舞臺。[21]

1967 年 11 月，由利孝和主導創立的電視廣播有限公司（通稱「無綫電視」或 TVB）啟播，此後電視即迅速引領了香港文化的風騷。利舞臺憑著它與 TVB 及華星娛樂[22] 的淵源，又在 1970 年代成了電視明星和歌手的演出勝地。而由 TVB 主辦的香港小姐選美，更是從 1973 年的第一屆至 1985 年的第十三屆，都選在利舞臺舉行，並連帶使利舞臺在 1976 年獲環球小姐主辦方擇為會場。1982 年，華星娛樂成立自己的唱片部（華星唱片）和經理人部門後，又在同年與 TVB 合辦了第一屆「新秀歌唱大賽」。芳齡十八的梅艷芳，正是在利舞臺的這個歷史起點上，以一曲《風的季節》，奪下第一屆新秀歌唱大賽的金獎。[23]

❖　　漆業之光　　❖

日據時期，利家除了物業租金和利舞臺方面的收入，慶幸還有個能穩定貢獻盈利的國光製漆。國光製漆有限公司是在利家主導下，結合其他華商於 1939 年 8 月成立。漆廠設在北角馬寶道 1 號，生產油漆、磁漆、真漆和清漆。北角的這塊廠址，說來也與利家有關。二戰前，利家雖無力夷平整座利園山，但確實已將山麓的一部份——今禮頓山道及利園山道附近——剷平開發。而工程剷出來的山石砂泥，就被運到北角填海。利家隨後再從政府的手中，買回這塊北角新填地，並在其上建了兩間工廠。一家是鐵釘廠，後來賣給了其他華商；另一家則是漆廠，即國光製漆（利德蕙，2011: 150-151）。

起初國光製漆的股東除了利家，[24] 還有杜益謙、梁孟齊、馮作霖等十餘人，而梁孟齊正是漆廠開辦時的首席工程師兼經理，可謂其台柱。梁孟齊早年畢業自廣州嶺南大學，後負笈美國，取得南加州大學的化學碩士學位，專研漆油工業，是中國在這個領域的頂級專家。從美國歸來後，他曾在廣州的國立中山大學及省立勷勤大學等校教授相關科目，也曾參與創辦香港的中華製漆等公司，資歷堪稱完

美。1938年10月，日軍攻陷廣州，梁孟齊赴港，利家遂延攬他籌辦國光製漆（Lo, 2022；王楚瑩，1947: 7）。[25] 國光製漆的廠房甚具規模，佔地不小，樓高四層，還配有自家的化驗室以檢測產品，顯見利家非常認真地對待這項投資，自始就不吝投入相當多的資源。

香港的漆業，始於1932年開辦的中華製漆有限公司。中華製漆的創辦人林堃與梁孟齊一樣，都擁有美國大學的相關專業背景，梁孟齊也曾在中華製漆草創之初，就協助過林堃。[26] 1933年，即中華製漆成立僅僅一年後，香港又冒出一家「國民製漆廠」。中華製漆與國民製漆早年都相當成功，不久也都有能力擴充業務，蓋了更大的廠房。1938年，伍澤民創辦了香島製漆公司，這已是香港史上的第三家漆廠。伍澤民同樣擁有美國華盛頓州立大學的化工系學位，1932年先是回廣州創辦了通用漆油公司，無奈遭遇戰亂，1938年廣州淪陷，只好帶著六名技術人員轉移到銅鑼灣琉璃街，開辦香島漆廠。至於1939年由利銘澤牽頭開辦的國光製漆，論資排輩，已是戰前香港的第四家漆廠。不過有別於前三廠皆以出口為主，國光製漆自始就著眼於本土建築行業的需求，而這顯然與利家在房地產業的利益契合。此外，國光製漆也特別生產香港航運業所必需的船舶塗料。由於南洋各地對漆料需求殷切，沒過多久，國光製漆就能在應付本地訂單之餘，也對菲律賓出口。此後公司以神馬牌、雙劍牌、豹牌及蜻蜓牌為商標，將產品一路賣到菲律賓、泰國、星洲及荷屬東印度群島等地（Commerce and Industry Department, 1958: 89；《經濟導報》，1958: 48；王楚瑩，1947: 7）。

1941年底香港淪陷，梁孟齊先是避走湖南衡陽，在當地主持國企「中國植物油公司」的研究實驗室，衡陽陷落後，再避走廣西（陳大同等，1947）。所以日據時國光製漆的生產營運，是由公司秘書徐鏡波代管。梁孟齊戰後回歸，順應香港漆業的好景，曾將國光製漆帶上另一高峰。本來二戰前，香港的漆料大買家多偏好採購價格高昂的進口名牌漆料，不屑於眷顧本地品牌。惟二戰後百廢待興，官民對漆料的需求都大增，但與此同時，進口的外國漆料卻缺貨，大買家們不得已，紛紛轉用本地品牌，這才發現港產的漆料不僅價格廉宜，品質也毫不遜色，且漆料的配方更適合本地的氣候條件，香港的漆業因此興旺一時。然而戰後初期，製漆的原料嚴重不足，梁孟齊為此向母校嶺南大學和他曾執教過的中山大學尋求合

◎ 1952 年位於北角的國光製漆廠（前方白色建築物），後為太古糖廠。

作，研究自製原料，以確保漆油生產（ibid.）。[27] 話雖如此，國光製漆截至 1946 年 6 月的全年利潤，竟仍高達 105,000 元，顯見公司正順勢水漲船高。[28]

利家顯然很重視國光製漆。香港重光未久，利孝和就加入了本來只由杜益謙、利銘澤和馮作霖三人組成的董事局。這個動作，彰顯利家已全面主導國光製漆。[29] 而到了 1949 年某日，即利漢釗搭船赴美當日前去大屋和祖母及大房的幾位叔叔姑姐午飯時，利孝和還不忘建議利漢釗向梁孟齊看齊，到美國去讀個化學工程的專業回來，畢竟「我們有一家國光製漆廠。」[30]

不過事實上，1948 年以降，國光製漆已不太說得上是利家的公司。1948 年，隨著共軍推進，上海勢危，太古施懷雅（Swire）家族在上海開辦的永光油漆公司，[31] 也不得不盤算後路。太古於是找上利家合作，讓永光油漆以和國光製漆合併的方式，遷往香港。兩家合併後，國光製漆就擴大成為國光控股（Duro Holdings Ltd.）。合併案對國光製漆來說，最大的收穫是它從此可以獲得英國老牌漆廠 Pinchin, Johnson & Associates [32] 的技術支援，並得以吸納一批隨永光油漆南遷到香港的高階技術人員。不過對利家來說，合併之後，太古集團就取得了國光控股的管理權，利家不再是其最大股東。原國光製漆廠的靈魂人物梁孟齊，也在英資接手管理後，由首席工程師兼經理變成一位任務相對單純的工程部經理，所以五年內他就離開國光，又自行開辦了一家華資的致利製漆廠（Commerce and Industry Department, 1958: 90; Lo, 2022）。

利家之所以願意在 1948 年將漆廠的主導權讓予太古，倒非看壞香港漆業的前景。事實上如前所述，戰後初期正是香港漆業黃金時代之始。不過 1940 年代末，利家諸子的精力和心思，顯然都已經投放在如何開發利園山的房地產一事上。話雖如此，利家還是保留了可觀的國光控股股份，而家族成員利孝和、利榮森、利榮傑及大總管徐鏡波四人，也都先後當上國光的董事，長期在國光的董事局內維持約三名的家族代表，直到 1979 年。[33] 另一方面，太古集團在 1948 年的合併案中，選擇以太古股份支付利家，利家遂逐步成為太古的主要股東之一，與施懷雅家族建立起長遠的合作互信關係。舉例來說，利孝和曾受邀擔任太古集團內的國泰航空董事多年；利榮森則是先成為太古工業的董事，1976 年更進一步，成為太古

旗下掌握香港主要資產的控股公司——太古股份有限公司（Swire Pacific Ltd.）[34]
的董事局成員。反過來說，太古集團也有代表進入利家旗下公司的董事局，譬如
利園酒店的首任主席，就是由時任太古主席的 H. J. C. Browne 兼任。[35] 兩個望族
之間歷久彌新的互動與互信，至今仍在由新一代延續下去。

國光控股在太古集團主導下，業務迭有進展，架構也經歷過調整。1965 年，太
古將國光控股重組為「國光工業」（Duro Industries），將建築材料及大理石的
業務納入，加上公司原有的漆料，整合成三大板塊業務。1973 年，太古又為
了統一其麾下公司的名稱，將國光工業易名為「太古國光工業」（Swire Duro
Industries），成為「太古工業」下的全資附屬。1970 年代末，太古最終將利家在
國光的股份全買了過去，[36] 利榮森也順勢卸下他多年的董事職務，利家與國光才
緣盡於此。

❖　　移　山　　❖

戰後利家擁有的實業工廠，除了國光製漆，還有一家同在馬寶道上的士巴汽水
廠。該廠後由利孝和攜手利榮達從家族手中買下大部份的股權，並改組為聯合汽
水廠，經營得有聲有色。[37] 而利家之所以放手士巴汽水廠，顯然和它主動讓出國
光製漆廠的管理權時的考量一樣，是為了聚焦於家族當下最大的關切：夷平利園
山頭，全面發展銅鑼灣。

移山乃利希慎自 1924 年斥鉅資從怡和手中買下這座鵝頭山始，就念茲在茲卻終
未能如願的憾事。1920 年代的利希慎與 1940 年代末的利家諸子，想的都是房地
產開發，但具體的規劃已大不相同。1920 年代，港島北岸的鬧區由西至東，是
止於灣仔，銅鑼灣和北角當時仍算偏區。利希慎的盤算，是將鵝頭山夷平後，既
可發展銅鑼灣區，移山之土又可以運往北角填海；而待北角的新填地就緒，就繼
續蓋房子發展北角。利希慎預計，僅北角一地，就足以造出 467 棟的新式樓房
收租（利德蕙，2011: 35）。然而時移勢易，二戰甫落幕，國共內戰即復燃，難
民洶湧導致香港人口暴漲，住房需求殷切，但業主卻受制於租金管制的條例和措

施，[38] 無法按市場的供需情況調整租金，結果自然是房價騰飛，房租卻依然低廉。所以 1940 年代末當利家規劃開發利園山時，首先就是要蓋能賣的住宅大樓，尤其豪宅，而非著眼於收租，隨後才逐步往綜合商區的方向發展，即希望集住宅、辦公大樓、商場商舖、戲院甚至酒店於一區。

利家身為港島的大業主，對當局的租金管制措施自然十分不滿，尤其租金一旦與市場嚴重脫節，必生弊端。[39] 港府曾經設立一個房屋委員會來考慮修例，並協助政府構思紓緩屋荒之道。利銘澤身為該委員會的委員，曾多次訴請港府撤銷租金管制，[40] 卻一直無法如願。這事顯然也推動利家要盡快開發利園山，以便能擺脫租金限制，搶佔新物業市場的先機。

利家開發利園區的第一步，就是趁戰後初期的房價高，先將利東街黃蘭芳名下的殘舊物業迅速變賣，然後拿著這筆資金，在利園山的外圍劏地，先小規模地蓋起新式的高樓賣房。由表 12-1 可見，直到 1947 年 6 月，也就是利家即將大興土木前，家族旗艦——利希慎置業有限公司名下的已開發物業，並不算多，[41] 主要都是些早年沿著利園山麓興建的公寓和排屋。不過到了 1948 年底，新寧樓落成，意義非凡。新寧樓乃戰後由利家企業興建的第一座公寓大廈，更是香港首座以各住戶為獨立業主的住宅樓。這種切割產權出售的方式，誠然開風氣之先，[42] 對香港房地產業的發展影響深遠。不過這種創新的交易方式，顯然仍未廣獲接納，所以利家就將部份面向希慎道的公寓單位，拿來與上海商銀合股經營「新寧招待所」。招待所 1949 年 5 月正式開幕時，正值上海富豪與實業家們逃港的高潮尾聲，港島的高級酒店已不足以應付自 1948 年起即暴增的豪客人流，加上招待所的上海商銀背景，在在吸引了晚到香港的上海豪客暫棲於此。上海豪客不僅帶旺了新寧招待所內的「香檳廳」酒吧，讓它一度躍升為香港著名的高級娛樂場所，也捧紅了招待所內專賣海派西餐的新寧餐廳。[43]

◎ 黃蘭芳在利園山下視察移山工程的情況

◎ 1950 年代利園山移山工程

◎ 新寧招待所及使館大廈

表 12-1：1947 年 6 月利希慎置業有限公司的已開發物業清單 *

物業所在的街道及門牌號碼	樓房數量
1-83 Lee Garden Street（利園街，即今之利園山道）	42
6-84 Percival Street（波斯富街）	40
39-79 Leighton Hill Road（禮頓山道）	21
85-117 Leighton Hill Road（禮頓山道）	8
488-500 Hennessy Road（軒尼詩道）	7
1-7 One Hysan Avenue（希慎道）	4
20-28 Matheson Street（勿地臣街）	5
1-3 Sharp Street East（霎東街）	2
波斯富街倉庫	1
利舞臺	1
樓房總數	131

* 本表已經作者簡化，隱去了物業當年的土地及樓房估值，惟清單項目完整。
來源：'Lee Hysan Estate Company Limited: Schedule of Property, June 1947 (Developed Property)'，利家家藏史料。

1949 年，隨著新寧樓及新寧招待所取得成功，利家終於啟動晚了整整四分一世紀的大規模移山工程。回顧利園山數十年來的境況，自 1930 年代利園遊樂場逐漸沒落後，除了電影製片廠，山上已少有建築物仍在使用。嶺英中學所在的前怡和洋行大班屋，是這當中的異數。嶺英中學開辦於 1938 年，附設小學及幼稚園部，校長洪高煌原是廣州教會學校培英中學的校長，[44] 因抗戰後廣州局勢動盪，率校內師生遷往香港，為安頓學子又辦了嶺英中學。香港淪陷後，嶺英中學被迫從 1942 年起，輾轉遷徙，在廣東及廣西多地辦學，至 1946 年 2 月才終得以遷回利園山頭。利銘洽的次子漢楨及三子漢輝，正是在戰後初期入讀嶺英中學的小學部。又，日據時代，因民間極缺乏燃料，柴木有價，而利家在日據後期一度缺錢，利園山上的大樹遂劫數難逃，遭到大面積砍伐，所以戰後利園山上的植被，已不復戰前豐茂。

◎ 利園山上的嶺英中學及山下的新嶺英校舍

據利漢楨憶述，戰後利園山未開發前，山上有嶺英中學，山下近電車軌道處，則
有幾個帳篷搭出來的小舖，賣些鹹魚、花生之類的乾貨。山腳的另一邊即波斯富
街，可由此上山。當時山上還住著一對中年夫婦，丈夫是黃蘭芳的遠親，因避戰
禍跑到香港，黃蘭芳就讓他們去利園山上住，搭茅寮養蜂。利漢楨在嶺英讀小一
時，兩夫婦還常叫他去喝蜂蜜水。[45] 移山前夕，夫婦倆求助於利氏兄弟，最終獲
安排到利樹源名下的某塊沙田土地上，繼續養蜂（利德蕙，2011: 153）[46]。

1949 年 5 月 7 日，《工商晚報》一則關於利園山開發的報導提到：

> 東區利園山，現正漸次夷為平地，將來在此地區內，即有六座至七座新型
> 大廈興建其間，其大小將與最近開幕之新寧招待所相同。利園山地區，在
> 其業權人努力闢劃後，已將整個地區四十餘萬方尺開闢了十萬方尺以上，
> 即現時新寧招待所所在地，及其側之新會路、新寧路、開平路等，原均為
> 山地，後將山移去，始有今日。刻下利園山之待開闢者，尚有三十餘萬方
> 尺，將來夷為平地後，即可實現興建六至七座大廈計劃，現有山地，高
> 七十餘尺……。[47]

然而利家之選擇在 1949 年移山，其實需要莫大的勇氣和對香港前景的準確判斷。
同年 4 月，共軍大舉渡江南下，國軍潰退，中原易主在即，香港能不能保全，已
成疑問。就在利家動工之際，1949 年 5 月 6 日，港督葛量洪才剛在某個公開致
詞的場合裏強調，希望「與中共管理下之中國口岸繼續貿易，使彼此都得其益」，
但不能不作最壞打算，如遇來犯，則香港和英國政府都絕不會放棄香港，將「立
起抗拒」。[48] 1950 年 1 月 6 日，英國就趕在了西方各國的前頭，承認中共政權，
其考量之一，顯然也是為確保香港安全。

1949 年 10 月 1 日中華人民共和國成立，基於中共高層對香港「長期打算，充份
利用」的戰略盤算，深港邊界縱有偶發的零星衝突及從華界傳來的不間斷的廣播
謾罵，看來香港繼續由英國人殖民統治一事，應無懸念。不過 1950 年 6 月韓戰
爆發，同年 10 月，中國以「人民志願軍」名義參戰，隨即引來聯合國的貿易禁
運制裁，連帶使高度仰賴於內地轉口貿易的香港受創，經濟前景頓時一片黯淡，

百業蕭條，房地產業亦無法倖免。然而此時的利家，已無退路，只能咬牙繼續推進移山工程，但資金方面似已受到影響。利園山原預定在 1952 年底就要全部剷平，大部份的山泥會就近運去填塞銅鑼灣避風塘，然後在翌年（1953 年）全面啟動建築工程。[49] 與此同時，怡和洋行也會配合利家移山，打算將同區軒尼詩道上的舊倉庫賣出，使發展為高級住宅區。[50]

然而事實上，利家的移山大業，是一直拖到了 1955 年底才全部完成，而這或許解釋了利家為甚麼急需在 1953 年，就決定將兩年前（1951 年）才剛剛落成的使館大廈，賣給當時手上現金充裕的另一地產商——立信置業有限公司的霍英東。[51] 利銘澤一家在 1950 年代前半的遷居過程，或許從另一側面，印證了利家被迫出售使館大廈的無奈。使館大廈是豪宅公寓，樓高十層，利銘澤一家在 1951 年就由利行遷入使館大廈的最高兩層。其時銅鑼灣尚未填海，利銘澤夫婦顯然都很喜歡這處既擁有無敵海景、又有個寬大屋頂花園的新居，「常在全港大街小巷，搜購各種有趣的裝飾品和古董來裝潢新居。他們非常興奮從此不必再去大屋請客，可在自己家中招待朋友。」（利德蕙，2011: 137）然而短短三年後，1954 年，利銘澤夫婦就「計劃由使館大廈，搬至位於希慎道上家族新造的崇明大廈頂層和下面的半層」，並在一年後遷居（ibid.: 161）。如果利家一早就有出售使館大廈的盤算，利銘澤顯然不會選擇如此折騰。

1952 年如火如荼的移山過程中，還曾經冒出一段轟動一時的插曲，引來民間議論紛紛，那就是山上的觀音塑像「顯靈」一事。事緣當年 8 月，有工人在山頭上的利園遊樂場原址，發現了一尊觀音大士的泥塑像（有人誤以為是石像）。這個觀音塑像甚為高大，重達四噸，原是戰前利園山上華南影片公司攝製場內的道具，乃片場所搭建的大雄寶殿內佈景一環，電影攝製完畢後卻未拆卸。其後電影廠相繼遷往九龍，此處早已雜草叢生。[52] 不過據說觀音像這回「突顯大眾靈聖，致凡有擬拆卸該石像之工人，俱受傷害。工人輩戒懼之餘，均不敢妄動分毫云。」[53] 此事引起民眾關注後：

> 一般善男信女，分由港九及新界各地，不憚炎暑及路遙，前往進香者，由晨至暮，絡繹不絕……各人攀登山頂，均沿利園街口及京華戲院側之舊有登

◎ 1952 年被夷平了一半的利園山

◎ 1954 年利園山已完全被夷平

◎ 利園山上的觀音像

山小路，惟因利園山動工以來，兩小路均已損毀，攀登時頗感傾斜崎嶇，但登山參神者，仍蜿蜒若長龍，殊不以為苦。及至神像前時，均燃點香燭冥寶，匍匐膜拜，虔誠祝禱，請求庇佑，或求才，或求子，喃喃有聲。而山腳京華戲院側旁，竟有三兩投機小販，擺賣香燭等物，均告利市異常。[54]

利園山上因善信接踵而至，很快就變得擠逼不堪，且因「該觀音像左側即為數十丈高崖」，公司方面遂在這兩條登山路上懸掛紅旗，禁止登山，「惟連日來前往參拜者，據估計將逾萬人。」[55] 此事傳開後，經報章大肆渲染，登山膜拜者更眾，而在那裏擺賣香燭的小販，還在 8 月 8 日下午因搶地盤爭生意，爆發衝突，大打出手：

其中一批不敵，被驅逐下山，情有不甘，遂施用一拍兩散手段，以石塊襲擊觀音大士之泥偶像，當堂將該像之頭部擊毀，變作無頭「觀音」，同時因今日為農曆六月十九日觀音誕，善男信女之登臨利園山謁拜觀音者特別擁擠。警方深恐發生山泥傾卸〔瀉〕危險，為維持秩序計，將派出警員多人在山下維持秩序，登山之善男信女，須依次大排長龍，其熱鬧情形，恍如戲院之輪購戲票云。[56]

事件擾攘約一週後，因沙田的萬佛殿願意接手供奉這座觀音塑像，才告一段落。8 月 11 日，萬佛殿調來起重機，將觀音塑像從地裏抽起，裝入大木箱內，先搬下山腳。[57] 隨後又經過長達兩個月的塑像修復工作，1952 年 10 月，這座利園山上的傳奇觀音塑像，才終於由一位女信士斥資 6,000 餘元，大老遠地從銅鑼灣運往沙田的萬佛殿內供奉。[58]

利家秉北山愚公之志，不懈移山，並隨著移山的進度，逐段開路建設，且為新路命名。1953 年 5 月 22 日，香港憲報正式公告，利園區內有兩條道路會重新命名，另有三條新路，則是依業主的提議定名。北平道從此易名為恩平道，怡和山道（又名利園街）則會改稱利園山道。至於「因徇私人請求，兼為簡便之故」而命名的新路有三，即啟超道、白沙道及蘭芳道。[59] 這批新路名，加上利家早年剷平利園山南麓時就已經增闢的新會道、開平道、新寧道及希慎道，已盡含利家故鄉的四

邑之名、先賢之名及高堂之名。1955 年 9 月，在經歷最後階段長達三年的挖掘及爆石工程後，「刻僅餘數十方碼，即全部夷為平地，倘再無天雨阻礙，本月月底將可結束其爆石工程。」[60] 利希慎的移山宏願，歷 31 年後，終於在諸子手上完成。

❖　鼎之三足　❖

前文提到二戰前的利家產業，主要是由英倫歸來的利孝和代母親黃蘭芳打理。長子利銘澤無疑也參與決策，但似乎刻意遠走他方，到廣州、海南島、重慶等地就業或創業，所以從 1932 年起到香港淪陷前的這段時日裏，利銘澤並不常在香港。不過到了戰後初期，利孝和忙於中華民國政府的外交工作，反倒換成是他大部份時間不在香港。戰後百廢待興，而利家的物業幸運地基本無損，亟待重振與覓機發展，利銘澤遂在滙豐銀行翼助下，主持利家產業發展的大局。不過由本時期利孝和的對外通信可見，利孝和雖身在海外，仍緊密參與家族企業的決策，不僅大總管徐鏡波會向他匯報，滙豐大班摩士也保持與他的書信往返，交流他倆對利家產業發展方向的意見。

查 1948 年時，利希慎置業有限公司的董事只有四人，即黃蘭芳、利銘澤、利孝和與利榮森。[61] 由於公司註冊處的資料在日據時期，多已遭到損毀，難以確知戰前利希慎置業有限公司的董事陣容，但從不少旁證可知，利希慎逝世以來，公司的董事成員在頗長的一段時日裏，都是這三至四人。[62] 而 1952 年 5 月，由公司撥出 150 股開立的一個信託性質的聯名賬戶，也僅是由利銘澤、利孝和與利榮森三人持有，如鼎之三足，成為家族企業的支柱。[63] 所以雖說利希慎生前，給諸子都分派了同樣的 500 股公司股份，但說到真正管事的董事職務，當年除長子利銘澤的特殊情況外，顯然僅嫡子能及。利銘澤想必瞭解黃蘭芳的心思，所以在利孝和學成返港的 1932 年，就離開實習期滿的李柯倫治建築師行，攜夫人前往廣州工作，也藉此讓黃瑤璧得以暫離她感到壓抑的大屋環境，調整心境。與此同時，1932 年的利榮森還只是個中學生，正在官立漢文中學求學，利孝和也就理所當然主導了 1930 年代公司的不少決策。

怡和街改名

利園山道

五條街道命名及改名

【本報專訊】由於若干公地為私人所購，以供發展，有若干條新建道路，其名稱業已決定，另有若干條則予更改。

根據昨日出版憲報，更改路名之道路有兩條，新定名稱之道路有三條。

怡和街更名利園山道

至於因徇私人請求予，案為簡便之故而給新名之道路有三：由利園山道至渣甸坊之一條道路，命名為啓超道，由利園山道至恩平頂之一條道路，命名為白沙道。由該道與利園山道交界處至該道與恩平道交界處之一條道路，命名為關芳道。（二）

北平道更名恩平道，因舊有名稱已不適用而改用他名者有：

◎ 利家移山後，開路建設，並為新路命名。（《工商日報》1953 年 5 月 23 日）

不過到了戰後的 1950 年代，情況已頗不相同。首先是 1947 年自倫敦返港的利榮森，已經在公司歷練過一段時日，逐漸接過了徐鏡波的大總管角色。利孝和於紐約完成他在聯合國中國代表團的階段性任務後，也在同年返港，專注於家族生意及上海商銀的香港業務，不再北望。然而 1949 年的神州巨變，大大削弱了利孝和原本在中國高層政經圈內享有的人脈優勢，此後已難再憑此於共產中國發揮影響。反觀利銘澤，其戰時的英軍服務團背景和情報聯繫人角色，讓他在戰後深獲英人信任，隨後的糧官（穀米統制官）工作，更是表現出色，從此公職不輟。1953 年，利銘澤就開始獲委任為市政局議員（1953-1960）及建築條例委員會的成員。1959 年他更上層樓，得以晉身立法局（1959-1965）。而自 1961 年起，利銘澤更是身兼行政局議員（1961-1966），成為炙手可熱的兩局議員。另一方面，利銘澤與廖承志、錢昌照等人的老交情，又確保了他與中國內地方面的溝通渠道，政經關係一時無兩。

此時利銘澤與利孝和也開始在家族企業的經營方向上，意見相左。[64] 為免衝突，利孝和決意淡出他在家族企業的決策角色，雖仍是董事，但基本上交利銘澤主導，並由利銘澤對外出面代表利家。[65] 至於家族企業的內部實務，則主要是由利榮森統籌操辦。利孝和另覓天地的第一步，就是跟家族買下大部份的士巴汽水廠股權，並找來剛從美國學成返港的七弟利榮達合作經營。而他自我開創的第二大步，就是創辦 TVB。

❖ 鼎之三足

注釋

1   這種敵意，具體可見於 1950 年後，中、英雙方都開始在香港邊界設置障礙。中國方面更是故意在羅湖及文錦渡口岸架設大型的擴音器，不斷地播放宣傳口號及謾罵港府，且射殺越境逃至香港的廣東居民（利德蕙，2011: 115-116）。

2   英國雖然自 1950 年起就承認中華人民共和國，卻還是與遷至台灣的國民黨勢力維持長期的實務外交聯繫，也並未關閉其駐台灣淡水的領事館。中英雙方實際上是晚至 1972 年 3 月 13 日，才正式建交，互派大使。

3   *Far Eastern Economic Review*, 11 December 1946, p.8.

4   《大公報》，1948 年 12 月 6 日。

5   上海商業儲蓄銀行後於 1950 年 11 月，在香港註冊成立了「上海商業銀行」，以讓它和母體「切割」，保住銀行資產，並得以在香港獨立運作。細節下述。

6   陳光甫後轉往台灣定居。

7   李銘後移居美國。

8   見 2016 年時（具體日期不詳），利蘊蓮與利乾對利漢楨的訪談，香港。

9   訪談梁趣沂與利潔瑩，2021 年 11 月 24 日，香港。

10 見〈中山等縣共軍　大舉查封產業　陸文瀾等產業概被封〉，《工商日報》，1950 年 12 月 15 日，頁 3。

11 見 1946 年 7 月 24 日，香港的徐鏡波致倫敦的利榮森／利孝和函。利家家藏史料。

12 徐鏡波在他 1946 年 7 月 24 日致倫敦利榮森／利孝和的那封信裏，曾提到利舞臺「一切進展良好……我們直到 6 月 30 日的利潤是九萬元。」（Everything goes well… Our profit up to 30th June is $90,000.）港幣九萬在當年可是一筆大數目。徐鏡波雖沒説明這筆利潤是來自利舞臺一年的業績（1945 年中至 1946 年中，即約略是二戰結束後的第一年），但從信函內文的語意看，應是如此。這顯示戰後初期的利舞臺，非常賺錢。

13 吳慶塘抗戰時就當過利銘澤的秘書，後由利銘澤推薦給由星洲華商連瀛洲創辦的華僑聯合銀行。二戰結束後，利銘澤成功説服吳慶塘回巢，將他挖回香港為利家工作。（利德蕙，2011: 104, 149）

14 'Motion Picture Industry in China', a memo written by Li Ming in California, USA on 16 January 1946. 利家家藏史料。

15 李銘認為這個中美電影合作案若能成事，公司應該以經營上海既有的戲院為起點，並可考慮馬上在南京開一家新戲院。在他看來，這無疑是一項互利安排：中方負責籌建新戲院，荷里活則為中方提供所需的電影大片及營運戲院的寶貴經驗。李銘雖也意識到中國國內當下的貨幣動盪，必有礙於計劃實施，但他認為中國政府最晚就能在 1946 年的 4 至 5 月間，解決貨幣問題。事後回顧，這是個極大的誤判。資料同上。

16 嚴格來說，國民黨在 1947 年結束「訓政」後，就將以黨治國的「國民政府」改組為行憲後的中華民國政府，其國民革命軍也同步改組為中華民國國軍。作者為行文方便，或仍在某些情境下，以「國民政府」稱呼行憲後的中華民國政府。

17 1950 年底至 1951 年間，李銘曾兩度自香港前往紐約治病，後即滯美不歸。李銘在美國政商界的友人，為確保他能順利留在美國，還透過美國國會去爭取他的永久居留權。見 'Li Ming', Report No.1158 to the House of Representatives, USA (83D Congress 2d Session), 4 February 1954.

18 利孝和與袁耀鴻事實上早在二戰前，就已經和美國的電影公司有過聯繫。戰後的 1946 年 9 月 1 日，當人在巴黎的利孝和給徐鏡波回信交代家族企業諸事時，就既十分肯定袁耀鴻的工作表現，也談到了民樂公司與美國電影公司簽約之事。利孝和要袁耀鴻交代他想找哪家電影公司簽約，好讓自己到美國時，直接去找對方商談。

19 見〈利舞臺與哥侖比亞訂立新合同〉，《華僑日報》，1950 年 10 月 2 日。頁 6。

20 袁耀鴻深深愛粵劇，所以 1966 年香港粵劇漸入低潮之際，他還與林家聲合組「頌新聲粵劇團」，出資當個幕後班主。1988 年時，袁耀鴻更是出面接手了香港粵劇殿堂——新光戲院的經營。見〈戰後粵語片院線〉，《香港記憶》網頁：https://www.hkmemory.hk/MHK/collections/Theatre/Theatre_Cinema_Circuits/Postwar_Cantonese/index_cht.html；以及〈新光歷史〉，新光戲院大劇場官方網頁：https://www.sunbeamspot.com/about/8

21 1961 年 11 月來訪的雅麗珊郡主（Princess Alexandra of Kent），就是在港督柏立基夫婦陪同下，到利舞臺觀賞仙鳳鳴粵劇團為東華三院義演的《白蛇新傳》（Hysan Development, 2018: 67）。

22 華星娛樂（Capital Artists）原是 TVB 於 1971 年成立的附屬公司，地址就設在由利家擁有的銅鑼灣物業禮頓道 1 號內。起初華星娛樂主要是負責籌辦演唱會，並為 TVB 代理唱片發行。華星娛樂後來發展自己的唱片和經理人業務，並與 TVB 合辦「新秀歌唱大賽」，一度鼎盛，多位香港巨星——張國榮、梅艷芳、羅文、甄妮等，都曾在華星唱片公司麾下。

23 新秀歌唱大賽的優勝者除了獎金，還可獲得華星唱片公司的一紙合約。

24 利希慎置業有限公司是國光製漆的最大股東，股數過半；利銘澤、利孝和、利榮森三兄弟也有少量的個人持股。見昭和十九年（1944）九月二十七日，「香港占領地總督部法院」之《舊香港會社登記申請書綴込帳》內，國光製漆有限公司的相關資料。

25 梁孟齊與當時利氏家族企業的大總管徐鏡波同是廣州嶺南大學校友，且年齡相近，彼此應該早就認識，所以利家延攬梁孟齊之舉，或是出於徐鏡波的建議。又，多年後的 1966 年 12 月，兩人還同為「嶺南書院籌備委員會」的委員，共同推動嶺南書院在香港創立，並希望最終能讓嶺南大學在香港復校。見〈加緊籌備行將開課的嶺南書院〉，《嶺南通訊》第 51 期，1967 年 6 月 15 日，頁 2。

26 梁孟齊是中華製漆有限公司在 1932 至 1934 年間的董事（Lo, 2022）。

27 1946 年 7 月 24 日，徐鏡波就曾在致倫敦利榮森／利孝和的信函中指出，戰後初期，國光製漆一直受限於生產原料短缺：「生意相當穩定，但原料仍難取得。本年頭訂的海外材料，大部份或要等到 8 月底 9 月時才能到貨。」利家家藏史料，作者中譯。

28 資料同上。

29 見 1946 年 3 月 12 日，利銘澤以國光製漆有限公司的董事身份，回覆香港公司註冊處處長函，標題為 'Re: Notice of 12th February 1946 calling for details of Companies Registration'；以及昭和十九年（1944 年）九月二十七日，「香港占領地總督部法院」之《舊香港會社登記申請書綴込帳》內，國光製漆有限公司的相關資料。

30 見 2012 年時，利蘊蓮與利乾在香港訪談利漢釗的內容，確切日期不詳。

31 The Orient Paint, Colour and Varnish Co. Ltd.，1934 年開辦。

32 該英國漆廠歷史悠久，始創於 1834 年，原稱 Pinchin, Johnson & Co.，1947 年起才改稱為 Pinchin, Johnson & Associates。1934 年，太古的施懷雅家族在上海開辦永光油漆時，就找來這家英國漆廠合資，以獲取對方在製漆技術方面的支援。永光油漆因此也算是 Pinchin, Johnson & Associates 的附屬公司。見 'Orient Paint, Colour and Varnish Company Limited'，John Swire & Sons Ltd Archive @ School of Oriental and African Studies (SOAS) Archives, University of London: https://archiveshub.jisc.ac.uk/search/archives/ea5125cd-1825-31be-b41a-142a903c5ede?component=3cda509a-1dc6-391e-9842-3b969980405f

33　利孝和是國光控股在 1949 至 1951 年間的董事。其董事職務後由胞弟利榮森接續，於 1951 至 1979 年間長期擔任該公司董事，1950 年代更曾出任公司的聯合董事經理，參與過公司的實際治理。利榮傑則是 1954 至 1971 年間的公司董事。徐鏡波在這家公司當董事的時間也甚長，是始於 1953 年，終於 1970 年。見太古檔案（Swire Archive）內收藏的相關諸檔。

34　即 1974 年更名前的太古施懷雅有限公司（Taikoo Swire Ltd.）。

35　利希慎置業有限公司是利園酒店的大股東，不過太古集團、滙豐銀行、香港置地等幾個本土的大型企業，也有股份（利德蕙，2011: 154）。

36　見 2020 年 12 月 3 日，作者與利乾在香港北山堂的談話。

37　視訊訪談利憲彬，2021 年 3 月 22 日，香港—澳洲悉尼。關於聯合汽水廠，下一章會再細述。

38　香港重光後，因人口再度激增，不少樓宇又毀於戰火，住房奇缺，夏慤軍政府遂以「統治公告」的形式，將戰前樓宇的租金限制在 1941 年 12 月 25 日的水平，稱為「標準租金」，以避免業主胡亂加租，令租客難以負擔。相關措施還包括了限制業主單方面終止租約的權力。香港恢復民政管治後，這類租金限制措施就被整合入 1947 年的《業主與租客條例》（Landlord and Tenant Ordinance）。

39　租金過低，首先會令不少業主無力修葺早已老殘甚至還遭到戰火破壞的舊樓。其次，業主無法調整租金，就容易衍生「租霸」問題，令地產商難以有效迅速地重建舊樓，而這反過來又拖慢了新物業的供應速度。其三，舊樓的租金低廉，也容易誘使原租客當起二房東，在未經業主同意下，轉租圖利，令合法與非法的租客難分，也容易衍生「一屋多戶」的擁擠雜居現象。

40　見 1946 年 7 月 24 日，香港的徐鏡波致倫敦的利榮森／利孝和函。利家家藏史料。

41　這當然並非利家所擁有的已開發物業的總數，因為家族的部份物業，其實是掛在黃蘭芳和利綽餘堂名下。

42　在此之前，地產交易是以整棟建築物的方式買賣。

43　所謂海派西餐，是指上海廚師集英、法、俄等歐洲國家的西菜菜式，改良成適合中國人口味的一種西餐，曾在老上海風靡一時。1950 年代，不少離滬南下的廚子，將海派西餐帶到了香港。新寧招待所所在的大樓，後屢經改建，但新寧餐廳至今猶存，目前座落於仍是利家物業的利舞臺廣場內。

44　洪高煌是廣州嶺南大學的教育系學士、美國史丹福大學的教育碩士、教育博士。1932 年畢業後，曾周遊歐洲、非洲、印度及南洋各地，考察當地教育。1933 年回母校嶺南大學任教育學教授，後受聘為培英中學校長（嶺英中學，1948: 22）。1938 年他在利園山上創辦的嶺英中學，就是取嶺南大學的「嶺」字及培英中學的「英」字，合而為「嶺英」。見〈教育界巨子創辦嶺英中學〉，《工商晚報》，1938 年 7 月 6 日，頁 4。

45　見 2016 年時，利蘊蓮與利乾在香港訪談利漢楨的內容，確切日期不詳。

46　該地塊實為利家物業，由利樹源出面代持，1990 年代賣出（利德蕙，2011: 159）。

47　見〈東區利園山　漸夷為平地〉，《工商晚報》，1949 年 5 月 7 日，頁 3。

48　見〈港督昨晚演說　香港絕不放棄　表示如被侵犯必起抗拒〉，《工商晚報》，1949 年 5 月 7 日，頁 3。

49　見〈銅鑼灣利園山　年底全部剷平〉，《工商晚報》，1952 年 6 月 28 日，頁 4。

50　同上。

51 霍英東在《霍英東傳》裏講述其發跡經歷時，曾經提到 1953 年，當他聽說利家有意放售銅鑼灣的使館大廈時，就前往察看，然後與利銘澤會面洽談，用 280 萬元買去。據說當時他可是提著一大袋的現金，親赴利銘澤的辦公室付款。（冷夏，1997: 119-121）

52 〈利園山觀音像來歷　原來是戰前片場佈景之一〉，《工商日報》，1952 年 8 月 12 日，頁 5。

53 〈利園山傳出拆除觀音石像神話　迷信男女紛往膜拜〉，《工商日報》，1952 年 8 月 8 日，頁 6。

54 同上。

55 同上。

56 〈利園山神棍衝突　打甩觀音頭〉，《工商日報》，1952 年 8 月 9 日，頁 6。

57 〈利園山觀音像來歷　原來是戰前片場佈景之一〉，《工商日報》，1952 年 8 月 12 日，頁 5。亦見〈利園山上神棍亂舞　無頭觀音今日搬家〉，《工商日報》，1952 年 8 月 11 日，頁 5。

58 〈利園山觀音像　已移裝沙田萬佛殿　全部費用達一萬元〉，《工商日報》，1952 年 10 月 14 日，頁 5。

59 〈怡和街改名利園山道　五條街道命名及改名〉，《工商日報》，1953 年 5 月 23 日，頁 5。必須說明的是，這篇報導的內容有誤，當中提到的怡和街，應是指「怡和山道」。

60 〈夷平利園山工程　月底將結束〉，《工商晚報》，1955 年 9 月 7 日，頁 8。

61 見 1948 年 3 月 12 日，利希慎置業有限公司向香港的公司註冊處呈交的周年申報表（Annual Return）。

62 利榮森應是在成年後，才成為公司董事。

63 See 'Joint Account: Agreement in Triplicate, Made between Richard Charles Lee, Hsiao Wo Lee and Jung Sen Lee dated 25th March, 1953', by Wilkinson & Grist, Solicitors and Notaries, Hong Kong.

64 視訊訪談利憲彬，2021 年 3 月 22 日，香港—澳洲悉尼；以及 2012 年時，利蘊蓮與利乾在香港訪談利漢釗的內容，確切日期不詳。

65 同上。

◎ 利家七兄弟合照。後排左起：利榮康、利榮達、利榮森、利孝和、利榮傑；前排左起：利銘洽、利銘澤。

13

◈

興業

他〔利銘澤〕和中國的關係繼續搞得很好，他也很愛國，如果以他的身份地位去賺錢，不知道可以賺多少錢了。但他的興趣並不是賺錢，而是希望可以對香港人有幫助。

—— 利漢釗談利銘澤，2003 年 2 月 27 日

1967 年 4 月 TVB 在廣播道動工，一個月後就碰上香港暴動，常會缺這個缺那個建築材料。利孝和同余經緯當時去了英國、美國，不在香港。Deacons（的近律師行）的 Ray Moore 就要我去請示利孝和，說情勢很壞，連「菠蘿」（土製炸彈）都出來了，TVB 的計劃是不是應該暫停，看看情況再說？我就給利孝和發電報，轉告了 Ray Moore 的話。利孝和只回了三個字：Proceed full speed。

—— 戴鎮華談利孝和，2021 年 3 月 4 日

1953 年時，利家雖在利園山的開發資金上遭遇滯礙，移山工程畢竟已近終點，家族蓄勢待發。此時恰逢韓戰停戰，而聯合國的對華貿易禁運雖未能相應解除，[1] 緊繃一時的國際大環境卻已趨緩，香港也逐漸走出禁運陰霾。禁運對香港傳統的轉口貿易打擊甚大，但與此同時，大量來自上海實業家的資本、機器和技術匯聚香港，加上洶湧的難民群體提供的廉價勞動力，在在促成香港於 1950 年代就迅速向出口導向的工業化經濟轉型。簡言之，熬過幾年的低沉抑鬱後，香港經濟就重拾戰後以來的高速增長，而這段長達數十年的蓬勃發展期，對坐擁銅鑼灣黃金地段的利家來說，可謂關係重大。

然而利家往後數十年的輝煌歲月，不能全歸功於地產。利家諸子，尤其是利銘澤與利孝和，在香港的許多商戰領域裏都留下了動人身影。除了最核心的銅鑼灣地產業務，利家人也活躍於工業、金融、電視、娛樂、酒店、基建投資等領域，只是相較於同時代香港的其他名門大戶，利家人一貫低調，不少值得一書的興業事蹟，反倒鮮為人知。以下兩章，不擬也難以在有限的篇幅裏詳列利家人的所有事業成就，只會聚焦於某些甚具代表性的領域，藉討論利家人——而非「事」——在興業過程中發揮過的關鍵作用與決策，素描利家，並探究它面對的時代挑戰。

❖ 搶救上海商銀 ❖

中國第一家民營銀行——上海商業儲蓄銀行的創辦人陳光甫，向來很欣賞利孝和，而在二戰後國共戰火重燃的亂局裏，陳光甫無疑更加倚重出身香港的利孝和。早在利孝和仍為外交工作在歐美兩地穿梭的 1946 年 7 月，陳光甫就為了因應時局，在上海商銀的股東會上修改章程，將銀行核心高層精簡至「董事長一人，副董事長一人，常務董事二人，總經理一人」的五人常務董事會，並繼續推舉利孝和為常務董事，單獨負責常駐香港。[2] 起初兩人都預見到，香港或會因中國情勢的大動盪，迎來大量流動資金，尤其是上海資金，香港銀行界必須未雨綢繆，擴充服務。不過到了 1948 年，局勢迅速惡化，眼見國民政府已無能力挽狂瀾，陳光甫需要思考的，已非單純的銀行架構調整，而是他個人與銀行的去留了。

由《陳光甫日記》（2002）可見，1948 年 12 月初，陳光甫就先去了一趟香港，觀望局勢，期間和老朋友利孝和互動緊密。此時陳光甫對自己是否該遷離中國大陸，依然舉棋不定、躊躇未決。1948 年 12 月 6 日，他在日記裏寫道：

> 我的計劃：（一）家不搬仍住上海。（二）往台灣一行看看時局。（三）時局不好仍回香港。（四）時局好回上海。（五）香港房子要準備。今早訪簡東浦，遇見周壽臣，九十老人精神健旺。又見王儒堂。[3] 中午應利孝和之約，乘小艇遊港，頗樂，四時半返。……（陳光甫，2002: 201-202）

然而僅過十日，陳光甫似乎就已經拿定主意，想要停下腳步、退隱香港。1948 年 12 月 16 日，他在日記裏繼續寫道：

> 昨晚利榮根[4]請客，十一時方歸……細察現在局勢，共軍必取得政權，最後歸縮〔宿〕必用馬克斯主義。我年紀已老，應當退休，不問行事，返上海為一最短時期，不可站下去，站下去有種種不對……比較無共黨勢力地方為香港，可以當作昔日之租界。遷居此地，一如前清官員住青島一樣，久而久之，他們忘記我們了。且此地尚有朋友，可以與美國通信，看看報，讀讀書，有相當自由，此為最寶貴之精神食糧也。（ibid.: 207）

不過以利孝和為首的駐港年輕一輩，並未洩氣，不想就此放棄上海商銀。所以接下來的問題是：該如何盡量從中共手中搶救並保存銀行的龐大資產，免遭其收歸國有？陳光甫於是在他們協助下，短暫返滬，1949 年 3 月即毅然去港，要在香港註冊上海商銀，以轉移資產。這個過程並不順利，因為英國政府正盤算著承認中共政權，不想因這類資本外逃之事觸怒對方而節外生枝。所以同年的 11 月 21 日，陳光甫仍要在日記裏憂心寫道：

> 昨星期日晨往訪利榮根兄，據告本行在香港政府註冊事，財務司又有問題，恐執照暫難即發。現際英國即將承認中國人民政府之先，港政府或恐國民政府官僚資本有藉此逃亡情事，將為人民政府引為口實，故求慎重……

又謂本行註冊係由原有分行改組，如在港新組則無問題云。另余在港註冊
事，始終考慮，誠恐引起反響，茲港政府對此事又起遲疑，榮根已告財務
司，請其所有問題逐條開出，以便予以解答。（陳光甫，2002: 238）

利孝和最終需要協助陳光甫將上海商業儲蓄銀行的香港分行改頭換面，以「上海
商業銀行」（即去掉該行原有的「儲蓄」二字）的新名號，在 1950 年底取得香
港註冊。換句話說，這是一家對港府而言「新的銀行」，不是由既有的銀行改組
而來，一旦面對質疑，當可自圓其說。香港的上海商業銀行取得註冊後，利孝和
又設法協助陳光甫，將總行的資產負債表全數漏夜轉移至香港，以保全其資產主
體。[5] 留在上海的陳光甫老部下資耀華，隨後將上海商業儲蓄銀行改組為公私合
營，最終果然成了國有。中共曾透過資耀華，多次邀請陳光甫返滬，但他終不為
所動（徐瑾，2016a）。1954 年，陳光甫赴台，將上海商業儲蓄銀行的總部遷往
台北，[6] 奔走多年，1965 年終得以在台北復業，成了唯一一家從大陸遷往台灣的
民營銀行。陳光甫晚年，主要是在台北和紐約兩地度過，利孝和到紐約時，會帶
家人前往探視，[7] 利榮森則是曾親赴台北探望老人，直到他 1976 年在台北與世
長辭。

利孝和自香港的上海商業銀行於 1951 年開業始，即連任董事多屆，利榮森也早
在 1952 年起就長期擔任該銀行的董事，直到他 2007 年離世。而利榮森在中國銀
行的老長官貝祖詒，則是在 1962 至 1973 年間，出面擔任上海商業銀行的董事長。
這家銀行讓利孝和、利榮森兄弟得以維繫他倆從民國時期江浙財閥那裏一路承襲
下來的人脈，如與 1980 年代起掌舵台北之上海商業儲蓄銀行長達 30 年的榮鴻慶
（榮宗敬之子）的深厚交情。[8] 更重要的是，兄弟倆亦可藉上海商銀和上海企業
家群體長期合作的歷史淵源，與 1949 年前後大逃港的上海幫精英──唐炳源、
董浩雲、安子介、包玉剛諸人，靠得更近。[9]

事實證明，香港的上海商銀對這批移民企業家的事業發展，確實助力甚大。他們
匆匆赴港避難，雖身懷出色的工業生產技術及管理技能，卻缺乏資金建廠，急需
向銀行融資，也就很自然地找上以前在滬時就已經打過交道的上海商銀，而上海
商銀也著意為這批落難的老客戶服務。上海幫第二代、新昌集團的葉謀遵就曾提

◎ 1968 年上海商業銀行新廈落成。左起：史寶楚、謝超、
王宗鰲、榮鴻慶、利孝和、陳光甫、徐謝康、貝祖詒、朱如堂、
夏鵬、利榮森、陳克恭。

到，滙豐銀行早年並不太願意給廠家融資，反觀上海商銀卻很瞭解「做廠這門生意係乜……而大新〔銀行〕和浙江第一〔銀行〕，當時規模都不及上商，形成上商同一班上海廠家好密切。」[10] 此外，上海商銀還罕見地願為廠家跟歐洲訂購的機械提供長期融資，讓上海幫得以迅速在香港站穩腳跟、建廠生產。此所以南聯實業和其士集團等數十年來主要的來往銀行，就唯有上海商銀與滙豐銀行；而直到半世紀後的 2001 年，當上海商銀董事長史寶楚病逝時，上海幫及其後人仍會「差不多傾巢而出般出席史寶楚的喪禮」。[11]

❖ 地產上市 ❖

二戰結束後，利銘澤自重慶歸來，扎根香港，逐漸主導了家族企業的決策。1947年，利榮森也從倫敦的中國銀行分行離職，返港接過了原本由徐鏡波統籌的企業大總管角色。同年，利孝和亦自紐約返港，結束了他在聯合國中國代表團內的外交任務，從此專注於家族與個人事業。三人和大家長黃蘭芳是利希慎置業公司僅有的四名董事，[12] 共同推動了戰後利家地產主業務的發展。不過無可諱言，自1953 年起的 30 年間，利銘澤基本上執掌利家地產發展的主軸。然而利銘澤身兼多家上市公司的董事長、副董事長或董事職務，分身乏術，所以實務上的決策，大多仍歸利榮森及 1970 年代後準備接班的利漢釗負責。[13] 至於嫡長子利孝和，1953 年時已決意淡出家族企業的日常經營，並以一部份他個人的利希慎置業公司持股，換取公司的士巴汽水廠股權，開始經營自己的生意版圖。[14]

利園山雖在 1955 年底徹底夷平，不過利家的作風向來相對保守穩健，二來移山耗資巨大，頗傷元氣，所以利家在整個 1950 年代，建案甚少，主要就是建成恩平道上的崇明大廈。[15] 然而利家對他們該如何通盤規劃銅鑼灣區的發展，倒是逐漸有了清晰想法。譬如移山工程留下來的一項伏筆，就是將山泥拿去填了銅鑼灣避風塘，而這就成了港府後來填海闢造維多利亞公園時的部份基礎。維園於1957 年啟用，至今仍是港島面積最大的公園，對銅鑼灣一帶的綠化助益甚大。

1950 年代初韓戰爆發，香港的房地產業亦備受衝擊，利家剛啟動的大規模移山

工程，顯然也遭遇資金困難。家族不得已，只好在 1953 年將兩年前才剛剛落成的使館大廈賣給霍英東的立信置業，又將原利園地段分割成幾塊地皮，賣給各家地產商建樓，黃祖棠、霍英東都藉機出手。[16] 此時適逢港府修訂建築條例（1956），鼓勵地產商蓋更高的樓以減低樓宇供應成本，[17] 加上霍英東的立信置業適時開創的賣樓花、分層出售、分期付款等新招數，釋放了香港中產階級的購買力，銅鑼灣的房地產業開始熱鬧起來。1958 年，立信置業 17 層高的蟾宮大廈，就在銅鑼灣希慎道拔地而起，奪了位於中環的中國銀行大廈之「香港最高樓」頭銜。與此同時，怡和洋行也在配合利家的移山大計，自 1953 年起，就將同區軒尼詩道一帶的舊倉庫等工業設施拆除，發展改建成兼顧零售與辦公空間的高樓。1960 年開張的香港首家日式百貨——大丸百貨，正是坐落於此。此後日系的崇光百貨、三越百貨及松坂屋也紛紛進駐，讓銅鑼灣搖身一變，成了首屈一指的購物聖地。

利家在 1950 年代的建案雖少，但憑著利家「銅鑼灣大地主」的份量與利銘澤個人的土木工程專業，香港業主聯會仍在 1953 年推舉利銘澤為主席。利銘澤確實也不負眾望，經常代表業界發言，針砭住房短缺、樓宇安全隱患及租務條例扭曲真實租金等時弊。而他提議的解決之道，就是要政府設法增加房屋供應、允許業主加租，並且加速舊樓重建。同年，利銘澤開始出任市政局議員（1953-1960），又受委為建築條例委員會的委員（1953-1960），換句話說，1956 年《建築物條例》修訂時，放寬樓宇建設高度及地積比率的新舉措，應與利銘澤的努力有關（鄭宏泰、黃紹倫，2012: 142-144, 147-148）。

1960 年代，利家在地產方面開始有了較大動靜。首先是興建嘉蘭大廈，由利孝和的摯友甘洺（Eric Cumine，上海時期曾自稱為甘少明）設計。甘洺與利家的地產事業關係甚深，一度可謂利家的御用建築師。他和利銘澤同齡，1905 年生於上海，也在上海成長，是擁有四分一粵人血統的蘇格蘭人，講得一口流利的英語、滬語和粵語。其父克明（Henry Monsel Cumine）乃利希慎舊識，也在上海土生土長。[18] 1922 年，克明洋行（Cumine & Co.，後改組為錦名洋行）的東主克明，將其 17 歲長子甘洺送往倫敦知名的建築聯盟學院（Architectural Association School of Architecture）研習建築，[19] 並託香港友人利希慎為孩子在

倫敦找個監護人。利希慎於是請牛津郡的邱吉爾夫人在監護利銘澤、利孝和兄弟之餘，也兼顧甘洺，獲其同意。[20] 換句話說，利銘澤、利孝和與甘洺不僅是約略同期留學英國，也相識於微時，尤其利孝和與甘洺倆都酷愛運動，特別投契。

甘洺學業出眾，1927 年畢業時，就曾贏獲英國皇家建築師協會頒發的鐵特獎（Tite Prize）。返滬後，他加入家族企業克明洋行，1930 年代就參與過不少上海大樓的設計，包括裝飾藝術風格的代表作德義大樓（Denis Apartments）及作家張愛玲住過多年的愛林登公寓（Eddington House，後稱常德公寓）（Denison, 2017: 107）。1941 年底日軍偷襲美國珍珠港之際，也迅速侵佔了上海租界，孤島時期戛然而止。隨後英國僑民甘洺和父母妻兒，都被日軍關進了龍華集中營。不過甘洺在這段集中營歲月裏仍苦中作樂，以漫畫的形式記錄營內生活點滴，完成了一本漫畫手稿。二戰結束後，甘洺曾獲聘於上海聖約翰大學的建築系任教，惟 1949 年為避中共政權，孤身南逃香港，[21] 家財事業盡失，幸得舊友利孝和鼎力相助，給了他在利舞臺後台的某間辦公室草創其建築師樓，一切從頭開始（鍾寶賢，2009: 126-131；賀越明，2022: B12）。[22]

甘洺設計的嘉蘭大廈，甚具巧思，善用了不規則的地皮來規劃空間。大廈集商舖、辦公樓、私人俱樂部和住宅於一身，最值得一提的是它在面向大街的一面牆上，以產自意大利穆拉諾（Murano）的琉璃磚，鑲嵌出一幅帶有拜占庭馬賽克風格的巨大敦煌飛天壁畫（Hysan Development, 2018: 47）。很多人不知道的是，這個敦煌飛天，其實是利榮森在背後費心安排的傑作，而它的確也成功吸引了途人目光。[23]

1960 年代甘洺為利家設計的樓宇，還有希慎道上的利園酒店。利家原本計劃興建一棟以基座六層用於商務辦公、基座以上則用作住宅的利園大廈，希望租給政府的醫療及教育部門辦公，賺取穩定而又豐厚的租金。不過 1964 年利園大廈動工後，因碰上內地文化大革命波及香港引發的連串動亂，基座以上未建的部份，利家即剎停不建，先觀望再說。此後直到 1969 年海底隧道動工，利家敏銳意識到香港的旅舍房間必將不足，才決定修改設計後完成建案，將利園大廈改建成酒店。於是在建築物既有的六層基座上，又加蓋了 16 層樓。不過大廈的原始設計

既是供商辦及住宅之用，其內部間隔自然是大小不一。甘洺這回再施巧手，將它們轉化成房型各異的大小酒店房間。[24] 1971 年底，利園酒店終得以竣工，翌年開業。

1970 年代初，利家因開始和大昌建築公司的陳德泰合作，得以分散投資風險，其地產決策也變得相對進取。家族先是在 1970 年 10 月，成立「興利建設有限公司」（Hennessy Development Co. Ltd.），起初是作為利希慎置業麾下的全資附屬公司。1976 年利家為集資發展興利中心，讓興利公司增發新股，引入外界股東，利希慎置業的持股則降至 75%（希慎興業，1981: 9）。此後直到 1980 年代初期，利家在興利公司以外，又於短短五年內和不同的投資者合作，成立合資公司，在銅鑼灣先後興建了希慎道壹號、[25] 禮頓中心、[26] 興利中心、[27] 新寧大廈及新寧閣（ibid.: 9-10）。[28] 利家長孫利漢釗自 1949 年赴美留學後，早已在美國定居就業，而他正是在 1976 年這個利家即將在銅鑼灣到處開挖、塵土飛揚的關鍵年頭，被利榮森召回香港，為家族企業效力。利漢釗返港後，最早需要面對的一個棘手建案，就是興利中心。

1976 年利家為興利公司增資並引入家族外的股東後，就打算興建興利中心。興利中心即 2006 年後原地重建的希慎廣場前身，其設計仍交甘洺的建築師樓操刀，圖則皆已就緒，工程卻並不順利。利孝和本希望在興利中心落成後，由萬國寶通銀行（花旗銀行）進駐大廈基座（podium），但後來雙方並未談妥，興利中心遂遲未動工。不過銅鑼灣繁忙的軒尼詩道上，此時就只剩下這塊地皮空置，而周遭皆已大樓環伺，不免顯得有些突兀。於是 1978 年，港府給興利公司發函，催促它盡早蓋樓。利家開工後，不料卻在打地基的環節遭遇麻煩，一直無法挖至地下岩床，工程遂一再延誤。利銘澤與負責該建案的利漢釗，為此都心焦不已。後來在利榮森建議下，利銘澤高薪請來前香港大學工程學院的院長馬奇教授（Prof. Sean Mackey）當工程顧問，專門檢視地基問題。[29] 馬奇 1976 年才剛從港大退休，業界威望極高，所以地基後來雖然還是未能觸及岩床，但因已打得夠深，獲馬奇的專業報告支持，興利中心才終於可以往上蓋。[30]

興利中心工程不易，融資方面倒是很輕鬆。這筆工程貸款，是由與利家向來關係

◎ 1980 年代的新寧大廈（右）與興利中心（左）

親密的滙豐銀行提供，不過因地基環節延誤，建築成本上升，需要追加貸款。利榮森於是請利漢釗親赴滙豐總行，去找時任總會計（Chief Accountant）的葛賚（John Gray）爭取追加貸款。葛賚聽完利漢釗在會議室內認真報告、解釋工程成本為何超出原預算後，就邀他同去外頭吃頓午飯，飯畢簽字，就打算回辦公室。利漢釗完全沒料到事情如此順利，還未反應過來，葛賚就補上一句：「噢沒問題啦，我和你的三位叔叔 Dick、Harold、J. S. 都很熟。」[31]

興利中心和希慎道壹號的建築設計，利家仍照往例，交由甘洺的建築師樓負責，不過利銘澤對甘洺頗有意見，[32] 所以稍後在規劃新寧大廈及新寧閣時，就交給司徒惠和當時已頗負盛名的貝聿銘設計。時值 1970 年代末，貝聿銘仍未獲法國總統密特朗（François Mitterrand）「欽點」負責大羅浮宮擴建工程的設計工作，換句話說，尚未因巴黎羅浮宮的玻璃金字塔而名滿天下，[33] 但貝家與利家素有淵源。貝聿銘之父貝祖詒，是江浙財閥李銘、陳光甫等人的晚輩密友，1930 年代就與利孝和熟識，抗戰期間更是利榮森在中國銀行的頂頭上司。如前所述，1937 年 8 月淞滬會戰開打後，中銀的國外部就已經由上海遷到香港辦公，時任中銀副總經理兼國外部及信託部主管的貝祖詒，自然也坐鎮香港，就租住在利家的禮頓道物業裏。此外，貝祖詒早在 1918 至 1927 年間，就當過中銀在香港的分行經理，長子貝聿銘年僅一歲就隨家人由穗赴港，在香港度過童年，也曾入讀聖保羅書院小學。而利榮森幼時亦留在利希慎身旁，貝、利兩家若早有往來，貝聿銘和利榮森倆就可能從小相識。1949 年大陸易主後，貝祖詒定居美國紐約，卻還是願意出面擔任香港的上海商銀董事長；利孝和到訪紐約時，也常會去找貝祖詒餐敘，顯見兩家交情綿長。[34] 而從貝聿銘參與利家的建案開始，甘洺就逐漸在利家的地產事業中淡出了。[35]

利家在 1976 年起的六年內，陸續在銅鑼灣建成多棟大廈，足證家族在房地產業的經營上，已更加進取。不過直到此刻，利家仍未打算將其地產公司上市。然而在香港社會普遍安定、經濟高速成長的「麥理浩時代」（1971-1982），股票市場曾長期暢旺，以長江實業、新鴻基地產、合和實業、恒隆等為代表的新興地產商乃相繼掛牌上市，[36] 充份借助了股市的募資功能來加速發展（馮邦彥，2021）。1976 年順應家族召喚從美國回流的利漢釗，就曾提到利家開始感受到的時代壓力：

我回香港時，人人都說我們在地產發展方面 too late，都被李嘉誠、郭德勝、李兆基爬頭了，還不做點事？1980年三叔〔利孝和〕去世後，利榮森就開始同利銘澤和我說，我們如果要新發展，就需要上市，不能再像過去一樣保守了。[37]

此後數年，香港的股市依然熱絡，1980年利孝和離世時，更是正值暴升的高潮。於是1981年，利家終於決定跟從房地產業的上市大潮，將興利公司擴大重組為「希慎興業有限公司」（Hysan Development Co. Ltd.）上市，發行五億股，每股一元，共集資五億。然而希慎興業上市的歷史時機，可謂甚壞，港股不久就因為香港前途問題的衝擊而劇烈波動，一路向下，希慎興業自然無法倖免，股價一度由每股一元跌到了39仙。[38]

無論如何，希慎興業上市時，整合了利家所擁有的多項優質資產，增值潛力佳，且財務穩健，自然無懼股市一時的風風雨雨。相關安排是以興利公司收購另三間控股公司——即「禮頓建設」（Leighton Development）、「希慎道建業」（Hysan Avenue Properties）及「聯合地產」（Associated Properties）的方式，將家族擁有的銅鑼灣重要物業興利中心、禮頓中心、希慎道壹號、新寧大廈和新寧閣，都整合到這家新上市的希慎興業內。此外，家族又以興利附屬公司「廣運地產」（Kwong Wan Realty）向利希慎置業購入堅尼地道74至86號那塊面積達80,881平方呎的地盤的方式，將這筆重要的利家資產，也注入希慎興業（希慎興業，1981: 9-11）。隨後希慎興業就將灣仔的利家大屋和利行拆卸，重建為高級屋苑「竹林苑」（Bamboo Grove），1985年落成，共六座345個單位。利家亦藉希慎興業上市之機，擴大公司的董事局，以提升公司的管治水平。所以除了家族成員利銘澤（主席）、利榮森和利漢釗，希慎興業的董事還有大昌地產的陳斌、菱電工程的胡法光、捷成洋行的捷成漢（Hans Michael Jebsen）、馬士基輪船的姚恩盛（Per Jorgensen）、新鴻基地產的郭得勝、恒生銀行的利國偉、[39] 高露雲律師樓的麥加林（Ian MacCallum）及新昌集團的葉謀遵（ibid.: 11-12）。

1984年12月《中英聯合聲明》簽署後，隨著港人對香港前途的信心逐步恢復，希慎興業的股價也漸有起色。而公司在其核心的銅鑼灣區內推進的重建與開發項目，至今不輟，毫無疑問仍是銅鑼灣最大的商用物業業主。[40]

❖ 七喜先生 ❖

除了地產，利銘澤也極重視實業生產。1930 年代，利銘澤就曾在香港的華商圈內牽頭集資，興辦過國光製漆廠和一家鐵釘廠。鐵釘廠後來賣了給其他華商，國光製漆廠則因為本地市場的需求殷切及產品本身出眾，而一向績效不凡、利潤可觀。利家經營國光製漆廠直至戰後，1948 年才透過和太古洋行換股，讓出國光製漆的控股權。與此同時，家族在戰後還經營一家喚作士巴（Spa）的汽水廠，廠址與國光製漆廠相距不遠，都設在北角馬寶道一帶。兩家廠後來也先後遷至鰂魚涌的太古船塢附近，中間就只隔著一座太古糖廠，而白糖正是汽水生產的關鍵原料。士巴汽水廠與國光製漆廠都曾經是家族而非個人所有，不過利銘澤眼見 1960 年代輕工業勃興下的香港需要鋼管，1964 年底，又自行在離島坪洲創立了「香港鋼管及金屬產品公司」。這家鋼管工廠直到利銘澤 1983 年去世時，都還在正常營運（利德蕙，2011: 220），顯見利銘澤對實業的重視，一以貫之。

利孝和的創業衝勁，絲毫不遜乃兄，但領域大不相同，故交集不多。利孝和向來很留意電影及演藝娛樂行業的演進發展，二戰之後，對航空、酒店等旅遊相關行業也很感興趣。舉例來說，利孝和就長期是太古旗下國泰航空的董事局成員。這事其實要從 1947 年香港航空（Hong Kong Airways）[41] 的創立談起。利孝和在有怡和背景的香港航空開辦之初，就獲邀為公司的五名董事之一。[42] 香港航空原本只飛上海、廣州兩地，且班次不多，[43] 惟往後數年，港航因內地富豪和企業家們群起搭機逃港而興旺一時。不過好景不長，北京政府後與香港斷航，令港航痛失多條主要的航線，韓戰爆發後又無法再飛朝鮮半島（宋軒麟，2013）。港航最終在 1958 年被國泰航空收購併入，利孝和則是從此當上了國泰航空的董事，可見他與怡和、太古兩家洋行皆關係匪淺。[44]

利孝和與利銘澤在事業上的交集，首先當然是家族地產，其次即工業生產。二戰結束後，利孝和就加入了國光製漆的董事局，與此同時，他對汽水行業的前景也很看好。所以 1953 年，當利孝和決定在家族企業以外也獨立營商時，他就以自己的一部份家族企業股票，換來對士巴汽水廠的控股權。隨後利孝和找來 1954

年 8 月才剛從波士頓大學商學院畢業的七弟利榮達合作,又親自奔波英美兩地,先後取得玉泉(Schweppes)與七喜(7 Up)兩大國際汽水品牌在港澳地區的獨家經營權,[45] 於 1955 年成立聯合汽水廠(General Bottling Company),將士巴汽水廠納入其中。[46]

如果說梁孟齊是利家經營國光製漆廠時的台柱人物,林恩貴就是士巴汽水廠從草創至華麗轉身時的大將。至於說到汽水銷售,靈魂人物非利榮達莫屬。「香江才女」林燕妮與知名填詞人林振強之父林恩貴,曾長期擔任士巴/聯合汽水廠的廠長。林振強在病逝三天前發表的某篇專欄中憶述,1950 年代初,他們一家就是隨父親住在北角馬寶道的士巴汽水廠宿舍裏,而士巴當時已是「頗有名氣的汽水廠,生產的汽水,品種全港最多,不少很受歡迎」,尤其是林恩貴自行調製出的葡萄味汽水「美提露」(Mutell)。兩姐弟隨林恩貴住進士巴汽水廠後,很是興奮,因為「汽水任飲」,平日放學後又可以在工廠內跑來跑去,逢週日工廠不開工時,更是如脫韁野馬,會跳進工廠的金屬大缸內「扮沖涼,扮撑艇,滾來滾去,猶如兩粒吃了興奮劑的跳豆」,還因為吃糖太多,姐弟倆都沒了門牙(林振強,2003)。

汽水無疑是 1950 年代香港的時髦飲料,各品牌與汽水廠之間競爭激烈。除了士巴,林振強提到的還有維他奶、可口可樂、屈臣氏、綠寶、安樂園等汽水廠商,而士巴的美提露之所以廣受歡迎,除了味道趨近真實的葡萄汁,還因為林恩貴一項新穎的促銷手法:在美提露的樽蓋底下,隨機印上一隻燕子,而幸運的消費者憑「燕子」即可換領一樽美提露。至於林恩貴為何選用燕子?林振強說,因為父親很疼愛的長女,就叫林「燕」妮(ibid.)。不過林恩貴調製汽水的專業能力雖強,卻似乎不擅經營,尤其沒有做好庫存管理,所以 1953 年當汽水廠交到利孝和手上時,公司仍處於虧損狀態。[47]

利德蕙對士巴汽水廠同樣滿懷美好回憶,因為利家的小孩去汽水廠時,不僅能參觀汽水裝瓶的作業,也可以任喝飲料,「喝完還可盡量拿回家」。而汽水廠改由利孝和個人控股後,仍歡迎利家的孩子前往,甚至可以「挑選自己喜歡的汽水由廠方送到家中。」(利德蕙,2011: 152-153)不過可以免費喝到汽水的,遠不只

◎ 聯合汽水廠有限公司1980年股東週年大會的報告書中，介紹了當年代理的汽水產品。

林燕妮姐弟和利家的孩子，汽水廠還會在學校上課時的休息時段，免費送七喜給學生喝，而這只是利榮達不斷推陳出新的促銷妙主意之一（ibid.: 153）。

利榮達對營商充滿熱誠，也極具天份，1950 年代身體健康尚可時，更是對推廣聯合汽水廠的各類汽水親力親為、不遺餘力。利孝和主導公司決策，不理細務；林恩貴仍是廠長，專責生產。至於利榮達，則是與 1968 年後接棒的利銘洽三子利漢輝一道，[48] 肩負起管理營銷的重任。聯合汽水廠引入 7 Up 時，利榮達的最大創意，就是為它取了個吉利喜慶的中文「七喜」之名，十分討喜，以致香港後來的很多喜慶場合裏，主人家都偏好以七喜待客。[49] 利榮達又常以總經理之尊，親自隨公司的貨車送貨，而這在 1950 年代的香港，可謂罕見。利榮達還給自己弄來一個「AA777」的車牌號碼，樂為「七喜先生」，結果後來確實也擁有了這樣的外號。[50] 此外，利榮達對自己開創了玉泉汽水系列裏一個全新的「甘檸」（bitter lemon）口味，也一直深感自豪。[51]

1967 年底，由利孝和主導創辦的無綫電視台 TVB 啟播後，點子王利榮達也立刻善用了 TVB 大熱兼長壽的《歡樂今宵》節目，來主打公司的汽水廣告，尤其偏好由節目台柱之一的森森[52] 代言。[53] 據時任聯合汽水廠副總經理的利漢輝憶述，因為利榮達的關係，公司往往最快奪下 TVB 的廣告時段，一早搞定，而「維他奶的羅桂祥，每年都要叫他弟弟過來找我，請我從這些時段裏撥一點時間給他」，因為就連維他奶這樣的大企業，都搶不到廣告時段。而為了更有效的置入性行銷，利漢輝又與 TVB 合作，炮製了《雙星報喜》節目，更聽從利榮達的建議，找姚蘇蓉上聯合汽水廠贊助的節目表演：

> TVB 的《雙星報喜》節目，是我搞的。我找周梁淑怡[54] 談，說我們要做這樣的東西，找 Michael〔許冠文〕，他又找了他弟阿 Sam〔許冠傑〕一起來弄。早期的置入性行銷。七叔〔利榮達〕又告訴我，有人說台灣的姚蘇蓉，除了唱歌好聽，還七情上臉，但是如果她不上電視，人家哪看得到這「七情上臉」？我就和蔡和平[55] 兩人，晚晚去皇都戲院聽她唱歌，唱完和她去宵夜，說服她參加節目。[56]

聯合汽水廠的董事長利孝和雖不管細務,卻同樣很在意汽水業務的發展。誠如利憲彬所言,汽水廠曾是其父資產的一大部份,是利孝和的重要投資。所以每逢週末下雨,「佢就即刻苦起口面」,因為一下雨,就意味著週末沒人會去游泳、運動,也就沒有人會去喝七喜、玉泉。[57] 結果在利孝和與利榮達聯手銳意經營下,聯合汽水廠成立僅僅兩年,就轉虧為盈。[58] 到了 1970 年代,公司因為擴產需求,又在觀塘另起一座空間更大、設施也更為完備的新廠,一度據有香港汽水市場的三分一版圖。聯合汽水廠最強勁的對手——太古集團的可口可樂公司,則是瓜分了市場份額的另三分之一,逼得其他汽水廠就只能競奪那僅剩的三分一版圖。[59] 1970 年 11 月 28 日,聯合汽水廠甚至成為利孝和的個人生意裏,首個成功上市的企業,上市當年的公司純利幾近 442 萬元。[60] 聯合汽水廠上市時,股價 6.5 元,結果不到八個月的時間,就已經竄升至 10.7 元。[61]

不幸的是,利榮達自青年時代起,就屢受僵直性脊椎炎等痼疾引發的諸多病痛折磨,[62] 1960 年代起已逐漸影響其營商活力。利榮達樂觀豁達,強忍病痛,仍常以笑臉示人,不過 1971 年中風且局部癱瘓後,他健康日差,需要頻繁留醫,不得不從商界半退隱。[63] 利榮達心繫業務,據說仍常在醫院的病房裏打電話,為公司聯繫環球商務。[64] 利漢輝接手總經理一職後,聯合汽水廠仍繼續盈利,直到1970 年代後半開始遭遇麻煩。

利孝和之子利憲彬憶述,1979 年他從美國普林斯頓大學畢業返港時,正值利孝和對汽水廠的未來感到憂心:

> 我們跟上海商業銀行借了一大筆錢,我記得是借了 4,000 多萬港幣,建了一座新廠,但是投資戰略錯誤。這個廠的生產線,是製造罐裝汽水,但太古的可口可樂廠,卻是已經轉用大號的塑料瓶。他們投資了這類機器,用它來打敗我們的罐裝汽水……這是上市後的事。我們買錯了生產設備。爸爸〔利孝和〕本來覺得膠樽不會成功,因為「咁高,根本就擺唔入啲雪櫃」。但他們忽略了顧客可以將大膠樽打橫放。這事讓他非常憂心,晚晚回來都唉聲嘆氣,在計數。[65]

可就在這樣的關鍵轉折點上，1980 年利孝和因心臟病驟逝，公司的另一支柱利榮達則依然臥病在床，病痛纏身。眼見主帥凋零，汽水生意也因為港澳市場漸趨飽和而出現瓶頸，前景有限，利漢輝遂生倦勤之意，乃建議董事局結束公司或將其轉手。[66] 利榮達最終在陸雁群和利憲彬協助下，[67]1981 年安排將汽水業務賣了給星馬起家的跨國飲料公司楊協成。年輕的利憲彬負責去找投資銀行規劃，將公司本身和廠房的地盤分開處理，公司賣給楊協成，廠房的地盤則歸佳寧集團。[68]其時香港的房地產正瘋狂飆漲，佳寧集團願出高價，所以不論是公司或廠房的地盤，都賣了很好的價錢。[69]1983 年 9 月 9 日，聯合汽水廠有限公司易名楊協成企業有限公司，利孝和家族的汽水生意，至此正式劃下了句點。

❖ TVB 獨領風騷 ❖

利家最常為人忽略的興業領域，莫如電視行業。談到電視廣播有限公司（Television Broadcasts Ltd.，下稱 TVB）的創立，今人腦海裏浮現的，往往都是邵逸夫。邵逸夫誠然是 TVB 的創辦人之一，但卻不是首倡的領軍人物。此人實為利孝和。

香港 TVB 的誕生，要從「麗的呼聲」（Rediffusion）談起。1949 年，英國的麗的呼聲在香港開設分公司，造就香港第一家私營的廣播電台。麗的呼聲是有綫廣播，訂戶須付費，[70] 所以聽眾不廣，卻有利可圖，相當成功。於是 1957 年，公司再接再厲，成立了同樣是收費的有綫電視「麗的映聲」（Rediffusion Television，下稱 RTV），成為香港的首家電視台。[71] RTV 開播之初，只有一個黑白畫面的英語台，每日播映四小時，1963 年起才增設粵語台。既是電視，RTV 的收費自然要比電台廣播更高，開播時設的 25 元月費加上 45 元的電視機租賃月費，就已經高達 70 元。相較之下，一般工薪族的月薪，當時就只有 100元左右，普通家庭難以負擔，訂戶自然更少。[72]

1950 年代末，利孝和憑藉其英倫人脈和在演藝娛樂業的資歷，獲香港麗的呼聲延攬為公司董事。不過面對眾多既不懂也不在乎粵語觀眾的英籍董事，[73] 利孝和

的「節目本土化」倡議從未獲重視，遂萌生自辦一家本土電視台的念頭，[74] 並且打算一開始就採用最先進的無綫播映方式，捨棄有綫。利憲彬在談到父親當年為何起心動念時說：

> 他本來是英資的麗的呼聲董事，當年整天跟這些英國人吵架：為甚麼在香港不弄多些 program contents 給香港的中國人？英國佬懶得理你，因為麗的呼聲是收費電視，他們認為中國人哪有錢訂閱？爸爸和他們吵，就離開了，不過麗的呼聲要他簽一個 non-compete 的協議，不知多少年內，不可以出來搞電視台。[75]

利孝和曾經和港府高官談過開辦無綫電視台的構想，亦獲對方認可，惟 1966 年，港府最終還是需要以公開招標的方式，發放這唯一的一張無綫電視牌照。[76] 這項港府標案，結果竟收到八份標書，可謂競爭激烈。不過如果撇開次要對手不論，由利孝和牽頭籌組的財團，面對的主要競爭者只有兩個：一是由何佐芝領軍的香港商業電台聯手怡和洋行的團隊；二是由馮秉芬夥拍日本財團湊成的團隊。至於香港麗的呼聲，雖也參與競投，但其麾下 RTV 的月費收入，據說每個月就高達 1,000 多萬元，公司顯然還不打算放棄有綫電視。[77]

利孝和籌組的財團裏，余經緯所佔的投資份額雖少，卻是 TVB 另一位關鍵的創辦人。余經緯乃著名中藥行「余仁生」大亨余東旋的第十二子，年少時就被家人送往美國的寄宿學校就讀，後取得哥倫比亞大學的化工碩士學位，1950 年代返港。余經緯的兄長既多，父親又早在 1941 年病歿，所以在家族企業裏較無一展所長的機會，於是返港後自創經緯金融有限公司，專注於上層家族的金融投資，又開風氣之先，將投資基金的概念引入香港（鍾寶賢，2011: 99）。余經緯對攝影和電影極有興趣，故與背景相若的同好——陸佑幼子陸運濤特別親近。陸運濤夫婦訪港時，余經緯就曾招待他們入住淺水灣的余園別墅，甚至慷慨借出余園，供多部陸運濤「電懋」公司的電影取景（ibid.），而這或許正是利孝和找他組隊爭取無綫電視牌照的主要原因。[78]

同理，利孝和緊接著去找了電影界的巨頭邵逸夫，然後將汽水生意的拍檔史泰

靈（David Stirling）、[79] 上海幫的政經紅人唐炳源 [80] 及和記國際的主席祈德尊（Douglas Clague）[81] 也拉進來，又不忘給家族自己的民樂公司也留一份，由胞弟利榮森出面代表。然後利孝和再憑自己於國際媒體業及娛樂界的驚人人脈，說動美國的時代生活公司（Time Life Company）、[82] 國家廣播公司（National Broadcasting Company，NBC）和英國的安格利亞電視（Anglia Television）等業內機構，為其擬議中的電視台助陣。參與各方的持股略同，基本上都僅一成左右。[83]

利孝和志在必得、求好心切，結果一直拖到投標截止當日，他和余經緯、史泰靈三人都還窩在自己的文華酒店辦公室內開會商議。[84] 時任利孝和私人助理的戴鎮華憶述，就在當天下午的政府辦公時間結束前，利孝和才讓他和余經緯、史泰靈三人，匆匆趕去政府總部投遞標書：

> 車早就已經準備好了，就等在那裏。眼看截止時間快到，我們——我、Andrew Eu〔余經緯〕和 David Stirling，妳爸爸〔利孝和〕沒去——才每個人提著兩個 suitcase，趕去政府總部投標。好在花園道一帶當天沒有塞車，我們才能夠很驚險地在截標前兩分鐘送到。兩分鐘！George Ho〔何佐芝〕當時還等在那裏，[85] 就在一旁看著。如果錯過，那我們籌備時的一切心血，就都白費了。現在回想，都還會怕。[86]

利孝和的努力，終為其團隊在 1966 年贏得香港的第一張免費電視牌照。緊接著的 TVB 擇地建樓、添購器材設備、洽簽內容供應商及籌組營運團隊等任務，對這位董事局主席而言，其實更為艱鉅。1976 年前仍在美國無綫電公司（Radio Corporation of America, RCA）的紐約總部當高管的利漢釗就提到，利孝和去紐約時，常會和他這位電子工程師聊到 TVB：

> 我對他說：「三叔，香港哪有這方面的人才呢？你們如何懂得一些電子的東西呢？」他說：「你太傻了，有錢就可以了。」他說對了，請人〔協助〕就可以了。[87]

◎ 利孝和（中）與兒子利憲彬（右）參觀 TVB

花錢請人雖然不難，但要在公司草創初期就請對人，倒也並不簡單。利孝和為此頗費心思，在 TVB 首任總經理貝諾（Collin Bednall）[88] 協助下，將不少已經在海外發展的優秀本土／華裔專才招入 TVB，何掌邦、羅仲炳、梁普智、蔡和平、梁淑怡、林燕妮[89] 等，都是開台幹將。尤其是時任路透社香港分社社長的何掌邦，[90] 更是 1967 年利孝和經由名記者 Dick Hills 推薦後，迅速和他接觸，在得知何掌邦無意跳槽後，翌日前往倫敦出差時，即親赴路透社的總部拜會其上司，要求借調一年。[91] 同年 4 月，TVB 即宣佈委任何掌邦為新聞部主任，[92] 而何掌邦在 TVB，一待竟是十年。

至於擇地建樓，利孝和與公司方面也頗費周折。戴鎮華回憶道：

> TVB 的地塊，是 Eric Cumine〔甘洺〕找的，約四萬呎，$1.82 millions。廣播道當時還很荒僻，是山區，而經營無綫電視，確實也需要在山上設發射塔。麗的呼聲靜悄悄去 bid〔投標〕，$1.96 millions bid 到了，希望能拖延 TVB，好在甘洺還在那裏附近多找了兩塊地備選。兩個月後，政府又拿出一塊廣播道的地皮拍賣，五萬呎，也是 $1.82 millions。結果沒有其他人競投，TVB 就用 $1.82 millions 拿到了地。[93]

在取得九龍廣播道的地皮後，TVB 將電視廣播大廈的建築工程交給袁耀鴻的鴻益建築公司負責。[94] 這項工程的工期，其實甚緊，但工程並不順利，因為這一年正是 1967 年，開工不久，就碰上了新蒲崗人造花廠的工潮升級，為隨後一連串的動亂掀開序幕。此時利孝和正為了籌備 TVB 開台，和拍檔余經緯奔波於英美兩地，戴鎮華只能在香港乾著急：

> 1967 年 4 月 TVB 在廣播道動工，一個月後就碰上香港暴動，常會缺這個缺那個建築材料。利孝和同余經緯當時去了英國、美國，不在香港。Deacons（的近律師行）的 Ray Moore[95] 就要我去請示利孝和，說情勢很壞，連「菠蘿」（土製炸彈）都出來了，TVB 的計劃是不是應該暫停，看看情況再說？我就給利孝和發電報，轉告了 Ray Moore 的話。利孝和只回了三個字：Proceed full speed。[96]

利孝和為何敢於繼續推進工程？戴鎮華認為，這或與利孝和知道內幕情報有關，即利孝和已事先獲悉，中方其實並沒有讓事態在香港失控的意圖。[97] 不過從利憲彬的回憶來看，這一點應非事實。利憲彬說 TVB 開台時，恰逢「六七」，利孝和其實非常憂心，因為他要對眾多由他親自找來的股東負責，所以「晚晚失眠」。惟利孝和最終仍決定無論如何，要照計劃開台，工程遂艱苦恢復。[98] 結果鴻益建築公司不負所託，只用了七個月時間就蓋好電視廣播大廈，而大廈內部複雜的器材設置，也在總工程師羅仲炳主持下，[99] 按時就緒。1967 年 11 月 19 日，香港首家無綫電視台正式啟播，而這個 TVB 也成了全球首個自始就以彩色系統播映的電視台（香港電視有限公司，1982: 6-7）。[100] 不過 TVB 開幕時，香港騷亂未歇、時局不靖，港督戴麟趾（David Trench）是在儀式當天的下午四時，搭直升機直接到電視廣播大廈的屋頂降落，下樓主持開幕典禮，以免其車隊中途遭人投擲炸彈。[101] 其時利孝和一家還住在堅尼地道大屋，有人會在門口放置炸彈。孩子們聽說有炸彈，倒是很開心，因為「一有炸彈，就不必上學了。」[102]

TVB 與 RTV 之間除了在擇地建樓一事上角力，還有其他暗戰。事緣港府早年給麗的呼聲發牌照經營有綫電視時，曾將公共天線（common antenna）專用權在內的一些技術特權，都全套批給了麗的呼聲。TVB 開播後，RTV 硬是不放手這項公共天線的專用權，所以 TVB 開播頭幾年，不少香港家庭為了收看免費的電視節目，都需要自置「魚骨天線」，直到港府後來藉機收回了 RTV 的這項特權。[103] 利憲彬說，父親在 TVB 即將啟播前，就先買了個迷你手提電視，然後和他開車到處遊走，「去檢查 radio signals 夠不夠強，收不收得到那個發『嘟』聲的 test pattern。[104] 去淺水灣測試，去深水灣測試，又去九龍測試。」[105] 利孝和的用心，並未白費。戴鎮華指出，TVB 開台時，RTV 的收視人數已達 50 萬左右，不過 TVB 開台不到一年，就已追平 RTV。而兩三年後，TVB 的收視戶，更是已大幅拋離停滯不前的 RTV。[106] RTV 不得不在 1973 年底，也轉型為免費的無綫電視台，並由麗的映聲易名為「麗的電視」。

1969 年 2 月，余經緯替代退休養病的貝諾出任 TVB 總經理後，與利孝和合作無間，又建立起各部門和「重大節目委員會」的協商制度，集思廣益，且尊重編導的創作自由，TVB 的本土節目製作遂鼎盛一時，迭有佳作（ibid.: 139）。此外，

TVB 自 1973 年起，就接手舉辦每年一度的香港小姐選舉，並以世界小姐及環球小姐的選舉為藍本，安排比賽環節。[107]1976 年，余經緯更是藉環球小姐在香港舉辦的歷史契機，由 TVB 統籌賽事的全球播映，也順勢拉抬了自家的香港小姐選舉的名聲。[108] 惜余經緯卻在該年年底，因病早逝。

TVB 開台之初，利孝和為了維護各重量級股東的利益，對 TVB 的財務狀況也盯得緊，希望公司盡早盈利。利憲彬在 1970 年代初剛上中學時，因為對電視播映的工程技術有興趣，就常隨父親去 TVB 大樓，跟在總工程師羅仲炳的身旁，到處去看相關的器材和攝影機等。他還記得父親與余經緯經常在那裏抱怨：「怎麼還在虧錢？」兩人都希望設法減少 TVB 製作劇集時的資源揮霍。[109] 然而正因為 TVB 早年自製節目與電視劇時，願意投入大量資源，總體而言品質甚佳，且時間一久，香港觀眾的「慣性收視」已成，TVB 遂能長期獨領風騷，壓制晚入場的無綫電視競爭者 RTV/ATV 及佳藝電視，[110] 盈利終能迅速增長。

TVB 對香港乃至整個東南亞華人社會的庶民娛樂及本土文化的影響，極為深遠；TVB 的藝員訓練班，更是孕育了香港好幾代演藝人員的最重要搖籃。不過這方面的論著，坊間已多，此處不贅。利孝和身為董事局主席，卻未高高在上，常與 TVB 早期的一班藝員互動，亦重視藝員訓練班的學員，譬如他常會對周潤發[111]說：「唉，發仔，來我屋企食吓飯啦，傾吓偈。」就這樣常把周潤發拉去自己的家裏吃飯。[112]

1980 年利孝和驟逝，追隨他創建 TVB 的一眾英美傳媒集團，也就跟著離場。邵逸夫繼為董事局主席後，才開始主導 TVB 的經營。[113] 利家成員利榮森和陸雁群仍是董事，但利家已不再左右 TVB 的發展方向。不過邵逸夫與利孝和交情甚深，利孝和離世後，他把利憲彬找去文華酒店喝茶，勸利憲彬不要賣出家族的 TVB 持股，最好繼續入貨。其時 TVB 仍未上市，利孝和家族遂聽從建議，在私人市場買進 TVB 的股票。不過 1984 年 TVB 上市後，陸雁群將她手中近半的持股賣了給澳洲奔達集團（Bond Corporation）的龐雅倫（Alan Bond），只保留幾個百分比的 TVB 股權。[114] 此後利孝和在 TVB 留下的烙印，就逐年褪色，終至模糊難辨。

❖　　信用卡先驅　　❖

利家在香港商界的另一開創之舉，是引入信用卡的應用，而這要從利榮森的「香港青年商會」（Hong Kong Junior Chamber）[115] 的網絡說起。香港青商會成立於1950 年，隸屬國際青年商會（Junior Chamber International, JCI），是個源自於美國的「匯聚及培育青年領袖及企業家的國際性組織」，供 18 至 40 歲的年輕一輩參加。[116] 與青商會類似的國際民間組織，還有扶輪社與獅子會，也都源自美國。扶輪社雖早在 1931 年就立足香港，但要到 1960 年後才益趨活躍；香港的首家獅子會則是始於 1955 年，比香港青商會稍晚。所以 1950 年代在香港，若論商界精英圈內交誼性質的國際組織，青商會一度是首選，聲勢遠逾當年的扶輪社與獅子會。[117] 而在青商會的發祥地美國，不少總統副總統和政要都曾在年輕時入會，前總統有甘迺迪、詹森、尼克遜、福特、列根、老布殊、克林頓等人，前副總統則有韓福瑞、納爾遜‧洛克斐勒、蒙代爾、奎爾、戈爾等人，顯見美國青商會的影響力。[118]

利榮森是家族裏唯一參與過香港青商會的成員，且是創會元老。1950 年香港青商會草創之際，利榮森就出任理事，翌年則當選會長（1951-1952）。利榮森的會長任期，雖僅短短一年，但任內完成兩件大事，一是成功舉辦國際青商會的亞洲區大會，二則是啟動廣受讚譽的青商會「兒童圖書館」計劃，以助戰後許多弱勢的基層孩子學習。[119] 1952 年，青商會的首座兒童圖書館在灣仔的「紀念殉戰烈士福利會大廈」[120] 開辦，隨後除陸續辦了多家流動圖書館外，青商會在石硤尾和元朗又各開了一家定點的圖書館。元朗的那家小圖書館，1954 年初啟用，雖然並不起眼，卻是全球首家以美國前總統尼克遜命名的圖書館（Nixon Library），以紀念時任美國副總統（1953-1961）及國際青商會「參議員」（JCI Senator）的尼克遜在 1953 年 11 月訪港，並於青商會的午餐會上發言。[121] 尼克遜本人對這家小圖書館也相當重視，1960 年代自副總統一職卸任後私訪香港時，還特地前往探視（Musgrave: 2009：45）。

利榮森的青商會網絡為利家帶來的影響，尤其是利家與尼克遜的因緣，下一章還

會論及，這裏先回到信用卡。利榮森誠然熱愛中華傳統藝術文化，喜歡收藏精品文物，但「書生雅士」只是他的一個面向。1947 年自倫敦返港後，利榮森除了擔起利家管錢管實務的重任，在他尚未投身利園酒店經營前的 1950 至 1960 年代，其實也勇於創業，愛嘗試新鮮事物。譬如早在 1940 年代末，利榮森就曾與法國的高檔化妝品企業巴黎蘭蔻（Lancôme Paris）簽約，代理其香港經銷；[122] 1966年又取得著名意大利跑車品牌 Alfa Romeo 在港澳地區的獨家代理權，成立美輪汽車有限公司（Milan Motors Ltd.），並在翌年年初訪歐時，親赴 Alfa Romeo位於米蘭總部的車廠參觀。[123] 而利榮森之所以涉足 Alfa Romeo 的代理生意，利乾認為，主要還是因為父親本身就酷愛這類跑車，而非著眼於其巨大商機，否則他應會選擇代理其他銷量更大的普通汽車品牌。[124] 利榮森甚至曾經擁有全港唯一的一輛福特雷鳥（Ford Thunderbird）敞篷車，並不惜為此費勁改裝，將車子由美式的左側駕駛改為英式右駕。而這輛拉風的美國大車，在 1970 年 12 月教宗保祿六世短暫訪港時，還曾被借去供教宗於政府大球場 [125] 主持彌撒前在場內巡遊。[126]

利榮森、劉月華夫婦向來重視獨子利乾的教育，所以 1950 年代末，未等利乾幼稚園結業，夫婦倆就將他帶上旅途，去世界各地開開眼界。而正是這趟長時間的旅程，讓利榮森萌生將「大來信用證」（Diners Club）引入香港的念頭：

> 爸爸〔利榮森〕是把大來信用證引入香港的人……1950 年代末，我父母為了貫徹他們相對自由的啟蒙教育理念，將還有半年才從幼稚園結業的我，帶去一趟環球旅行。我們先是去了美國、英國、德國、法國……然後從土耳其的伊斯坦堡，搭 707 噴射客機返港。我記得在意大利時，爸爸沒現金了，費了一番功夫聯絡香港的辦公室，才從香港拿到匯款應急。有個朋友就說：「嘿，我們何不在香港開辦大來信用證？」[127]

利榮森的這位朋友，就是青商會會員郭正達。郭正達是民國鋁製品工業巨頭郭耕餘的長子，1949 年隨父親由上海逃到香港。除了在 1959 年和利榮森聯手創辦香港的大來信用證公司，郭正達也是位成功的紡織實業家，但為人低調。[128] 除了郭正達，利榮森與時任美國大來信用證公司總裁卜明德（Alfred Bloomingdale）

的淵源,也是青商會。

大來信用證是全球首張信用卡,1950 年由紐約曼哈頓的信貸業者法蘭克·麥納馬拉(Frank McNamara)首創。據說觸發麥納馬拉創意的情境,與利榮森在意大利的遭遇類似,即 1949 年某日,當他在紐約某家餐廳與人共進晚餐後,因現金放在另一件外套裏,沒錢付款,很尷尬,要託其妻送錢過來救急。[129] 為免將來再陷入這類尷尬情境,麥納馬拉創建「食客俱樂部」(即 Diners Club 的原意),逐一說服紐約市內的 14 家餐廳簽約合作,發行大來卡,讓會員可以憑卡賒帳,月底再統一付款,而他則可兩頭賺取卡費和賬單分紅。公司經營一年後,就相當成功,會員已達 42,000 人,而參加的美國餐廳、酒店和夜總會等,則有 330 家。[130] 不過麥納馬拉自忖這股新浪潮無法持久,1953 年就將公司賣了給拍檔 Ralph Schneider [131] 和友人卜明德,自己則轉投房地產業,卻失敗而終。

卜明德是紐約著名的布魯明黛百貨公司(Bloomingdale's department store)創始人之孫,與尼克遜、列根等人都很熟。1981 年列根當上美國總統後,卜明德還曾在列根政府擔任過諮詢性質的公職。國際青商會某一年在亞洲開會,全球的青商會代表齊聚亞洲,而美國加州的青商會領導人正是卜明德,故與利榮森、郭正達等香港的青商會成員相識。[132] 卜明德當時正積極推動大來卡的國際化,所以 1959 年當利榮森洽詢合作時,雙方一拍即合。利榮森很快就糾集了青商會的同好郭正達、陳其海 [133] 和吳樹熾,[134] 聯手成立大來信用證(香港)有限公司(Diners Club (HK) Ltd.)。利榮森出任公司主席,一當廿年,直到 1979 年渣打銀行入主;[135] 郭正達則是負責公司的日常營運(Lo, 2020)。

卜明德夫婦在香港大來信用證公司成立的第二年,就曾訪港,與四人會晤。[136] 不過港、美雙方雖然都很積極,信用卡在 1960 年代的香港,畢竟還是個全新概念,絕大多數商戶都不接受。公司經營兩年後,即 1961 年,其香港會員就只有區區 130 人。然而四位創始人並未輕易放棄,隨著大來卡逐漸成為身份象徵,其網絡的擴大效應開始出現。1979 年利榮森卸任主席時,公司已因為業務成功,獲渣打銀行青睞,購入其 49% 的股權。1981 年,花旗銀行收購了大來國際(Diners Club International),四年後再跟渣打銀行買進香港的這家公司(Lo, 2020),利

榮森和大來信用證的因緣才告一段落。而在信用卡氾濫的今日香港，利榮森、郭正達的先驅角色與貢獻，值得銘記。

信用卡既便利本土消費，也是國際旅遊的重要一環，而利家在香港旅遊業的印記，還有經營酒店。而 1960 年代由利銘澤牽頭的海底隧道工程，則是將旅遊業、利園酒店和銅鑼灣的騰飛，都扣到了一處。這段未完的興業故事，又該回到利銘澤。利銘澤既是個商人，又非典型商人，誠如利漢釗對其大伯的貼身觀察：

> 他〔利銘澤〕和中國的關係繼續搞得很好，他也很愛國，如果以他的身份地位去賺錢，不知道可以賺多少錢了。但他的興趣並不是賺錢，而是希望可以對香港人有幫助。[137]

下一章的起點，正是要回到 1960 年代制水時的香港，由利銘澤的政經觀點對利家興業之影響談起。

注釋

1　韓戰結束後，美國堅持禁運，直到 1971 年 7 月總統尼克遜（Richard Nixon）宣佈將於次年訪華，美中關係才開始解凍。美國的歐洲盟邦和日本，則是早在 1950 年代末，就放鬆了對中國禁運的限制。

2　見 1946 年 7 月 31 日及 9 月 13 日，上海的陳光甫致巴黎的利孝和函。利家家藏史料。

3　王儒堂即擔任過國民政府外交部長的王正廷（1928-1931）。王氏晚年遷居香港。

4　利孝和的「孝和」之名，乃 1946 年郭泰祺將他拉進其外交團隊參與聯合國的活動時，才建議他改的名字。陳光甫早在 1946 年前，就與「利榮根」熟識，所以在日記裏，仍常以「利榮根」稱呼利孝和。見作者和利孝和之子利憲彬的視訊訪談，2021 年 3 月 22 日，香港—澳洲悉尼。

5　視訊訪談利憲彬，2021 年 3 月 22 日，香港—澳洲悉尼。利憲彬憶述，父親利孝和曾對他説過，上海商銀「擔心共產黨會 nationalize 晒所有啲 assets，所以我爸爸就講，佢係有份幫手將成間公司嘅嗰啲 balance sheets，吅哖吟漏夜移出去香港，保護咗上海商業〔儲蓄銀行〕嘅嗰個 asset base⋯⋯佢講佢係 one of the major operators behind the operation」。

6　1949 年大陸政權易手後，美國就凍結了中國企業在美國的資產，上海商業儲蓄銀行的相關資產也不例外。陳光甫為了向美國政府證明上海商銀和中國大陸已斷絕關係，先是在 1954 年將銀行的總部正式遷往台北，兩年後又將香港上海商銀的九成八股權，轉由某間美國註冊的公司持有。經過這番操作後，銀行在美國的資產才終獲解凍。見〈中港台結盟，上商醞釀巨變〉，《壹週刊》，2001 年 8 月 23 日。轉引自 ZKIZ Archives 網站：https://articles.zkiz.com/?id=22130

7　視訊訪談利憲彬，2021 年 3 月 22 日，香港—澳洲悉尼。

8　同上。

9　舉例來説，利家與唐炳源家族就很親近。除了在商場上及創建香港中文大學一事上合作，唐炳源與利孝和、利榮森兄弟也私交甚篤。譬如利乾提到，唐炳源的紡織廠曾引入免熨布料的生產機器，在香港生產免熨衣褲。有一回唐炳源隨口跟利榮森説：「嘿，你何不試試這個？」利榮森就馬上在免熨衣褲上市前，先去弄了一條褲子來穿。見作者對利乾的訪談，2022 年 6 月 13 日，香港。

10　見〈中港台結盟，上商醞釀巨變〉，《壹週刊》，2001 年 8 月 23 日。轉引自 ZKIZ Archives 網站：https://articles.zkiz.com/?id=22130

11　同上。史寶楚是上海商銀名副其實的老臣子，1934 年自復旦大學畢業後，就進入其位於上海的銀行總部做見習生。1947 年，他銜命來港視察業務，1950 年遂有份協助創建香港的上海商銀。邵逸夫、利榮森、榮智權等人，都是史寶楚喪禮的主祭者。

12　見 1948 年 3 月 12 日，利希慎置業有限公司向香港的公司註冊處呈交的周年申報表（Annual Return）。

13　見 2020 年 11 月 30 日，美國新澤西州的利漢釗就訪談問題所作的錄音回應；以及 2021 年 2 月 22 日，作者對利乾的訪談，香港。

14　見利蘊蓮與利乾對利漢釗的訪談，2012 年（確切日期不詳），香港；訪談利蘊蓮與利乾，2020 年 8 月 14 日及 9 月 11 日，香港；視訊訪談利憲彬，2021 年 3 月 22 日，香港—澳洲悉尼。亦可見利蘊蓮訪談戴鎮華時的個人發言，2020 年 9 月 18 日，香港。

15　崇明大廈是於 1954 年落成。利銘澤一家，翌年就由使館大廈遷居崇明大廈，住在其頂層和下半層（利德蕙，2011: 161）。隨後利榮傑與利榮達也陸續遷居崇明大廈。

16　據梁趣沂回憶，「光學大王」黃克競之弟黃祖棠，正是利園地皮的第一位買家。見作者與梁趣沂、利潔瑩的訪談，2021 年 11 月 24 日，香港。

17 1956 年的《建築物條例》不僅放寬樓宇的地積比率，也對樓宇的高度、間隔、設施、品質等提出更高要求，對香港房地產業的健康發展貢獻甚大。

18 「克明」是 Henry Monsel Cumine 為自己取的中文名字。克明 1882 年生於上海的某個蘇格蘭商人家庭，既通官話，也會講滬語和粵語。中學畢業後，克明在上海工部局的工務處學過測繪，後入職大清郵政，還當過唐山路礦學校的教師、英文《漢口郵報》（Hankow Mail）的編輯，1908 年返滬經商。由克明的經歷可見，他無疑是地道的「上海人」，而其家族企業──克明／錦名洋行從事建築、測繪、房地產等業務，所以甘洺從小就有機會接觸這方面的知識，可謂家學深厚（Nellist, 1933: 94-99；賀越明，2022: B12）。

19 克明本身就是倫敦的建築聯盟成員（Nellist, 1933: 99）。

20 見 1922 年 11 月 13 日，利希慎致牛津的邱吉爾夫人函。此時利舜華和利舜英仍未赴英。利氏兩姐妹是晚至 1924 年春，才來到牛津郡的邱吉爾夫婦家。

21 甘洺的夫人 1948 年時已在上海病逝。

22 亦見 2012 年時，利蘊蓮與利乾在香港訪談利漢釗的內容，確切日期不詳。利漢釗認為甘洺固然很上進，「但他能有今日，全靠利孝和，還有利家給他的許多項目。」事實上，甘洺在香港執業後的首個重要項目，就是 1951 年落成、利家在銅鑼灣投資建設的使館大廈。使館大廈曾被譽為香港市區豪宅的典範，甘洺也因此在香港的建築界聲名鵲起（Hysan Development, 2018: 47 & 49）。

23 訪談利乾，2021 年 3 月 18 日，香港。又，嘉蘭大廈落成後，利銘洽一家就由利行遷居其頂樓。

24 見 2012 年時，利蘊蓮與利乾在香港訪談利漢釗的內容，確切日期不詳。

25 希慎道壹號（One Hysan Avenue）建於 1976 年，是一棟 25 層高的商業大廈，業主原是「希慎道建業有限公司」（Hysan Avenue Properties Co. Ltd.）。

26 禮頓中心（Leighton Centre）建於 1977 年，是一棟 27 層高的商業大廈，業主原是「禮敦建設有限公司」（Leighton Development Co. Ltd.）。

27 興利中心（Hennessy Centre）是一棟 44 層高的綜合商業大廈，內含商場和辦公空間，1978 年後始動工興建，1981 年落成，業主即興利公司。2006 年，利家將興利中心拆卸重建為今天的希慎廣場，2012 年開幕。

28 新寧大廈（Sunning Plaza）和新寧閣（Sunning Court）是由 1940 年代末即落成的新寧樓和新寧招待所重建而成。新寧大廈是 30 層高的辦公大樓，1980 年動工、1982 年落成；新寧閣則是 18 層高的住宅樓，1980 年建成。新寧大廈和新寧閣的業主，原是「聯合地產有限公司」（Associated Properties, Ltd.）。利家後來又將兩者一併重建為商辦兩用的利園三期，2018 年開幕。

29 馬奇是在 1957 至 1967 年間，擔任香港大學工程學院的院長。必須說明的是，1958 至 1978 年港大工程學院（Faculty of Engineering）曾與建築學院合併，成為「工程與建築學院」（Faculty of Engineering and Architecture）。

30 電話訪談利漢釗，2023 年 12 月 21 日，香港─美國新澤西州。

31 'Oh no problem, I know your uncles Dick, Harold and J. S. well'. 同上。

32 見 2012 年時，利蘊蓮與利乾在香港訪談利漢釗的內容，確切日期不詳。

33 貝聿銘是在新寧大廈建成後兹年（1983 年），才獲頒普立兹克建築獎（Pritzker Architecture Prize）。法國總統密特朗也是在同年為貝聿銘這位名建築師跳過招標程序，親自邀請他負責大羅浮宮擴建工程的設計工作。

34 見 2012 年時，利蘊蓮與利乾在香港訪談利漢釗的內容，確切日期不詳。

35 其時甘洺名氣已大，麾下員工亦盛，倒也不必再仰賴利家。又，除了為利家設計的數棟銅鑼灣樓宇，甘洺在港澳兩地留下的名作，還有 1950 年代建成的北角邨公屋、1960 年代啟用的清水灣邵氏片場、1970 年代落成的澳門葡京酒店和中環的富麗華酒店等。

36 李兆基的恒基兆業地產有限公司，則是要等到 1981 年，才和希慎興業先後在香港上市。

37 見 2020 年 11 月 30 日，美國新澤西州的利漢釗就訪談問題所作的錄音回應。

38 1981 年 6 月，當利家決定將希慎興業上市時，恒生指數是處於 1,700 點左右的高位。不過 1982 年 9 月，當鄧小平對訪京的英國首相戴卓爾夫人（Margaret Thatcher）明確表示，中國政府必將在 1997 年恢復行使香港主權時，恒生指數即應聲而倒，一路遽跌至 1982 年 12 月 2 日的 637.18 點（鄭宏泰、黃紹倫，2006）。

39 利國偉是利銘澤、利孝和與利榮森三人的疏堂弟，乃利文奕五子利樹培的長子。利國偉時為恒生銀行的副董事長兼總經理，後升任董事長（1983-1997）。利國偉在香港政界也極具影響力，曾長期擔任香港的立法局議員（1968-1978）及行政局議員（1976-1978, 1983-1988）。

40 1981 年希慎興業上市時，其招股書就已揭示公司的物業中，約 95% 都是「商業樓宇」，住宅樓宇則只有大約 5%。公司當年另有 715 個車位（希慎興業，1981: 9）。

41 此香港航空（Hong Kong Airways）與 2006 年才由海南航空創辦的香港航空（Hong Kong Airlines），完全無關。

42 'H.K. Airways Board', *South China Morning Post*, 15 October 1947, p.1. 怡和洋行與英國海外航空公司（The British Overseas Airways Corporation）曾交替控股過香港航空。香港航空的董事局主席蘭杜（D. F. Landale），正是怡和洋行的主席兼董事總經理（1945-1951）。

43 飛廣州每日三班；飛上海則每週只有三班。

44 國泰航空是由太古洋行的施懷雅家族間接控股。

45 見 2020 年 9 月 18 日，利蘊蓮在香港訪談戴鎮華時，其個人的發言內容。

46 嚴格來說，1970 年 4 月前，玉泉的獨家特許經營權是歸玉泉飲料有限公司（International Beverages Company）所有，七喜的則歸七喜飲品（香港）有限公司（Seven-Up Bottling Company (Hong Kong)）所有，而士巴公司（Spa Food Products (Far East)）只負責產品經銷。這三家公司都是從屬於「聯合汽水廠有限公司」的企業框架之下。為了籌備公司上市，1970 年 4 月起，利孝和與利榮達將這兩項汽水品牌在港澳地區的獨家生產及銷售權，都統一轉到聯合汽水廠有限公司名下。見 1970 年 11 月 4 日，公司在籌備上市過程中，刊載於英報《南華早報》上的公司簡介（History and Business）內容。

47 視訊訪談利憲彬，2021 年 3 月 22 日，香港—澳洲悉尼；亦見 1987 年，香港大學頒授名譽社會科學博士學位予利榮達時的相關讚詞。

48 利漢輝與利榮達一樣，都曾留學美國。他從俄勒岡大學（University of Oregon）的社會學及心理學系畢業後，就返港在美資的標準石油公司（Esso）工作過兩年，負責處理公關及人事。隨後利漢輝再度赴美，攻讀新聞學碩士，1968 年底碩士畢業，返港後的第二天，就被七叔利榮達叫去他的深水灣住處。利榮達和利漢輝商量，就直接告訴利漢輝他已經和利銘洽談好了，會安排利漢輝到聯合汽水廠工作。利漢輝就這樣在父輩安排下，被動成了公司一員。見作者對利漢輝的訪談，2021 年 5 月 10 日，香港。

49 7 Up 的意譯為「七起」，但在粵語中因與粗口「柒」相近，寓意不好。七喜和七起在粵語中同音，雖僅一字之差，意境天差地遠。

50　訪談利乾，2021 年 3 月 18 日，香港；亦見 1987 年，香港大學頒授名譽社會科學博士學位予利榮達時的相關讚詞。

51　訪談利乾，2021 年 3 月 18 日，香港。

52　森森原名黎小斌，1967 年奪得一項全港歌唱比賽的歌后榮銜後，獲 TVB 編導蔡和平賞識，邀為綜藝節目《歡樂今宵》的主持人，成為 TVB 的第一批簽約藝人。

53　訪談利乾，2021 年 3 月 18 日，香港。

54　周梁淑怡時為 TVB 編導，未婚，實為「梁淑怡」。周梁淑怡後來先後擔任過香港三大免費電視台——TVB、亞洲電視及佳藝電視的管理高層。

55　蔡和平時為 TVB 編導，知名《歡樂今宵》節目的製作人。

56　訪談利漢輝，2021 年 5 月 10 日，香港。

57　視訊訪談利憲彬，2021 年 3 月 22 日，香港—澳洲悉尼。

58　見 1987 年，香港大學頒授名譽社會科學博士學位予利榮達時的相關讚詞。

59　訪談利漢輝，2021 年 5 月 10 日，香港。

60　公司 1968 年的純利為逾 256 萬元，1969 年則是已超過 306 萬元。見〈聯合汽水廠開年會　董事會對業務表信心〉，《工商日報》，1971 年 6 月 30 日，頁 10。

61　同上。

62　見 1987 年，香港大學頒授名譽社會科學博士學位予利榮達時的相關讚詞。

63　訪談利子謙，2021 年 4 月 21 日，香港；訪談利漢輝，2021 年 5 月 10 日，香港；訪談梁趣沂與利潔瑩，2021 年 11 月 24 日，香港。

64　見 1987 年，香港大學頒授名譽社會科學博士學位予利榮達時的相關讚詞。

65　視訊訪談利憲彬，2021 年 3 月 22 日，香港—澳洲悉尼。

66　訪談利漢輝，2021 年 5 月 10 日，香港。

67　利孝和去世後，利憲彬即取代父親位置，出任聯合汽水廠的董事。

68　相關的財務安排是：1981 年，利榮達及「和利有限公司」（Mutual Investment Company，即利孝和的家族投資公司，董事包括陸雁群、利憲彬、戴鎮華、利榮森）將所持有的共 68.1% 的聯合汽水廠股權，轉售予由佳寧集團及楊協成企業共同成立的老智有限公司（Melowise Ltd.）（鄭宏泰、黃紹倫，2012: 166-167）。

69　視訊訪談利憲彬，2021 年 3 月 22 日，香港—澳洲悉尼；訪談利漢輝，2021 年 5 月 10 日，香港。

70　麗的呼聲啟播當年（1949 年）的收費是：安裝費 25 元，月費 9 元。該電台分粵語及英語兩台，每日上午七時至午夜播送。見〈「麗的呼聲」三月一日開始〉，《大公報》，1949 年 1 月 6 日，頁 4。

71　1973 年，面對 TVB 強大的競爭壓力，麗的映聲也不得不轉型為免費電視台，並易名麗的電視。

72　這是亞洲電視（前身即麗的映聲、麗的電視）在其 46 週年特刊中，自我揭示的訊息。轉引自〈新聞背景：過不了 60 大壽的香港亞洲電視〉，《BBC 中文網》，2016 年 4 月 1 日：https://www.bbc.com/zhongwen/trad/china/2016/04/160401_profile_hongkong_atv

73　1960 年時，香港麗的呼聲共有董事七人，不過僅利孝和與雷瑞德是華人，其他五人都是英籍西人。見 1960 年 5 月 23 日，香港麗的呼聲上呈公司註冊處的董事資料。又，1962 年 12 月，雷瑞德就因心臟病發驟逝。

74 據當過利孝和多年私人助理的戴鎮華透露，利孝和是早在 1962 年，就有了這個想法。隨後他開始找英美兩地的大傳媒公司洽談此事。見作者對戴鎮華的訪談，2021 年 3 月 4 日，香港。

75 視訊訪談利憲彬，2021 年 3 月 22 日，香港—澳洲悉尼。

76 見利蘊蓮對戴鎮華的訪談，2020 年 9 月 18 日，香港；以及作者對利憲彬的視訊訪談，2021 年 3 月 22 日，香港—澳洲悉尼。

77 見利蘊蓮對戴鎮華的訪談，2020 年 9 月 18 日，香港；以及作者對戴鎮華的訪談，2021 年 3 月 4 日，香港。

78 利家與余東旋在港諸子多有往來。舉例來說，1960 年代，利榮森曾與余東旋的第五子余經鎧合作成立美輪汽車有限公司，代理意大利著名的跑車品牌 Alfa Romeo；利榮傑則是與余東旋的第六子余經侃很熟，兩人每週都會碰面一次，共進午餐。見 1966 年 12 月 8 日，美輪汽車有限公司的余經鎧致意大利米蘭 Alfa Romeo 公司的 Dr. Giulio Bazzani 函，利家家藏史料；以及作者對梁趣沂、利潔瑩的訪談，2021 年 11 月 24 日，香港。

79 史泰靈（或譯史鐵鄰）是利孝和老友，英國陸軍軍官出身，乃 1941 年二戰期間陸軍特種部隊「空降特勤團」（Special Air Service, SAS）的創建者。1943 年初，他在北非的突尼斯作戰時遭德軍俘虜，後屢次越獄失敗。史泰靈自 1950 年代起，就參與利孝和的汽水生意，當過聯合汽水廠的董事。見〈玉泉汽水公司酒會盛況〉，《華僑日報》，1959 年 10 月 23 日，頁 9。

80 唐炳源自 1962 年起，就獲港府委任為棉業諮詢委員會的委員，1964 年更上層樓，出任立法局非官守議員。而在 TVB 成立的 1967 年，唐炳源又開始兼任工商業諮詢委員會的委員。

81 祈德尊在二戰時，曾是利銘澤的英軍服務團同事，於廣東惠州的辦事處處擔任主任。

82 1961 年時代生活公司成立時，原是時代公司（Time Inc.）下屬的出版品營銷部門。其「時代生活」之名，正是來自時代公司出版的著名雜誌《時代》與《生活》。公司後來也涉足音樂、電影、電台及電視業務。

83 見利蘊蓮對戴鎮華的訪談，2020 年 9 月 18 日，香港。

84 利孝和時為文華酒店主席，故於酒店的頂樓有辦公室。

85 何佐芝是參與投標的另一財團的領銜人，香港商業電台老闆。

86 見利蘊蓮對戴鎮華的訪談，2020 年 9 月 18 日，香港。

87 見華人家族企業比較研究團隊（黃紹倫、孫文彬、鄭宏泰）對利漢釗的訪談，2003 年 2 月 27 日，香港。

88 貝諾是澳洲人，加入 TVB 前是澳洲電視台 GTV-9 的總經理。GTV-9 是澳洲最早開播的電視台之一，1956 年 9 月即試播。

89 林燕妮是聯合汽水廠的廠長林恩貴之女，曾留學美國，擁有柏克萊大學的遺傳學學士、香港大學的中國文學碩士等學位。她應是在 1968 年加入 TVB，在此工作約六年時間。TVB 時代的林燕妮，由新聞助理編導一職開始，兼任過天氣報導（即出鏡當「天氣女郎」），亦曾客串演出節目（香港電視有限公司，1982: 18），得過公司的「最佳司儀及天氣女郎獎」，後為宣傳部經理。值得一提的是，林燕妮曾為 TVB 王牌綜藝節目《歡樂今宵》那首膾炙人口的主題曲譜寫歌詞，即「日頭猛做，到依家輕鬆吓……」。見林燕妮，〈創業趁青春〉，載《壹周刊》，2006 年 6 月 22 日；以及〈【日頭猛做…】林燕妮為《歡樂今宵》填詞 蔡和平：嗰時佢好新〉，《蘋果日報》娛樂版，2018 年 6 月 5 日。

90 何掌邦乃路透社聘用的首位華裔記者。

91 見 2015 年 7 月 13 日，何掌邦在香港電台第五台之〈繽紛旅程〉節目中受訪時的自述（約 9 至 13 分鐘處）：https://podcast.rthk.hk/podcast/item.php?pid=638&eid=56443&year=2015&list=1&lang=zh-CN 又，利孝和的倫敦之旅，應是他和余經緯的預定行程，並非專為何掌邦而至。下述。

92 見〈香港電視廣播公司　何掌邦任新聞部主任〉，《工商日報》，1967 年 4 月 16 日，頁 6。

93 見利蘊蓮對戴鎮華的訪談，2020 年 9 月 18 日，香港。

94 袁耀鴻雖是熱衷於粵劇的利家民樂公司總經理，但他其實是土木工程專業出身，在香港本就擁有建築公司。

95 時為 TVB 的公司律師。

96 見利蘊蓮對戴鎮華的訪談，2020 年 9 月 18 日，香港。

97 訪談戴鎮華，2021 年 3 月 4 日，香港。

98 視訊訪談利憲彬，2021 年 3 月 22 日，香港—澳洲悉尼。

99 羅仲炳因功勳卓著，1977 年成為 TVB 的董事，1978 至 1980 年間出任總經理。

100 話雖如此，開播初期，TVB 的節目仍是以黑白為主，要逐步轉換，幾年後才全面轉為彩色播映。

101 視訊訪談利憲彬，2021 年 3 月 22 日，香港—澳洲悉尼；亦見（香港電視有限公司，1982: 8）。

102 視訊訪談利憲彬，2021 年 3 月 22 日，香港—澳洲悉尼。

103 見利蘊蓮對戴鎮華的訪談，2020 年 9 月 18 日，香港；以及作者對戴鎮華的訪談，2021 年 3 月 4 日，香港。

104 檢驗圖（Test Pattern or Test Card）是專門用來測試電視機顏色的一種電子圖形。用戶可依據檢驗圖，判斷電視機的收視狀態與性能是否良好。

105 視訊訪談利憲彬，2021 年 3 月 22 日，香港—澳洲悉尼。其時海底隧道仍未動工，由港島開車過九龍仍需排長隊搭渡輪，其實是很耗時費勁的一件事。

106 見利蘊蓮對戴鎮華的訪談，2020 年 9 月 18 日，香港；以及作者對戴鎮華的訪談，2021 年 3 月 4 日，香港。

107 第一屆香港小姐選舉是在 1946 年舉行，由香港中華業餘泳團及英國空軍俱樂部合辦。不過早年港姐選舉活動的主辦機構，並不固定，偶亦停辦，1967 至 1973 年間則是由東方選美會主辦。TVB 是在 1970 年就開始直播當年的香港小姐決賽，而這也是香港第一場免費直播的選美大賽。

108 每一年獲勝的香港小姐，都會代表香港去參加環球小姐、世界小姐等的國際選美活動。

109 視訊訪談利憲彬，2021 年 3 月 22 日，香港—澳洲悉尼。

110 佳藝電視（Commercial Television）短命，1975 年 9 月啟播，1978 年 8 月即結業停播。

111 周潤發是 1974 年 TVB 第三期的藝員訓練班出身。

112 視訊訪談利憲彬，2021 年 3 月 22 日，香港—澳洲悉尼。

113 邵逸夫就任後，開始減產邵氏電影，將自己的事業重心轉向 TVB。此外，邵氏公司在清水灣的影城，後來也租借給 TVB 當錄影廠。

114 視訊訪談利憲彬，2021 年 3 月 22 日，香港—澳洲悉尼。

115 現已改稱為「國際青年商會香港總會」（Junior Chamber International Hong Kong, JCIHK）。

116 見國際青年商會香港總會（即前香港青年商會）的官方網頁：https://jcihk.org/tc/general.php?menuid=1&groupid=127&id=69

117 訪談利乾，2022 年 6 月 13 日，香港。

118 Former Presidents: John F. Kennedy, Lyndon B. Johnson, Richard Nixon, Gerald Ford, Ronald Reagan, George H. W. Bush, Bill Clinton, etc.; Former Vice-Presidents: Hubert Humphrey, Nelson Rockefeller, Walter Mondale, Dan Quayle, Al Gore, etc.

119 See 'Model Project: Jaycees Library in Wanchai', *South China Morning Post*, 10 August 1951, p.4.

120 即 War Memorial Centre，已拆卸，位於今修頓球場一帶。

121 這是香港青商會在沙理士（Arnaldo de Oliveira Sales）會長任內提出的邀約，地點是在半島酒店。扶輪社當年也有份贊助這場午餐會（Musgrave: 2009）。

122 訪談利乾，2022 年 6 月 13 日，香港。

123 見 1966 年 12 月 8 日，美輪汽車有限公司的余經鎧致意大利米蘭 Alfa Romeo 公司的 Dr. Giulio Bazzani 函。利家家藏史料。

124 訪談利乾，2022 年 6 月 13 日，香港。

125 即今天的香港大球場。

126 訪談利乾，2020 年 9 月 22 日，香港。

127 同上。原話多以英語陳述，作者中譯。

128 郭正達是華達紗廠（Woodard Textile Manufacturing）及金泰綾廠（Gunzetal）的創辦人。因為同在紡紗業，他和唐翔千很熟，後結為姻親，成為香港前政務司司長唐英年的岳父。

129 見 Diners Club International 的官方網頁：https://www.dinersclub.com/about-us/

130 See 'Business: Charge It, Please', *Time*, 9 April 1951, 57(15): 102.

131 有關兩人的合作緣起，見 'Ralph E. Schneider Dead at 55; Diners' Club Founder and Head; Lawyer Pursued Credit Idea with Client—Business Made Him Millionaire', *The New York Times*, 3 November 1964, p.31.

132 訪談利乾，2021 年 2 月 22 日及 2022 年 6 月 13 日，香港。

133 陳其海是 1957 至 1958 年度的香港青商會會長。

134 吳樹熾是 1960 年度的香港青商會會長。

135 利榮森在 1979 年卸任主席後，仍留任董事局，新主席則是渣打銀行的 Bill Brown。見〈大來信用證委任新主席〉，《華僑日報》，1979 年 5 月 12 日，頁 6。

136 見〈大來旅遊信用公司總裁卜明德夫婦抵港〉，《華僑日報》，1960 年 3 月 17 日，頁 15。

137 見華人家族企業比較研究團隊（黃紹倫、孫文彬、鄭宏泰）對利漢釗的訪談，2003 年 2 月 27 日，香港。

◎ 1972 年開業的利園酒店

14

❖

時代抉擇

對香港前途問題，利兄〔利銘澤〕想得最早，也想得最多，而且他的見解相
當準確。他贊成收回主權，贊成「港人治港」和幾個不變，例如法律方面的
最後上訴權應在香港，不去倫敦，也不去北京，就是他最早提出的。

—— 費彝民，〈緬懷利銘澤〉，1983 年 7 月 14 日

利銘澤自 1953 年起，就是利氏企業對外的代表人物，更是利家在社會上最活躍者。此後 30 年間，他恆是香港政、商兩界的紅人。而主持家族企業之餘，利銘澤還身兼多家大公司的主席或副主席等要職。例如 1965 至 1975 年間，他是香港電話有限公司的主席；1964 年起，又長期擔任香港中華煤氣有限公司的主席，直到 1983 年離世。1971 至 1982 年間，利銘澤又應牛津同窗小池厚之助的請託，出面擔任日本山一證券在香港新辦的分公司的副主席。[1] 他甚至獲傳奇的猶太金融世家羅富齊家族（Rothschild family）邀請，於 1974 至 1978 年間，出任羅富齊銀行在香港分行的副主席（利德蕙，2011: 194-196, 225）。[2]

利銘澤在二戰後的香港政界，也一度十分顯赫。自 1946 年獲港督楊慕琦任命為穀米統制官起，利銘澤就深得港英政府信任，往後廿年間，接連受命為市政局議員（1953-1960）、立法局議員（1959-1965）[3] 及行政局議員（1961-1966）等溝通香港民意與政府決策的重要職務，加上他個人與中國政要間罕有的溝通渠道，聲望一時無兩。1966 年，利銘澤因與港督戴麟趾意見相左、關係不睦，辭官拂袖而去，惟 1971 年麥理浩接任港督後，即重新倚重利銘澤在中、英之間的搭橋能耐。而隨著 1970 年代末中國改革開放與中、英就香港前途的談判臨近，利銘澤和中國黨政高層之間的互動也愈繁，其政經觀點與人脈，自然會牽動利家企業的發展動向。不過利家諸子對中國政局的看法，向來並不完全一致，所以當時代巨變再臨，彼此的抉擇也不盡相同。

❖　　非典型商人　　❖

不少利家成員都提到，利銘澤並非典型商人。利銘澤的商業決定既不單純追求利潤極大化，也厭惡投機，更總是希望他的決定，能助力香港和中國內地社會的整體發展。[4] 此外，利銘澤雖是英籍港人，但他早年在澳門子褒／灌根學塾接受的小學教育和 1937 年後投身中國抗戰的艱苦經歷，卻確立了他中國人的身份認同，故於中共建立政權後，仍一貫關心中國內地的發展。反觀利孝和，則是與早年國民政府的黨政要員關係甚密，1949 年後親台北而遠北京，但迴避政治表態。利榮森早年負笈燕京大學及任職中國銀行的經歷，也使他和台北外交、財經系統內

的某些高官續有互動，[5] 對於中共的態度，亦較大哥利銘澤來得警戒。

利銘澤乃 1950 年代香港首位——也是唯一一位——應邀出席中國國慶慶典的非共人士（利德蕙，2011: 200），而他的政治影響力，在 1963 年香港遭遇嚴重缺水危機時，就得到驗證。二戰後國共內戰再起，香港的人口因難民與逃港者持續湧入，逐年增加，基礎設施及各項社會資源已難於支應，所以除了屋荒，食水不足等亦是港府長年面對的棘手難題。除了多建水塘，港府在利銘澤當上立法局議員的次年（1960 年），也著手修訂了建築物條例，規定新落成的建築物都必須設置沖水式排水系統，並引海水沖廁，以節約食水。

不過 1963 年香港因持續乾旱，水荒特別嚴重，港府自 5 月起開始制水，由每日供水三小時調整為隔日供水四小時，隨後再減至每四日僅供水四小時。港府甚至需要租船從珠江口運水來港，以解燃眉之急（何佩然，2001）。然而若要根治水荒，香港顯然須確保廣東方面能常年穩定供水，而利銘澤與周竣年其實早在數年前就代表港方，透過新華社香港分社社長梁威林的居間聯繫，和廣東省第一書記陶鑄及省長陳郁展開協商。不過兩地因政治立場問題，遲遲無法達成協議。1963 年12 月，在利銘澤等人努力下，周恩來指示將供水問題與政治談判分開，雙方才終於談成供水方案，以每立方米人民幣 0.1 元售港（ibid.），翌年簽約動工。[6] 據當年參與過協調的香港中華總商會會董葉若林憶述，中方本打算免費供水，港督戴麟趾卻堅持付費，而利銘澤則是兩邊高層的傳話人：

> 當時我向高卓雄會長提議不如直接從東莞駁喉運水至香港的計劃，幸得高
> 會長贊同，我即聯同利銘澤、周〔竣〕年一起商量。結果我、高卓雄、湯
> 秉達、王寬誠一行四人第一次赴廣州，[7] 得到廣東省省委書記陶鑄及廣東
> 省省長陳郁協助，同意免費供水給香港。回港後，利銘澤跟港督戴麟趾報
> 告此事，戴督認為不可以免費供水。由是我、湯秉達、王寬誠三人第二次
> 赴廣州，向陶鑄表示香港總督一定要付錢……。（香港水務署，2005: 2）

1964 年 2 月，東江—深圳供水工程順利展開，先是從廣東省的東江下游鋪設輸水管道，將水引入深圳水庫，再從深圳供水香港。1965 年 3 月，首期工程竣工

啟用，同年廣東省即向香港供水 6,000 萬立方米，佔了香港當年用水量的三分之一強，自此基本解決了香港的缺水困擾。[8]

<h1 style="text-align:center">❖　投資海底隧道　❖</h1>

利銘澤在為港英政府與內地牽線解決香港水荒的約略同時，也開始牽頭集資，希望以民間興建、營運後再移交政府的 BOT（Build-Operate-Transfer）模式，建設一條貫通香港和九龍的海底隧道，亦即今天的「紅隧」。海底隧道在九龍的出入口設於紅磡，港島方面，則是設在原銅鑼灣避風塘內的奇力小島，換句話說，1972 年隧道啟用後，車子凡進出隧道，都必經銅鑼灣。這個隧道效應，對觸動銅鑼灣區的蛻變及拉動香港旅遊業的發展，甚是關鍵，可謂將銅鑼灣地產與利家當時也在經營的酒店業等生意，都串到了一處。

港島與九龍半島之間的跨海基建，最初的構想是跨海大橋。不過大橋工程耗資甚鉅，港府退而求其次，1930 年代只選擇以汽車渡輪服務，來解決兩地民眾跨海通車的需求。二戰後，香港經濟日益蓬勃，排隊過海的車輛，往往要在碼頭輪候甚久，才上得了渡輪。這就迫使港府於 1950 年代，開始考慮興建跨海大橋或隧道。1955 年，政府內部的一份研究報告認為，跨海隧道可行，惟港府的跨部門委員會翌年審議後認為，「在可預見的將來」，隧道的車流量仍難抵建築成本，而政府的資源有限，所以還是應該將資源優先投放於住房、供水、教育、工業區、醫療等民生領域。不過這個委員會也認為，政府可允許民間自行投入商業資本，以推進工程（Mellor, 2023a）。此時港府仍不想砸重金去建隧道，於是又回頭探索大橋方案。而說到大橋方案，香港商界其實早在 1955 年初，就已經拋出一個雙層大橋的具體規劃，其構思是由港島的摩利臣山道，直通九龍尖沙咀的漆咸道（ibid.）。不過港府畏難，跨海大橋方案後來也不了了之。

1959 年 3 月，利銘澤聯手會德豐 [9] 的馬登（George Marden）、和記洋行 [10] 的祈德尊及中華電力的羅蘭士・嘉道理（Lawrence Kadoorie）這三大財團的舵手，成立維多利亞城市發展有限公司，籌劃由民間出資跨海工程。同年 7 月，利銘澤

受委為立法局議員。公司經兩年研究，在 1961 年拋出了數個大橋及海底隧道的專業方案，而利銘澤也在同年兼任行政局議員，成為體制內影響力甚大的兩局議員。1963 年，港府因顧慮跨海大橋有礙九龍啟德機場的飛行安全，最終排除了大橋選項，確定要建隧道。1965 年，維多利亞城市發展公司終獲港府授予香港的首個 BOT 項目，自行集資興建海底隧道，並可在通車後專營隧道 30 年。而與此項目對接的跨海隧道有限公司，也相應成立。[11] 根據當年估算，僅隧道的工程費用，就已高達港幣 2.8 億元（Mellor, 2023a）。

利銘澤身為這項巨型建設的統籌者，募資初期尤其棘手。除了由利家在內[12]的四大股東出資，據利漢釗透露，資金方面主要還是靠英國的商業銀行（利德蕙，2011: 222）。1967 年的香港動亂，一度影響到本地華商的投資意願，工程的啟動時機亦因此延宕，[13] 就連將來必受海底隧道影響的油麻地渡輪公司，也沒被利銘澤說服參與投資（ibid.）。或許正是基於動亂帶來的政治不確定性，利銘澤還刻意選在 1969 年隧道動工前，前往拜會與周恩來關係密切、六七期間一度掛名左派「鬥委會」[14] 副主委的香港《大公報》社長費彝民，似乎希望藉這位老朋友之口，探明中方對海底隧道及香港未來的真實態度，譬如中方是否願意確保香港政局的長期穩定？對此費彝民的回憶是：

> 利兄每做一件事，定必全力以赴，有始有終。舉一個例，六〇年代末，有一天，他忽然來找我，坐下就問：「我和一些朋友想建海底隧道，以現在這樣的時勢環境，你說能建不能建？」我思索之後回答：「豈止能建，而且必須建，因為海底隧道是對居民大眾有利的……。」（費彝民，1983）

事實上，利銘澤早在 1950 年代費彝民剛當上《大公報》社長時，[15] 就與他熟識，「彼此無話不談，可謂推心置腹之交」（ibid.），且海底隧道由倡議至動工，醞釀多年，利銘澤無役不與，斷無到了 1960 年代末才想起來要建海底隧道之理。費彝民方面，必也早早知道此事。所以利銘澤就此徵詢費彝民，實是要摸中方的底。他對海底隧道工程極為在意，1969 年動工後，仍繼續「多方奔走，全力策劃，從籌集資金到工程技術的具體問題，事事親力親為」（ibid.），並在隧道的第一節沉箱下海時，特邀費彝民前往工地參觀。而在隧道通車前夕，利銘澤更是

興奮地邀費彝民驅車從隧道的一端開到另一頭,沿途為費彝民細說隧道的結構及通風、防水等設計(ibid.),顯見他對此極為自豪。1972 年 8 月 2 日,海底隧道終於正式通車,因民間對跨海交通的需求甚大,項目三年半內就回本(Mellor, 2023b),車流量更是短短十年就衝到了原設計的飽和點。

利銘澤雖非典型商人,畢竟仍是商人,深知大環境安穩對經濟發展的重要。此所以六七期間,他也嘗試透過費彝民等人,力勸中方「以大局為重」,[16] 莫輕率摧毀香港安穩的發展勢頭:

> 在六七年那場不愉快事件爆發不久,利兄就神色凝重地跑來找我,說了語重心長的一番話,認為應以大局為重,他願為此作出努力。當時,我對他的意見也甚以為然,只是格於時勢,一時實在難以扭轉。但利兄的見識和一番苦心,我至今感銘,也明白到他當時是出於對國家民族的切膚之痛而作出此忠告的。(費彝民,1983)

而在這場會面前,1967 年夏,利銘澤夫婦原是在歐洲旅遊。動亂發生後,坊間因一度謠傳紅衛兵正向香港進軍而人心惶惶,「利銘澤夫婦已經離港」也被人視作局勢惡化之兆。利銘澤為此迅速以行動闢謠,攜夫人由歐洲返港,以安人心(利德蕙,2011: 179)。不過動亂對利家造成的心理衝擊,可謂不小。利孝和夫婦當時恰好也不在香港,正與余經緯同赴英美兩地籌備 TVB 開台事宜,子女蘊蓮、憲彬和蘊珍,都還留在堅尼地道大屋。利憲彬至今記得,六七高潮時,大屋門口經常遭人放置炸彈;[17] 利蘊蓮則是對她當年女代父職領著弟妹「走難」暫避一幕,記憶猶新。[18] 1967 年 8 月林彬事件[19] 發生後,三個小孩更是被家人安排送到美國的三藩市暫住。[20] 此外,利家也讓大家長張門喜[21] 到美國暫避,而張門喜客居美國期間,去探望仍在俄勒岡州立大學求學的孫子利漢楨時,也勸他不必回香港發展。利漢楨畢業後遂留在美國執教,[22] 成為知名的藝術教授、藝評家兼創作者,但這已是後話。

© 1972 年香港海底隧道通車

❖　酒店風華　❖

除了海底隧道，利家的利園大廈工程，亦因六七動亂而延誤。如前一章所述，甘洺原本是將利園大廈的六層高基座，設計成商務辦公空間，希望招攬政府醫療及教育部門這類「優質租客」入駐；至於基座以上的樓層，本來則是用作住宅單位。[23] 不過 1964 年大廈動工並已建完六層高的基座後，因碰上香港動亂，利家就停建了基座以上樓層，打算先觀望局勢再說。

1969 年海底隧道動工，統籌項目的利銘澤，自然很清楚這對香港——尤其是紅磡、銅鑼灣兩地——意味著甚麼。除了兩地樓價會大升，海底隧道只要一啟用，就會像打通香港的「任督二脈」，從此氣血通暢，既能活絡經濟大局，也必將激勵香港旅遊業的整體發展。這是因為國際旅客從此就可以由東九龍的啟德機場，搭車直奔港島，不必再費時費力地等候過海渡輪，或被迫待在九龍。[24] 而這也意謂著港島的酒店，短期內必會供不應求。利園大廈的位置，就是在隧道的港島出入口附近，如此黃金地段，或會讓酒店的商業價值遠高於辦公樓及住宅。於是1969 年海底隧道動工之際，利家也同步修改了利園大廈的原設計，在既有的六層基座上加建 16 層，成為共 22 層高的利園酒店，擁有客房 900 間、停車位 200個。1971 年底，這家香港當年少數達國際水準的酒店，終於趕在海底隧道通車前竣工，翌年開業。

利家人其實遠在利園酒店開業前，就早已涉足酒店行業，或者更寬泛地說，早就涉入不少與旅遊業相關的生意。譬如遠在 1949 年，利家就和上海商銀合股經營過新寧招待所，且相當成功。其次，在航空領域，1947 年香港航空開辦時，利孝和就已是創始董事之一；1958 年香港航空遭對手國泰航空併購後，利孝和又轉任國泰航空董事多年，可謂與航空業關係甚深。其三，信用卡方面，1959 年利榮森與青商會諸友郭正達等人承辦了大來信用證在香港的業務，為香港引入信用卡，並長期擔任公司主席，直至 1979 年。而利孝和在文華酒店（現已改稱文華東方酒店）留下的足跡，尤其值得一提。利孝和是在 1962 年文華酒店仍在籌辦時，就被怡和大班兼香港置地主席曉治・巴頓（Hugh Barton）延請為文華酒

店主席，[25] 利銘澤亦為酒店董事之一（Cameron, 1984: 6-7）。此後直到 1972 年利家自己的利園酒店開業後，利孝和才轉任利園酒店主席。[26] 利孝和耀眼的旅遊業資歷，甚至讓他一度獲當局青睞，受委為香港旅遊協會（即香港旅遊發展局前身）的主席。

文華酒店乃香港置地公司將其位於中環的維多利亞式典雅商業大樓「皇后行」（Queen's Building）拆卸後，原地重建的一幢現代奢華酒店，1963 年開幕。酒店臨海面向維多利亞港，[27] 地點絕佳，且樓高 27 層，一度成為香港最高建築。酒店的內部裝潢中西交融、極具特色，且多達 650 間的客房，也全都配備了冷氣、直撥電話和浴缸，樓頂更有一處漂亮的泳池。[28] 環顧 1960 年代亞洲各地的大小酒店，客房若同時擁有這三樣配備，已堪稱奢華典範。[29] 怡和大班巴頓之所以邀老朋友利孝和這位「外人」來當文華酒店的主席，[30] 戴鎮華說，[31] 主要是因為巴頓本人即將於 1963 年退休回倫敦，而接任他的新大班郝禮士（Michael Herries）在香港的歷練，仍稍嫌不足，巴頓遂向怡和的凱瑟克家族（Keswick family）推薦利孝和這位在國際政商兩界，都擁有豐沛人脈的名士。巴頓請利孝和暫時出面主持文華，原則上只當兩年主席。不過利孝和在幹練的文華酒店首任總經理東尼‧羅斯（Tony Ross）襄助下，很快就打響了酒店「亞洲一流」的名號，領導能力出眾，而怡和新大班郝禮士與利孝和亦甚為投契，乃一再邀他續任主席，如此轉眼十年。[32]

文華酒店的成功，除可見於其盈利，1967 年 11 月號《財富》（Fortune）雜誌的相關報導，也是有力佐證。該期《財富》雜誌，列舉了全球 11 家「最偉大的」酒店，粉墨登場不過四年的香港文華酒店，竟已躋身其中。[33] 文華的第二任總經理彼得‧史岱福（Peter Stafford），尤其對利孝和如何善用其寬廣人脈來開拓文華的國際聲譽，印象深刻。多年後回顧，史岱福說利孝和「在國際上非常知名……Harold 認識所有人，認識能夠對酒店有所助益的人，認識美國駐華大使，認識哥倫比亞廣播公司（Columbia Broadcasting System, CBS）的負責人，認識英國政府要員。他曾獲英國政府在倫敦的蘭卡斯特府（Lancaster House）內款待午宴。Harold 為人處事練達，吸引著來自世界各地的人。」（Cameron, 1984: 32-33）反過來說，利孝和也因為有機會接觸文華酒店絡繹不絕的國際貴客，而得以進一步

Harold Lee

The Mandarin.' Her handover report to her successor in the job illuminates Tony Ross's meticulous approach to running the hotel — the almost finnicky order that had to be maintained on his desk with every object placed in precisely the same location every day, the necessity to retype telexes and cables in 'proper English' before he would read them, his way of spending very much of his time around the 'back of house,' the need to check the list of what any of his regular guests at tea-time preferred to eat.

In those days the Legislative Council of Hong Kong met for luncheon in The Mandarin on the second Friday of each month, the governor or his deputy usually attending. Tony Ross's assiduous attentions to such local functions as this — most of the council members being well known, well-connected, and influential people — probably did a great deal to establish the firm ground of important local patronage for the hotel.

His relationship with Harold Lee, chairman of the board (who lived in the hotel) was particularly close and friendly, and the eminence of Harold Lee was assuredly yet one more factor in spreading the word internationally about the quality of the new hotel.

There emerges from such reminiscences, and from other facts about Tony Ross, a picture of a man exceedingly competent in the management of an hotel; dedicated to that. But also the image of a man determined as a matter of policy to delegate whatever could reasonably and effectively be delegated to his staff. It is obvious that his was not a very visible presence in the public areas of the hotel, equally apparent that he preferred to spend the bulk of his time either at his desk or, with more emphasis, 'back of the house.' This was a style of management that stood in sharp contrast to that of his successor.

◎ 文華東方酒店 21 週年紀念特刊中介紹利孝和的內容

拓寬其人際網絡。紐約銀行家大衛‧洛克斐勒（David Rockefeller），相信正是因早年訪港時宿於文華酒店（ibid.: 31），而結識利孝和。利孝和對自己領導奢華酒店的能耐，顯然也頗為自信，因為誠如他面試史岱福時所說：「我是不曾在酒店工作過，但我總是住最好的酒店，看著學著也就很懂了。」（ibid.: 26-27）

利孝和的主席辦公室，就設在文華酒店頂樓，任內他也常在酒店辦公。利憲彬憶述小時候，小學一放學，他就會去父親的文華酒店辦公室，在那裏享用酒店的送餐服務，吃個漢堡包甚麼的。此外，早年他隨父親旅行時，因為國際大酒店之間的互惠安排，「住全世界的酒店都不需要付錢」。利孝和同時還是國泰航空的董事，所以帶十歲以下的子女搭機同行時，董事的子女也無須付費，國泰更會主動為他們一家升級至頭等艙，孩子們自然都愛隨父親出遊。[34] 1965 年文華主席任內，利孝和又獲政府邀為香港旅遊協會主席，負責對外推廣香港的旅遊業，由協會總幹事史丹利少校（Major Harry Stanley）襄助。[35] 不過利孝和對港府始終不願積極與私人企業攜手規劃發展旅遊業一事，頗有怨言，[36] 只當了約三年的協會主席即去職。[37] 而他參與推廣過的旅業盛事，值得一提的反倒是其文華主席任內，由文華廳籌辦的那場連吃三日三夜的美食盛宴「大漢全筵」。

1971 年，文華酒店應兩名法國記者兼食評家 Henri Gault 和 Christian Millau 之請，[38] 要籌辦一場在封閉的中國鐵幕之外，能向世人展示極致中式佳餚的大漢全筵（Cameron, 1984: 34）。酒店的中餐館文華廳，其實是晚至 1967 年才開業，由利家十分信任的吳慶塘打理。吳慶塘先是在 1964 年被利孝和請到文華酒店當羅斯的總經理助理，1969 年羅斯病故後，曾暫代總經理一職。史岱福翌年履新，吳慶塘就轉任其副手。吳慶塘和文華廳的主廚梁杰師傅等人，原本都不敢接辦大漢全筵，後勉強答應，但曾警告史岱福，酒店或需為此花費達 25,000 美元（ibid.: 34-35）。利孝和倒是樂見其成，並未否決。於是消失已久的大漢全筵，又即將在 1971 年 10 月於香港文華酒店重現，分三天六餐享用，引來國際媒體的極大關注。開宴當天，文華廳內，席開兩大桌，從海外搭機專程前來的食客，除了法國食評家 Henri Gault 和 Christian Millau，還有法國頂級大廚兼美食電視節目主持人 Raymond Oliver、美國《美食》（Gourmet）雜誌的 Naomi Barry，以及來自日本和澳洲的貴賓。至於本地名流，則有利孝和、馮秉芬夫婦、利國偉等人共襄盛舉

（ibid.: 35）。[39] 利國偉在第一頓飯後，就當場盛讚此筵，並決定當晚帶同夫人共享；而事過境遷，多年後的 1983 年，當 Christian Millau 在巴黎被人問到「甚麼是你至今吃過的最棒一餐」時，他竟答以「我在文華酒店的那三天饗宴」（ibid.: 35-36）。

1972 年底，利孝和終於卸下文華主席一職。[40] 此時怡和凱瑟克家族的亨利・凱瑟克（Henry Keswick）已經可以獨當一面，利孝和也算是完成了階段性任務。此外，利孝和與怡和方面就文華酒店未來的發展方向，也開始意見分歧。亨利・凱瑟克希望進一步推動文華成為國際名牌，所以要擇機在其他的國際都會也開辦同系酒店；利孝和卻想要維持文華在全球「僅此一家」的獨特性，無意遍地開花。[41] 不過利孝和離任更重要的因素，應是家族的利園酒店已在同年開業，他要回去主持利園酒店了。

利家與香港的兩大英資財團——怡和、太古的關係，都十分緊密，怡和、太古也都獲利家邀為利園酒店的股東。[42] 參股的其他企業，還有與利家長期合作的滙豐銀行、大昌地產及丹麥的跨國船務公司馬士基，可謂陣容鼎盛。[43] 利家先是請出太古大班包朗（H. J. C. Browne）來壓陣，當利園酒店的首任主席，1973 年包朗被召回太古在倫敦的控股公司工作後，利孝和才接棒主席。經過前十年的文華主席歷練，利孝和對酒店業的運作，已可謂瞭如指掌，更已擁有個人班底，可直接移用於利園。利孝和在文華任上的主席助理戴鎮華，就是隨他去了利園，後來升到利園副總經理的高職；文華的副總經理吳慶塘，也是跟隨利孝和轉戰利園，再度為利家效勞。此外，利園著名的中菜館——彩虹廳的主廚梁杰，正是 1971 年時，那位曾轟轟烈烈地為文華操辦過大漢全筵的原文華廳主廚。不過隨著 1967 年底 TVB 開播，利孝和的事業重心，已經逐漸移往電視及娛樂行業，所以他雖坐鎮利園、貴為主席，酒店的運作和日常決策等，大多已是交胞弟利榮森主持。[44]

利家開酒店，顯然是經過一番深思熟慮的，也確實沒錯估形勢。以訪港旅客人數為例，1957 年香港旅遊協會成立時，入境香港的國際旅客，只有區區五萬人。1960 年的荷里活電影《蘇絲黃的世界》裏，威廉・荷頓（William Holden）飾

◎ 利園酒店大堂

◎ 利園酒店內的飲勝吧

演的美國畫家由尖沙咀搭天星小輪到中環時，典雅的皇后行建築尚在，文華酒店仍未登場，而當他由華洋雜處、殖民地風情濃郁的中環鬧市步入灣仔時，舉目所見，盡是華民，除了洋水手，遊客甚少。[45] 不過到了海底隧道通車及利園酒店開業前夕的 1971 年，湧入香港的國際旅客，竟已達百萬之眾。[46] 六七動亂一度衝擊香港旅遊業，不過事件甫落幕，1968 年，利孝和就已在城市酒店有限公司（City Hotels Ltd.，即文華酒店所屬公司）的常年股東會上強調，香港急需更多旅館，且利孝和早已預見到，未來香港的團體旅客必將遠多於散客。[47] 緊接著 1969 年，利家就修改了利園大廈的設計，建成 22 層高的利園酒店。酒店不僅客房多，還設了兩個大堂，分別為團客及散客辦理入住，更附設若干航空公司的櫃台，專為入住的旅客服務。[48]

這家坐落於銅鑼灣希慎道的利園酒店，因為貼近過海隧道出口，地點便利，房價相宜，且酒店的國際訂房網絡強大，很快就成了亞洲旅客特別是富裕的日本團客偏愛的酒店，全港最貴的日本餐廳 Okahan 也開在這裏（Hysan Development, 2018: 48）。[49] 事實上，日本人不僅愛住利園酒店，利銘澤與居港日本社群的緊密聯繫，早已造就日本人對銅鑼灣區的總體偏好。[50] 日資的四大百貨公司大丸、松坂屋、三越、崇光，都陸續在此落戶，日本人俱樂部及日本商會也匯聚於此。而專供日僑子弟上學的日本學校，也曾在利銘澤大力協助下，於 1966 至 1976 年間，開在利家所擁有的銅鑼灣物業內（利德蕙，2011: 194）。此外，利園酒店鄰近香港大球場和利舞臺這個從粵劇場、電影院逐步向國際文娛演出場所所轉型的利家物業，所以大球場的參賽球隊和利舞臺的演出團體，往往也下榻於此。1976 年環球小姐選舉的會場，因設在利舞臺，參賽佳麗們住的就是利園酒店。[51]

利氏家族企業總體而言，作風本就相對保守、穩健，利園酒店在儒商性格鮮明的利榮森主持下，尤其如此。利榮森從商與人為善，處處給人留有餘地，不愛為利潤佔盡他人便宜，也更重視與商業夥伴的關係。[52] 他曾對獨子利乾強調，利園酒店的股東除了利家，還有滙豐、太古、馬士基、大昌、怡和，利家與他們的友誼雖歷久彌堅，但只要稍有歪念，即可毀於一旦，故重點不在錢賺了多少，營商務必「正正當當」。[53] 利榮森也很欣賞太古施懷雅家族先把家族裏的年輕一輩安插到基層歷練的做法，引以為範。所以 1972 年利園酒店開張不久，利榮森就將大

一暑假時自美返港的利乾，安插到酒店前台，讓他負責接待住客。[54] 利榮森亦善待利園員工，所以 1994 年酒店被拆卸重建為利園一期後，[55] 感情好的老員工，每年仍定期相聚，緬懷酒店昔日讓他們「上班如返家中」的人情味。還有利園的老員工憶述，利榮森每年都會挑員工送去美國的康奈爾大學研習酒店管理。而為了扶助香港本土的水墨畫畫家，利榮森還刻意委託他們為酒店作畫，將畫作掛在酒店各處，卻沒想這些畫家後來都成了香港水墨畫創作的代表人物，畫作都變值錢了。[56]

利孝和在利園酒店，也曾留下一則讓利憲彬難忘的軼事。利孝和的利園主席辦公室，一如其文華主席任內，也設在酒店頂樓。而 TVB 的營業部，就設在鄰近利園酒店的禮頓中心內，以利利孝和兼顧 TVB 的業務，所以他常到利園頂樓辦公。利孝和經常告誡利憲彬，要尊重即便是基層的員工，不得輕視，所以利憲彬若在家中對工人無禮，也會招來父親一頓狠罵。1970 年代某日，已是美國普林斯頓大學生的利憲彬返港度假，因與友人開車經過利園酒店附近時需要購物，又嫌將車子泊到酒店下層過於麻煩，就把車暫停在酒店前的車道上，一眾看更都不敢說他。此時利孝和恰從外頭歸來，瞥見此事，就當著那些看更的面訓他：

> 佢〔利孝和〕勾動手指叫我〔利憲彬〕過去：「你估你係邊個？你估你係少爺，可以停喺呢度？」即刻喺看更面前趕我走。之後我就明白，唔可以利用自己嘅地位去壓人。當時仲有朋友同我一齊，朋友仲話：「哇，乜你爸爸咁惡㗎？」[57]

1979 年利憲彬大學畢業，返港短暫擔任過父親的行政助理，就在這利園酒店頂樓的主席辦公室外辦公。利孝和趁機帶著兒子四處去拜訪香港友人，將利憲彬正式引介給太古的施懷雅家族、邵氏的邵逸夫、恒生的利國偉等密友，豈料一年之後，他就因心臟病溘然長逝。[58] 利銘澤繼為利園酒店主席，不過酒店的日常營運，仍歸利榮森主持。

利銘澤對經營酒店，似無特別熱忱，但他一貫思考該如何以實業項目，促進內地及香港社會的經濟發展，所以 1970 年代末，當中國內地重開門戶，利銘澤就積

極推動與廣州方面的中外合資計劃，盼以利家辦酒店的成功經驗，為羊城籌建一間現代化的五星級酒店，以助力改革。這種想法，顯然並非利銘澤所獨有。廣州引進香港資本興建的五星級酒店，最早落成的，是霍英東出資的白天鵝賓館（1983）；其次為胡應湘牽頭投資的中國大酒店（1984）。[59] 至於由利銘澤個人而非家族牽頭籌建的花園酒店，幾經波折，反倒是拖到了利銘澤逝世後的 1985 年，才得以開幕。不過這三家由港商注資開發的廣州現代酒店，溯其源，其實都與時任人大常委會副委員長兼國務院僑務辦公室主任廖承志的推動有關。

❖　　回歸前的政經抉擇　　❖

1978 年夏，中國國務院成立了由廖承志主導的「利用僑資外資籌建旅遊飯店領導小組」，[60] 隨後廖承志就邀請霍英東、利銘澤、李嘉誠、彭國珍等重量級港商赴京會談，並獲鄧小平接見。同年 12 月，外貿部長李強前往香港考察，宣佈開放外商投資，並邀港督麥理浩訪問北京（張家康，2017）。廖承志與霍英東在北京懇談後，霍英東就明快決定在廣州投資一家國際級酒店，並在「摸著石頭過河」的各項不確定因素下，排難解紛，成功讓白天鵝賓館於 1983 年開業。而由胡應湘主導的中國大酒店，因為已非首例，與廣州方面議定的條件就相對地規範、明晰，說是合資，實為港方出資、穗方出地，利潤則對半分配。又，酒店的管理權歸港方，惟經營 20 年後，整家酒店就會歸穗方所有。

利銘澤與廖承志交情深厚，受託後，也積極為廣州的第三家五星級酒店牽頭集資，邀請李兆基、郭得勝、黃球、葉謀遵等港商友人和他個人（而非家族）一同入股。[61] 穗方給出的條件，則與中國大酒店的類似，即酒店由港方管理，但 20 年後收歸國有。花園酒店的創建過程，自始就不順遂，不僅因為改革開放初期，規則與制度尚待建立，官僚低效、內部舞弊、賬目混沌等也都是問題。[62] 1989 年「六四事件」後，中國經濟受挫，花園酒店亦橫遭打擊，營收大減、難以還貸，財務危機嚴峻，最終由北京高層出面協助，方才度過難關。這段經歷，因利德蕙已有書詳細論及（2011: 210-214），此處不贅，重點是利銘澤盼為中國同胞謀福利的胸懷，始終如一。1945 年抗戰結束後，利銘澤就由重慶返港，此後數十年

◎ 利孝和（左）與美國總統尼克遜（中）及國家安全顧問基辛格（右）在白宮內見面

間，他雖偶有機會到中國內地參訪、旅遊，卻再無實業報國良機，直到內地重開國門。

利銘澤誠然是不少港人眼中的「愛國商人」，但利家總體而言，在政治上相當低調，利孝和與利榮森的政治態度，也和大哥有著微妙差別。1949 年中華人民共和國成立後，利銘澤與中共高層仍常保聯繫，亦常受邀赴京出席十一的國慶盛典；利孝和與利榮森則是和台北方面的官員或退休權貴，仍保持互動，惟 1950 年代以降，兩人和國民黨及台灣當局的正式接觸，似已不多。[63] 三人對兩岸政權的分歧態度，似乎也反映在生活中的很多方面，譬如利銘澤對美國甚無好感，就連利德蕙當年要赴海外升學時，利銘澤也「堅持他的孩子決不接受美國教育」（利德蕙，2011: 165）。反觀利孝和與利榮森，英國以外，也甚多美國關係，不僅常去紐約、三藩市、洛杉磯等美國大城市走動，兩人的兒子也都畢業自美國名校。利孝和尤其擁有不少美國政界及影視界的友人，犖犖大者即美國前總統尼克遜、洛克斐勒家族[64] 和美希亞音樂（Music Corporation of America, MCA）的創辦人 Jules C. Stein。[65]

1973 年 2 月 14 日晚，利孝和在利家大屋宴請美國國家安全顧問基辛格（Henry Kissinger）與林語堂夫婦等人引發的傳媒誤會，以及林語堂[66] 事後特別向台北方面澄清的動作，頗能說明利銘澤與利孝和在政治態度上的微妙差異，而這要從利孝和與尼克遜的交情說起。

如前所述，利孝和是經由利榮森的國際青商會網絡，結識尼克遜。1953 年 11 月，尼克遜在美國副總統任內，首度訪港，因為他也是加州青商會的前會員及國際青商會的「參議員」，獲香港青商會熱情設宴款待，並以「尼克遜」命名青商會興辦的一家元朗小圖書館，以茲紀念。尼克遜在輸掉 1960 年的美國總統選舉和 1962 年的加州州長選舉後，搬到紐約市，成為一家大型律師事務所的首席合夥人，並經常到世界各地出差。而就在這一段約略由 1963 至 1967 年的五年時間裏，尼克遜曾數次途經香港（Musgrave: 2009: 46），下榻於利孝和主持的文華酒店（羅啟妍，2019: 78），親自參觀過元朗的尼克遜圖書館[67] 及利孝和的聯合汽水廠，還應利孝和之邀，到堅尼地道的利家大屋吃過飯。[68] 尼克遜禮尚往來，1969

年當上美國總統後，則是邀請利孝和去過白宮，和他討論如何跟中國打交道的問題，並在總統辦公室合影。[69] 利孝和也因為尼克遜，認識了時任總統國家安全顧問的基辛格。

1972 年 2 月尼克遜訪華，中美關係破冰。翌年 2 月，基辛格銜命再赴北京去會周恩來，事先途經香港，利孝和乃邀他去堅尼地道大屋晚宴。據戴鎮華憶述，2 月 14 日晚的這場邀宴，美國駐港總領事館和香港政府事前都不知情，所以直到「當天三點，整班政治部人員和警員才趕到大屋、花園，全屋搜索」，以確保基辛格赴會安全。[70] 當晚除了大屋主人利孝和與利榮森昆仲，座上客有基辛格、林語堂及廖翠鳳夫婦、美國駐港總領事、恒生銀行要人（應是指利國偉）等。[71] 林語堂事後給在台北的甥媳陳守荊[72] 寫的家書，讓我們得以一窺當晚細節：

> 辛氏人不高〔，〕是純粹美國（猶太）人〔，〕因為是宴會〔，〕大家自動不談北越戰事及時局〔，〕而他也舉止大方毫無拘束〔，〕若第一流的外交家〔，〕跟人家亂談而你和他談了一小時之後〔，〕不曾露出一點密秘〔sic，〕不是踟躕如也談話吞吞吐吐一派。讀過我的書知道我是誰〔，〕兩面久仰久仰之套〔sic。〕利 Harold〔即利孝和〕又當面答應送他一本字典[73] 及送尼克孫〔遜〕一本〔，〕這是大晚〔sic〕情形。事後又生了一段報館消息。星島日報把 Harold 記錯變為他的大哥利名〔銘〕澤〔，〕載台北聯合報。我因為利名〔銘〕澤曾往北平，恐怕引起揣測，實則利名〔銘〕澤不曾到那天宴會，所以我叫那位星島日報記者打電話與聯合〔報〕更正，事情雖小，雅不願意引人誤會〔。〕[74]

基辛格是於 1973 年 2 月的 13 至 15 日，在香港短暫逗留兩天多，宿於文華酒店頂樓。[75] 香港的報界確實都注意到，2 月 14 日傍晚，基辛格到港督府與麥理浩會面後，就赴利家大屋晚宴，「至深夜十一時許始離去」，[76] 但他們想當然爾，都以為是利家老大利銘澤出面邀約。[77] 這則不準確的新聞報導傳到台北後，頓時讓當晚的陪客林語堂感到不安，因為利銘澤「曾往北平」的親北京形象，恐引起台北方面猜疑揣測，何況利銘澤當晚根本就不在場。

利銘澤夫婦的確常往北京。改革開放前不論，1977 年 7 月鄧小平再度復出後，利銘澤夫婦就應邀參加了 10 月 1 日的國慶慶典，翌日並隨其他的港澳代表團團員，見了鄧小平。鄧小平當時已經明示，要善用包括港澳台在內的「海外關係」發展中國經濟，一反文革時對老百姓海外關係的高度猜疑及迫害（張家康，2017）。1978 年 4 月，國務院的港澳事務辦公室成立，主任廖承志開始努力改善與港澳工商界的關係，隨後又秉鄧小平之意，對「一批香港客人」保證，香港可長期保留其現行制度（ibid.）。從時序來看，1978 年夏，利銘澤曾與少數重量級港商赴京會談，見過廖承志，所以他很可能正是這批香港客人之一。這項保證，應是一國兩制最早的提法。此外，利德蕙曾引利國偉口述，也明確提到在 1980 年代初，利銘澤與利國偉同去內地時，利銘澤曾被某政要召進一個房間，面告一些特別消息。利銘澤隨即對利國偉說：「國偉，你也進來，我要你聽聽談話內容。」這項消息就是：北京方面向利銘澤保證，中國恢復行使香港主權後，一切不變（2011: 203）。

利銘澤對 1997 年後的香港命運，不僅知道得早，也想得早。1983 年 7 月利銘澤去世後，費彝民在〈緬懷利銘澤〉一文中寫道：

> 對香港前途問題，利兄〔利銘澤〕想得最早，也想得最多，而且他的見解相當準確。他贊成收回主權，贊成「港人治港」和幾個不變，例如法律方面的最後上訴權應在香港，不去倫敦，也不去北京，就是他最早提出的。（費彝民，1983）[78]

而除了要確保香港核心的法治及法制優勢不變，利銘澤還強調要讓「錢留香港」，即香港的外匯基金，仍應歸香港全權管理，以維持港幣的獨立性與自由兌換：

> 本人認為中國領導人提到保持香港現狀時，應全力保持香港所有的優勢。香港外匯基金在 1997 年時，不應轉至倫敦或北京，而應保留在香港本地，或者香港指定的其他地方，才可永久保持港幣的獨立性，加強國際商界對香港的信心。[79]

利銘澤顯然對香港在一國兩制下得以維持現狀，懷抱信心，因為他相信中共深知，破壞現狀，就會毀掉香港獨一無二的特質，而這樣的香港，對中國就成了無用之物，甚至是累贅。[80] 所以他本人雖沒機會見證香港回歸，卻是早早就為家族企業在這又一個充滿未知的大時代裏定調，即九七不撤、根留香港。於是利銘澤主導下的希慎興業，選擇在 1981 年於香港上市；利銘澤擔任主席的香港中華煤氣公司，則是刻意在中英兩國就香港主權談判前夕、人心浮動的 1982 年，將公司的註冊地由英國遷至香港。[81] 同年 12 月，利銘澤身為香港商界大老，又分別在中、英文媒體上斬釘截鐵地宣示，「我所賺的錢一定會投資在香港」。[82] 1983年後繼為希慎興業主席的利榮森（1983-1988）及利漢釗（1988-2001），也跟隨了這個根留香港的基調，在回歸前既沒撤資，也沒有削減投資或轉移資產的任何動作。1997 年香港回歸後，希慎興業也繼續傾注最多的精力在其香港業務，並未大量投資於中國內地。利家介入內地酒店業發展的歷程，或許最能說明家族心繫中國與扎根香港的思路。

利銘澤在中國百廢待興的改革開放初期，就牽頭集資，為廣州籌建花園酒店，可謂用心良苦，目的顯然並非貪圖暴利。1983 年利銘澤離世後，利家人秉其遺志，雖面對重重棘手難題，仍推動項目完成，並在廿年的經營期限屆滿後，將整間酒店連同先進的經營理念及專業管理團隊，交回給廣州。利家後來在北京還投資興建了一家酒店（天平利園酒店），其他在蘇州、汕頭、烏魯木齊等地的關聯酒店，利氏企業只負責經營管理，以「授人以魚，不如授人以漁」的投資心態，將香港利園酒店的成功經驗移植。利園酒店主席利榮森，更是與好友潘光迥[83] 攜手為上海市辦過多屆的酒店管理培訓課程，讓時任上海市長的汪道涵[84] 印象深刻，與利榮森成為知交，往後利榮森每到上海，汪道涵必會邀宴。[85]

利銘澤去世後，六弟利榮康無疑是他在內地及香港議題上的繼承者。利榮康在二戰後的 1947 年即赴美留學，1955 年獲普林斯頓大學的化學系博士學位。博士畢業後，他曾短暫於麻省理工學院當過博士後研究者，後轉到美國中部的肯薩斯大學（University of Kansas），由博士後、講師一路升上正教授，在該大學前後待了 20 餘年。[86] 1980 年利孝和猝逝後，利榮康返港加入家族企業，擔任利希慎置業公司與希慎興業的董事。[87] 值得一提的是，1952 年利榮康尚在普林斯頓大學

求學時，一度考慮接受中國清華大學化學系的邀約，畢業後前去任教，豈料化學系主任隨後竟自殺身亡，頓時令他遲疑。利榮康為此去找過人在美國的胡適談話，[88] 胡適則力勸他此刻莫回大陸，但可去台灣任教或留在美國。利榮康最終並未申請台灣大學的教席，[89] 卻也對中國大陸的局勢發展失望，所以 1955 年即將取得博士學位之際，想法已變，只希望能夠憑自身的學術專業，留在美國工作，或退而求其次，返港謀個香港大學的教職。[90] 不過 1978 年中國啟動改革開放的進程後，利榮康即重燃他對中國事務的熱情。

1980 年利榮康回到香港，既投身家族企業的經營，也活躍於政界。1985 年，他獲中方委任為香港基本法諮詢委員會一員，屬於委員會內相對保守的「八十九人小組」（Group of 89，或曰「基本法工商專業界諮委」）。該小組由羅康瑞領軍，曾經提出「八十九人方案」，[91] 以抗衡民主派所倡議的「一九零人政制方案」。1989 年，利榮康更進一步，與羅德丞、鄔維庸等人合組「新香港聯盟」（New Hong Kong Alliance）政團，並出任主席，惜翌年他就在美國病逝。利榮康走後，利家在政治上也再度歸於沉寂，選擇低調卻堅定地守在香港。

注釋

1   即擔任「山一國際（香港）有限公司」（Yamaichi International (HK) Ltd.）的副主席。1997 年亞洲金融風暴後，山一證券破產，這家香港公司也被賣給了台灣的京華證券，1998 年起改稱為「京華山一國際（香港）有限公司」（Core Pacific-Yamaichi International (HK) Ltd.）。

2   即出任「洛希爾父子（香港）有限公司」（N. M. Rothschild & Sons (HK) Ltd.）的副主席。公司現已易名為「羅斯柴爾德恩可香港有限公司」（Rothschild & Co Hong Kong Ltd.）。

3   利銘澤在 1959 年進入立法局前，就曾短暫於 1955 年的 3 月底至 7 月間，首度受委為立法局議員。不過這段經歷為時甚短，或可略過不提。

4   譬如利德蕙提到：「香港許多人做投機生意一夕致富，父親〔利銘澤〕對這種行徑最為憎恨，因為他們搞亂經濟，提高物價，令一般市民生活更加困難。他認為投機分子是人類禍害的根源……父親認為投資應該是投資在民眾身上，為社會提供工作機會，提高市民生活水準。」（2011: 217-218）利德蕙還具體提到了能反映其父營商價值觀的一件小事，即某一年，當她和父母及父母的友人同遊維園的年宵市場時，「母親的一位朋友想買些桃花回家，便跟花販討價還價，結果被父親勸止，他認為應該讓這些小生意人在過年時多賺點錢。」（ibid.: 218）利漢釗對伯父利銘澤的評價，也是如此。見華人家族企業比較研究團隊（黃紹倫、孫文彬、鄭宏泰）對利漢釗的訪談，2003 年 2 月 27 日，香港。

5   舉例來說，由利榮森的對外書信可見，直到 1970 年代，他與長期當過台灣駐希臘大使（1947-1968）的學者兼外交官溫源寧仍常保聯繫。利榮森和陳長桐的交情，亦復如此。陳長桐乃留美的金融學碩士，曾是宋子文的得力助手，1950 年代當過遷台後的中國銀行（1972 年改組易名為「中國國際商業銀行」）董事經理和總經理，後長期擔任台灣駐世界銀行的常任代表，官至台北中央銀行副總裁。又，利榮森與赴台後的外交名士葉公超，也維繫了數十年的堅實情誼，直到葉公超於 1981 年病逝。

6   1957 年起就在香港新華社負責統戰工作的何銘思，曾經提到利銘澤向來力推東江水供港方案，認為這才是長遠解決香港水荒之道，故積極扮演橋樑角色（饒桂珠、陳思迪，2007）。另據利德蕙指出，利銘澤與周恩來或早有私交，譬如抗戰時，利銘澤就曾因為「無意中獲悉國民黨要捉拿當時身處在國民政府內的周恩來……立刻警告周恩來，令他得以順利脫逃」，周恩來對此感念於心，故於 1949 年後「特別通知中國駐香港的非正式官方辦事處——香港新華社，允許父親〔利銘澤〕自由出入中國任何地方」（2011: 95-96），這在中國改革開放前的 1950 至 1970 年代，可謂極特殊的禮遇。

7   高卓雄、湯秉達與王寬誠都是香港中華總商會的領導人，先後出任會長。

8   見 2021 年 9 月 16 日，劉蜀永為「香港地方志中心」網站撰寫的〈東江水　兩地情〉一文：https://www.hkchronicles.org.hk/%E5%BF%97%E8%B6%A3%E5%8F%A4%E4%BB%8A/%E5%B0%88%E9%A1%8C%C2%BD%82%E7%AB%A0/%E6%9D%B1%E6%B1%9F%E6%B0%B4%E5%85%A9%E5%9C%B0%E6%83%85

9   會德豐（Wheelock Marden & Co.）後為「船王」包玉剛收購。

10 和記洋行（John D. Hutchison & Co.）於 1965 年更名為和記國際（Hutchison International Ltd.），後為李嘉誠的企業收購。

11 1969 年海底隧道動工時，港府和滙豐銀行終於也加入跨海隧道有限公司，持有該公司的少數股權（Mellor, 2023a）。

12 利家是以興利建設（即希慎興業前身）旗下的「廣運有限公司」（Kwong Wan Ltd.）之名，參與成立維多利亞城市發展有限公司。

13 港府與跨海隧道有限公司就工程細節的談判，在 1967 年中因動亂帶來的財務問題而暫停。此後 18 個月，工程進展極少（Mellor, 2023b）。

14   全稱「港九各界同胞反對港英迫害鬥爭委員會」，1967 年 5 月成立，但非註冊社團，故港英政府
       一貫視之為非法組織。

15   費彝民早在 1948 年，就隨胡政之由上海來到香港，籌備復刊《大公報》港版。他先是擔任港館
       經理，1952 年起任香港《大公報》社長，直到 1988 年離世。見〈費彝民服務《大公報》60 年：
       當一輩子記者〉，《大公報》，2022 年 6 月 16 日，頁 A14。

16   利銘澤也請新華社香港分社社長梁威林傳了話（利德蕙，2011: 179）。

17   視訊訪談利憲彬，2021 年 3 月 22 日，香港—澳洲悉尼。

18   見利蘊蓮訪談戴鎮華時的個人發言，2020 年 9 月 18 日，香港。

19   動亂期間，香港商業電台的節目主持人林彬，因在節目裏抨擊左派的暴力行徑，於 1967 年 8 月
       24 日開車上班途中遇襲，連人帶車遭人縱火，嚴重燒傷，翌日不治。

20   視訊訪談利憲彬，2021 年 3 月 22 日，香港—澳洲悉尼。

21   1956 年黃蘭芳離世後，張門喜已是利家輩份最高的長者。

22   見 2016 年時，利蘊蓮與利乾在香港訪談利漢楨的內容，確切日期不詳。

23   電話訪談利漢釗，2023 年 12 月 21 日，香港—美國新澤西州。

24   九龍的半島酒店曾因此受惠，一度成為全港最好的酒店。

25   即擔任「城市酒店有限公司」（City Hotels Ltd.）的主席。又，香港置地乃怡和集團旗下子公司，
       所以香港置地擁有的文華酒店，也算是怡和集團的資產。

26   太古大班包朗（H. J. C. Browne），曾短暫擔任過利園酒店的首任主席。下述。

27   文華酒店所在的地塊本就是填海地，而港府後來仍持續在中環沿海填海造地，所以今日的文華
       東方酒店，已不傍海。

28   可惜的是，1960 年代香港常鬧水荒，酒店後來不得不將這個樓頂泳池，改建為蓄水缸。

29   據說文華酒店是亞洲第一家在每間客房裏，都配備了浴缸的酒店。見 'Mandarin Oriental, Hong
       Kong – The Mandarin Story', information provided by the Mandarin Oriental, Hong Kong, circa
       2021: chrome-extension://efaidnbmnnnibpcajpcglclefindmkaj/https://photos.mandarinoriental.
       com/is/content/MandarinOriental/corporate-hong-kong-PK-hotel-history

30   巴頓與利孝和確實交情匪淺。利孝和二女利蘊蓮在英國求學時，已經退休回倫敦的巴頓夫婦，
       正是利蘊蓮的監護人。見利蘊蓮訪談戴鎮華時的個人發言，2020 年 9 月 18 日，香港。

31   戴鎮華是從利孝和主持文華酒店後不久的 1963 年起，就擔任其私人助理。當時戴鎮華可是文華
       酒店編制內的正式員工。

32   訪談戴鎮華，2021 年 3 月 4 日，香港。

33   本期《財富》雜誌提到的全球最偉大酒店（the world's greatest hotels），除了香港的文華酒店，
       還有漢堡的 Vier Jahreszeiten、倫敦的 Claridge's 及 The Connaught、羅馬的 The Grand Hotel、
       台北的圓山大飯店、維也納的 The Imperial、蘇黎世的 The Dolder Grand 等。（轉引自 Cameron,
       1984: 23）

34   視訊訪談利憲彬，2021 年 3 月 22 日，香港—澳洲悉尼。

35   史丹利少校是自 1957 年香港旅遊協會創立之日起，就擔任協會的總幹事，直到 1971 年退休。見
       'The Father of Tourism', South China Morning Post, 3 December 1997.

36　See 'Govt Defence of Tourism Policy', *South China Morning Post*, 23 August 1968, p.7.

37　見利蘊蓮對戴鎮華的訪談，2020 年 9 月 18 日，香港。

38　兩人在 1960 年代，曾聯手創辦《戈和米約》（Gault et Millau）美食指南。該指南至今仍在美食界有影響力。

39　亦見鄭明仁，〈滿漢全席回味錄〉，《am730》，2022 年 12 月 1 日。

40　See 'Company Meeting: City Hotels Limited－Chairman's Speech to Shareholders', *South China Morning Post*, 19 April 1972, p.31.

41　見利蘊蓮訪談戴鎮華時的個人發言，2020 年 9 月 18 日，香港。利孝和離任城市酒店有限公司的主席後，1974 年，該公司就收購了曼谷歷史悠久的東方酒店（The Oriental），並成立母公司 Mandarin International Hotels Ltd.，銳意拓展海外業務。香港的文華酒店，也因此易名為「香港文華東方酒店」（Mandarin Oriental Hong Kong）。

42　利園酒店是私人有限公司，從未上市，初以 Metropole Hotels Ltd. 之名註冊，後改組為 Lee Gardens International Hotels Ltd.，大股東則向來都是利希慎置業有限公司。

43　見作者與利乾的訪談，2021 年 2 月 22 日，香港；以及（利德蕙，2011: 154）。亦見 1979 年 11 月 12 日，Metropole Hotels Ltd. 上呈香港的公司註冊處的董事資料。

44　1980 年利孝和遽逝後，利銘澤繼任為利園酒店主席。三年後利銘澤不幸也跟著離世，主席一職遂由利榮森接任。

45　威廉・荷頓當年雖沒機會入住文華酒店，倒是光顧過利家經營的新寧招待所內的香檳廳（利德蕙，2011: 152）。威廉・荷頓後來再訪香港，即入住文華酒店，並曾應利孝和之邀，到利家的灣仔大屋吃過飯。見 2023 年 11 月 13 日，作者與利乾在香港北山堂的談話。

46　See 'The Father of Tourism', *South China Morning Post*, 3 December 1997.

47　See 'Need for More Hotels Here', *South China Morning Post*, 25 October 1968, p.14.

48　見 1971 年 10 月 31 日，〈利園酒店密鑼緊鼓，明年一月開始營業〉，《華僑日報》，頁 7。

49　亦見作者對利乾的訪談，2022 年 6 月 13 日，香港。

50　二戰時日軍的侵華暴行，以及日據時對香港的高壓統治，都導致香港華人直到 1950 年代初期，仍普遍討厭日本人，不願將物業租給日商使用。相較之下，戰後利銘澤對居港日本社群的親善態度，就讓後者十分感念。見作者與利德蓉的電話訪談，2021 年 10 月 29 日，香港—瑞士。

51　訪談戴鎮華，2021 年 3 月 4 日，香港。戴鎮華當時已在利園酒店工作。

52　訪談利乾，2021 年 3 月 22 日，香港。

53　訪談利乾，2021 年 2 月 22 日，香港。

54　訪談利乾，2021 年 3 月 22 日，香港。

55　該大樓一度因宏利保險為大租客，冠其名為「宏利保險大廈」（Manulife Plaza）。2010 年，大租戶宏利保險遷出，大廈即復名為「利園」。

56　訪談利乾，2021 年 3 月 22 日，香港。亦可見希慎興業公司為慶祝利希慎購入銅鑼灣鵝頭山 95 周年，而在 2018 年製作的相關網頁：http://www.hysan95.com/interview/the-lee-gardens-hotel/?lang=chi

57　視訊訪談利憲彬，2021 年 3 月 22 日，香港—澳洲墨爾本。

58 同上。

59 中國大酒店的合資方陣容強大,是由香港五大華資地產集團——新世界發展、長江實業、恒基兆業、新鴻基地產、合和實業,以及華資券商「新鴻基證券投資公司」共同投資。合和實業的胡應湘,則是這個合資項目的主導者。

60 見〈白天鵝賓館:對外開放從這裏開始〉,《21世紀經濟報導》(廣州),2008年11月18日。

61 訪談利乾,2021年2月22日,香港。

62 見2020年11月30日,美國新澤西州的利漢釗就訪談問題所作的錄音回應。

63 這是作者在細閱過兩人從1950至1980年代的對外書信及私人文件後,得到的粗略印象,並不一定準確。

64 利孝和曾在1978年出任美國洛克菲勒大學的校董。見作者與戴鎮華的訪談,2021年3月4日,香港。

65 利憲彬還在普林斯頓大學求學時,偶會於復活節或感恩節時,應邀去Jules Stein位於洛杉磯的大屋暫住,並與父親在此會合。利孝和嫌紐約太遠,不想去紐約和他碰面,於是藉老友Jules Stein的洛杉磯大屋,和兒子在此相聚度假,可見利孝和與Jules Stein私誼之深。見作者與利憲彬的視訊訪談,2021年3月22日,香港—澳洲墨爾本。

66 林語堂是中國當代著名的文學大家,精通英文,1935年出版的英文著作《吾國與吾民》(My Country and My People),介紹中國的傳統思想、哲學與藝術,甚受西方重視,被奉為歐美民間了解中國文化的重要著作。林語堂亦曾兩獲諾貝爾文學獎提名(1940 & 1950)。1966年,林語堂夫婦從美國遷回台北定居,1967年受聘為香港中文大學的研究教授。1971年長女林如斯在台北自殺後,夫婦倆又搬到香港,與三女林相如同住,此後即不常回去台北。1976年3月,林語堂病逝於香港。

67 見1968年3月14日,香港的劉雪松(Snowpine Liu)致美國紐約市的尼克遜函,轉引自(Musgrave: 2009: 45)。尼克遜是於1965年9月3日參觀元朗的尼克遜圖書館。

68 視訊訪談利憲彬,2021年3月22日,香港—澳洲悉尼。利憲彬當時還小,但仍記得與尼克遜握過手;利蘊蓮對尼克遜來訪堅尼地道大屋一事,也留下深刻印象。

69 同上。利孝和與尼克遜相知相惜,尼克遜因水門案醜聞離職後,利孝和還曾帶同家人,去尼克遜在加州的住處探望過他幾次,聽他高談世界大事。而利孝和離世後,尼克遜每回途經香港,陸雁群也會率家人宴請他吃飯。

70 見利蘊蓮對戴鎮華的訪談,2020年9月18日,香港。戴鎮華在訪談中也提到,「是尼克遜要基辛格去找利孝和的」,但此說難以證實。

71 見1973年2月18日,香港的林語堂致台北的陳守荊函(展玩團隊,2021)。

72 陳守荊是林語堂甥兒張欽煌之妻,亦是林語堂夫婦的義女。林語堂晚年時,陳守荊為他在台北處理公私事務,形同秘書(展玩團隊,2021)。

73 這裏提到的字典,是指由林語堂本人編著、1972年才剛由香港中文大學詞典部出版的《林語堂當代漢英詞典》。利希慎置業公司、太古輪船及星系報業各捐資港幣十萬元,贊助了這本大詞典的出版。

74 見1973年2月18日,香港的林語堂致台北的陳守荊函(展玩團隊,2021)。

75 見〈基辛格抵港花絮〉,《工商日報》,1973年2月14日,頁10。

76 見〈基辛格昨暢遊港海　今晨乘專機赴北平〉,《工商日報》,1973 年 2 月 15 日,頁 1。

77 同上:「該位美國總統安全顧問,在港督府與港督杯酒言歡後,隨即應置地公司董事、本港名流利銘澤邀請,前往堅尼地道七十四號利氏私邸晚宴。」

78 利銘澤在這方面的具體主張,可見 'A Talk on Hong Kong's Future with R.C. Lee', *The Asian Wall Street Journal*, 28 December 1982.

79 見 1982 年 6 月 14 至 15 日,利銘澤在德國法蘭克福的 Gravenbruch-Kempinski 酒店內召開之「香港經濟機遇國際會議」(International Conference on the Economic Opportunities in Hong Kong)上,發表的一篇題為 'On the Importance of Hong Kong to China' 的演講詞。轉引自(利德蕙,2011: 240)。

80 See 'A Talk on Hong Kong's Future with R.C. Lee', *The Asian Wall Street Journal*, 28 December 1982: 'They want to keep Hong Kong as it is. If things go wrong here, they have to feed us. That's not a small matter... As far as I can see, they must allow us to go on. Otherwise Hong Kong will be useless.'

81 關於遷冊,利銘澤對股東的解釋是:讓香港中華煤氣公司擺脫英國公司法對它的箝制。1973 年英國加入歐洲經濟共同體(即歐盟前身)後,開始要面對更為苛刻的公司法和法規,而他認為這類法律法規對只在香港營運的公司而言,大多其實並不合適。香港中華煤氣公司為此耗費港幣 120 萬元遷冊,事後並特別舉辦儀式,慶祝它正式成為香港公司。此外,公司還給每位員工送出一枚一安士重的金幣,並向香港大學、香港中文大學及香港理工學院各捐贈港幣 25 萬元,以茲紀念(利德蕙,2011: 224)。

82 中文媒體方面,這樣的談話可見 1982 年 12 月 11 日,《星島日報》就港人面對香港回歸時的相關報導。至於英文媒體,則可見 'A Talk on Hong Kong's Future with R.C. Lee', *The Asian Wall Street Journal*, 28 December 1982: 'He adds that he would reinvest in Hong Kong all of his profits.'

83 潘光迴是民國著名學者潘光旦之弟,早年自北京的清華書院畢業後,即赴美升學,獲紐約大學的商學博士學位。1930 年代潘光迴返國後,曾任職於中國鐵道部,其後在上海及香港經商。1968 年,潘光迴主持香港中文大學剛成立的出版部,1971 年又轉任中大新成立的詞典部主任,負責協助林語堂編撰其《林語堂當代漢英詞典》。1977 年,中大正式成立出版社,潘光迴又是首任社長。其後他曾任教於中大的商管系多年,75 歲自中大高齡退休時,又有感於香港雖是旅遊重鎮,卻缺乏旅遊方面的專業教育,遂與中大共同成立「酒店高級管理人才文憑課程」,以英語授課,並自任教席。見〈潘光迴博士談中大出版社〉,《中文大學校刊》,1977 年夏季號,頁 12-15;以及〈特稿:庚子年、庚子賠款、獅子會港澳 303 區獅子運動的成立〉,*LION Magazine*(《港澳獅聲》),2020 年 1-2 月號:https://mydigimag.rrd.com/publication/?i=655897&article_id=3640931&view=articleBrowser

84 汪道涵是在 1981 至 1985 年間,擔任上海市長。1993 年 4 月,汪道涵曾以海協會會長的身份,和台灣的海基會董事長辜振甫在新加坡會面,是為歷史性的兩岸「辜汪會談」。

85 訪談利乾,2021 年 2 月 22 日,香港。

86 1960 年,利榮康曾毅然離開大學校園,轉赴新澤西州的美孚(Esso)石油公司研究部任職。不過兩年後,他即選擇回歸肯薩斯大學化學系。

87 利榮康是從 1981 年起,擔任利希慎置業公司的董事,翌年又出任希慎興業的董事(基本法諮委會秘書處,1986: 22)。

88 1949 年神州易主後,胡適是在美國待到 1958 年,才前往台北就任台灣中央研究院院長。

89 見 1952 年 6 月 15 日,美國新澤西州普林斯頓市的利榮康致香港的利榮森函。

90 見 1955 年 4 月 12 日,美國新澤西州普林斯頓市的利榮康致香港的利榮森函。

91 「八十九人方案」的核心，是認為香港應擁有兩組立法會，一由地區直選產生，一由功能組別
產生。其基本概念是每人兩票：一票乃基於選民所住的地區，另一票則是取決於選民的職業。
見作者與馮國綸的訪談，2021 年 2 月 1 日，香港。馮國綸也是當年的基本法諮詢委員會委員及
「八十九人小組」成員。馮國綸強調，相較於小組內其他更加保守的成員，他和利榮康倆已算
是自由派。

◎ 利園山上借予文人設置「北山堂」作雅集之用的「二班屋」

15

積善

利公〔利榮森〕恪守中國傳統美德：謙恭而低調。他的捐贈均以「北山堂」
名義為之，絕不容許他本人或家族名字在任何捐贈鳴謝中出現。利公以「北
山堂」為齋名，除了繼承他父親〔利希慎〕原本在利園山設置的「北山堂」、
「愚公簃」之外，更重要的是他身體力行，終其一生，以北山愚公為表率。

—— 林業強，〈北山汲古 惠澤流長〉，2009

利希慎財富的大宗源於鴉片生意，而買賣大煙早年在港澳兩地固然合法，民初以降，卻已漸為世所不容。這導致鴉片商利希慎崛起成為巨富後，他一切慈善事業上的投入都難逃時人偏見，大多認為利希慎不過是要藉慈善美化其個人形象，贏取社會認同，並祈望這麼做能換來福報，蔭護子孫。利希慎從善的功利動機，固然無法排除，惟縱觀利希慎一生，卻不乏真誠且不務虛名的義舉。而在利希慎身後繼其家業的諸子，更是奉「低調行善」為原則，大額捐獻多以公司或基金會的名義為之，本人在世時絕少以個人的名義行善，也因此往往不為世人所察。以下兩章，不擬詳述利家數代人的積善之舉，因為單憑兩章，實難言盡，也很可能流於繁瑣，倒不如選擇突出幾個相對不顯眼卻意義非凡的領域，尤其是文教領域，以點代面，藉此鋪敘利家自利希慎以降，兩代人的公益善行。

青年時代的利希慎，曾先後在舊金山的公立學校與香港的皇仁書院接受教育，這不僅成就其流暢英語，也形塑了他有別於二十世紀初香港絕大多數華民的價值觀與世界觀。利希慎固然常以長袍馬褂的傳統華商形象示人，卻懂得如何循殖民時代的西方法律體系為己據理力爭，甚至敢於和當權者對簿公堂。此外，利希慎雖仍未能跳脫當代男尊女卑的窠臼，更擁有一妻三妾，卻罕見地重視女子教育，不僅自始就為適齡的二女舜華與三女舜英都安排入讀本地名校，[1] 稍後還不惜重金、不計嫡庶，將她倆都送往英倫留學。利希慎對體育活動的重視，更是開風氣之先。這類走在時代前頭的價值觀，後來都反映在他的慈善活動中。

❖　女子教育　❖

1901 年，精通雙語的利希慎辭去皇仁書院教職後，選擇不當買辦，而是去文咸街從事傳統的南北行生意。1912 年，已經頗有資財的利希慎，與人合辦裕興公司，正式涉足香港的鴉片專賣業。利希慎此時已有餘力投身公益，以積累社會聲望，遂循早年香港成功華商慣走的那條晉階路徑，於 1913 年初就任東華醫院總理一職。而如第三章所言，經營「裕興公司公白行」的利希慎，在東華醫院的 15 人「壬子總理」名單中，排行第七，這以他當年還未滿 33 歲的人生境況來看，幾已可謂地位顯赫（東華三院，2000）。早年的東華醫院，其實不乏經營鴉

6666

片生意（即公白行）的總理，不過 1916 年起，因民間反煙之勢漸盛，鴉片商都特意避談此身份，所以在出任東華醫院總理時，往往只署「股商」二字（夏歷，1989: 83）。這種社會氛圍，或許解釋了利希慎為甚麼只當過一屆東華醫院總理，就再也不願出任東華醫院或 1911 年後才成立的廣華醫院總理職務。[2] 當然我們也不能排除，利希慎是因為不久後就被迫面對他人生中的第一場官司，且纏訟數年，導致他為了應付生意及官司，已是分身乏術，暫無暇他顧了。

1918 年，利希慎的官司終告一段落，他又開始積極參與社會公益。1919 年，《南華早報》就曾以小篇幅報導，提及利希慎為故鄉新會開辦了一間免費學校，又計劃在當地興辦一家工廠，以助貧苦的鄉人謀生。[3] 利希慎對鄉人的這種義舉，多年後亦由諸子接力。1922 年，利希慎在經營澳門的鴉片專賣期間，碰上香港海員大罷工，珠江口的航運頓時癱瘓，澳門的糧食供應亦隨之短缺，利希慎就設法包租船隻，為澳門運去大量的米糧和其他生活必需品。[4] 1923 年 3 月，利希慎又給澳門的仁慈堂捐過一筆 9 萬元的巨款，且不指定用途，由這家澳門歷史最悠久的慈善機構全權處置善款。[5] 1925 年，利希慎再透過其澳門代表馮作霖，向澳葡政府爭取讓他辦一家「公立平民免費學校」，以紓緩澳門社會學校不足的老問題。[6]

利希慎一有餘力，也頻繁贊助母校皇仁書院。畢業近十年後，1910 年，身家還不算十分豐厚的利希慎，就已經給母校捐款，創設了「利希慎獎學金」及「格蘭特獎學金」（Stokes & Stokes, 1987: 251）。格蘭特（Arthur William Grant）是利希慎的皇仁舊友，大學畢業後，回母校皇仁任教，1914 年升任皇仁的副掌院，惜數年後就因病離職，未能順利接替 1918 年退休的掌院狄吏（Thomas Kirkman Dealy）。[7] 利希慎也經常給皇仁的學生團體及校內的特定活動捐款，1922 年又為皇仁設立「江奇輝獎學金」，以紀念 1921 年 10 月因病早逝的同窗江奇輝。江奇輝曾在 1900 年，與利希慎一同當過皇仁的實習教師，此後即留校正式任教，為教育奉獻一生。[8] 利希慎對母校的大力支持，有目共睹，深獲校友肯定，1928 年 2 月遂被推舉為皇仁舊生會的會長（ibid.: 98），只可惜當上會長未久，利希慎即遇刺身亡。

皇仁書院是男校，1915 年由聖公會創立的聖保羅女書院（St. Paul's Girls' College）則顧名思義，只收女生。[9] 1925 年，聖保羅女書院為了遷至麥當勞道 33 號現址，募資興建新校舍，由羅旭龢領銜主持其校舍建築委員會，卻不幸碰上省港大罷工的亂流。[10] 新校舍在 6 月 6 日才剛由港督司徒拔主持過破土奠基儀式，6 月 19 日，全港工團聯合會就啟動大罷工。數以萬計的香港工人響應罷工號召，迅速離職返回廣州；而廣州的國民政府[11] 則封鎖香港，禁止糧食輸港及任何經香港轉運的貨物入□，香港經濟深受打擊，連帶也影響了聖保羅女書院的工程募款。利希慎正是在此艱難時刻，挺身而出，為這家規模尚小的女校捐出了 3 萬元的巨款。這筆捐款，高踞個人捐獻之首，僅次於港府撥給該校的 5 萬元資助款。校長胡素貞[12] 為此特別在第二年的畢業典禮上致詞時，向利希慎深致謝意，[13] 校方並在 1927 年遷入麥當勞道的新校舍後，將學校禮堂命名為「利希慎堂」，以誌其事。

利希慎去世後，有紀錄顯示，利家多年來仍持續捐助聖保羅女書院，且金額不低。譬如我們由 1938 年 4 月胡素貞校長致利孝和的信函可知，利家在 1937 至 1938 年間，應又給該校捐助過 4,500 元。[14] 二戰時香港淪陷，聖保羅書院及女書院都被迫停課。1945 年戰後復課，兩校曾被聖公會短暫合併，兼收男女學生，並易名為「聖保羅中學」，開香港男女同校之先河，還在同年開設了小學部。不過 1950 年，聖保羅書院在般含道復校時，也一併恢復其男校傳統；而由老校長胡素貞主持的聖保羅中學，則決定維持其男女同校的新傳統，並改稱「聖保羅男女中學」（St. Paul's Co-educational College）。利家與聖保羅男女中學的淵源不僅深厚，向來也不乏家族成員如利舜賢和利德蕙入讀該校，而利銘澤、利榮森及利家第四代的利乾，更曾擔任校董會成員。

❖　南華健兒　❖

利希慎的身子壯實，也熱愛運動，[15] 而他在 1927 至 1928 年擔任南華體育會會長期間，可謂該會發展的一個重要轉折期。1934 年出版的南華某份紀念專刊，正是將 1927 年視作南華「復興時期」的起點（南華體育會，1934: 11）；其英文版

◎ 1923 年聖保羅女書院內的捐贈者芳名紀念碑石

◎ 聖保羅女書院內的「利希慎堂」

的內文，更是因利希慎曾適時地馳援南華，而以「救星」稱之。[16] 談論南華體育會的成立，無法略過足球。香港可謂近現代中國足球運動的先驅，早在 1908 年，就有一群英文書院的華裔學生組織了「華人足球隊」，以聚攏志同道合的少數球友。這個球隊之所以強調「華人」，正是因為當時踢球者絕大多數是西人。1910 年，球隊的領導人莫慶 [17] 發起成立「南華足球會」，並開始和外隊作賽，不過因會友太少、經費不足，球會一度沉寂，會友亦已星散。話雖如此，1915 年，由原南華球員代表的中國足球隊參加第二屆遠東運動會並奪冠後，1916 年會友即再聚為「南華游樂會」，1920 年才又改名為「南華體育會」至今。1921 年，南華體育會就辦了第一屆的「全港華人運動會」，增設足球以外的多項體育活動。1922 年，南華更是成功募資，開辦了一間小學和一家義學。[18]

南華自辦的那間小學，原本設於銅鑼灣的耀華街，1926 年 2 月為了擴充校舍，改遷入波斯富街 68 號的一棟四層樓房，當年下學期的學生數已增至 107 人。至於南華自辦的義學，則是位於筲箕灣，收的學生更多，當年已有 181 人（南華體育會，1970；SCAA, 1934: 7）。小學所在的那棟波斯富街樓房，正是利希慎在 1924 年初購入鵝頭山及其周邊土地後，趕著興建的 98 棟房舍之一，是利家物業，而這就牽引出利家與南華體育會的更多故事。

南華游樂會其實早在 1917 年，就取得禮頓山道與波斯富街交界的一處空地，可以供會員在此練習足球、網球、籃球和排球。1919 年，南華再獲政府劃出跑馬地賽馬場內的某塊地，供其作專用之足球場（南華體育會，1934: 7）。1924 年，利希慎買下整座鵝頭山後，南華的這些運動場所，自然都成了他想要營造的銅鑼灣新社區一環，必須予以通盤考慮。此外，利希慎本就熱愛運動，據說也好國術，且不樂見「小孩子待在家中，看家長打麻將」（Manson, 1975），希望鼓動本地華人的運動風潮，遂隨莫幹生、[19] 莫詠虞、羅玉堂等老友開始參與南華體育會。尤其莫詠虞、羅玉堂倆既是利希慎的皇仁校友，又是和他每天朝夕相見、同在裕記俱樂部內吃午飯晚飯的密友，[20] 羅玉堂更是利希慎在灣仔堅尼地道上的鄰居（馬靄媛，2020），關係匪淺。

莫詠虞與南華的發起人莫慶，同是買辦世家莫仕揚家族成員，時為太古洋行的船

◎ 1927 年南華會運動場

◎ 1934 年南華會

務部經理。[21] 南華在他擔任會長的 1926 年任內，正值多事之秋。1925 年 6 月，省港大罷工爆發，大量工人離港返穗，香港經濟陡遭重挫，南華的會員人數也由 1925 年高峰期的 2,000 多人，流失逾百人（SCAA，1934: 9-10）。緊接著 1926 年 4 月，南華內鬨惡化，大批南華足球隊的隊員組織「聯愛團」以爭取球員福利，[22] 且「截留所收入門券費，並備函附送章程，要求核准」。南華的幹事部以球隊乃「業餘」定位及避免內部割據為由，不允聯愛團成立，這批球員就出走另起爐灶，組織了「中華體育會」（SCAA，1934: 10；南華體育會，1970）。南華為此元氣大傷，幹事部集體引咎辭職，惟 1926 年 12 月改選後，絕大多數幹事仍獲選回任，利希慎也正是在此危機時刻，成為南華副會長。[23] 未幾他與莫詠虞職位對調，1927 年就當上了南華會長，莫詠虞則轉任副會長。

利希慎在其 1927 至 1928 年的會長任內，帶領南華邁向復興的關鍵一步，就是倡議並成功向政府爭取到加路連山地段，供南華在此建設一座綜合性的運動場館。[24] 此外，他還費勁地為南華說服政府，撥出北角七姊妹泳灘的一段作為南華泳灘，並打算將它建設成永久性質的泳場。[25] 利希慎還慷慨地將之前借給南華周轉的 8,000 元，悉數捐作相關的建築費用。1928 年 4 月 30 日，利希慎不幸遇刺身亡，南華為他下半旗致哀三日，並對他一年多會長任期內的貢獻，備加肯定：

> 謹按利會長民十四年〔1925 年〕捐款一千入為永遠會董，十五年〔1926 年〕被舉為副會長，助益殊多，捐資不少，然加路連山今運動場地，及七姊妹游泳場海濱場址之得邀准港府撥給者，利會長與有大力，而游泳場後之建築，猶賴利伍長〔sic，應為利會長〕囑將其前以會款支絀所借出之八千元，撥捐建築費，故游泳場初基奠定之易於集事，皆本於此。且利會長於會務發展，尤抱宏願，若天假以年，則會所購地建築，當有設計實現之一日也。（南華體育會，1970）

利希慎逝世後，南華的加路連山運動場館，最終在 1934 年羅文錦會長任內落成。[26] 場館樓高二層，佔地甚闊，故能同時設置足球、田徑、排球及籃球場。這可是當時全港唯一的華人體育競技場所，且對所有華人社團和學校的體育活動開放。至於北角七姊妹泳灘的相關建築工程，也在 1929 年竣工完成（南華體育會，1934:

7-10）。利希慎當年的付出，最終都換來了具體成果。

利家人在利希慎離世後，仍持續參與南華體育會。利銘澤早在 1927 年由英倫返港時，就曾協助父親向政府爭取加路連山的地段。[27] 1931 年，利家逐漸走出利希慎猝逝後遭遇的還貸危機，利銘澤遂有餘裕偕他在英國牛津時的舊識、莫幹生次子莫慶淞（1931）及莫幹生五弟莫應溎（1932），短暫出任南華的副主席，開始直接參與南華運作。不過 1932 年利銘澤在李柯倫治建築師行實習期滿、成為檢定工程師後，就前往廣州工作，也就無法再兼顧南華。

日據時期南華體育會停擺，戰後利銘澤自重慶歸來，並未忘情於南華。1949 至 1950 年以及 1953 至 1954 年間，已經貴為政經紅人的利銘澤，剛卸下穀米統制官的職務不久，就去當了南華會長，並一如其先父，積極向政府爭取亞公岩泳灘，以替代毀於戰火的南華北角泳場，且領導籌款，完成泳場建築。此外，加路連山運動場館所獲的政府批期，原本甚短，利銘澤又運用其影響力，向政府申請興建足球場內的混凝土看台，並為場館取得 21 年的長批期。他還以工程師之姿，親自擔任建場主委，簽借款項，下場督工，直至建設完成。此後利銘澤淡出南華，由利榮森接力，1955 年開始擔任南華副主席，此後直到 1965 年的十年間，陸續當過南華的司庫、主席、會長等職。[28] 1965 年在利榮森南華主席任內開幕的加路連山道上的保齡球場館，就是他與兄長利銘澤籌建多年的成果（南華體育會，1970）。利榮森隨後又將自己對體育的熱情延伸至奧運會，1960 年代也當過香港奧委會的委員。[29] 利榮森淡出南華後，由第四代的利漢釗再接力，1980 年代先後當過南華的副主席、主席，不過此後利家人就很少再參與南華體育會了。

❖　　**弘揚國學**　　❖

利希慎幼時在開平鄉下讀過傳統私塾，其後雖受西式的英文教育洗禮，但皇仁書院當年必修國學科目，所以利希慎在國學方面，似有一定根柢。民國初年利希慎在香港商界崛起之際，恰逢中原皇朝舊制崩垮、新舊激烈交替的大時代，不少前清遺民 [30] 遂選擇南下，寓居香港「避秦」。1917 年張勳復辟失敗及 1919 年五四

運動後，遺老們愈不見容於民國，有人後來索性追隨遜帝溥儀去了滿洲國，但也有陸續南下港澳兩地者。

利希慎年輕時，即好與文人雅士交往，尤與後來知名的前清遺老賴際熙相識於微時。賴際熙在他親撰的〈利公希慎墓表〉裏，提到兩人結識的經過時說：「適予赴都道港，於稠人中見公言論風采，卓越流輩，與談天下事，激昂慨慷，縱橫上下，宏博貫通，高視遠拓，涵蓋中外，許為命世材，而非閭閻所能局，遂訂交。」（1974: 123-124）查賴際熙是光緒二十九年（1903 年）滿清以至中國歷來最後一場科考的二甲進士，所以據此推斷，他應該是在赴京趕考、途經香港的 1902 至1903 年間，於文友雅聚或飲宴的場合裏初識利希慎。利希慎當時初入商界，正在文咸街經營南北行生意，亦非巨賈。

賴際熙入仕後，由翰林院編修至國史館纂修，未幾即再獲晉升為總纂。1912 年清帝遜位，賴際熙不事民國，移居香港，遂得與利希慎重聚。1913 年，賴際熙獲聘為香港大學的漢文講師，因有感香港「崇夷鄙夏之風」甚盛，一直希望聯手其他寓港的廣東遺老如陳伯陶、岑光樾、溫肅、區大典、區大原諸人，[31] 在此英人治下的華南一隅賡續國學香火，甚至復興國學。於是 1920 年，他領頭租下了中環半山堅道 27 號的底樓，開始設壇講學，延聘同年秋天才南遷的另一位廣東進士何藻翔，[32] 每週二在此主講國學（梁元生等，2023: 257）。

1923 年，賴際熙又與何藻翔著手籌辦藏書處，買下般咸道 20 號的物業作講學兼藏書之所，並仿廣州學海堂的前例，成立學海書樓。講學方面，書樓將講座增至每週兩場，先後聘陳伯陶、朱汝珍、溫肅、區大典、區大原、岑光樾、何藻翔、俞叔文等名儒為講師（ibid.）。藏書方面，書樓則是邀請各方送贈或由紳商捐資購置，並設閱覽室，成為香港第一家向公眾開放的圖書館。利希慎和其他當代的重量級香港華商，如何東、周壽臣、郭春秧、李海東、陳步墀、鄧志昂、馮平山、羅旭龢、莫幹生等，都對書樓大力支持，除捐款購樓添書或贊助講座，不少華商——包括利希慎——還親自擔任書樓董事。此所以學海書樓創立未久，就已經擁有藏書近 27,000 冊，書種逾 1,900，經、史、子、集的相關巨著皆備（ibid.: 83,90-91）。利希慎家族、鄧志昂家族及馮平山家族和學海書樓的淵源尤深，譬如書

樓的主講李景康，曾是利希慎四子利榮森就讀於漢文中學時的校長，與利榮森關係緊密；書樓的另一位主講兼司理俞叔文，則是在他自己經營的「叔文書塾」裏，教過鄧志昂次子鄧肇堅；[33] 而書樓創辦人之一的何藻翔遺老，更是馮平山家的教席，教過馮平山的兩個兒子馮秉華、馮秉芬（ibid.: 77, 130）。正因如此，二戰後在香港，三個家族的二代利榮森、鄧肇堅和馮秉芬皆秉先父遺志，樂為書樓續作貢獻。而到了 1960 年代，利榮森還曾特別禮聘溫肅太史之子溫中行，為其子利乾在家講授四書五經等國學典籍。[34]

1920 年代，利希慎將年幼的利榮森留在身旁，未急於送往英倫，又因其體弱，暫不送校，讓他先在家接受傳統的私塾教育，老師則多為前清遺老。這段罕有的幼年經歷，無疑為利榮森奠定了扎實的國學基礎（林業強，2009: 7）。1925 年，中國通金文泰在省港大罷工的亂局中就任港督，翌年即應周壽臣、羅旭龢、馮平山、李右泉、曹善允、李景康、俞叔文等人之請，開辦官立漢文中學，[35] 並由賴際熙和區大典在香港大學的門生、時任視學官的李景康擔任校長。緊接著在金文泰關注下，1927 年香港大學也開設了中文學院，並由親赴南洋向華商募款籌辦學院的賴際熙主持。學海書樓眾遺老力倡的傳統經史之學，就這樣在香港的特殊歷史時空裏，逐漸由民間走入官立的現代教育體制。

1928 年 1 月，利希慎正是在這樣的時代背景下，將 12 歲的利榮森送入漢文中學的高小一年級就讀。[36] 三個多月後，利希慎即遇刺身亡，但利榮森續留於漢文中學求學，直到 1935 年畢業。期間，黃蘭芳還延聘前清舉人張啟煌[37] 每天晚上上門家教一小時，前後長達六年。漢文中學當年的師資，亦一時之選，區大原、岑光樾、陳壎伯、羅憩棠、李景康等名師宿儒俱在，而馮秉華、馮秉芬兄弟，則是利榮森當年的同校學長。1926 年漢文中學創校時，曾倡建該校的馮平山就以身作則，安排兩子轉讀該校，1928 年夏同時畢業，遂與剛入學的利榮森有過半年交集。[38] 利榮森與漢文中學校長李景康的師生情誼亦甚篤，他後來收藏中國文物時的偏好，明顯有受到李景康影響。[39] 李景康堂號「百壺山館」，是宜興紫砂壺的收藏家和鑑賞家，曾與另一同好「碧山壺館」的主人張谷雛，合著過《陽羨砂壺圖考》一書。[40] 而二戰後，利榮森文物收藏的主力之一，正是宜興紫砂壺。

© 1923 年成立的「學海書樓」創辦人合照

1930 年，熟悉且推崇中國傳統文化的港督金文泰離任，而與此同時，新文化運動等當代新思潮正在不斷衝擊舊學，以致學海書樓所力倡的經史學風，也漸漸不支。1931 年，香港大學設立特別委員會，檢討其中文教育的本質，最終於 1933 年將中文學院縮編為文學院一系，賴際熙亦隨之退休，傳統經史的教學法，也再不是港大中文系的主軸。1941 年 12 月，香港淪陷，學海書樓的講師又紛紛回內地避禍，不僅講座中輟，藏書亦大量遭到損毀，所幸部份書籍還能及時移存港大的馮平山圖書館，才得以保全。[41]

1945 年香港重光，李海東、李景康、俞叔文等書樓舊人就積極籌備，重開學海書樓，1948 年 1 月恢復講座。1956 年 4 月是戰後書樓復興的一個重要轉折點，學海書樓在李景康主導下，註冊為有限公司，並正式成立董事會，讓一切運作更加規範。而從 1958 年的首屆董事會開始，利榮森就擔下主席重任，一直到 1971 年才轉任董事。1994 年，利榮森在學海書樓的董事會裏服務共 36 載後，才終於卸下董事職務，僅掛名名譽會長。[42] 書樓在戰後的另一項復興契機，則是不少中國文人再度因政權更替及新舊文化與意識形態的激烈衝突，被迫南下香江，適時填補了書樓因宿儒凋零而開始青黃不接的講席陣容。當代名家如唐君毅、饒宗頤、羅香林、陳湛銓、羅忼烈等人，都曾先後登上書樓講壇（梁元生等，2023：208）。香港中文大學文物館的首任館長屈志仁，小時候也常去學海書樓聽課，而據其描述，現場「很多人聽課。」[43]

利榮森主席任內，先是自 1958 年起，與香港電台合辦中國文學講座；1961 年中環大會堂籌建之際，他又與其他董事接納大會堂的提議，自 1963 年起，將書樓逾 34,600 冊的藏書長期借存於大會堂圖書館，以利民眾閱覽，大會堂方面則投桃報李，讓學海書樓免費定期借用其場地作公開的國學講座，講座頻率遂得以增至每週四次。[44] 1966 年起，書樓又與香港商業電台合辦國學講座；1969 年也開始和香港中文大學的校外進修部合辦週末的國學講座等，積極推動國學重新走入香港民間。1999 年，已經八四高齡的名譽會長利榮森，還和主席杜祖貽、董事賴恬昌等商定書樓的國學叢書出版計劃，並由他一手創建的北山堂基金長期資助。書樓在這項計劃下，至今已彙編出版了數十部國學著作（ibid.: 206-207）。2007 年利榮森離世後，北山堂基金仍一本利希慎、利榮森父子守護國學的初衷，

大力支持學海書樓的活動，至今猶是。

❖　北山愚公　❖

利希慎在文化界留下的足跡，除了學海書樓，還有北山詩社。1924 年，他慷慨借出利園山上的二班屋，讓以莫鶴鳴、蔡哲夫為首的文人雅集。兩人先是組織了「愚公移詩社」，後又併合其他的詩社而成「北山詩社」。這個北山詩社，一度成了香港開埠以來最大的詩社，不過省港大罷工翌年爆發，社會動盪、社員流散，詩社短短一年就難以為繼（林業強，2009: 7；程中山，2011: 279）。話雖如此，北山詩社仍是利家與香港藝文界深遠關係的起點，不能不提。

北山詩社的骨幹是南社（1909-1923）社友，而南社多支持反清革命的同盟會成員，[45] 這與遺老們在辛亥革命後仍緬懷清室的保守取態自然有別，故北山詩社在香港雅集之時，遺老們甚少應和（程中山，2011: 279-280）。利希慎交遊廣闊，與各類文人交好，贊助學海書樓之餘，也樂於支持北山詩社，兩不相違。如前所述，利希慎與莫仕揚家族的不少第三代成員既年齡相近，亦同是皇仁校友（如莫詠虞、莫幹生），交往頻密。[46] 北山詩社的推手莫鶴鳴，也是莫仕揚之孫、太古洋行買辦，1905 至 1908 年在海口為太古設立代理處，1908 年轉任太古的廣州分行買辦（莫華釗、郭東杰，2011: 12）。莫鶴鳴乃風雅之士，能詩文，又是南社社員，經商之餘，也積極參與慈善和文藝活動。[47] 事實上，莫家枝繁葉茂，當時為太古效力當買辦已歷三世，家族內既富又好風雅者，大不乏人。莫幹生就偏愛蒐藏瓷器，有齋號曰「花瓷閣」，所藏之清朝康雍乾三代官窰，甚為可觀（黃璇、李磊澤，2018）；莫鶴鳴則是金石書畫藏家，齋號「赤雅樓」，與粵港兩地的不少書畫名家相交甚篤，還曾在港島海旁東開設赤雅古董店，聘蔡哲夫等打理業務（程中山，2011: 305）。[48] 利希慎或是在莫家人和其他文友影響下，於 1920 年代大屋落成後，也開始收藏各國的藝術珍品，惜利氏藏品絕大多數在二戰利家人逃難時失竊。利榮森從小就跟隨父親利希慎和雅士宿儒們交遊，想必耳濡目染、見多識廣。[49] 而當他在自家裏接受傳統的私塾教育時，兄長利銘澤、利孝和皆已赴英倫留學。利家三子的學思經歷，自此殊途。

莫鶴鳴向利希慎商借利園山上的二班屋（或二班行）供大批流寓香港的文人作雅
集之所時，只以兩年為期，因為他知道利希慎已有計劃將山頭夷平，並在此大建
房舍。「滇南石禪老人」趙藩[50] 在 1924 年應邀為北山堂題寫匾額時，附撰之〈北
山堂額跋尾〉，就曾如此記述北山堂的緣起：

> 香港渣甸山，地幽而面豁，多數百年林木，島市開後，西人建樓於山頂，
> 亦閎敞。今甲子之春，新會希慎利君以番餅四百萬圓，購是山而有之，將
> 夷為平地，構屋居數百人家，而未忍古樹之遽摧於斤斧也，則以二年為期，
> 借與廣港同人為游樂地。鶴鳴莫君慨然出所藏紫檀几案數百事，供廙之陳
> 列。美哉二君之用心，與人同樂，斯大同之先聲也。書來乞題牓，余欣然
> 命筆，且跋而歸之。[51]

莫鶴鳴將自家典雅的紫檀家具搬來，陳列於此，並雅稱該二班屋為愚公移、北山
堂，即以《列子‧湯問篇》中「北山愚公」矢志移山的典故，寓意利希慎移山建
房的毅力與恆心。北山詩社成立初期，每週會辦一次雅集，莫鶴鳴、何藻翔、[52] 鄒
靜存、利希慎等都曾命題，並在報章上公開徵稿，作品則分日連載。譬如 1924 年
11 月，利希慎將堅尼地道大屋內的百多盆菊花搬到北山堂，辦了個一連五日的
賞菊盛會，詩社則以〈北山堂賞菊〉擬題徵稿，不拘文體，也不拘格式之新舊。
結果反應熱烈，多人赴會，詠詩弄墨，留下了近 180 首的詩詞作品，在《香港華
字日報》上連載月餘，迴響甚大（林業強，2009: 7；程中山，2011: 295）。1925 年
北山詩社謝幕後，北山堂仍是寓港的廣東南社社員的雅集之所，國畫研究會的香
港分會，也曾在此辦過展覽。此外，商人高隱岑購得晚清著名學者陳澧（陳東塾）
的未刊稿 600 餘冊後，利希慎更是與莫鶴鳴、莫幹生、莫詠虞四人共同出資 1 萬
元來整理其遺稿，並計劃刊行，邀何藻翔、鄧爾雅、崔師貫等人在北山堂負責校
訂，由蔡哲夫統籌。不過 1928 年利希慎驟逝，計劃生變，校訂工作半途而廢（程
中山，2011: 289）。無論如何，直到 1930 年代初，利園山上的北山堂，恆是香
港文士詩詞唱和或以畫會友的一個重要聚點（ibid.）。

利希慎身故後，利家因財務危機忙亂了好幾年，無暇他顧，而與此同時，利園遊
樂場在 1930 年代初迅速沒落，電影業則萌芽初興，利家遂將利園山部份轉作電

香港滬旬山地幽而面西豁多數百年林
木島市闐以西人建樓於山頂上尚敞
今甲子之春新會帝慎利君以著餅
四百萬圜購是山而畀三特為為平地撝於
屋居數百人家而永忍古撟之遷推於
斤斧如則以三年為期偕与廬港同人
為游樂地鵑吟莫君慨於出所藏栗懂
凡景數百事供廈之陳列美我二君之用

◎ 趙藩題「北山堂」匾額並記述利希慎像北山愚公一樣矢志移山

影的攝製場和取景地。1949 年，利家啟動移山工程，二班屋這個曾經承載北山
堂的實體建築，因為移山，正式走入歷史。不過北山堂的人文精神，遠未泯滅，
二戰後就由利榮森以另一種形式繼承，並發揚光大。

1935 年，利榮森自漢文中學畢業後，赴北平的燕京大學升學。燕大乃美國教會
在中國興辦的著名私立大學，外籍教員不少，專業科目如利榮森主修的經濟學
等，也都是以英文授課。不過燕大在中國文史方面的師資，也算鼎盛一時，當年
的燕大歷史學系就有洪業、顧頡剛、鄧之誠等大家坐鎮，國文學系則有古文字學
家容庚及兼任講師錢穆、聞一多等。利榮森與錢穆的因緣是否起於燕大，不得而
知，不過今屬北京大學校園內的「未名湖」，確是由錢穆在燕大任教時命名。此
外，入學燕大，門檻甚高，燕大學子可謂人才濟濟，與利榮森約略同期的就有胡
惠春、王世襄、宋淇等人（林業強，2009: 7-8），[53] 鄭德坤則是更早期的燕大老
學長。[54] 鄭德坤、胡惠春與王世襄皆好古之人，年輕時就醉心於文物的鑒賞收藏，
和利榮森尤其志趣相投。而 1930 年代的北平，因帝制終結後權貴交替、文物流
散，恰是古玩、古籍和古文物的重要集散地。利榮森有幸在帝都流連兩年，彌足
珍貴。遺憾的是，1937 年七七事變後，日軍迅速攻佔北平，燕大雖未關閉，利
榮森卻已不願再踏足日軍鐵騎下的淪陷區，只得轉到成都的國立四川大學寄讀，
後於該校畢業。

1941 年底日軍攻入香港時，利榮森已是中國銀行的駐港人員。隨後他與家人輾
轉西去戰時的陪都重慶，再奉中銀之命外派，由重慶經印度前往倫敦。二戰結束
後，1947 年利榮森返港，兩年後神州巨變，新舊秩序再度暴烈交替，大量古文
物又從中國內地——尤其是收藏重鎮上海——流向香港以至海外，就連藏家也紛
紛逃往香港。這對雅好古文物的利榮森來說，誠然是收藏中國藝術珍品的絕佳時
機，但他更不無為傳統文化略盡綿力、「暫存文物」的使命感。這個歷史任務，
當如愚公移山般持之以恆、不計得失，默默耕耘、一以貫之，其藏齋遂以「北山
堂」為名。1985 年，北山堂的宏願又具體昇華為「北山堂基金」，以贊助中國文
化藝術及推動教育發展為宗旨。此後多年，北山堂基金為國內外的多所大學、研
究機構、博物館和文化藝術組織提供資助，購藏藝術品及支持中國藝術項目，更
以慨贈獎學金的方式，直接資助學子進修和中國藝術文化相關的課程。[55]

❖　好古敏求　❖

回到 1950 年代。利榮森在商務之餘，開始有系統、有規模地收藏文物，1957 年
加入了舉世知名的倫敦東方陶瓷學會（林業強，2009: 8）。東方陶瓷學會（The
Oriental Ceramic Society）起於倫敦，是由 12 位文物鑑賞收藏家在 1921 年創立。
此後約十年間，東方陶瓷學會都只是維持這 12 人的精英小團體格局。1933 年，
當它開始從陶瓷延伸到亞洲各藝術門類的鑑賞收藏後，才終於開放門戶，吸納傑
出的藝術史家和收藏家入會。[56]

珠玉在前，1960 年，暫得樓主胡惠春與北山堂主利榮森擷取《論語 · 述而篇》中
「我非生而知之者，好古，敏以求之者也」一句中的文意，牽頭在香港成立了類
似東方陶瓷學會的收藏家團體「敏求精舍」。[57] 一如倫敦的東方陶瓷學會，敏求
精舍在香港鑑藏界的身影，同樣巨大，影響了香港近 40 年的文物收藏走向。胡
惠春（胡仁牧）之父胡筆江乃民國著名的金融家，中南銀行創辦人之一。1938
年 8 月抗戰期間，胡筆江身為中南銀行總經理兼交通銀行董事長，因重慶財政部
電召，與浙江興業銀行總經理徐新六搭機由港飛渝，卻不幸在廣東上空遭日本軍
機擊落，機毀人亡，此時距胡惠春從燕大畢業不過一年。28 歲的胡惠春，不得
不倉促接掌父親創辦的中南銀行，但這無礙他醉心於在上海蒐藏文物，尤其是
明清兩代的官窯瓷器。抗戰勝利後，胡惠春擔任過故宮博物院的陶瓷專門委員，
1950 年又短暫當過上海文管會的委員，隨後即移居香港，不再北返。離滬前，
胡惠春將他最鍾愛的一批藏品裝箱，請某位他十分信賴的古董商先押運來港，並
幫他在香港賣出部份藏品，以供抵港時生活所需。而胡惠春落腳香港後，約訪的
第一個人，正是燕大學弟利榮森。[58]

1960 年敏求精舍創立時，只招頂級藏家，會員僅 15 人（林業強，2020: 35），主
要是供藏家們定期聚會、切磋交流。[59] 此後敏求精舍的會員群體稍有擴大，也更
積極地推廣中國文物的鑑賞、研究、展覽，出版藏品圖錄或學術專著，以文化傳
承為己任，貢獻良多。胡惠春和利榮森無疑是早期敏求精舍的主幹，[60] 也是催生
香港中文大學文物館的要角，這一點下章還會詳述。據早期會員屈志仁憶述，敏

求精舍成立之初，粵籍和滬籍人士約各佔半數，廣東人方面，都是源自利榮森的關係，上海人則都是來自胡惠春的圈子。1960 年代，敏求精舍會在它開平道的會所，每週辦一次晚餐聚會，每月再擇一個週日的日子辦午聚，前者人數少，後者人較多，每回總有十來位會員參加。與會的鑒藏家，都會將自己剛買到手或在古董商那裏看過卻還未決定購買的文物，帶來給同好觀賞，以便大夥一同評議鑒定。[61]

屈志仁至今難忘的一幕，是胡惠春和利榮森如何積極地將他招攬入會。屈志仁是著名的晚明遺民屈大均後嗣，畢業自牛津大學，1960 年返港後，曾有幸在香港大學跟隨林仰山（F. S. Drake）、羅香林、饒宗頤諸教授問學四年，1964 年獲聘為香港大會堂美術博物館的助理館長，負責中國文物、書畫及香港考古。[62] 1966 或 1967 年的某一天，胡惠春與利榮森親赴大會堂去找屈志仁，這是三人首次相會：

> 他們問我知不知道敏求精舍？我説知道，全世界都知道啦。他們又問我想不想加入作舍員？我説當然想啦，但是我一年的薪水，都不夠付入會費。他們説：「我們只問你想不想入會，如果想，入會費就免了，只交月費。會員有兩種：基本舍員和普通舍員，請你加入作普通舍員，交月費就可以了。」我當然加入，因為可以接觸到幾乎全香港的收藏家，可以學到很多。[63]

屈志仁入會時，可是最年輕的晚輩，而敏求精舍臥虎藏龍，確實讓他獲益匪淺。譬如撇開胡惠春精湛的鑒賞能力不論，屈志仁對粵籍實業家兼收藏家招曙東[64]也印象深刻，因為招曙東擅品玉器，能辨真偽。還有從上海來的東京帝國大學畢業生徐伯郊，其父徐森玉乃文物鑒定名家，當過上海博物館的首任館長。如此家學淵源，造就徐伯郊廣博的文物知識，尤精於鑒賞書畫。[65] 1950 年代初，徐伯郊更是中國文化部為搶救流失海外的重要文物而成立之「香港秘密收購小組」的負責人。

敏求精舍的機緣，也讓屈志仁得與利家兄弟深交。利榮森一家當時還住在堅尼地道大屋的二樓，胞兄利孝和一家則住三樓。利孝和夫婦愛與國際政商名流交往，

◎ 1960 年創立的「敏求精舍」，前排左二為利榮森。

所以常在一樓的大廳宴客。利榮森夫婦卻不愛熱鬧，宴客也都選在利園酒店，所以二樓一貫「冷清」，但另有一番風情：涉獵宏博、蒐羅甚廣的利榮森，愛親自動手將藏品佈置於客廳，按主題輪流替換書畫藏品，並配置文物於多寶格的櫃子上，以致二樓客廳和書房都成了「展覽廳」和「文物庫房」。每當來訪的藏家同好聊起甚麼，利榮森會若有所悟地「係喔！」一聲，然後鑽到房間裏，再搬出一大堆藏物盒來。[66]

1970 年代，屈志仁擔任中大文物館館長期間，利銘澤也非常關照他這位牛津學弟。話說某一年，屈志仁要帶著幾位中大學子去內地考察窯址，利銘澤就找他去吃頓午飯，席間打電話給新華社香港分社社長，跟對方說：「欸，我有個世姪要去考察窯址，我同你講，佢要去邊度邊度考察。」那位社長都記下了。結果就因為利銘澤的這通電話，屈志仁一行不論是走到宜興、景德鎮或其他各地，都有人「夾道歡迎」，還會事先代為安排住宿，儼然大人物待遇，行程十分順利。[67]

至於利孝和，每每在利家大屋宴請權貴顯要時，也找屈志仁來作陪客。屈志仁後來攜家帶眷，赴美研習一年。臨行前，利孝和就交給他一疊其美國友人的名片，囑他遇事就去找對方尋求協助。屈志仁一家到了芝加哥，卻一直沒辦法覓得落腳的旅舍。屈志仁只好掏出名片，硬著頭皮給利孝和在芝加哥的友人撥電。對方請秘書在十分鐘內解決此事，為他們在一家已經客滿的當地豪華酒店內，安排到偌大一間豪華套房，卻只收取單人房價。[68]

胡惠春與利榮森聯手創立的敏求精舍，不僅是香港當代最知名的收藏家團體，[69]它所代表的價值觀和理念，也堪稱典範。敏求中人既與近年來投機逐利、炒作文物高價的投資型買家不同，也和傳統中國收藏家只滿足於「秘賞」、「珍玩」、「子孫永寶」的境界有別（林業強，2020: 29）。敏求中人大多不會將文物收藏視為投資，人到晚年，更往往會將自己珍愛的大部份藏品，都無償捐贈給博物館或文教藝術機構收藏，以讓文物永續、世人共賞。胡惠春「暫得樓」的堂號，正是源於王羲之《蘭亭集序》中「當其欣於所遇，暫得於己，快然自足」一句，寓意收藏之短暫，聚散隨緣，擁有一時足矣。而他對外捐贈的大量藏品，至今散見於中大文物館、兩岸的故宮博物院、香港藝術館，以及上海博物館為他特闢的「暫得

◎ 早年「敏求精舍」的舍員聚會。左二為屈志仁，左四為利榮森。

樓陶瓷陳列專室」裏（ibid.: 35）。

「維他奶之父」羅桂祥雖極為鍾愛紫砂壺，也是早在 1981 年他仍在世時，就將自己收藏的陶瓷茶具悉數捐贈給香港市政局，後由政府將前三軍司令官邸改建成茶具文物館珍藏（ibid.: 36）。利榮森的北山堂藏品，同樣是在他生前就分批大量捐贈給中大文物館，以致於利榮森離世前，文物館的 13,000 多項典藏文物中，由他捐贈的就已高達 5,800 餘項，佔了文物館全數藏品近半。2007 年利榮森辭世後，利家人更是遵其遺願，將家中尚存的書畫藏品全數納入北山堂基金，再由基金長期借予文物館存放，以供教學、研究、出版、陳列之用（林業強，2009: 9；2020: 38）。尤其難得的是，這一系列捐贈，都未掛利榮森本人或利家之名。林業強[70] 對此深有感觸：

> 利公〔利榮森〕恪守中國傳統美德：謙恭而低調。他的捐贈均以「北山堂」名義為之，絕不容許他本人或家族名字在任何捐贈鳴謝中出現。利公以「北山堂」為齋名，除了繼承他父親〔利希慎〕原本在利園山設置的「北山堂」、「愚公移」之外，更重要的是他身體力行，終其一生，以北山愚公為表率。（林業強，2009: 9）

利榮森不僅是中大文物館的長期贊助人，更是建館的倡議者。而他與中大中國文化研究所及其文物館的淵源，其實要從利家參與香港中文大學的創建歷程說起。

注釋

1　利希慎的長女利寶瓊，未足一歲即早夭。

2　兩家醫院後來與更晚成立的東華東院（1929），合稱為「東華三院」。東華三院目前仍是香港一地提供醫療、教育、社會救濟等多領域服務的大型慈善機構，聲名至今不墜。

3　See 'Local & General', *South China Morning Post*, 17 October 1919, p.2.《南華早報》在這則新聞報導中，是將利希慎的英文全名拼作 Lee Hee-son。

4　See '$90,000 for Charitable Purposes: Chinese Gift to a Macao Philanthropic Institution', *Hong Kong Daily Press*, 27 March 1923.

5　同上。

6　見澳門檔案館的相關檔案：No. AHM/A1059-P9863, 1925, Arquivo Histórico de Macau。這份資料是以粵語發音的 'Kung-lap-peng-men-min-foi-hoc-hao' 一詞，來指涉利希慎要辦的那家「公立平民免費學校」。

7　See 'Obituary: Mr. A. W. Grant, Former Queen's College Master', *Hong Kong Daily Press*, 26 June 1926, p.4.

8　See *South China Morning Post*, 27 October 1921; as well as (Stokes & Stokes, 1987: 98).

9　香港的聖公會早在 1851 年，就已正式開辦只招收男生的聖保羅書院（St. Paul's College），但卻要晚至 1915 年，才專為本地的華裔女孩開辦聖保羅女書院。

10　See 'School's Report: St. Paul's Girls' College Graduation', *The China Mail*, 6 February 1926, p.1.

11　廣州的國民政府其實是在 1925 年 7 月 1 日才正式成立，在此之前，實為孫中山的「陸海軍大元帥大本營」。1925 年 3 月 12 日孫中山逝世，汪精衛就將孫中山生前領導的廣州政權，改組為「國民政府」。

12　胡素貞應是華人教育史上的第一位女校長。1916 年，胡素貞自牛津大學畢業，隨即以廿五之齡，當上聖保羅女書院的校長，且任期甚長，至 1952 年方才榮休。胡素貞為了募資興建麥當勞道（時稱「麥當奴道」）上的新校舍，曾獨自前往美國籌款。見「胡素貞博士紀念學校」官網內的〈胡素貞博士生平略傳〉一文：https://www.dcfwms.edu.hk/%E8%83%A1%E7%B4%A0%E8%B2%9E%E5%8D%9A%E5%A3%AB%E7%94%9F%E5%B9%B3%E7%B0%A1%E4%BB%8B

13　See 'School's Report: St. Paul's Girls' College Graduation', *The China Mail*, 6 February 1926, p.1: 'I [College Principal Catherine F. Woo] must express my deepest gratitude to Mr. Lee Hy-san who, in spite of these difficult times, has been paying up wonderfully his large subscriptions to the building fund.'

14　見 1938 年 4 月 25 日，聖保羅女書院校長胡素貞致利孝和函。

15　見 1975 年 10 月，利銘澤在《南華早報》某篇專訪中的發言：'My father's obsession was sport.' (Manson, 1975)

16　《南華體育會嘉露連山運動場場館落成紀念專刊》的英文版內文裏提到：'It was the good fortune of the Association to have had a saviour in the then President, the late Mr. Lee Hysan, who could not brook the idea of seeing the good work of the Association thus hampered...' (SCAA, 1934: 11)

17　莫慶是太古洋行買辦莫幹生的侄兒，1908 年帶頭組織「華人足球隊」時，仍是拔萃書院學生。身為香港足壇先驅，莫慶早在 1913 年就當過中華民國足球隊的領隊，代表國家率隊赴菲律賓，參加第一屆遠東運動會（Far Eastern Championship Games）的足球比賽。見賴文輝，〈南華體育會創辦人莫慶〉，載《超越新聞網》，2014 年 12 月 2 日：https://beyondnews852.com/20141202/12450/

18 見南華體育會官網對自家歷史的陳述，以及該會歷年來的出版物內容，例如《南華體育會嘉露連山運動場場館落成紀念專刊》（南華體育會，1934）與《南華體育會六十周年會慶特刊，1910-1970》（南華體育會，1970）。亦見 1935 年 3 月 30 日，《香港華字日報》的〈三十二年來南華體育會總檢討（一）〉一文，頁 4。南華體育會官網：https://www.scaa.org.hk/index.php/About/about_history.html

19 莫幹生是 1922 至 1924 年的南華體育會會長，南華的小學和義學，就是在其會長任內開辦。莫氏家族的另一位成員莫慶，也是在約略同期的 1921 至 1922 年，出任南華主席（南華體育會，1970）。有關南華會長和主席的職務分工，下述。

20 利希慎是裕記俱樂部的常客，也常留在那裏用膳，為求方便，就選擇與另外的九位裕記常客合夥，包下俱樂部內的一桌飯菜，每天固定在此享用午、晚兩餐。見〈利希慎被刺斃命：連擊三槍，兇手未獲〉，《工商日報》，1928 年 5 月 1 日，頁 11。

21 莫詠虞是莫仕揚的嫡孫，莫冠球之子。

22 聯愛團在當時即「聯誼會」之意。

23 南華體育會既設有正副會長（President），也設有正副主席（Chairman）。幹事部主要是由負責日常行政運作的「主席」領導；「會長」則是負責引領方向，並肩負南華對外尤其是和政府方面的溝通。

24 該地段面積可觀，共逾 217,000 平方呎（南華體育會，1934: 7）。利希慎的倡議及爭取之功，在二戰後南華主席郭贊頒贈予利銘澤的一紙有關加路連山運動場館建設的褒獎狀中，曾再次提及，並對利希慎的貢獻高度肯定。該褒獎狀未誌明發狀日期，不過對照其他資料後，當可知它是於 1949 年發出。利家家藏史料。

25 港府是在 1926 年給南華撥出這段七姊妹泳灘，當時南華就打算在此建設葵棚，卻因罷工風潮而暫擱。1927 年 7 月利希慎會長任內，南華終於建成了一個可供 700 人使用的泳棚，但這個泳棚到了 8 月份，就被颱風吹垮。南華於是請政府允准它將這裏建設成永久性質的泳場，卻不獲批。為此利希慎不得不「努力為會宣勞，向政府迭次函商，又面謁當局懇請」，最終才獲當局允准，但卻規定南華只能建一個「半永久式的游泳場」，且另撥新址給南華。不過南華的幹事部嫌新址「不合游泳之用」，希望向政府要回舊址，此事幹事部又決定全權交託予會長利希慎出面辦理。惜利希慎翌年遽逝，這事就被迫擱置下來（南華體育會，1934: 9-10）。

26 利希慎的生前摯友羅玉堂，正是該屆的南華副會長。

27 見前述南華體育會主席郭贊於 1949 年頒贈利銘澤的褒獎狀。利家家藏史料。

28 利榮森是 1955 年的南華副主席，1956 年的南華司庫，1957 至 1958 年的南華主席，1963 至 1964 年的南華會長。1965 年，利榮森再由會長轉任主席，任內徹底完成南華保齡球場館的建設（南華體育會，1970）。

29 訪談利乾，2022 年 6 月 13 日，香港。利榮森獨子利乾至今記得，1964 年東京奧運會的聖火傳遞途經香港時，他還拿到了一個火炬回家當紀念品。

30 所謂遺民，按《學海書樓與香江國學》一書對該群體的特徵歸納，即遺民不論是在心理或行動上，對故國舊主都還保有眷戀之情，所以他們「仍自署前朝臣民；書紀年時亦不用新朝紀年，只書甲子紀年或已亡的前朝年號；論及前朝正統，多表揚忠於前朝的人物及前朝歷史；行為上多作事奉前朝的行為，侍奉恭前陵，穿前朝衣冠等等。」而遺民在面對新朝時，則會「報以反對或採取歸避隱藏的態度。」（梁元生等，2023: 51）

31 賴際熙是廣東增城人，陳伯陶是廣東東莞人，岑光樾、溫肅是廣東順德人，區大典、區大原是廣東南海人，所以都是廣東遺老。又，這群遺老地位相仿，都是晚清進士（梁元生等，2023: 66-75）。

32 何藻翔是光緒十八年（1892 年）進士，在清政府的總理各國事務衙門裏當過十多年的官，並曾隨議約大臣張蔭棠到印度待過兩年。清朝謝幕時，何藻翔已官至外務部員外郎。所以何藻翔雖與賴際熙同齡，若論官場的資歷與閱歷，他都勝賴際熙一籌。

33 利希慎三女利舜英與馮秉芬夫人簡笑嫻（即簡東浦之女），也都曾到叔文書塾上過課。

34 訪談利乾，2022 年 6 月 13 日，香港。

35 該校於 1946 年易名為「官立漢文高級中學」，1951 年再改稱「金文泰中學」，以誌港督金文泰創校之功。

36 漢文中學當年的學制是高小三年、中學四年。

37 張啟煌是清代嶺南學派名儒朱次琦（朱九江）的再傳弟子，師從鴻儒簡朝亮。簡朝亮與康有為俱是朱次琦門下高徒。

38 馮秉華、馮秉芬兄弟中學畢業後，即雙雙入讀賴際熙主持的香港大學中文學院，成為該學院的首屆畢業生。兄弟倆在港大求學期間，還創辦了港大中文學會，馮秉芬是學會的首屆主席，馮秉華則是司庫。

39 視訊訪談屈志仁，2021 年 4 月 1 日，香港—紐約。

40 該書由名士葉恭綽作序，分上下兩卷，上卷文，下卷圖。上卷是於 1937 年在香港出版，惟適逢抗戰，下卷未及出版。見香港中文大學出版社官網上，就《陽羨砂壺圖考》一書提供的簡介：https://cup.cuhk.edu.hk/index.php?route=product/product&product_id=1407

41 見學海書樓官網之〈大事年表〉：http://hokhoilibrary.org.hk/%e9%97%9c%e6%96%bc%e5%ad%b8%e6%b5%b7%e6%9b%b8%e6%a8%93/%e6%ad%b7%e5%8f%b2/%e5%a4%a7%e4%ba%8b%e5%b9%b4%e8%a1%a8/

42 除了利榮森，鄧肇堅和馮秉芬也曾長期擔任學海書樓的名譽會長。

43 視訊訪談屈志仁，2021 年 4 月 1 日，香港—紐約。

44 1999 年 5 月，學海書樓又在康文署建議下，將藏書從大會堂圖書館移放到剛落成的香港中央圖書館（梁元生等，2023: 237）。亦見上記學海書樓官網之〈大事年表〉。

45 南社乃清末民初重要的中國文藝社團，素有雅集傳統，以上海為活動中心。1909 年 11 月在蘇州發起南社的陳去病、高旭、柳亞子三人，都是同盟會成員。

46 莫潘生之孫莫華釗曾聽其父莫慶堯説過，1920 年利銘澤去英倫留學前，需要先申請護照，而為他出面擔保的人，正是其「契爺」莫幹生。此時莫潘生的次子莫慶淞已先在英倫就讀寄宿中學，後來也畢業自牛津大學。利、莫兩家關係之深，由此可見。見作者與莫華釗的訪談，2021 年 7 月 28 日，香港。

47 見中國嘉德（香港）國際拍賣行網頁上，就其 2018 年秋季的拍賣品之一——「鄧爾雅鳴鶴圖（壬申〔1932 年〕作）」的相關解説：https://www.cguardian.com.hk/tc/auction/auction-details.php?id=190186

48 蔡哲夫擅詩畫，亦精於金石書法，更是當時的廣東南社社長，所以是協助莫鶴鳴經營赤雅古董店的理想人選（程中山，2011: 307）。

49 據莫華釗透露，利榮森小時候就曾去過莫幹生位於半山干德道的西式大宅裏，觀賞他珍藏的古董。見作者與莫華釗的訪談，2021 年 7 月 28 日，香港。

50 趙藩是清末民初的學者、詩人、書法家兼政治人物，大理劍川人。清末時他曾在四川為官，後陸續參加過孫中山領導的辛亥革命、蔡鍔等人發起的討袁護國運動，以及孫中山再度領導的護法運動。趙藩最為人稱道的事跡，是他在成都武侯祠留下的「攻心聯」，以一則「能攻心則反側自消，從古知兵非好戰；不審勢即寬嚴皆誤，後來治蜀要深思」的傳世名聯，委婉勸誡時為其上司的清末四川總督岑春煊。

51　見北山堂匾額，現懸掛於「北山堂基金」會址內。1924 年 9 月 19 日的《香港華字日報》，曾在頁 7 刊載趙藩的〈趙尚書書北山堂額跋尾〉，內容與北山堂匾額上的文字稍有出入，例如稱利希慎為「開平利君希慎」，而非北山堂匾額上的「新會希慎利君」。此處從北山堂匾額上的趙藩原文。

52　何藻翔或是參加過北山詩社活動的唯一一位寓港前清遺老（程中山，2011: 286）。

53　如第八章所述，胡惠春比利榮森大兩屆，王世襄比利榮森大一屆，而宋淇則是小利榮森一屆。

54　鄭德坤後來成為享譽國際的考古學家，在香港任教時與利榮森多有往來，下述。他是 1930 年畢業自燕大的國文學系，翌年再獲燕大的碩士學位。1930 年代初，鄭德坤參與過中央研究院在河南安陽殷墟進行的考古發掘，1938 年赴美留學，1941 年取得哈佛大學的博士學位（林業強，2020: 31-32）。關於鄭德坤的學經歷，亦可見〈訪問藝術系鄭德坤教授〉，《中文大學校刊》，1975 年秋季號，頁 6-7。

55　見「利榮森紀念交流計劃」官網內，「利榮森博士」項下的相關簡介：https://www.jsleefellowship.org/tc/hkaboutus/

56　見〈松聲鹿鳴：九位偉大藏家與倫敦東方陶瓷學會〉（Oriental Ceramic Society: Nine Important Members of the 20th Century）一文，2020 年 1 月 15 日發表於「中國古代藝術學會」（Society for the Ancient Chinese Art）的官網上：https://www.artsaca.com/post/ocs-london

57　敏求精舍在香港成立時，為符合社團註冊至少要有三個發起人的要件，胡惠春和利榮森就找來黃秉章湊數。黃秉章生於廣州，劍橋大學畢業，二戰前就已經是上海知名的會計師，1932 年即聯手劍橋同學陳乙明在上海開辦了「黃陳會計師行」。1946 年，黃秉章將其會計師行遷往香港，繼續從事會計業務。據屈志仁透露，黃秉章自家的收藏很豐富，但他本人對這些藏品其實沒有興趣，只是接手父、祖兩輩人傳下來的文物。見作者與屈志仁的視訊訪談，2021 年 4 月 1 日，香港—紐約。

58　視訊訪談屈志仁，2021 年 4 月 1 日，香港—紐約。

59　敏求精舍的會所原在九龍漆咸道，後遷至港島開平道，1970 年代末再遷寶雲道。

60　胡惠春前後當過九屆敏求精舍的主席，利榮森則是兩度在 1967 及 1979 年擔任主席。

61　視訊訪談屈志仁，2021 年 4 月 1 日，香港—紐約。

62　見〈屈志仁教授訪談〉，《中國文化研究所通訊》（香港中文大學），2015 年第 3 期，頁 1-5。

63　視訊訪談屈志仁，2021 年 4 月 1 日，香港—紐約。

64　招曙東的齋號為「聽松書屋」，藏有不少名家字畫及古玉。另一方面，招曙東也是位成功的實業家，1947 年在土瓜灣創辦「香港鋼鐵廠」（Hong Kong Iron & Steel Works），生產鋼窗等建築鋼材（Lo, 2021）。

65　視訊訪談屈志仁，2021 年 4 月 1 日，香港—紐約。

66　同上。

67　同上。

68　同上。

69　敏求精舍成立十數年後，香港還有兩個類似的收藏家團體出現，一是 1974 年成立的「香港東方陶瓷學會」，二是 1979 年底創立的「求知雅集」。三個團體的會員，互有交集，譬如羅桂祥是三個團體都有參與；葉義則既是敏求精舍的創會舍員，也是香港東方陶瓷學會的創會會員；而葛士翹則是先後加入了敏求精舍和求知雅集。

70　林業強是繼屈志仁、高美慶之後的第三任中大文物館館長，與利榮森有深交。

◎ 1970 年代中大校園

16

❖

潤物細無聲

他們家族很特別。在〔早年〕香港這個相當沒文化的地方，能夠一路支持、發揚中國傳統文化的家族，是很少的，兩、三個而已，但主力就是利家……無論甚麼政黨、政權都好，他們都可以應付，同時可以保留他們認為最珍貴的文化遺產。我覺得這家人最值得尊敬、最值得留下記錄的，是這件事……利氏家族幫忙建立的文化事業，是香港最值得感到光榮的事。

——屈志仁談利氏家族，2021 年 4 月 1 日

1950 年代以降，利家對香港及國際上各項文教事業的支持與捐贈，其實極為可觀，且利家人在某些傳媒極少關注到的冷門文化及藝術領域內，不僅出錢，更親力親為，往往不吝為相關的活動與建設投入大量精力與時間。不過如前所述，利家人行事，多不張揚，很多事，傳媒雖曾報導，卻未必有過深入瞭解。此外，1980 年代起中國改革開放，利家亦得以重拾 1949 年後就與家鄉開平、新會兩地逐漸中斷的聯繫，為協助當地族人改善生活、建設社區及發展教育，默默貢獻。

值得一提的是，雖然利家第三代如利銘澤、利孝和、利榮森、利榮達，都在生前或身後成立了自己的慈善／學術基金，利家七子還是在 1970 年代認真地商討、規劃了一個家族基金，將可觀的家族資源有系統地注入這類基金池裏，以規範公益資金的運作管理，集體決策、永續行善。

❖　　鳳凰在南方　　❖

總體而言，二戰後，利家在香港傾注最多情感與精力支持的教育機構，非香港中文大學莫屬。利家諸子對中大的成立及其初期發展，助力甚多，甚至一如早年馮平山之於官立漢文中學，率先以身作則，將自己的孩子送入中大就讀，[1] 以示對這家新創大學的信心。

利銘澤早在 1940 年代末，就有機會接觸香港的大學管治，而這與其老朋友賴廉士有關。如第十章所述，利銘澤與賴廉士或是牛津舊識，1942 年香港淪陷之初，他也曾短暫在廣東曲江的英軍服務團總部駐留，協助賴廉士蒐集情報。二戰結束後，賴廉士就回到香港大學任教，並於 1949 至 1964 年間長期掌校，成為港大歷來在任時間最長的校長，利銘澤也隨之加入港大的校務委員會，1954 年進一步成為港大校董。此時香港社會已開始浮現要求政府在港大之外，另設一家中文大學的呼聲。這種訴求，既是為解決本土中文中學畢業生長久以來面對的升學難題，也是在因應 1949 年前後，內地難民湧入香港帶來的新局。難民裏既有中小學生，也不乏教授等高級知識分子與文人，而他們顯然與香港的英文高等教育體制格格不入，遂有「流亡書院」的誕生。

流亡書院發展至 1950 年代，崇基、新亞、聯合這三家皆已初具規模，在香港站穩了腳跟。這批流亡書院的生存發展，起初離不開西方尤其是美國政府與民間教會組織在冷戰時代，出於反共需要及挽救中國傳統文化的意願，為它們提供的財務及學術支援。利榮森和崇基學院的情感連繫尤深，因為崇基學院正是由近百年來，西方基督教會在中國陸續興辦的 13 家私立大學聯合組成，而向來被視為「民國教會大學之首」的利榮森母校燕京大學，也在其中。[2] 1949 年後，教會大學在中國內地已無法立足，或遭新政權強制解散，或被大卸四塊後併入其他大學，間接消亡，校董會和部份教員只得南遷，在香港聯手重建。事實上，13 家教會大學裏的金陵大學，也是香港中文大學創校校長李卓敏的母校，而華西協合大學，則是中大第二任校長馬臨的母校。

艱苦經營的新亞書院，來頭也不小。新儒家大師錢穆、唐君毅和一群 1949 年前後南逃的傑出人文社會學者，有感於「中華民族之花果飄零」[3] 及傳統文化迭遭貶抑破壞的急迫感，亟盼在香港延續文化香火。起初新亞書院的辦學條件甚糟，1954 年起陸續獲得美國的雅禮協會（Yale-China Association）、亞洲協會、哈佛燕京學社、洛克斐勒基金會和英國的文化協會等機構撥款援助後，才逐漸擺脫財務困境。[4] 至於聯合書院，則與崇基學院類似，也是在 1949 年後，由原本創立於上海、廣州、香港三地的五家私立大專院校——如上海的大夏大學和私立廣州大學——合併而成，差別只在於崇基學院是教會大學的合體，聯合書院則是由本土大專院校聯合組成。

1956 年，崇基學院、新亞書院及聯合書院聯手向香港政府爭取資助及學位承認，翌年又合組「香港中文專上學校協會」，推動成立一所與純英語教學的香港大學有別的「中文大學」，1959 年 6 月終獲政府同意建校。[5] 同年，市政局議員利銘澤晉身香港立法局，1961 年起更是身兼行政局議員，並獲港督委派到高等教育委員會，參與香港第二所大學的建校進程。1962 年，港府就新大學的資格鑑定與架構設計任命委員會，主席富爾敦（John Fulton）[6] 曾擔任牛津大學的歷史系教授及導師多年，恰好是利銘澤的老師。據利德蕙指出，其父與富爾敦「私交甚篤」，故曾幾度「親自赴英國富爾敦退休住處約克郡，與他面談香港中文大學事宜」（利德蕙，2011: 188-189）。

1963 年 2 月《富爾敦報告書》完成，港府接納其建校建議，並組織委任了一個
20 人的臨時校董會，由兩局議員關祖堯、利銘澤分別出任正副主席，利榮森和
摯友馮秉芬也是臨時校董。利家親戚——恒生銀行的利國偉和利家好友唐炳源，
不久也都成為中大首屆校董會的成員（香港中文大學，1969: 72），並連任多屆。
同年 7 月 2 日，臨時校董會代主席利銘澤宣佈，新大學已定名為「香港中文大學」；[7]
10 月 17 日，中大終於正式成立。與此同時，利銘澤還要和主席關祖堯及三家書
院的代表等「遴選小組成員」一道，說服眾人心儀的人選——李卓敏來港掌校。

中大雖是在 1963 年 10 月成立，中大的創校校長李卓敏，卻是晚至 1964 年 2 月
才到任。不過此後李卓敏屢獲留任，至 1978 年 9 月卸任時，掌校已近 15 年，
毫無疑問是中大發展史上最關鍵的奠基者，而他本人與利家諸子亦頗有淵源。李
卓敏是廣東人，1912 年生於廣州，也在廣州完成中學教育，1927 至 1930 年肄
業於美國教會在南京興辦的金陵大學，後赴美深造，在加州大學的柏克萊分校先
後取得本科、碩士及博士學位。1937 年初李卓敏歸國，後適逢抗戰，在天津的
南開大學、昆明的西南聯合大學[8]和重慶的中央大學[9]教過經濟學。1943 年，他
初入官場，歷任國民政府的考察聯絡專員（1943-1945）、[10]行政院善後救濟總
署副署長（1945-1947）、中國駐聯合國亞洲及遠東經濟委員會常任代表（1948-
1949）、行政院善後事業保管委員會主任委員（1949-1950）等職。大陸易幟後，
1951 年李卓敏再度赴美，回母校柏克萊加大任教工商管理，並兼國際商業系主
任和該校的中國研究所所長。[11]

抗戰期間，約 1940 至 1943 年李卓敏人在重慶時，因其留美的背景和經濟學專
業，獲時任平準基金委員會主席的陳光甫賞識，邀他加入上海商業儲蓄銀行的董
事會（Hamilton, 2021: 134）。陳光甫的特別助理利孝和，1942 年底也從香港輾
轉來到重慶，所以因為陳光甫，利孝和早在抗戰的歲月裏就結識李卓敏。[12]而從
兩人多年後的互動看，亦可證交誼甚深。李卓敏到香港當中大校長時，兩人就常
在週末碰面打網球，利孝和甚至為李卓敏捐建了中大校長官邸「漢園」內的網球
場；[13] 1979 年 2 月，利孝和甚至為文革結束後尚未獲當局摘掉「右派」帽子的
李卓敏之弟李卓立，先安排在 TVB 任研究顧問一職。[14]又，李卓敏的夫人盧志
文一家，是孫中山髮妻盧慕貞的親戚，[15]也是廣州人。盧志文曾入讀教會辦的廣

◎ 1971 年建築中的校園，范克廉樓與中國文化研究所已經落成。

州嶺南大學，抗戰後隨家人移居香港，兩人的婚禮，正是 1938 年 9 月在香港的告羅士打酒店內舉行（ibid.: 133）。李卓敏因公因私路過香港時，都會在此短暫逗留，對香港毫不陌生，也早有當地人脈。1948 至 1949 年他擔任聯合國附屬機構——亞洲及遠東經濟委員會（Economic Commission for Asia and the Far East, ECAFE）的中國代表期間，因國民黨政權敗相已露，李卓敏不僅將家人安頓在香港，還兩度藉參加 ECAFE 的澳洲大會及曼谷大會之便，途經香港停留。

李卓敏和利銘澤的交情，應該也是始於 ECAFE。1948 年 11 月底，ECAFE 在澳洲新南威爾斯州的拉普斯通（Lapstone）小鎮召開第四屆大會，為期兩週。[16] 李卓敏是與會的中國首席代表，周錫年則是香港方面的首席代表，團員還有利銘澤和黎保德（Ian Lightbody）。[17] 所以我們當可確定，利銘澤最晚在 1948 年時，也已經認識李卓敏。1948 年 5 月，利銘澤剛辭去戰後香港穀米統制官的職務，同年 11 月即獲港府邀為代表出席 ECAFE，可見他備受港督器重。會議在 1948 年 12 月結束後，李卓敏歸國途經香港，還與周錫年同去總督府拜會葛量洪，和他詳談了當屆 ECAFE 會議的情形。[18] 1949 年 4 月初，李卓敏與同去曼谷參加第五屆 ECAFE 大會歸來的陳光甫，又雙雙在香港停留，[19] 此時距共軍控制上海已經不遠。1949 年 5 月，李卓敏臨危受命行政院善後事業保管委員會主任委員一職，他先是前往遷都後的廣州辦公，[20] 但在 10 月廣州陷落前再度回到香港。此後李卓敏雖獲台灣方面獻議新職，並未接受，而是與家人在盧志文的香港娘家生活了一年，並習書法自娛（Hamilton, 2021: 136）。於是 1949 年 10 月，當 ECAFE 在新加坡召開第六屆大會時，會場已不見李卓敏的身影，反倒是利銘澤成了香港的首席代表。[21]

李卓敏和利榮森也早有交集，算得上是關係甚遠的姻親。盧志文是孫中山之子孫科的堂表妹，而利榮森與孫科次子孫治強是連襟。[22] 1943 至 1945 年李卓敏奉派赴美國、加拿大和英國考察當地的經濟建設時，利榮森也正在中國銀行的倫敦經理處任職。利榮森當年雖只是中銀倫敦經理處的會計，但戰時中國政府機構派駐倫敦的人員甚少，而李卓敏考察三國的時間又甚長，故不無可能碰過面、有過交往。此外，1951 年李卓敏由香港赴加大柏克萊分校任教時，因仍非美國永久居民，無法攜家人同往，盧志文與兩子一女要在香港生活至 1955 年，才得以赴美

團聚（ibid.: 137）。利榮森與盧家人有往來，也和家住香港的李卓敏之妹李卓韶熟識，[23] 故利、李兩家在香港的人際網絡，其實多有重疊。

1962 年，柏克萊加大的教授李卓敏應港府之邀，加入富爾敦委員會，起初是委員會內唯一的華裔委員。不過李卓敏為此「有些擔心將來可能被選為首任校長」，於是堅持要港府多邀請一位華裔學者加入。馬來亞大學物理系的湯壽柏教授，遂亦獲邀。[24] 而據李卓敏 1978 年榮休受訪時自述，當他後來真的受邀擔任中大校長時，起初並未接受：

> 富爾敦委員會提交報告書時，我感到被邀為新大學首任校長的可能性不大，到我真正被邀時，我拒絕了，但各方面仍然繼續協商了幾個月。最後使我決定應邀前來的是：(1) 香港政府決定將接連崇基學院的山頭劃為中文大學的校址，而不是像原來的計劃，將校園設在離崇基學院很遠的紅梅谷；(2) 三位成員書院院長派出其中一位為代表，從香港飛往柏克萊說服我接受校長職位；(3) 加州大學在倫敦和華盛頓政府的力促之下，同意給我為期三年的特長假期。[25]

遴選小組方面，顯然自始就屬意由李卓敏出任校長。新亞書院院長錢穆，更是早在富爾敦委員會結束工作後的臨別宴上，就親口對同桌的盧志文說過，非常希望李卓敏能來香港當中大校長，否則港府很可能委任洋人（陳方正，2016: 104）。不過李卓敏說，當時他已在柏克萊加大任教多年，「工作非常愉快，當時正埋首於多項研究計劃，每一兩年就出版一本書，發表研究成果」，所以並無意到中大去當一個充滿變數的創校校長。[26] 而他沒說出口的顧慮，是家人其實也不支持，不僅夫人盧志文十分猶豫，次子李淳華更是因為即將中學畢業，極不願意離開柏克萊（ibid.）。[27] 為促成此事，據說利孝和與利榮森私下都參與了游說工作，[28] 利銘澤則是與關祖堯攜手運用他倆「兩局議員」的政治影響力，在其他方面創造條件，尤其是在為李卓敏爭取加州大學特假及中大選址這兩件要事上。

加州大學的休假條例嚴苛，本來極難獲得特殊待遇，李卓敏最後的確是由英國政府循外交途徑和加大的校方交涉，才獲准三年長假（ibid.），金耀基[29]的瞭解

則是：「好像是通過英國女王寫信給美國總統，然後通過美國總統找加州大學的 President，然後再通過加大的 President 找柏克萊的 Chancellor」，[30] 最終才給了他三年（後延至十年）的特別長假安排。

至於中大校園的選址與規劃，「校址籌劃與建築委員會」主席利銘澤，可謂貢獻巨大。1963 年中大成立時，港府原擬撥出新界沙田鎮附近一幅面積約 189 英畝的土地給中大作校址，但因地塊小，距崇基學院既有的校園又遠，顯然不利於中大未來的發展、整合。[31] 而崇基學院右側的山崗，當時正由政府動工挖土去填築船灣淡水湖，面積又多達 273 英畝，對中大來說十分理想。利銘澤、關祖堯倆於是積極向政府申請該地為中大校址，但即便是由兩位兩局議員聯手出面爭取，這事也是經過了頗長時間，才獲當局同意（香港中文大學，1975: 51）。身為工程師，利銘澤在政府確認了中大的馬料水校址後，又不顧其繁重公務，毅然扛下了中大草創時期的「校園計劃及建設委員會」與「大學投標管理委員會」主席的重擔（利德蕙，2011: 189）。1966 年，中大校園開始動工興建，[32] 利銘澤請來他很信任的司徒惠當大學建築師，又邀得貝聿銘出任校園設計顧問，由貝聿銘詳細勘察過馬料水校址後，三人共商，確立了中大校園的建設基調與格局（香港中文大學，1975: 51）。

李卓敏掌校之初，就已懷抱理想，要將中大建設成一家現代的、中國人的國際性大學。[33] 李卓敏個人的中西教育背景和香港獨特的華洋交融環境，以及冷戰框架下中國內地之閉關自守、否定傳統，在在形塑了中大的基本性格與使命。而李卓敏引入中大的美式博雅教育、四年學制、中英雙語教學、著重研究和從海外尤其是美國積極延攬人才等大政方針，都與當年英式香港大學的傳統格格不入（陳方正，2016: 102）。不過利家對李卓敏的遠見，顯然深有同感，願大力予以支持。[34] 李卓敏一貫強調大學要研究與教學並重，「沒研究就不成大學」，[35] 故於中大草創的五年之內，就一口氣設置了三間研究所和五個研究中心，而他本人最重視且親任所長的研究所，正是利家捐獻最力的中國文化研究所。

❖ 文化甘泉 ❖

李卓敏認為中大的使命之一，就是發揚中國文化，[36] 而 1966 年文化大革命的爆發，或許更強化了這種使命感。李卓敏找利家資助成立中國文化研究所，利家慨允，利榮森甚至主動建議加蓋一個文物館，仍由利家出資，以助收藏從 1950 年代起就大量流散在外的中國文物。[37] 1967 年 11 月，李卓敏遂在中大創立中國文化研究所，先是租用市區內的商業大樓作所址，1969 年 8 月動工興建馬料水校園內的研究所雙層大樓及文物館，1971 年 1 月正式啟用。

中國文化研究所當年的建築、裝修及傢俬費用，都是由利希慎置業有限公司捐贈，開幕時利孝和親赴揭碑儀式。建築物的設計，則是由利家好友司徒惠義務承接，並再度找來貝聿銘當顧問，遂有正中央的中式庭院及水池，綴以楊柳、湖石、水蓮和日本政府贈送的錦鯉。[38] 至於落實工程的聯益建造公司，[39] 也與利家關係緊密，一度是戰後利家幾乎所有地產樓宇的承建商，這回也慷慨地只以成本論價，不圖利潤。而位於研究所一側的文物館，利家更是不惜建築成本，以大理石鋪設地面，內設陳列館、庋藏室及藝術品修整室。惟文物館開館後發展迅速，藏品日增，僅約五年之後，就面臨設備不敷使用的困擾。於是 1976 年，利家就以三年前才剛設立的「利希慎基金」名義出資，[40] 又為文物館加建了一座三層高的工作處，1978 年落成。工作處的一樓設有攝影室和暗房；二樓是書畫裝裱室及木工房；三樓則有古物修復室及古物保護實驗室，配備各類科學檢驗儀器（香港中文大學，1979: 46-47）。

1967 年中國文化研究所草創之初，研究人員是以新亞研究所[41] 的教授群為骨幹，包括王德昭、陳荊和、全漢昇、周法高、牟潤孫、唐君毅、薛壽生等著名的文史哲學者，所以據梁元生[42] 總結，「研究所初期以傳統文史哲為基礎，輔以海外漢學及歷史文物的保存及研究。」不過隨著宋淇、高克毅、鄭德坤、余光中於 1960 年代末至 1970 年代初加入中大，中國文化研究所也開始發展翻譯及考古研究，1973 年面世的《譯叢》（*Renditions*），正是為了藉翻譯將中國文化介紹到西方而辦的高水平期刊。[43]

◎中國文化研究所於 1970 年代初落成

至於文物館，1971 年初啟用後，李卓敏就組織了文物館管理委員會，負責主導該館的發展方向並規劃展覽，由利榮森親任主席，其他委員則是王佶、宋淇和屈志仁。[44] 宋淇是比利榮森小一屆的燕京大學學弟，1940 年畢業於燕大西語系，1949 年 5 月由上海南逃香港後，從事過編輯、翻譯、電影編劇及電影製作等工作。1969 年或出於利榮森的推薦，宋淇成為中大校長李卓敏的特別助理，也負責編輯中大校刊，並從 1973 起同時擔任翻譯研究中心 [45] 的主任，直至 1984 年退休。[46] 管委會內最年輕的委員，則是文物館首任館長屈志仁，而他本來已自香港大會堂的美術博物館 [47] 離任，正要去澳洲就任新職，卻在最後一刻被惜才的利榮森強力挽留，將人「截下」。

1970 年文物館在建時，屈志仁正打算離開香港，因為澳洲新南威爾斯、維多利亞、西澳三州的博物館，當時都在籌辦亞洲館，也都邀請屈志仁前去主持。屈志仁本已答應就職：

> 但在澳洲打電話來〔通報正式獲聘消息〕的前一天，中大的楊乃舜 [48] 來電，說他們明天就要在《南華早報》上刊登文物館 curator 的招聘啟事，很希望我去應徵。我說我已經答應去澳洲了，楊乃舜卻叫我一定要去，說校長指定要請你……果然如楊乃舜所說，只要我口頭答應，聘書第二天就從中大直接派人給我送來了。這當然是利榮森的主意。[49]

文物館創建初期，屈志仁就向利榮森建議，文物館研究類藏品的收藏方向，應是以國際大型博物館還沒有能力鑑定、偏門且具研究價值的中國文物為起點，而他提出來的兩項收藏主題，就是碑帖和璽印。此外，屈志仁早在大會堂的美術博物館任職時，就知道簡又文持有一批數量可觀又極具價值的廣東書畫，卻因經費不足未能購藏，如今也深盼能將其納為文物館的基礎藏品。[50]

文物館開館後收錄的首批藏品，正是由北山堂捐贈的 265 方璽印。利榮森的這批藏品，主要是來自古董商胡少雲，而胡少雲的璽印收藏，主要又是來自清末的收藏家端方。[51] 至於碑帖，清末翰林李文田的長孫李棪，當時正任教於中大中文系，而他恰好持有祖父所藏的《西嶽華山廟碑》宋拓本。華山廟碑立於東漢延熹八年

◎ 由利希慎基金資助興建，於 1978 年落成啟用的文物館工作處。

◎ 1981 年文物館成立「館友會」。前排左起：文物館第二任館長高美慶教授、
利榮森、唐驥千夫人、中大第二任校長馬臨教授。

（165 年）的陝西華陰西嶽廟內，原碑已毀於明嘉靖三十四年（1555 年）的陝西大地震，但因碑文的字體端莊秀美，向來被視為漢代隸書典範。不過宋拓僅四本傳世，李棪所持即為「順德本」，[52] 後由北山堂出資為文物館購藏（香港中文大學，1975: 39）。類似的情況，還有同樣珍貴的「宋游相蘭亭」，即南宋理宗朝丞相游似所收藏的一批《蘭亭序》拓本。1973 年，屈志仁為文物館辦「蘭亭展」，某位藏家曾借出十種宋拓的「宋游相蘭亭」供文物館展覽。展覽結束後，屈志仁爭取將這批宋拓本留下，仍由北山堂出資購藏。[53]

前廣東省文獻委員會主委簡又文[54]收藏的廣東明清及近代書畫，也是文物館開館時的重要藏品。1949 年，簡又文攜家帶眷避居香港，住在九龍塘，但其寓所潮濕，「斑園」所藏的書畫多已變質腐爛。然而這批藏品數量龐大，也很齊全，涵蓋晚明至民初的逾千件書畫，尤其是嶺南畫派開創者高劍父和他兩位弟弟高奇峰、高劍僧（合稱「嶺南三高」）的畫作不少，僅高劍父的就有超過百件。簡又文同意整批轉讓給文物館，於是由利榮森帶頭，向敏求精舍的會員發起募捐，籌到了「好像一百萬」的一大筆錢，最終於 1973 年為文物館悉數購藏。[55] 屈志仁為此特聘及培訓專業裱工，多年來逐件為這批書畫裝裱保存。而這批嶺南本土文物的價值，也不僅僅是書畫，因為書畫上的文人題款、題跋甚多，如果深入鑽研，已足以作為嶺南文化史的研究基礎。[56]

北山堂本來只是利榮森的私人藏齋號，不具法人性質。1974 年左右，為了更有效地支持中國文化研究所和文物館，利榮森成立北山堂基金，找來屈志仁和當時已在中大藝術系執教的燕大老學長鄭德坤，組成基金的三人董事。[57] 1985 年9 月，北山堂基金改以慈善機構的形式註冊，擴大資助對象，更全面地致力於弘揚中國文化藝術。北山堂基金成立後，利榮森就透過它贊助文物館的文物收購、展覽、研討會、專題研究等支出，而據屈志仁憶述，利榮森對文物館可謂「有求必應」。此外，北山堂基金還另設專款，供文物館的同事到海外接受培訓，出國去研習如文物修復之類的緊缺專技。1973 年入館工作的未來館長林業強，正是在這筆專款資助下，赴倫敦大學的亞非學院修讀碩士課程。1981 年，利榮森又攜手唐驥千夫人，為文物館成立「館友會」，[58] 推動公眾以擔任義工或導賞員的方式，參與文物館的運作，亦為文物館募集捐款，用來支持相關的教育活動、藏

品添購和為中大藝術系的學子提供獎助學金。[59] 而利榮森多年來無私捐贈給文物館的各門類文物——書畫、碑帖、玉石、陶瓷、雕塑、文玩、竹刻、銅器，更是佔到了文物館近半數藏品之強（林業強，2020: 38），[60] 可見他對文物館的特殊厚愛。

屈志仁和林業強倆對利榮森一生淡泊名利、低調任事的風格，都印象深刻。屈志仁說，利榮森「做了很多善事，也沒出聲……我和他這麼熟，有些善事我都不知道。」[61] 事實上，利銘澤、利銘洽、利孝和、利榮達等家族成員這類助人卻不張揚的軼事，也都不少。惟屈志仁不免慨歎，「這類舊家風」在今日香港，已近絕跡：

> 他們家族很特別。在〔早年〕香港這個相當沒文化的地方，能夠一路支持、發揚中國傳統文化的家族，是很少的，兩、三個而已，但主力就是利家……無論甚麼政黨、政權都好，他們都可以應付，同時可以保留他們認為最珍貴的文化遺產。我覺得這家人最值得尊敬、最值得留下紀錄的，是這件事……利氏家族幫忙建立的文化事業，是香港最值得感到光榮的事。[62]

❖ 林語堂編詞典 ❖

電腦普及前，編一部嚴謹的字典／詞典，不論中外，都是一件耗時費勁的文化大事，雙語詞典的意義更大，可謂跨文化溝通的重要橋樑。利家——尤其是利榮森——不僅慨助中大建立和發展中國文化研究所及文物館，還在建所建館之際，同時資助了中大當年的另一樁文化盛事：編纂及出版《林語堂當代漢英詞典》。

據說中大創校校長李卓敏紓解壓力的方式之一，就是讀字典、編字典（金耀基，1991: 5；慕樵，2021）。李卓敏公餘時，往往會埋首於其《李氏中文字典》的編纂工作；1978 年他自中大退休時，字典也差不多編好了，兩年後就交中大出版社出版了他這部形聲部首的國音粵音中文字典，可見李卓敏個人對字典的重視與濃厚興趣。而對編詞典同樣執著多年的人，還有大文豪林語堂。林語堂既是哈佛大學的比較文學碩士，又是專研「古漢語語音學」的德國萊比錫大學博士，[63] 所

◎ 《林語堂當代漢英詞典》

以文學創作之外，他很早就動念要以現代語言學的專業知識來整理中國語言，即需要重編詞典。多才多藝的林語堂，甚至早在 1940 年代就傾盡家財，研製出一部中文打字機。[64]

林語堂是利榮森的朋友。[65] 1965 年底，林語堂由美國來港探親時，[66] 和李卓敏見了面，但這是否出自利榮森的安排，不詳。林語堂當時正積極推介他那部自創的「明快打字機」，也不忘在會面時提到他想編寫一部現代漢英詞典的夙願。李卓敏向來強調中大要「結合傳統與現代，融會中國與西方」，這與林語堂「兩腳踏東西文化」的氣魄無疑相契，林語堂編寫漢英詞典之議，遂獲重視。1967 年 1 月，林語堂就開始受聘為中大的研究教授，以「主持詞典之編纂工作」，[67] 在他晚年定居的台北陽明山寓所內專心編寫詞典。不過中大當時仍未成立出版部，中大的校務預算內，也沒有任何一筆經費可供詞典編纂之用，而這樣的項目所費不貲，必須靠外援。利家於是又帶頭捐助，還連繫了太古集團等友好公司，最終由利希慎置業、太古輪船、星系報業 [68] 三家公司各捐出 10 萬元，加上其後金山輪船公司和《讀者文摘》的贊助，才讓項目得以啟動（李卓敏，1972: viii）。利國偉主持的恒生銀行也提供了重要支援，即在詞典定稿後，以免息貸款的形式，先墊借詞典印刷及發行工作的費用約 100 萬元（ibid.；香港中文大學，1975: 36），並將恒生大樓的第 12 層借給中大詞典部作辦公用途（慕樵，2021）。

詞典項目的重要推動者，除了李卓敏，就是利榮森。利榮森是這個大項目的出版委員會主席，[69] 另兩名委員則是利國偉和潘光迥。[70] 潘光迥乃詞典實際編輯工作的統籌者，對《林語堂當代漢英詞典》的誕生，居功至偉。1967 年，即林語堂受聘中大著手編寫詞典的同一年，中大開始籌備出版部門，1968 年成立出版部，主任就是潘光迥。[71] 1971 年，中大又為了編纂《林語堂當代漢英詞典》特別成立詞典部，李卓敏將潘光迥平調至詞典部當主任，讓他能更專注地幫林語堂編輯詞典並出版。[72] 潘光迥與利榮森交情甚深，和林語堂早年也有交集。1910 年代，林語堂自上海聖約翰大學英文系畢業後，曾在清華學堂教授英語，此時潘光旦、潘光迥兄弟恰於清華學堂求學。潘家兄弟後來都留學美國，而到了 1930 年代，潘光旦已是知名的中國學者，常在林語堂創辦的文學半月刊《論語》上發表文章（慕樵，2021），潘光迥則入中國官場，抗戰結束後棄政從商，1949 年前移居香

港，幸運地未如乃兄般於文革時遭到批鬥，歿於文革。

1971 年 1 月，林語堂終於完成耗時四年的詞典手稿，不幸就遭遇長女林如斯自殺身亡的沉痛打擊。潘光迥參加了林如斯在台北的葬禮。林語堂夫婦隨後搭機前往香港，與么女林相如同住，[73] 而他那兩萬頁的詞典定稿，也同時運到了香港。中大詞典組立刻投入對這批稿件的細緻編輯，據說光是校對，就來來回回校了四遍，而時任中大校長特別助理的宋淇也參與其中，和潘光迥一樣，從頭到尾通讀過整部詞典（ibid.）。[74]

1972 年 10 月，《林語堂當代漢英詞典》在耗時近六年、耗資逾百萬後，終於出版，此時林語堂已 77 歲高齡。李卓敏對這本收錄了約 8,000 個單字和約 85,000 條詞彙的詞典，顯然十分自豪，故於詞典〈序言〉中如此總結：「沒有一部詞典敢誇稱是十全十美的，這一部自不能例外，但我們深信它將是迄今為止最完善的漢英詞典。」（李卓敏，1972: ix）誠如李卓敏所言，回首百年，國際間流行通用的漢英詞典也就兩部，一是由 Herbert A. Giles 編的《漢英詞典》（*Chinese-English Dictionary*, 1892），另一則是由 R. H. Mathews 編的《麥氏漢英大辭典》（*Mathews, Chinese-English Dictionary*, 1932）。這兩部詞典都是由長住中國的外籍傳教士編寫，且距 1970 年代已經甚遠，滄海桑田，早就不足以應付時人所需。

《林語堂當代漢英詞典》背後最堅定的推手和贊助者——利氏家族，雖一貫並不張揚，顯然也對詞典的誕生備感榮耀。此所以 1973 年 2 月 14 日，當利孝和、利榮森兄弟在大屋夜宴過境的美國國家安全顧問基辛格時，不僅邀林語堂、廖翠鳳夫婦為同桌貴賓，還當面答應給基辛格和尼克遜總統都各送一本《林語堂當代漢英詞典》。[75] 不過這本漢英詞典，很可能是利家以「利希慎置業公司」名義贊助的最後一個大型項目，1973 年 11 月「利希慎基金」成立，[76] 此後利家對外的大型慈善項目或捐款，都改以利希慎基金的名義為之。

❖　打造家族基金　❖

「利希慎基金」的成立，是利家人關懷香港社會發展的體現。1970 年代初，不少
慈善性質的私人基金會相繼成立，利希慎七子亦找了個機會齊聚一堂，商議以法
人形式建立一個對外的家族基金，以更有效地賡續家族的慈善傳統。1973 年 11 月，
利希慎基金正式成立，成為早年在本地註冊的家族慈善基金之一。利家七
子——利銘澤、利銘洽、利孝和、利榮森、利榮傑、利榮康、利榮達都是董事，
由利銘澤擔任主席。該基金接受來自利希慎置業公司和其他家族企業的常年捐
贈，而由它成立時的章程可見，基金會的宗旨乃支持全球的慈善項目，但會特別
關注香港這個人口密集城市裏衍生的環境、健康、教育、科技與就業問題。[77] 換
句話說，利家最牽掛的，仍是家族所立足的香港社會各方面的發展。[78]

基金成立之初，捐助對象大多是香港的大專院校，而 1970 年代最大的一筆捐
款，正是前述 1976 年時，基金會為興建中大文物館工作處撥捐的那 55 萬元。而
1977 年，港大的亞洲研究中心亦曾獲利希慎基金撥出 5 萬元，供其設立出版基
金。到了 1980 至 1990 年代，基金仍以大專院校為主要捐助對象，除港大和中大
外，本地其他院校如科技大學、浸會學院、城市理工學院、嶺南學院、公開進修
學院、理工學院均曾獲基金捐助，支持其人才培訓及國際學術交流等項目。基金
會對中西交流特別看重，尤其醫學人才的培養，從 1988 年開始就支持加州大學
三藩市分校的牙醫交流計劃，1990 年亦曾支持哈佛醫學院與北京協和醫學院的
交流計劃。此外，基金會也長期贊助亞洲文化協會、亞洲青年管弦樂團等機構，
推動音樂、文化、藝術方面的交流。利希慎基金近年來也關注環保及社福議題，
且傾向於發掘香港政府和主流慈善機構（如東華三院）都還未碰觸到的福利死
角，以便能精準發力，更有效地扶貧助人。

利家諸子的慈善事業，當然並非全交由家族企業或家族的基金會統籌。利銘澤、
利孝和、利榮森、利榮達等第三代成員，不僅生前熱心公益、積極行善，生前身
後也都有成立個人的慈善 / 學術基金，以延續其慈善事業。所以集體行善之餘，
利家成員個人的捐助活動，不論在地域、形式和類別上，都涵蓋甚廣。

以利榮森為例,除了長期支持中大的中國文化研究所和文物館,亦以北山堂基金名義,贊助中國及海外的多所博物館、研究機構和大學。利榮康留美前曾入讀廣州嶺南大學,1980年代返港後,大力支持在香港復校的嶺南學院,不僅親任校務會主席多年,亦設立獎學金。至於利榮達,中年後因長期飽受病痛折磨,對香港的醫學界非常熟悉。他不僅對各類醫學研究[79]及大學的附屬醫院慷慨解囊,也資助了不少醫科生的跨國交流計劃[80]和獎學金。1986年,他又慨捐150萬元,在中大的外科學系設立「利榮達學術基金」,促進外科領域的學術交流。[81]利銘澤及黃瑤璧過世後,其後人亦成立以他倆命名的家族慈善基金,贊助不少本地的教育及獎學金項目,延續利銘澤對本地教育的支持。

❖　　再造新會柑　　❖

利家對新會、開平兩地親族的幫助,也早在國共內戰落幕後的1950年代,就有安排。利希慎重鄉情,二十世紀初在香港發跡後,仍不忘關照故鄉親人。1928年他雖遇刺身亡,利家在1937年日軍侵華前,仍與新會、開平保持緊密聯繫。黃蘭芳曾請胞姐坐鎮新會嘉寮,代她照看利家在當地的祖屋、田產和祠堂;而廣東鄉下的親人如到香港,也都會去大屋看望黃蘭芳。利銘洽和堂叔利樹源,當時更是經常穿梭粵港兩地,打點諸事。[82]不過1950年代起,情勢丕變,利家人已不便頻繁返鄉,卻仍盼著為故鄉親友做點甚麼。於是1952年5月,黃蘭芳撥出部份其名下的利希慎置業公司股票,以類似基金的運作方式,用來濟助有需要的利家成員和鄉下親族,讓他們得以應急或對付諸如教育、治病、祭祖、維修祖屋等開支。

1970年代末中國啟動改革開放,利家亦得以恢復和廣東鄉下的往來。前述的這筆專款,除了濟助族人,也開始用來支持新會、開平兩地的社區建設和教育發展。利家秉其一貫的「授人以魚,不如授人以漁」思路,很快就到新會鄉下投資設廠,並在設廠後,將廠房交給當地的親人經營管理,希望既能讓親人學會創業,也創造就業機會。利家人首先在新會嘉寮辦了個毛巾廠,但不太成功,嘉寮鄉親左思右想後,決定改生產炮仗,又辦了個「利群炮竹廠」。不過炮竹廠試產期間,

不幸發生過幾次爆炸事故,有人因此負傷,1983 年於是再改辦工序安全的利群
衣帽廠。[83] 利群衣帽廠以承接港方來料加工的方式,生產各式男女服裝和太陽帽
等。[84] 該模式運作成功後,利家又將它套用在開平赤水的水井坑村,也在村裏開
辦了一家同名的利群衣帽廠。[85]

利氏家族的這筆專款／基金,後又用來在新會、開平兩地興辦和擴建學校、醫院,
修築道路、橋樑、自來水管等社區基礎設施。這類捐獻多由利銘澤、利榮森和堂
叔利樹源出面主持,[86] 再請堂兄利栢就(利紹世之子)去項目建設的現場巡視,
代他們檢視工程細節。利家對 1985 年成立的五邑大學的捐助也很驚人。利榮森
捐資最早,累計給五邑大學捐過 300 多萬港元;而黃瑤璧加上利榮康對五邑大學
的捐款,更是超過 700 萬港元。不過 1990 年代新會市遭遇的「陳皮危機」,或
許要比五邑大學的捐款,更能彰顯利家的鄉梓之情。

新會陳皮聞名遐邇,而陳皮的原料是新會柑皮。新會柑在新會一帶,已有 700 多
年的栽種歷史,文革時卻曾遭遇大劫。當時的國家政策以糧為綱,新會柑卻是只
要果皮不要肉,又非糧食,栽種新會柑遂被視為浪費貪婪之舉,是「走資派」行
徑,柑農乃被迫易柑而稻。於是當地柑樹遭到大量砍伐,良種的老柑樹幾乎斷絕。
1980 年代改革開放後,新會柑的種植面積急速增加,豈料隨之而來的,又是一
劫。這一方面是因為市場供求失衡,柑農量產太甚,價賤傷農;另方面則是因
為新會市的良種苗木在經歷文革大劫後,已是供不應求,此時外地苗木乘虛而
入,導致柑樹的品種良莠混雜,更有引入病蟲害的風險。1991 年,毀滅性的柑
橘類「黃龍病」終於爆發,新會柑和陳皮產業幾遭滅頂。1996 年時,新會市柑橘
類果樹的種植面積,就已經由高峰時的 15 萬多畝,驟減至 3 萬畝,而黃龍病害
未除。[87]

新會當局眼見危機深重,就設立了「柑桔良種苗木繁育中心」,希望從最根本的
培育良種苗木做起,挽救新會柑和陳皮產業,卻苦於資金匱乏,中心進展緩慢。
利榮森聽聞此事後,1996 年 3 月決定向該苗木繁育中心捐款 100 萬港元,分四
期支付,主要用於柑桔種苗的篩選與繁育。[88] 中心得到這筆鉅額捐款後,用它來
建了一個 1,200 平方米的柑桔脫毒原種保存區、一個 6,700 平方米的無病繁育區、

利荣森捐资百万发展新会柑桔生产

本报讯 近日，新会市旅港乡亲利荣森先生，决定向新会市柑桔良种苗木繁育中心捐资100万港元，以扶持新会市柑桔橙的发展，首期25万港元已到位。

柑桔橙是新会市名优特产，享誉海内外。在新会市种植已有700多年历史。90年代初，柑桔“黄龙病”扩散，加上当时柑桔产量急增，销路不畅，导致柑桔橙价格下跌，严重挫伤了果农生产积极性，全市柑桔面积从高峰期15万多亩锐减至现在的3万亩。

柑桔名产的衰退，牵动新会市双水籍旅港乡亲利荣森的心。当他得知这一消息后，当即决定捐资百万元扶持新会柑桔橙的发展。这笔资金将用于新会市果树科学研究所建立一个良种纯度高、基础设施水平高的苗木繁育和生产示范基地，包括建立一个苗圃场和一个1200平方米的脱毒原种隔离区。

（林楹庆）

◎《江門日報》1996 年 4 月 9 日

一處廣達百畝的果樹良種示範區，以及配套的組織培養室、隔離網室、超級恆溫箱等設施。[89] 幾年過去，頗見成效，陳皮危機於焉解除。利乾對父親的這項善舉，多年後仍印象深刻，因為據他瞭解，新會區[90]內現有的柑橘類果樹，大多就是「從這裏來的」。[91]

事過境遷，新會市當年驚險躲過的這場陳皮浩劫，今人多已不知。而即便是在當年，局外人想必也少有聽聞。利榮森為善不語，所以 1996 年 4 月報章一角的零星報導，一閃而過，很快湮沒於史料堆中。利榮森的大哥利銘澤，將貧困子弟寄給他的求援信放在自己衣袋裏，於百忙中抽空處理、義助他們升學時，同樣不語（利德蕙，2011: 183-184）。利榮森的二哥利銘洽去永安百貨買鞋，請人送府，自己卻趕在前頭，回家等候，以藉機給對方小費。[92] 而談到小費，利孝和也跟兒子說過：「你去吃飯，尤其在外國，最重要多給小費，因為很多人的薪金是很低的，一定要替他們著想。」[93]

利榮森年輕時定期捐血，[94] 也當過香港紅十字會的重要幹部。[95] 某天深夜，利榮森突接紅十字會來電，告知有人車禍，急需他那種特殊血型。利榮森二話不說，起床，凌晨 3 點開車出門，輸血救人。[96]

這就是利家。因為真誠，潤物細無聲。

注釋

1 利銘澤的幼子利志剛，就是入讀香港中文大學，直至畢業。利孝和之子利憲彬自美國普林斯頓大學畢業後，也在中大獲得其工商管理碩士學位，但這已是利孝和逝世後不久的事。

2 這些私立的教會大學在民國時期，都已是聲名卓著的名校。除燕京大學大名鼎鼎外，還包括享有「東方哈佛」美譽的上海聖約翰大學、華南第一名校廣州的嶺南大學、法學重鎮蘇州的東吳大學、成都的華西協合大學、杭州的之江大學、南京的金陵大學和金陵女子文理學院（金陵女子大學）等。

3 此說源自 1961 年唐君毅所撰之《說中華民族之花果飄零》一書，以「花果飄零」形容中國人離散異地的近況，亦以此嗟嘆中國文化在西化大潮衝擊下，如樹之崩倒，花果飄零、隨風吹散，前途堪慮。

4 見香港中文大學新亞書院官網內，有關其「桂林街時期（1949-1956）」的書院歷史簡介：https://www.na.cuhk.edu.hk/about-new-asia/history/?lang=zh-hant

5 三家書院在 1957 年已獲政府准予頒授學位，並開始撥款協助它們提升師資和教學水準、改善設備（香港中文大學，1969: 3）。

6 富爾敦時為英國索塞克斯大學（University of Sussex）的創校校長。

7 「中文大學」之名，雖已是多年來所有人討論這所新大學時慣用的代稱，但在會議上討論定名時，是由新亞書院院長錢穆正式提議（陳方正，2000: 31）。

8 國立西南聯合大學是中國抗戰期間，由西遷的北京大學、清華大學和南開大學三校在雲南昆明聯組的大學，由 1938 年 5 月起至 1946 年 5 月，歷時八年。

9 國立中央大學原設於南京，1937 年抗戰爆發後西遷重慶，1946 年還址南京。

10 1943 年，李卓敏奉命赴美國、加拿大和英國，考察當地的經濟建設，以為戰後中國經濟重建之參考。期間，他曾以中國代表團專家的身份，參與過美國主導的布雷頓森林會議（Bretton Woods Conference）。

11 見〈訪問大學校長李卓敏博士〉，《中文大學校刊》，1978 年秋季號，頁 1。該文提到李卓敏於至 1950 年間擔任主委的機構「行政院善後物資保管委員會」，應為「行政院善後事業保管委員會」，1949 年成立、1950 年解散，為時不過一年。見〈李卓敏在穗辦公〉，《華僑日報》，1949 年 6 月 6 日，頁 2。不過在此之前，李卓敏應曾短暫擔任過「行政院善後事業委員會」下的「善後物資保管委員會」主委。

12 利孝和是在 1944 年 5 月，才獲陳光甫邀請加入上海商銀的董事會，並於數日後獲選為常務董事。換句話說，李卓敏雖比利孝和小兩歲，卻較利孝和更早當上上海商銀的董事。

13 利憲彬曾經提到，其父的華人密友除了甘洺、邵逸夫，李卓敏也是。1970 年中大的校長官邸「漢園」落成後，利孝和就為李卓敏捐建了官邸的網球場，利憲彬小時候也常到那裏打球。利憲彬後來申請赴美國的普林斯頓大學升學時，其推薦函也是出自中大校長李卓敏之手。見 2021 年 3 月 22 日，作者與利憲彬的視訊訪談，香港—澳洲悉尼。

14 李卓立 1948 年畢業於南京的中央大學經濟學系，1949 年秋，毅然決定放棄倫敦政經學院的獎學金和深造機會，留在中國，盼能協力建設國家。不過到了 1957 年，李卓立和許多知識份子同在反右運動中被劃為右派，遭下放勞改，受盡屈辱，直到文革結束、改革開放啟動後的 1979 年，才終獲平反。1979 年底李卓立到香港時，李卓敏已自中大離任，返回美國加州柏克萊，所以李卓立在 TVB 的研究顧問工作，顯然是利孝和或利榮森代為安排的。事實上，1979 年 2 月李卓立入職 TVB 時，本人還在中國內地，亦尚未獲當局平反。他獲撤銷「右派」檔案，是同年稍後的事。1986 年，李卓立一家終於順利由香港移居美國加州柏克萊，與大哥重聚。見 2016 年 12 月 24 日李卓立去世後，美國 Dignity Memorial 網站上的相關訃聞；以及 1989 年 2 月 22 日，李卓立致利榮森的短箋。李卓立在這封短箋裏，稱利榮森為「四

472

哥」，顯見兩人關係親近。短箋乃利家家藏史料。'Obituary: Cheuk Lap Li', Dignity Memorial: https://www.dignitymemorial.com/obituaries/fremont-ca/cheuk-li-7223869

15　盧志文之父是盧慕貞的堂弟（Hamilton, 2021: 133）。

16　See 'Australia Led at E.C.A.F.E Conference', *The Canberra Times*, 13 December 1948, p.1.

17　見〈亞洲遠東經濟會議　本港代表派定〉，《工商日報》，1949 年 10 月 15 日，頁 6。

18　見〈李卓敏周錫年訪總督詳談出席遠東經濟會議經過〉，《華僑日報》，1948 年 12 月 16 日，頁 7。香港代表團成員利銘澤當天是否同去總督府，不詳。

19　見〈陳光甫李卓敏昨由曼谷抵港〉，《大公報》，1949 年 4 月 6 日，頁 4。

20　見〈李卓敏在穗辦公〉，《華僑日報》，1949 年 6 月 6 日，頁 2。1949 年 2 月共軍逼近長江時，中華民國政府曾南遷廣州。

21　見〈亞洲遠東經濟會議　本港代表派定〉，《工商日報》，1949 年 10 月 15 日，頁 6。

22　孫治強夫人劉肇雲，是利榮森夫人劉月華的姐姐。

23　訪談利乾，2021 年 2 月 22 日，香港。李卓敏是家中長子，共有弟弟和姐妹十人，不過 1949 年後，李家眾姐妹中，只有李卓韶一人離開中國內地（Hamilton, 2021: 133）。又，李卓韶應是抗戰時，西南聯合大學生物學系的畢業生。見 2015 年由北京大學生命科學學院出版的《北京大學生命科學九十年》一書，頁 20：https://bio.pku.edu.cn/upfile/file/20150915135641_261492_66167.pdf

24　見〈訪問大學校長李卓敏博士〉，《中文大學校刊》，1978 年秋季號，頁 2。

25　同上。加州大學校方這項史無前例的特假，後由三年延至十年。

26　同上，頁 2。

27　據陳方正後來透露，「Tony〔李淳華〕因此對父親非常怨恨，日後嫌隙始終不消，留下了深深遺憾。」（陳方正，2016: 104）陳方正 1966 年自美深造返港後，就任教於香港中文大學物理系，熟識李卓敏校長。又，1980 年馬臨校長任內，他接任中大秘書長一職，1986 至 2002 年間，又長期擔任中國文化研究所的所長，故深悉中大的人事變動與發展歷程。

28　訪談利乾，2021 年 2 月 22 日及 2022 年 6 月 13 日，香港。

29　金耀基是在李卓敏親自招攬下，於 1970 年到中大新亞書院的社會學系任教，其後歷任新亞書院院長（1977-1985）、中大副校長（1989-2002）及校長（2002-2004）等高職，也是既熟識李卓敏、又很瞭解中大發展歷程的學者。

30　見「中大視野」網站上，2013 年 7 月 19 日發表的「中大五十‧人」系列裏的李卓敏篇（2:07 分鐘處）：https://cutv.cpr.cuhk.edu.hk/detail/342?t=cu50-the-people-li-choh-ming-chinese-subtitle

31　當時崇基學院在沙田，新亞書院在九龍，聯合書院則位於港島。三家書院彼此之間，近者相距約五英里，遠者十五英里，中間還要隔著一個只能靠渡輪交通的海港。而中大草創之初，行政部門是設在九龍市區內，所以整個大學是散落各處、不成整體（香港中文大學，1969: 4）。

32　香港政府雖是在 1970 年 7 月才正式將馬料水校址移交中大，但其實早在 1966 年，就已授權中大開展工程，興建校園（香港中文大學，1975: 51）。

33　李卓敏曾不止一次表示：「香港中文大學不會是一所英國的大學，也不是一所中國的大學，或是一所美國的大學。它要成為一所國際大學。」（金耀基，1991: 4）其理念即中大既要能結合傳統與現代，又可以融會中國與西方。

34 譬如利憲彬曾經提到，其父利孝和極重視教育，且利孝和本人雖留學英國，卻「嚮往 all-round 的教育，所以比較欣賞美國的 liberal arts 教育。」利憲彬後來也是去美國的普林斯頓大學升學，而非循父親的老路留學英國。見作者與利憲彬的視訊訪談，2021 年 3 月 22 日，香港—澳洲悉尼。

35 見「中大視野」網站上，2013 年 7 月 19 日發表的「中大五十‧人」系列裏的李卓敏篇（4:04 分鐘處）：https://cutv.cpr.cuhk.edu.hk/detail/342?t=cu50-the-people-li-choh-ming-chinese-subtitle

36 見〈李卓敏校長演講詞〉，《中文大學校刊》第 8 卷第 3 期，頁 4，1971 年 10 月。

37 視訊訪談屈志仁，2021 年 4 月 1 日，香港—紐約；亦見〈涓涓流水 50 年　中國文化研究花繁葉茂〉，《中大通訊》第 498 期，頁 2，2017 年 5 月。

38 見〈中國文化研究所舉行中國文物展覽〉，《中文大學校刊》第 8 卷第 3 期，頁 3，1971 年 10 月；〈屈志仁教授訪談〉，《中國文化研究所通訊》（香港中文大學），2015 年第 3 期，頁 2；以及作者對屈志仁的視訊訪談，2021 年 4 月 1 日，香港—紐約。文物館開幕當日，日本駐港總領事建議在庭院的水池裏飼養金魚，更在一個月後，慷慨送來 100 多條名貴的錦鯉。錦鯉後來在崇基學院繁殖成功，進而遍佈於整個中大校園。

39 聯益建造公司是十九世紀末時，由林裘謀、林裘焯（林護）兄弟在香港創辦。利家諸子與林護家族的第二代——林植生、林植豪、林植宣兄弟關係深厚，也彼此信賴。

40 「利希慎基金」是家族最主要的慈善基金，下述。

41 即新亞書院之附屬研究所，開辦之初，曾得哈佛燕京學社資助。1955 年，新亞研究所開始招考研究生，1974 年脫離中大的新亞書院，改隸「新亞教育文化基金會」。見新亞研究所官網之「簡史」內容：https://newasia.org.hk/%e7%b0%a1%e5%8f%b2-2/

42 梁元生出身中大的崇基學院歷史系，後赴美深造取得博士學位。他曾先後任教於新加坡國立大學、美國加州大學及香港的母校中大歷史系，並於 2014 至 2018 年擔任中大中國文化研究所的所長。

43 見〈涓涓流水 50 年　中國文化研究花繁葉茂〉，《中大通訊》第 498 期，頁 2，2017 年 5 月。

44 見〈中國文化研究所舉行中國文物展覽〉，《中文大學校刊》第 8 卷第 3 期，頁 3，1971 年 10 月。

45 翻譯研究中心成立於 1971 年，隸屬中國文化研究所，是香港第一家專研翻譯的學術機構。不過 2021 年 11 月起，翻譯研究中心已轉隸中大文學院。

46 見〈人物素描：翻譯研究中心主任宋淇先生〉，《中文大學校刊》1984 年第 3 期，頁 19-20。

47 即香港藝術館前身，1962 年開幕。

48 楊乃舜時為中大副校務主任，1971 年升任校務主任（Registrar，現稱教務長），1973 年就當上了大學秘書長（University Secretary）。

49 視訊訪談屈志仁，2021 年 4 月 1 日，香港—紐約。屈志仁當年之所以選擇中大而放棄澳洲的工作，一是因為「當然是留在『自己的地方』更好」，希望能為流入香港的許多珍貴中國文物找到安身之所；二是他知道文物館不僅獲校長李卓敏全力支持，更可背靠利榮森的無私支援，「這就是一個事業」。

50 同上；亦見〈屈志仁教授訪談〉，《中國文化研究所通訊》（香港中文大學），2015 年第 3 期，頁 3。

51 見〈屈志仁教授訪談〉，《中國文化研究所通訊》（香港中文大學），2015 年第 3 期，頁 3。

52 李文田是廣東順德人，故其珍藏的《西嶽華山廟碑》宋拓本又簡稱「順德本」，原藏於李文田在廣州西關興建的「泰華樓」藏書所內。又，現存已知的「長垣」、「華陰」、「四明」、「順德」四份華山廟碑拓本中，以順德本的捶拓年代最早，缺泐最少（黃璇、李磊澤，2018）。

53 見〈屈志仁教授訪談〉，《中國文化研究所通訊》（香港中文大學），2015 年第 3 期，頁 3。

54 簡又文是留美的芝加哥大學宗教教育科碩士，1921 年歸國後，曾在廣州市長孫科任內，短暫當過市教育局的局長。1924 年，簡又文即獲聘為燕京大學宗教學院的教授，後因政局動盪，擔任過國民黨的各類黨、政、軍職務。1937 年七七事變後，他曾在香港負責抗日文宣及籌款，1942 年為避日軍，前往桂林，任廣西省政府顧問。抗戰勝利後，簡又文回廣州，負責為廣東省籌建文獻館，1946 年出任廣東省文獻委員會主委兼館主任，主編《廣東文物》雙月刊，助編《廣東叢書》。簡又文正是在這段時日裏，大量收藏了嶺南畫派開創者和其他廣東名家的書畫（溫華湛，1994）。1949 年，簡又文舉家遷港，「閉門治學」，繼續從事他專研多年的太平天國史研究。1965 年，他以英文寫就《太平天國革命運動史》（*The Taiping Revolutionary Movement*）一書，1973 年由耶魯大學出版社出版，1975 年憑此書獲美國歷史學會的費正清獎（The John K. Fairbank Prize）。又，香港宋王臺花園內的《九龍宋皇臺遺址碑記》，就是出自簡又文手筆，1959 年由香港政府立碑於此。

55 據屈志仁透露，簡又文的藏品因為是成批賣出，以備自己養老所需，故金額甚大。不過中國書畫的拍賣市場，當年已開始火熱，簡又文若將這批藏品拆散來逐件拍賣，應該可以賣到高得多的總價，所以文物館算是撿了便宜。見作者與屈志仁的視訊訪談，2021 年 4 月 1 日，香港—紐約。

56 同上。亦見〈屈志仁教授訪談〉，《中國文化研究所通訊》（香港中文大學），2015 年第 3 期，頁 3；以及香港中文大學文物館官網內的〈館史溯源〉：http://www.artmuseum.cuhk.edu.hk/zh/about/history/

57 視訊訪談屈志仁，2021 年 4 月 1 日，香港—紐約。鄭德坤自劍橋大學退休時，已是知名的考古學家，1974 年開始到中大藝術系任教，1981 至 1986 年當過中國文化研究所的所長，其夫人黃文宗亦曾在中大藝術系教授陶瓷。

58 訪談利乾，2022 年 6 月 13 日，香港。

59 見香港中文大學文物館官網內的〈館史溯源〉：http://www.artmuseum.cuhk.edu.hk/zh/about/history/

60 近年來，中大文物館已陸續將北山堂捐贈和寄存在此的文物經研究、整理後，公開展覽，並編輯成圖錄出版。這方面的豐碩成果有 2009 年的《北山汲古—利氏北山堂捐贈中國文物》、2014年的《北山汲古—中國書法》、2015 年的《北山汲古—宜興紫砂陶藝與文化》、2015 年的《北山汲古—碑帖銘刻拓本》、2019 年的《北山汲古—中國繪畫》等。

61 視訊訪談屈志仁，2021 年 4 月 1 日，香港—紐約。

62 同上。

63 林語堂在萊比錫大學師從德國漢學家孔好古（August Conrady），並在 1923 年以《古漢語語音學》（*Altchinesische Lautlehre*）為題，獲萊比錫大學的博士學位。

64 林語堂為研製這部「明快打字機」，幾乎破產。明快打字機後於 1952 年獲得美國專利，但最終未能量產。

65 訪談利乾，2022 年 6 月 13 日，香港。

66 1962 年，林語堂次女林太乙的夫婿黎明，獲香港政府新聞處聘為特級新聞主任，於是舉家移居香港。而到了 1965 年，《讀者文摘》（*Reader's Digest*）中文版在香港創刊，林太乙獲聘為總編輯，兩夫婦遂同在香港生活、工作多年。

67 見〈林語堂當代漢英詞典出版〉，《中文大學校刊》，1972 年 12 月，9(3): 2。

68 星系報業（香港）有限公司（Sin Poh Amalgamated (HK) Ltd.）是星島日報社和星島晚報社的母公司，後改名為星島報業有限公司（Sing Tao Newspapers Ltd.）。

69　見香港中文大學於 1974 年的第 15 屆學位頒授典禮上，頒發「榮譽法學博士」學位予利榮森時的讚詞。

70　同上。

71　潘光迴當時也兼任中大的就業輔導處主任。又，潘光迴自 1950 年代起，就和利榮森熟識，李卓敏邀潘光迴出任中大出版部主任一職，或也與利榮森的推薦有關。

72　見〈潘光迴博士談中大出版社〉，《中文大學校刊》，1977 年夏季號，頁 12。

73　林語堂次女林太乙和其夫婿黎明，當時也在香港，所以林語堂後來絕大部份的時間都住香港，1976 年 3 月也在香港逝世。

74　李卓敏請宋淇協助潘光迴完成詞典的編輯工作，並在潘光迴出外務時，代行詞典部主任之職（慕樵，2021）。

75　見 1973 年 2 月 18 日，香港的林語堂致台北的陳守荊函（展玩團隊，2021）。

76　1973 年利希慎基金成立時，是先以有限公司的形式註冊（Lee Hysan Foundation Ltd.），後改為非盈利組織。

77　See 'Memorandum and Articles of Association of Lee Hysan Foundation Limited', prepared by Wilkinson & Grist, Solicitors & Notaries, 13 November 1973.

78　Ibid., Article 3: 'The object for which the Foundation is established is to further any purpose or purposes which are in law considered to be charitable in any part of the world but in particular in Hong Kong...'

79　利榮達資助的研究，包括心病學、心胸外科、神經外科、麻醉學、腎病學、骨科等。見香港大學於 1987 年的第 130 屆學位頒授典禮上，頒發「名譽社會科學博士」學位予利榮達時的讚詞。

80　利榮達資助的相關項目，計有香港大學與牛津大學臨床醫科生的交流計劃、香港大學與波士頓大學（利榮達母校）的內科外科及骨科研究生交流計劃等。又，他也資助一項波士頓大學專為中國學生而設的工商管理交流計劃。資料來源同上。

81　見〈各界捐贈〉，《中文大學校刊》，1986 年第 2 期，頁 22。

82　見 2016 年時，利蘊蓮與利乾在香港訪談利漢楨的內容，確切日期不詳；以及作者對利漢楨的訪談，2022 年 2 月 5 日，香港。

83　毛巾廠和炮竹廠單是建廠開支，就用了人民幣逾 16 萬元。又，利群炮竹廠雖在試產期間就發生事故，卻還是可以在 1981 年的 1 至 10 月間，就賺到約 5.5 萬元的利潤。見「新會縣雙水公社管理委員會」整理的「利群炮竹廠收支情況」（1980-1981），利家家藏史料。亦可見作者對利乾的訪談，2021 年 2 月 22 日，香港。

84　見 1983 年的「新會嘉寮利群衣帽廠與香港益眾公司協議書」，利家家藏史料。

85　可參考 1992 年 6 月的「開平縣赤水區利群衣帽廠大廈出租合約」，利家家藏史料。

86　可參考 1994 年 4 月 5 日，開平赤水水井坑村的利德民、利金龍致香港的利樹源、利榮森函，利家家藏史料。

87　見〈為重振新會柑橙雄風　利榮森捐資百萬扶持〉，《新會報》，1996 年 4 月 3 日；〈利榮森捐資百萬發展新會柑桔生產〉，《江門日報》，1996 年 4 月 9 日；以及 1996 年 6 月 13 日，新會市經濟作物局致林榮森的謝函。

88　同上。

89　見〈繁育無病苗木　再樹果鄉美譽──訪市果樹良種繁育中心〉,《新會報》,1996 年 6 月 26 日。

90　新會縣於 1992 年 10 月 8 日遭撤縣置市,成為新會市。2002 年 9 月,新會市又成了江門市轄下的「新會區」。

91　訪談利乾,2021 年 2 月 22 日,香港。

92　訪談利漢楨,2022 年 2 月 5 日,香港。

93　視訊訪談利憲彬,2021 年 3 月 22 日,香港─澳洲悉尼。

94　見香港紅十字會致利榮森的輸血獎勵狀,1953 至 1958 年。利家家藏史料。

95　已知 1965 年時,利榮森是香港紅十字會輸血宣傳小組(Blood Publicity Sub-Committee)的主席。See 'Red Cross Launches Blood Donation Campaign', *South China Morning Post*, 24 March 1965, p.7.

96　訪談利乾,2021 年 2 月 22 日,香港。

◎ 今天的銅鑼灣利園區

17

跨太平洋世家

這是一個很 proper（正派）的香港世家，低調、謙遜。

—— 馮國綸談利氏家族，2021 年 2 月 1 日

香港開埠近兩百年來，不乏商業世家，惟常青者寡。不鬧爭產官司、不沾桃色緋聞的香港常青世家，更少，利家乃少數特例。1980 年代，隨著利銘澤、利孝和這兩位性格鮮明的利家第三代成員相繼離世，家族就更少成為傳媒焦點，頂多是在上市公司希慎興業每年兩度的業績發佈會上，或公司在銅鑼灣某翻新項目落成開幕時亮亮相。網絡上關於利家成員的資訊，往往也是錯誤百出，甚至連人名和圖像都未必配對，顯見利家人行事之低調。此外，一般人議論利氏家族時，腦海中最常浮現的景象或字眼，多是「鴉片」和「銅鑼灣」，除此之外即缺乏想像。利希慎誠然是憑鴉片崛起而為巨富，銅鑼灣對家族維繫其財富也確實關鍵，不過一家之興，歷百年而不衰，又豈止於如此？

1919 年初，利希慎在港島堅尼地道的大屋完工，既象徵利家崛起，也標誌著新會利家從此扎根香港。而與利家大屋約略同期或稍晚興建於港島的華商豪宅，還有何甘棠在衛城道的甘棠第、何東在山頂區的花園大宅、莫幹生在干德道的莫家大宅、余東旋在般含道及淺水灣的兩座余園、[1] 胡文虎在大坑道的虎豹別墅等。這批華商豪宅皆名震一時，惜二戰後時移勢易，多已易手外人。而利家大屋於 1980 年代由家族企業希慎興業拆卸重建為高級屋苑「竹林苑」後，仍有利家人住在這裏，一如昔日，依然可居高臨下，俯瞰維港美景。

❖　　**家風**　　❖

一個世家的崛起，首先是人，利希慎無疑是箇中關鍵。利希慎身材壯碩、性格鮮明，一生經歷極富傳奇色彩。他幼時在開平鄉下的私塾啟蒙，後於美國西岸受過教育，又曾入讀香港的皇仁書院，所以既通中英雙語，也瞭解西方人的營商之道及法律運作模式。此外，利希慎既富企業家的進取精神，也深悉世局之變，觀念先進，所以和同時代的傳統華商相比，自然處處能佔先機。而他為人豪爽帶俠氣，交遊廣闊，除了華商、西商、買辦、律師、官員、皇仁校友，竟和寓港的一眾前清遺老及文人雅士也有交集，在人脈的經營上可謂相當成功。不過豪俠的另一面，就是「志剛、氣盛」（賴際熙語）。1910 年代，利廷羨在商場漸露鋒芒之際，自行改號「希慎」，顯然也是他意識到自己性格過於剛烈，不利經商，盼能稍事

收斂。然而利希慎對自家權益受損之事，終究難忍，不願善罷甘休，往往據理力爭、多方樹敵，最終遇刺亡於壯年之時。

利希慎的正室黃蘭芳，則是形塑利氏家風的身教者。早年與黃蘭芳一同生活過的利家人，無一不對她公平對待先夫遺下的小妾及各房子女的治家原則，印象深刻，至今引以為範。黃蘭芳絕非超然無私，因為種種跡象顯示，她仍在意嫡庶之辨；黃蘭芳也依舊重男輕女，並未完全擺脫傳統觀念的束縛。不過她顯然盡量為各房子女提供相近的資源，並確保利家第三代不論男女、不分嫡庶，都能接受良好教育。黃蘭芳疼愛的長孫利漢釗，舉例來說，就非嫡孫，而是張門喜之孫、庶子利銘洽之子。利漢釗曾憶述小時候住在利行，黃蘭芳會特地為他訂牛奶公司的牛奶，每日一樽，就擱在大屋起居室外的桌子上，讓他自取。[2] 這樣的身教，深刻影響了利家的第三代成員，建構出對家族一體的歸屬感，而這種歸屬感下的和諧在黃蘭芳去世後，仍由利銘澤、利孝和及利榮森三人很好地維護著。

所謂「不分嫡庶」，實踐中最好的檢驗，就是觀察一個世家的家族企業，是否皆由某一房的子女主導。以 1981 年上市的希慎興業為例，掌舵者先是利希慎的庶長子利銘澤，1983 年利銘澤離世後，其弟利榮森（嫡子）繼之。[3] 1988 年，利榮森交棒予利漢釗（庶子利銘洽之子）；2001 年，利漢釗再交棒予利定昌（庶子利榮傑之子），期間利子厚（庶子利榮達之子）亦曾擔任要職。[4] 2009 年利定昌猝逝，利蘊蓮（嫡長子利孝和之女）才在兩年後繼任為公司主席。[5] 利家人這種不計較嫡庶、讓有能者居之的胸襟，在妻妾成群、子女眾多的老牌香港世家裏，可謂罕見。

黃蘭芳在利家大屋度過的大半生歲月裏，還以節儉廣為家人所知。黃氏乃廣東台山白沙鎮西村人，雖出身自鄉下大戶，卻還保有村人勤儉持家的美德。所以利家縱是富戶，據說家裏若有吃不完的食物，黃蘭芳還是會留個幾天，將它吃完。[6] 而為了應對 1928 年利希慎歿後突然變得窘迫的家族財務狀況，堅持守業的黃蘭芳，還曾經嚴控家用，讓每家媳婦逐月從她那裏領取所需的米糧食油等生活物資。黃蘭芳除了會在利家大屋的花園裏種花種菜、遍植果樹，還曾經騰出一個角落來養豬養雞，逢年過節時再宰來吃。[7] 早年黃蘭芳亦曾在大屋養蠶，將養在扁

圓形藤筐裏的蠶寶寶結的繭球收集後，差人拿到半山大屋下的灣仔繅絲舖裏繅成蠶絲，用來作冬衣的墊料。（Sperry, 2009: 39）

二房張門喜生活上的簡樸，也與黃蘭芳類似。張門喜沒黃蘭芳這般嚴肅，她慧點開朗、隨遇而安，愛抽水煙、常打麻將。不過利希慎遇害後，信佛的張門喜愈發虔誠，開始吃素，常在自家佛堂的佛像前燒香跪拜、捻珠唸經，神台上供的素菜就是晚餐。而水果供奉多日後，張門喜仍會享用，想要拿這些水果給孫兒吃時，就連孫兒也嫌棄，藉故不取。[8] 又，農曆年間，張門喜也愛在大屋的花園裏以古法蒸炊年糕，自己就蹲在大灶前，用吹火管生火。年糕蒸好後，她再一一分送子女共享。（Sperry, 2009: 19-20；利德蕙，2011: 127-128）

黃蘭芳和張門喜勤儉樸實的作風，同樣影響了利家人。身為富戶，利家的第三代成員既沒必要、也沒有跟從這類簡樸生活，但至少他們並不炫富。利家大哥利銘澤，更是一如其生母張門喜，生活作息規律單調，早睡早起，律己甚嚴。利德蕙眼中的父親是：

> 他〔利銘澤〕從不看電影，最令母親失望的是，他也不跳舞。若有任何公司的董事會須要與明星周旋的話，他決不加入。他也不賭錢，家中平日不許打麻將，母親只有在她生日的時候，一年一次和她的姐妹打麻將。父親熱愛他的工作，他唯一的休閒活動就是坐船出海享受大自然。
>
> 父親一位生意朋友的五月花舞廳開張，邀請父親參加酒會。父親是從不參與這類應酬的，但樹源叔公一定要拉父親同去。到達後，看見舞廳設在二樓，只能乘電梯上去。結果父親到了二樓，轉身馬上乘電梯下樓出來，這樣就算作已參加了酒會。（2011: 139）

利榮森也不愛交際應酬，並繼承了母親黃蘭芳節儉的生活作風。利乾最記得父親身上的西裝，是他年輕時就一直在穿，因為多年來體形都沒什麼變化，一穿數十年，從不浪費。有些衣服，更是一代傳一代，到今天利乾依然在穿。又，利榮森鍾情美食，也很好客，但不尚奢華。中大文物館前館長林業強就曾提到，廣東

家常的調味品豆豉，就是利榮森偏愛的食品。文物館每回舉辦展覽，開幕前夕，利榮森會與文物館眾人到沙田的雍雅山房共進午餐，而他「例必點選豆豉雞、豉汁蒸豆腐或涼瓜炒蝦米等，這些簡單廉宜但美味可口的菜式就是他的至愛。」（2009: 8）

利孝和倒是很享受應酬，好結交天下名士，也因為業務關係，與美國荷里活及香港的一眾電影大亨、影視名人有不少往來。他還經常出入權貴雲集的場合，如倫敦的懷特俱樂部（White's Club）等。但即便如此，利孝和行事並不高調，所以直到今日，網絡上關於他一生事蹟的資訊和昔日報章裏的相關報導，還遠不如其夫人陸雁群多。

利孝和在待人處事上拿捏的分寸，正是利氏家風的另一面：正派。如前所述，利孝和曾在 1946 至 1947 年間，隨郭泰祺和中國駐聯合國的代表團成員，參加過聯合國在紐約及巴黎兩地召開的系列會議。利憲彬說，父親參與聯合國事務期間，曾有機會接觸不少內幕消息，「但他告誡我，如果有這樣的職務或者特權，必不可以用來圖利自己。」[9] 利孝和還要求兒子尊重每一個人，善待即便是最基層者：「有時候我們對工人沒甚麼禮貌，他會狠狠的罵我們。我對這樣的教誨印象深刻，現在也如此教育子女。」利乾也提到小時候，父親利榮森希望他謹言慎行，就在其臥室裏掛了一副對聯，上書「心事如青天白日，言行如履淵臨冰」。[10] 利家無明文家訓，這類利家人默守的處事原則，正是源於身教。[11]

❖　　時　代　　❖

不過利家逾一個世紀的興業成長，當然不是單憑勤儉、樸實、正派等德行，就足以達致。世家大族的興衰起落，除了家族內部因素，更重要的還是結構性要素，即家族所身處的那個特定時空裏的社會制度條件，以及該時代所能夠提供的機遇和挑戰。這類結構性要素，並非單憑一人一家之力，就可以扭轉、調整，但在一個相對流動的世界裏，家族其實還是有主觀抉擇的空間。以商業世家來說，其家族企業所依附的這個政經、法制環境，是否一貫利商？又如何利商？而大環境

一旦惡化，這個家族又能否洞燭機先、迅予調整，以延續其企業的生命及家族盛世？這幾點或許才是決定一個世家究竟能走多遠的關鍵因素。

十九至二十世紀時，在滬港兩地都曾經聲名顯赫的沙遜家族（Sassoon family），就是個順著世界大勢而起，卻在勢變後未能果斷回應挑戰，繼而受挫的案例。這個伊拉克猶太裔的家族，原以巴格達為據點，十九世紀東遷至英屬印度的孟買後，才開始將其商業帝國從孟買一路擴張至加爾各答、香港、上海、橫濱、長崎、倫敦等世界各地。沙遜家族崛起之初，順的是大英帝國的勢，以鴉片、棉花等貿易項目起家，緊貼著鼎盛之時的日不落帝國的殖民網絡，在亞洲的各處英屬地或英租界立足。1930 年，美國的大蕭條波及全球之際，維克多・沙遜（Ellice Victor Sassoon）卻是選擇將「新沙遜洋行」（E. D. Sassoon & Co.）[12] 的總部，由孟買千里迢迢遷到了新落成的上海沙遜大廈，又轉搭上了上海——包括其「孤島時期」——經濟騰飛的順風。沙遜家族先是大手收購上海的房地產公司，之後再興建一大批辦公樓、公寓樓和大型酒店，一度擁有上海當年大部份的高層建築。惜 1949 年 5 月共軍攻入上海前夕，沙遜未能毅然清產撤出，家族留在上海的物業全遭沒收，從此元氣大傷。

1949 年前後與新沙遜洋行同遭重創的，其實還有怡和、太古等老牌英資洋行。八年抗戰期間，怡和、太古雖然傷筋動骨，戰後初期在中國仍可謂財雄勢大，又豈會料到它們苦心經營百年的大量在華資產及偌大的商業版圖，會在轉瞬間灰飛煙滅。不過與沙遜選擇將公司總部由上海遷往遙遠的巴哈馬首都拿騷（Nassau）不同，怡和、太古被迫撤出中國內地後，立刻退守緊鄰的香港據點，就在這個當年英國管治、庇護下的資本自由市場及法治體系內休養生息，徐圖再起。而隨著戰後香港勃興，怡和、太古的元氣漸復，1980 年代起，更是得以再乘中國改革開放的東風，攫得先機，入華投資盈利。

利氏家族在「勢」的拿捏上，可謂既敏銳、準確也更加幸運，所以在百年來的發展路途中跌宕較少，而「跨太平洋」或是當中的關鍵一詞。利家的第一桶金，始於利良奕趕上了第二次鴉片戰爭後，清政府結束兩百多年海禁，讓華工得以合法出洋的歷史大潮。這個時代背景，正是不少中國知識分子口中，既殘酷又充滿機

遇的「千年未有之大變局」。而華工由華南沿海一帶經港澳出洋，當時大致不外
兩個方向：南下南洋，或東進太平洋。南下可以遠至澳洲，東進則最遠可以去到
南美洲的秘魯等地。不過選擇橫越太平洋的華工，絕大多數是湧去美國西岸加
州，先是淘金，後則參與修築太平洋鐵路。利良奕、利文奕兄弟出身四邑開平，
而四邑鄉間歷來出洋最早、人數最夥。不過兄弟倆動身前往舊金山的 1890 年，[13]
加州的淘金熱潮已過，橫貫北美大陸的太平洋鐵路也已經開通，美國國內甚至已
開始排華。這些事實，或許都間接說明了歲數已經不小的利氏兄弟，不是去舊金
山幹苦力活，而是在四邑同鄉網絡牽線下，赴當地唐人街內的商舖工作。

其實從各項線索來看，利良奕不無可能在青壯時就到過「金山」，後於 1870 年
代返鄉，娶妻、買地、生子，窩居十數年後才再度遠行，只是這回不當苦力，又
將胞弟文奕一併帶上。但不論哪個版本，利良奕都是近代中國最早身歷其境、領
教過西方世界強盛之道的那一小撮中國人之一。西方器物文明帶給利良奕的思想
衝擊和啟迪，想必不小。於是抵達舊金山未久，利良奕就託鄉親將次子廷羨（希
慎）也接到舊金山，盼他能早開眼界、學習新知，乃安排他上當地小學，奠定其
英文基礎。事後回顧，1890 年代利良奕父子的金山行，不僅是利家第一桶金的
源頭，也是家族盛世的起點。少年利希慎的加州經歷，賦予其寬廣視野，往後在
利希慎的世界觀裏，不僅有中國、南洋、歐陸，也比當代其他華商更加關注美國
的新生事物與商機。

1890 年代的美國，正值「鍍金時代」（Gilded Age），經濟快速增長，國力突飛
猛進。到了一戰前夕的 1910 年代，美國的人均總產值和工業總產值都已是世界
第一，只是因美國在國際事務中當時多選擇置身事外，少有人清楚意識到這一
點。加州雖不及東岸的新英格蘭地區繁華與工業化，但是向東走，加州已有太平
洋鐵路直通美國東岸；向西走，則是航出太平洋，便於通往經濟蓬勃的亞太地區，
所以憑著地利，加州崛起更速。話雖如此，利良奕父子的日常，想必仍多是困在
龍蛇混雜、範圍狹小的舊金山唐人街區內；而一旦邁出這個唐人街區，就可能要
面對美國白人社會日益嚴重的種族歧視，處境不可謂佳。無論如何，利希慎對當
代美國所代表的進步與活力，當有所感。

1896 年，利良奕一行再度橫越太平洋，買棹歸鄉。回到粵地，利良奕由開平舉家遷至新會安頓後，就善用了大英帝國在亞洲的商業網絡，赴香港創業。這項決定，不僅放大了利家財富，也讓利家幸運躲過清末民初帝制崩潰前後，廣東一帶的匪亂和政治動盪。青年利希慎入讀皇仁書院，既是由美式接軌英式教育，也為他建立了堅實的本土精英人脈。皇仁當年兼顧中英雙語及跨文化的教育方向，為香港和中國內地孕育出無數能輕鬆遊走於華洋兩界的頂級人才，而這項跨文化的特質，非當代另一所同樣著名的殖民英校——新加坡萊佛士書院能及。這樣的校策，源於香港對英國人最大的價值，正是它在華洋貿易中承擔的中介功能。精通雙語又瞭解中西文化差異的買辦、傳譯、官僚、師爺等，才是英國對華貿易及管治時急需的角色。利希慎離校後，倒是不走買辦之路，而是先倚重傳統的華商網絡，尤其是香港與南洋之間的四邑華商網絡。他以父親在皇后大道中 202 號上創辦的禮昌隆商號起家，並開始涉足南北行生意。

十九世紀後半在香港湧現的南北行和金山莊，都是在利用香港優越的地理位置、獨特的自由港制度及日漸發達的航運業，串起中國、南洋和北美洲三地。這個網絡發展到二十世紀初，已經形成「香港—南洋經濟圈」。利希慎需要親身瞭解南洋，故曾在 1905 至 1912 年的這七年時間裏，多次「壯游南洋群島」（賴際熙，1974: 124），考察遊歷，也為他即將開啟的鴉片生意和航運事業預作部署。此所以 1912 年，當利希慎終於正式涉足鴉片買賣時，他就不難將這一整套南洋的華商網絡，嵌入大英帝國和法國的殖民版圖，包括兩國在華的租界與租借地。鴉片由英屬印度的孟買或加爾各答出口後，會經過英法各殖民地商港如仰光、檳城、新加坡、西貢、廣州灣等，安全運抵華南。航運線上的中間環節，概由利希慎所信賴的各地華商經手，而運載鴉片的貨船，更是直接掌握在他所辦的船務公司手裏。

鴉片專賣無疑讓利希慎迅速崛起為巨富，不過鴉片官司隨之而來，紛擾甚多，更重要的是，他還要面對各國民間日益高漲的禁煙風潮與港府在鴉片政策上的轉向。所以利希慎心知，鴉片生意的道德及經營風險都過高，長遠並不可恃。於是1919 年，剛掌握了鉅額財富的利希慎，就開始向棄公煙而轉營房地產的新沙遜洋行看齊，也要分散風險、多元投資。利希慎正是從當年起，陸續購入大量的物

業、股票，並成立獨資的「利希慎公司」。這個轉折，是利家再度敏銳「順勢」的決斷，對家族命運的影響極為深遠。與此同時，1920 年，利希慎取得澳門的鴉片專營權，而這足以為他在往後數年帶來一筆豐厚、穩定的收入，利希慎遂開始有餘裕去思索一個移山填海的造房大計。

香港島地小山多，平地本來就少。1841 年英人登島開埠後，又將中環至金鐘一帶劃作行政中心與軍事用地，華人移民唯有擠在上環和西環一帶聚居。不過移民人口持續增長，不僅推高租金，也導致上環和西環的居住環境惡化。1890 年代，港府開始在中環填海，將中環海岸線向北推進至今天的干諾道中一帶。不過維多利亞城內，平地依然稀缺，有必要將城區再東擴至下環，即今天的灣仔、銅鑼灣一帶。1921 至 1931 年間港府的「海旁東填海計劃」，正是將灣仔的海岸線推進到今天的告士打道一帶，填出了含駱克道、謝斐道等的下環大片土地。利希慎家住灣仔大屋，早就盯緊這個填海計劃的進展，遂從 1919 年起，就在灣仔大肆購房和買地建屋，尤其是買入新填海區的海旁地段。灣仔的匯興里，正是因為整條街幾乎都被利家買下，才由利家易名為「利東街」。

1923 年 11 月 7 日，利希慎改以有限公司的形式，成立家族企業「利希慎置業有限公司」。這在當代絕大多數華商對有限公司的運作及利弊都還不甚了了時，又是開風氣之先。公司成立後的頭等大事，就是在第二年以總價逾 450 萬元（385 萬元外加佣金和其他費用）的鉅款，從渣甸（怡和）洋行手中買下東角的鵝頭山／東角山／渣甸山[14] 及周邊土地。這筆交易數額太大，利希慎縱是巨富，仍要靠六成左右的大比例融資，才能完成交易，財務風險其實甚高。而為利希慎提供按揭貸款者，正是賣家渣甸家族與怡和洋行本身。換句話說，利希慎哪天要是還不起貸款，這一大片鵝頭山的土地作為按揭，就會重歸他們之手。

利希慎寧可冒這麼大的風險也要買鵝頭山，是基於他對灣仔以東，即銅鑼灣、北角這兩個偏區未來發展的信心。利希慎的盤算是：先將鵝頭山頭劃平，在銅鑼灣蓋房子，移山之土則運往北角填海；等到北角的新填地夯實後，又可以接著在北角蓋房子。如此一來，利希慎這個由灣仔、銅鑼灣一路延伸到北角的地產王國，即可成形。不過利希慎和港府原先就北角填海一事談好的協議或默契，後來生

變，不得不推遲移山。他將鵝頭山暫時開發成利園遊樂場，以待時機，又先在山腳的波斯富街上蓋新式樓房和利舞臺。然而沒過多久，1925 年 6 月，省港大罷工爆發，股市暴跌，資金嚴重外流，且物業劇貶，租金的收入也銳減。香港的三家股票交易所，甚至破天荒停市四個月。利希慎的股票和公司財務都受衝擊，一度周轉困難，連是否保得住利園山（原鵝頭山）都成了問題，自然無暇也無力再思移山填海。終其一生，利希慎未能移山，這個遺憾就是從省港大罷工開始。

利希慎咬牙苦撐了兩年，熬到 1927 年時，終究因利園山貸款的債息太重，同年他又失去了澳門的鴉片專營權，財力不支，開始債務違約，後經渣甸家族及怡和洋行同意將貸款延期，才緩過氣來。由此可見，利希慎買鵝頭山固然風光，但當年連保山都不易，遑論移山。利希慎堅信其個人判斷，並未放棄這座山，不過 1928 年 4 月 30 日，他在第二場鴉片官司結束後不久遇刺身亡，利家再度面臨保山考驗。利希慎遽逝後，利家頓失依靠，債權人也紛紛出面催討，而利家還要給港府繳納一筆高額的遺產稅現金。若非黃蘭芳堅持守業，並獲滙豐銀行幫忙重組債務，提供一筆鉅額的長期貸款來承接各項舊債，今天的銅鑼灣大地主已非利家。

1930 年代前半，無疑是利家沉潛蟄伏、蓄勢再起的一段時期。家族賣出了利希慎生前積攢下來的不少股票，不動產則是大致得以保全。而從隨後十數年間中外世局邅變的角度看，這段沉潛期，倒是讓利家再度幸運地躲過一劫，不必面對像新沙遜洋行般在 1949 年後，上海資產歸零的慘痛經歷。1920 年代，利希慎其實已逐漸將視野從南洋轉向上海，開始透過經紀買入可觀的上海股票，並經營上海人脈，似有意追隨時代的腳步，也積極在這個遠東的最大都會與金融中心投資置產。1925 年因財務周轉困難，利希慎被迫拋售了不少香港股票，但上海股票方面，除了投機性質的蘭格志拓植公司，[15] 利希慎持有的另五隻上海股票，卻是一股不賣，可見他對上海資產的重視。不過利希慎去世後，利家人只留下怡和紗廠有限公司的股票，其他四隻上海股票也已經出清。1930 年代，已自英倫學成歸來的利孝和，開始對上海的電影業有興趣，一俟八年抗戰結束，1946 年初，他就有意參加一項由李銘牽頭、和美國荷里活方面的合作案，要大舉投資於中國的電影院線。好在內外情勢丕變，合作案無疾而終，利家在 1949 年並未遭遇重大

損失。利孝和對荷里活電影的熱愛，後來即轉化為利舞臺的電影業務。

禍福相倚，利園山在戰前戰後的際遇，可謂類似。1930 年代，利園山頭經常呈現出一片清冷景象。隨著有聲黑白電影興起，遊樂場的娛樂型態逐漸沒落，利園遊樂場已難以為繼。利家於是將利園山頭改作電影製片場或取景地，既供自用，也讓其他的電影公司租用。利希慎緊貼時代，早就注意到美國新興電影行業的發展，1927 年底就找來黎北海合作，開始籌辦一家電影公司，後因遇刺身亡，不了了之。1934 年，負責管理利舞臺的胞弟利希立繼其志，創辦利東影片公司，籌拍粵語片，惟諸事不順，公司亦隨他在 1937 年病歿而偃旗息鼓。利園山頭清冷多年，反而得以在 1941 年底的香港保衛戰及日據時期免遭戰火破壞，頂多只是因日據後期公司缺現金，利榮傑無奈僱人伐了山頭的大樹，賣錢紓困。如果利家在太平洋戰爭前，就已經籌到資金成功開發利園山，而相關的硬體建設又在戰時慘遭摧毀，那二戰後利家的復興，恐怕就要延後多年。

1930 年代後半，利家算是安渡危機，又開始嘗試新的投資。家族財務當時多由利孝和主導，利銘澤則是到廣州市政府任職數年後，又攜妻前往海南島買地開荒，經營農牧場，經常不在香港。1939 年，家族與其他華商合資，創辦國光製漆廠，開始從事實業生產，不再只固守於安穩的物業租金和利舞臺收入。這個兼辦實業的方向，利家在二戰後依然延續，除了國光製漆廠，還有士巴汽水廠，後由利孝和與利榮達聯手經營，脫離家族企業，改組為聯合汽水廠。這些工廠都隨著 1950 至 1960 年代香港輕工業的興旺繁榮，經歷了一段發展高潮。

1930 至 1940 年代中國對日抗戰及太平洋戰爭期間，利家人陸續北上，或主動前往支援抗戰，或在日軍侵佔香港後逃難，最終多落腳於戰時的陪都重慶。這是利家第三代與中國大地命運交融的重要時期，際遇各異。利銘澤當過國營的中國茶葉公司的採購部經理，以統購統銷全國茶葉的方式，為國家賺取戰時急需的外匯，後又於廣西、貴州兩地修建黔桂鐵路，備極艱辛。利舜英先是加入林可勝領導的救護總隊，後又隨端納到蔣介石的重慶行營當秘書，幫宋美齡處理過英文書信。利銘洽攜家人回到新會嘉寮的鄉下避居後，索性提槍加入游擊隊，直接抗日。利孝和是「中英美平準基金委員會」主席陳光甫的特別助理，在重慶裏助當局穩

定戰時中國法幣的匯價。利榮森先是隨中國銀行的駐港人員撤到重慶，在中銀總行的國外部繼續工作，後獲貝祖詒派到中銀的倫敦經理處幫忙看管外匯，要經駝峰航線飛到印度後，再候船去倫敦。

利家諸子後來在海峽兩岸擁有的關鍵人脈，正是建基於這個特定的歷史時空。利銘澤與中國高層人物如周恩來、廖承志、錢昌照的互信關係，以及利孝和、利榮森與江浙財團成員陳光甫、李銘、貝祖詒等人的交情，尤其攸關家族事業後來的整體發展。不過雄厚的兩岸人脈，雖是助力，終究不是二戰後讓利家騰飛的結構性力量。二戰後支撐利家整體發展的大框架，主要還是緊貼華南卻與大陸迥異的港英時代的政經體制。

二戰結束後，利家人紛紛回歸香港，此後 30 多年專注於在香港發展事業，不再頻繁北望。利銘澤與兩位弟弟利孝和、利榮森的政治觀點，縱有差異，1945 至 1947 年間顯然都看清了國民政府大勢已去，動盪難免，故迅速退守香港。這是利家第三次在歷史的大變局前，掌握趨勢、趨利避害。1949 年，利家終於啟動耽擱了整整四分一世紀的大規模移山工程，要將利園山劃平填海。而與此同時，共軍在 4 月成功渡江，5 月攻入上海，中原易主在即。利家選在這樣的時機斥鉅資移山，不僅需要對香港的前景作準確判斷，也仿似一則政治宣言：一如當年利希慎蓋大屋，這是利家再度宣示以香港為家。香港後來的發展證明，利家判斷正確。一方面，中共高層基於「長期打算、充份利用」的戰略考量，並未立即動手收回香港；而另一方面，英國為保全香港，1950 年 1 月 6 日就趕在西方各國的前頭，承認了中華人民共和國。香港繼續成為孤懸華南的一個特殊存在。

此後 30 多年間，不論是利家最核心的銅鑼灣地產業務、利舞臺的娛樂業、利園酒店的旅遊業，或利孝和與利榮達聯手經營的聯合汽水廠、利孝和的 TVB 等，都是在冷戰背景下，一個在東西兩陣營夾縫裏再度扮演中介角色的香港所提供的政經環境裏，穩步成長。這個環境尊重私產與市場經濟、法制清晰、重視企業家、推崇創業、低稅少福利、不民主但自由，且再無上海租界作為區內另一個體制類似卻更為強大的競爭者。1950 年代，香港更是直接接收了由上海倉皇逃離的大量企業家、資金、生產機器、專業精英、文人學者、電影導演、演藝明星等。而

同樣重要的是，香港在冷戰時代跨出了大英帝國／英聯邦的經濟圈，融入美國所引領的全球化資本主義體系，成為該體系在東亞最重要的一環。1980 年代中國改革開放後，香港又成為中美兩國貿易對接最重要的窗口，更是中國「外判」法治和市場金融，供其科技企業成長茁壯之地（Huang, 2023）。利家的主業雖非貿易，戰後多年，同樣受惠於這個美式全球化的蓬勃發展。

❖　　　挑　戰　　　❖

1950 年代成功移山後，利家在銅鑼灣地產主業的發展上，往往按部就班、逐塊地段開發，且融資謹慎、絕不冒進，或予人一種保守的經營形象。不過直到 2010 年代，戰後多年來支撐其地產主業發展的大環境──香港的這個政經體制依然穩定，利家自然沒有躁動的必要。

簡言之，利氏企業在二戰後的成功，除了個人因素，或有賴兩個重要的結構性要素：香港利商的政經體制；以及香港融入美國主導的全球化資本主義體系後，被賦予的中介角色。十九世紀的香港，對英國來說，看重的也是它作為中介者的價值，差別只是香港當年主要是為中、英雙方搭橋，如今則是以聯通中、美為主，尤其是串起中國市場和美國華爾街的金融資本。

身為中介者，香港「中西通吃」，本來佔盡便宜。不過清末民初，以租界為主體的上海，憑著相似的利商體制及更為優越的地理位置，逐漸取代了香港的中介功能。惟 1949 年以降，30 多年間，這項功能又被香港獨佔。

香港在中、美之間發揮的中介功能，其實開始得甚早。這個起初要靠著帆船航行約三個月、冒險橫渡浩瀚的太平洋才能建構的網絡，始於 1850 年代加州的淘金潮和 1860 年代的太平洋鐵路工程。期間大量的華工需要經香港出洋去金山，無數筆從金山匯回來的僑匯要經香港的商號轉手，一箱箱華南的物產要由香港金山莊發往美國。1880 年代美國國內開始排華後，這個洶湧多時的跨太平洋的人流物流，勢頭才見稍緩。

1950 至 1960 年代冷戰前期，中國內地閉關鎖國，但還是留了香港這個通氣口，香港的中介功能一度具壟斷性質。與此同時，港、美之間的互動，也變得越來越緊密。這方面的例證之一，就是大量香港學生由昔日赴英留學的不二選擇，改為赴美升學。利家第三及第四代的利榮康、利舜儀、利榮達、利舜娥、利漢釗、利漢楨、利漢輝、利潔瑩、利蘊蓮、利乾、利憲彬、利蘊珍、利子謙、利子厚、利子潔等人，正是在這段歲月裏或稍後留學美國。而到了 1970 年代，這個彈丸之地來的香港學生，人數竟然多到成了美國大學裏最大的外籍生群體（Hamilton, 2021: 28）。港、美關係緊密的另一例證，就是 1963 年成立的「美式」香港中文大學。如果拿它與 1911 年創立的「英式」香港大學相比，中大創立之初，不論是其歷史淵源（譬如崇基學院的美國在華教會大學遺緒）、資助機構、學制、意識形態、師資，甚至校長李卓敏本人，都清晰可見美國或美方的影響。

利良奕與利希慎父子，無疑是這個跨太平洋網絡的早期受益者。利希慎從商後，曾試圖建立和美國方面的商業聯繫，譬如第五章裏提到，1919 年 10 月，利希慎曾給駐香港的萬國寶通銀行去信，請對方透過其紐約和舊金山辦事處，代為尋覓洋茴香油的專門代理，希望運往美國寄售。1922 年 11 月，他又給三家美國磚廠發信，希望跟對方合作，在中國建先進的磚廠生產，或向對方買進最新型的製磚設備，自行生產。不過港、美之間的商業網絡，當年顯然不易建立，利希慎最終仍需借勢大英帝國的網絡，亦將孩子利銘澤、利孝和、利舜華和利舜英都送往英倫留學。

二戰結束後，牛津畢業的利銘澤、利孝和與英國政經各界的聯繫，依然緊密，不過利家也開始重拾父祖輩的跨太平洋網絡。利孝和早年在銀行界和外交界倚重的人物陳光甫、施肇基、郭泰祺，都是留美的美國幫，他也得以藉這批前輩，與同樣留美的一眾民國政經高層建立聯繫。此外，利孝和的聯合汽水廠賣的七喜汽水，是美國品牌；而他與美國政經高層人物尼克遜、基辛格、大衛・洛克斐勒及媒體娛樂界的 Jules Stein、Dick Munro 等人，也有深交。利舜英的夫婿施伯瑞出身美資的花旗銀行，戰後曾以花旗銀行高層的身份，長期派駐香港，和利家在金融業務上多有合作。利榮森出身美國教會辦的燕京大學，夫人為美國華人，1950 年代時活躍的香港青商會亦源自美國，不少美國正副總統和政要都曾在年

輕時加入青商會。利榮森在 1960 至 1970 年代經營過的大來卡,也是美國生意。而在藝文界,利榮森與洛克斐勒家族創辦的亞洲協會(Asia Society)及亞洲文化協會(Asian Cultural Council)亦淵源甚深。至於前述赴美升學的一眾利家人,後來多選擇留在美國就業、結婚、生兒育女,已經長住美國。這些美國關係,或多或少都曾經襄助過家族發展。

不過 1990 年代冷戰結束、香港回歸祖國至今,全球的政經與地緣政治格局,又已大變。中國如今已貴為世界第二大經濟體,但與此同時,它與第一大經濟體──美國之間的新冷戰式的對峙,已經隱然成形。這個過程的蛻變,不僅攸關香港既有的政經體制能否維繫,也波及香港在美式全球化資本主義體系裏的位置,牽一髮而動全身。香港會不會被中美雙方重新定位?香港的中介價值,是否依然無恙?利家以香港為家,也就必然會受香港未來發展的路向牽動。這無疑是利家下一個百年等級的挑戰。

注釋

1 余東旋稍後（1938 年）還在新界大埔建了第三座余園。他在香港的這三座城堡式豪宅，被人合稱為「余氏三堡」。

2 二房張門喜與親子利銘澤、利銘洽兩家人，當時都住在大屋附近的利行。利漢釗的憶述見 2012 年時，利蘊蓮與利乾在香港訪談利漢釗的內容。確切日期不詳。

3 嫡長子利孝和較利銘澤早逝，1980 年時已因心臟病發離世。

4 利子厚曾在 2003 至 2007 年間，擔任希慎興業的董事總經理。

5 希慎興業的獨立非執董鍾逸傑（David Akers-Jones），曾在這段過渡期裏暫代主席一職。

6 視訊訪談利憲彬，2021 年 3 月 22 日，香港─澳洲悉尼。利憲彬生於「後黃蘭芳時代」，他對祖母的零碎瞭解，來自父親利孝和。

7 這是利榮森晚年對母親黃蘭芳的追憶。見〈百年家族祖屋説興衰〉，香港《壹週刊》，2002 年 11 月 28 日。

8 見 2016 年時，利蘊蓮與利乾在香港訪談利漢楨的內容，確切日期不詳。

9 視訊訪談利憲彬，2021 年 3 月 22 日，香港─澳洲悉尼。

10 訪談利乾，2021 年 3 月 22 日，香港。

11 2021 年 11 月 24 日，作者在香港訪談梁趣沂與利潔瑩時，利乾也曾補充提到，利家沒明文家訓，但家族成員「似乎會在無形中遵守一些做人處事的原則。爸爸媽媽〔利榮森夫婦〕也不會説這些，但是 somehow 能灌輸到這些 ideas。也許是 lead by example 吧。」

12 這是相較於沙遜家族另一支所經營的「老沙遜洋行」（David Sassoon & Co.）而言。

13 據作者推敲，利氏兄弟出洋的年份，應該是比 1890 年還要早上幾年。詳情見第一章的相關討論。

14 如第五章所述，當時這座山的官方名稱是東角山（East Point Hill），但民間多喚它作鵝頭山或渣甸山。而離此不遠的大坑以南，其實還有一座海拔更高的「渣甸山」（Jardine's Lookout），昔因怡和洋行在此設瞭望台而得名。

15 如第五章所述，這是一家主要在荷屬東印度群島（即今印尼）種植橡膠樹並生產橡膠的上海公司，1910 年時，曾因其主營商品──橡膠的價格暴起暴落，而觸發上海的一場大型股災。

註：括號為子女的生母

利良奕 ——— 利希慎 ─── 長女利寶瓊（黃蘭芳）

├── 長子利銘澤（張瑞蓮）─┬─ 利志翀
│   ├─ 利德蓉
│   ├─ 利德蕙
│   └─ 利志剛

├── 次子利銘洽（張瑞蓮）─┬─ 利漢釗
│   ├─ 利慶雲
│   ├─ 利漢楨
│   ├─ 利漢輝
│   ├─ 利慶茵
│   └─ 利慶萱

├── 三子利孝和（黃蘭芳）─┬─ 利蘊梅
│   ├─ 利蘊蓮
│   ├─ 利憲彬
│   └─ 利蘊珍

├── 次女利舜華（黃蘭芳）─── 鄭漢銘

├── 三女利舜英（張瑞蓮）─┬─ 施輝明
│   └─ 施惠基

├── 四子利榮森（黃蘭芳）─── 利乾

├── 五子利榮傑（蘇淑嫻）─┬─ 利潔瑩
│   └─ 利定昌

├── 四女利舜琹（張瑞蓮）─┬─ 歐陽淳
│   └─ 歐陽一琹

├── 五女利舜賢（黃蘭芳）─┬─ 簡而文
│   └─ 簡而理

└── 六女利舜豪（張瑞蓮）─┬─ 袁婉怡
                         ├─ 袁婉秀
                         ├─ 袁婉慧
                         └─ 袁婉嫻

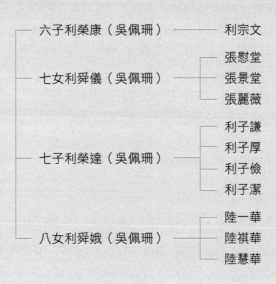

六子利榮康（吳佩珊）———— 利宗文

七女利舜儀（吳佩珊）———— 張慰堂
　　　　　　　　　　　　張景堂
　　　　　　　　　　　　張麗薇

七子利榮達（吳佩珊）———— 利子謙
　　　　　　　　　　　　利子厚
　　　　　　　　　　　　利子儉
　　　　　　　　　　　　利子潔

八女利舜娥（吳佩珊）———— 陸一華
　　　　　　　　　　　　陸祺華
　　　　　　　　　　　　陸慧華

參考書目

說明：本書各章節觸及的中外檔案資料、利家家藏史料及報刊上的新聞報導，皆已在相關的注釋裏交代出處，不會再列入本參考書目。

中文書目（以漢語拼音排序）

A

B

北京清華學校（編）。1917。《遊美同學錄》。北京：清華學校。

C

陳成漢。2017。〈斯諾夫婦與香港〉，載《明報月刊》，2017(1): 50-53。

陳大同、區少軒、麥顯揚（主編）。1947。《香港華僑團體總覽》。香港：國際新聞社。

陳方正。2000。《與中大一同成長：香港中文大學與中國文化研究所圖史：1949-1997》。香港：香港中國文化研究所。

陳方正。2016。《當時只道是尋常》。香港：香港中文大學出版社。

陳鴻明。2019。〈政治巨變與企業因應：上海商業儲蓄銀行遷臺與復業的曲折發展（1950-1965）〉，《國史館館刊》，60: 89-138。

陳公哲（編）。1938。《香港指南》。香港：商務印書館。

陳冠中。1977。〈華人移民美國血淚史〉，《明報月刊》1977 年 10 月號，頁 1-7 及 11 月號，頁 70-72。

陳光甫。2002。《陳光甫日記》。上海：上海書店出版社。

陳世豐。1948。〈遊樂場興替史〉，載黎晉偉（編），《香港百年史》，頁 121-122。香港：南中編譯出版社。

陳為仁。1992。《苦力貿易：拐騙擄掠華工的罪惡勾當》。北京：中國華僑出版社。

陳子褒。年份不詳。《哀思錄》。出版單位不詳。

程中山。2011。〈開島百年無此會：二十年代香港北山詩社研究〉，《中國文化研究所學報》，第 53 期，頁 279-310。

D

丁新豹。2017。〈歷史的轉折：殖民體系的建立和演進〉，載王賡武（主編），《香港史新編》（增訂版，上冊），頁 67-144。香港：三聯書店。

東華三院。2000。《東華三院一百三十年》。香港：作者。

E

F

方美賢。1975。《香港早期教育發展史：1841-1941》。香港：中國學社。

費彝民。1983。〈緬懷利銘澤〉，載《大公報》，1983 年 7 月 14 日，頁 4。

馮邦彥。2001。《香港地產業百年》。香港：三聯書店。

馮邦彥。2021。《香港地產史，1841-2020》。香港：三聯書店。

傅亮。2019。〈莊錄：民國任職時間最長的紅會理事長〉，載《中國紅十字報》，2019 年 4 月 30 日，頁 A3。

G

更生書刊社。1937。《更生》第 4 號。上海：作者。

關禮雄。1993。《日佔時期的香港》。香港：三聯書店。

灌根學塾。1915。《灌根年報》。澳門：作者。

H

漢文中學。1928。《漢文中學年刊》。香港：作者。

何嘉誼。2019。〈香港中大文物館「北山汲古—中國繪畫」特展導賞〉，《大觀》，第 121 期，頁 6。

何銘思（口述）、廖迪生（編著）。2017。《何銘思口述史》。香港：香港中文大學出版社。

何佩然。2001。《點滴話當年：香港供水一百五十年》。香港：商務印書館。

何佩然。2004。《地換山移：香港海港及土地發展一百六十年》。香港：商務印書館。

何文平、顏遠志。2004。〈平民教育家陳子褒與澳門〉，《澳門雜誌》，總第 42 期，頁 68-82。

何文翔。1992。《香港家族史》。香港：明報出版社。

何張靜蓉。1934。《名山遊記》。香港：東蓮覺苑。

賀越明。2022。〈老葡京的建築師〉，《澳門日報》，2022 年 4 月 17 日，頁 B12。

《花縣華僑誌》編輯組（編）。1996。〈畢侶儉〉，載《花縣華僑誌》，頁 300。廣州：花都市地方志辦公室。

華僑日報社。各年。《香港年鑑》。香港：作者。

黃棣才。2015。《圖說香港歷史建築，1920-1945》（*Illustrating Hong Kong Historical Buildings, 1920-1945*）。香港：中華書局。

黃啟臣。1999。《澳門通史》。廣州：廣東教育出版社。

黃紹倫著、王國璋譯。2022。《移民企業家：香港的上海紗廠老闆》。香港：中華書局。

黃璇、李磊澤。2018。〈承襲家族遺風　落力資助教育／承訓堂藏有所託〉，《大公報》，2018 年 10 月 17 日。

黃璇、李磊澤。2018。〈北山堂惠澤留長〉，《大公報》，2008 年 11 月 28 日，頁 B15。

黃燕清（編）。1959（2018 復刻）。《香港掌故》。香港：心一堂。

黃振威。2019。《番書與黃龍：香港皇仁書院華人精英與近代中國》。香港：中華書局。

I

J

金耀基。1991。〈敬悼香港中文大學創校校長李卓敏先生〉，載《中文大學校刊》，1991 年春‧夏兩季號，頁 3-6。

經濟導報（編）。1958。《香港工業手冊》。香港：經濟導報。

K

鄺智文。2020。〈地下抗戰：香港淪陷與香港英軍服務團，1942-1945〉，載於香港浸會大學圖書館《史庫》：https://digital.lib.hkbu.edu.hk/history/baag.php?lang=tc

鄺智文、蔡耀倫。2013。《孤獨前哨：太平洋戰爭中的香港戰役》。香港：天地圖書。

鄺智文。2015。《重光之路：日據香港與太平洋戰爭》。香港：天地圖書。

L

賴際熙。1974（原 1928）。〈利公希慎墓表〉，載《荔垞文存》（羅香林輯錄），頁 122-125。香港：出版者不詳。

賴際熙。2008。〈籌建學海書樓序〉，載廣東省政協文化和文史資料委員會（編），《香海傳薪錄：香港學海書樓紀實》，頁 30。北京：中國文史出版社。

冷夏。1997。《霍英東傳》。香港：名流出版社。

黎細玲（編著）。2014a。〈崔諾枝，1867-1945〉，載《香山人物傳略（一）》，頁 333-334。北京：中國文史出版社。

黎細玲（編著）。2014b。〈鄭伯昭，1861-1951〉，載《香山人物傳略（四）》，頁 317-319。北京：中國文史出版社。

黎子流、黃偉寧。1996。《廣州市榮譽市民傳》。廣州：廣東人民出版社。

李俊龍。2014。《香港電車：叮囑 110 年》。香港：中華書局。

李培德。2014。〈香港華商馬敘朝的海外商業網絡初論（1900s ～ 1940s）〉，해항도시문화교섭학（*Cultural Interaction Studies of Sea Port Cities*），2014(11): 41-67。

李徐性天。1929。〈牛津大學見聞〉，《留英學報》，第 4 期，頁 135-138。

李卓敏。1972。〈序言〉，載林語堂（編著），《林語堂當代漢英詞典》，頁 vii-ix。香港：香港中文大學詞典部。

利德蕙。1995。《利氏長流》（中英雙語）。Scarborough, Ontario: Calyan Publishing Ltd.。

利德蕙。1998。《築橋：利銘澤的生平與時代》（中英雙語）。Scarborough, Ontario: Calyan Publishing Ltd.。

利德蕙著、顧筱芳譯。2011。《香港利氏家族史》，香港：中文大學出版社。

利銘澤。1937。〈復〔覆〕鄭姓文定書〉，1937 年 6 月 10 日。香港：利家家藏史料。

利氏家族。2018。《河南郡利氏家譜》。香港：作者。

聯合汽水廠。各年。《聯合汽水廠年報》。香港：作者。

梁元生、曹璇、區志堅、姜本末（編著）。2023。《學海書樓與香江國學：中國傳統文化在香港的傳承與革新》。香港：中華書局。

林滿紅。1980。〈清末本國鴉片之替代進口鴉片（1858-1906）——近代中國「進口替代」個案研究之一〉，《中央研究院近代史研究所集刊》，9: 385-432。

林業強。2009。〈北山汲古　惠澤留長〉，載林業強（主編），《北山汲古：利氏北山堂捐贈中國文物》，頁 7-9。香港：香港中文大學文物館。

林業強。2020。〈聚道傳承一甲子〉，載香港藝術館（編製），《「聚道傳承——敏求精舍六十周年」展覽圖錄》，頁 26-42。香港：敏求精舍。

林振強。2003。〈汽水・燕子・姐姐〉，載《壹週刊》第 714 期，2003 年 11 月 13 日。

林子雄。2012。〈民國廣州市長劉紀文〉，《羊城晚報》，頁 B10。

嶺英中學。1948。《嶺英中學十周年紀念特刊》。香港：作者。

劉一鳴、龍先緒。2007。〈民主人士羅次啓先生〉，《貴陽文史》，2007(2): 6-10。

劉源俊。1998。〈民辦大學在我國高等教育史上的意義〉，發表於通識教育學會 (Chinese Association for General Education) 主辦之第六屆通識教育教師研習營，1998 年 5 月 24 日，逢甲大學：http://www.scu.edu.tw/physics/science-human/President-Liu/webarticles/hiedu.htm

陸恭蕙。2011。《地下陣線：中共在香港的歷史》。香港：香港大學出版社。

羅啟妍。2019。《羅啟妍的設計人生：一場跨文化之旅》。香港：三聯書店。

羅元旭。2012。《東成西就：七個華人基督教家族與中西交流百年》。香港：三聯書店。

M

馬靄媛。2020。〈專訪珠寶設計師羅啟妍：要把歷史戴在身上〉，載《香港 01 周報》第 198 期，2020 年 1 月 20 日。

馬光。2010。〈1846-1946 年澳門鴉片問題探析〉，《澳門歷史研究》，9: 142-159。

馬鉅濤。1926。〈遊利園記〉，《黃龍報》（皇仁書院校刊），27(3): 68。

梅偉強、張國雄（主編）。2001。《五邑華僑華人史》。廣州：廣東高等教育出版社。

莫華釗。2009。〈香山莫氏家族〉，載莫華釗（主編），《澄懷古今：莫家三代珍藏》，頁 12-15。香港：香港中文大學文物館。

莫華釗、郭東杰。2011。〈香山莫氏——企業家族的政經佈局〉，發表於 2011 年 7 月 26-27 日，上海社會科學院歷史研究所、韓國國民大學中國人文社會研究所及上海市歷史學會合辦之「新知識・新學科・新職業」國際學術研討會。

莫世祥、虞和平、陳奕平。1998。《近代拱北海關報告匯編》。澳門：澳門基金會。

慕樵。2021。〈半世紀前的編舟記：《林語堂當代漢英詞典》背後的人和事｜林語堂逝世 45 週年〉，載香港中文大學出版社的微信公眾號「不激不隨」，2021 年 3 月 26 日：https://mp.weixin.qq.com/s?__biz=MzA5ODMwMTgxOA==&mid=2734702978&idx=1&sn=d46508d21da3b34c8b1e68d6d7a9db98&chksm=b66743978110ca81d49217ecc937c30fff01a4ccd9592bf9221d6d85d582ec0bcda50bf612df

N

南華體育會。1934。《南華體育會嘉露連山運動場場館落成紀念專刊》。香港：作者。

南華體育會。1970。《南華體育會六十周年會慶特刊，1910-1970》，香港：作者。

O

區志堅。2020。〈經學知識學術制度化及普及化的發展：以香港學海書樓為例〉，《中國文哲研究通訊》，30(4): 163-191。

P

Q

戚再玉（主編）。1947。《上海時人誌》。上海：展望出版社。

錢昌照。1998。《錢昌照回憶錄》。北京：中國文史出版社。

前田寶治郎。1919。《香港概觀》。東京：日本國文社。

R

饒桂珠、陳思迪。2007。〈何銘思其人其事〉，載《地平線月刊》，2007(12): 1-9。

容閎。1973。《西學東漸記》。台北：文海出版社。

S

上海社會科學院經濟研究所（編）。1983。《英美煙公司在華企業資料匯編》，第一冊。上海：中華書局。

朱如堂（編）。1977。《陳光甫先生傳略》。台北：上海商業儲蓄銀行。

《中國民主黨派上海市地方組織志》編纂委員會（編）。1998。〈劉念義〉，《中國民主黨派上海市地方組織志》，頁528。上海：上海社會科學院出版社。

上海通志館、《上海灘》雜誌編輯部（編）。2020。《影壇春秋：上海百年電影故事》。上海：上海大學出版社。

施白蒂（Beatriz Basto da Silva）著、金國平譯。1999。《澳門編年史：二十世紀（1900-1949）》（*Cronologia da historia de Macau*, Volume III (Século XX)）。澳門：澳門基金會。

宋春丹。2019。〈燕京大學的成都歲月〉，《中國新聞周刊》，2019 (40): 72-77。

宋軒麟。2013。《香港航空百年》。香港：三聯書店。

孫宏雲。2008。〈民主社會主義與民國政治——拉斯基在中國的影響〉，《二十一世紀》，108: 50-59。

T

湯日垣。1923。〈利寶鈞君〉，載林博愛等（編），《南洋名人集傳》第一集，頁116。檳城：點石齋印刷有限公司。

U

V

W

王楚瑩。1947。《香港工廠調查》。香港：華僑新聞企業公司。

王建初、孫茂生。1986。《香港海員大罷工》。出版單位不詳。

王少平。1939。《菲島瓊崖印象記》。香港：省吾寄廬。

王允昌。2011。《孫中山與澳門》。台北：御書房出版有限公司。

威厘時花哥公司書信館（Wells Fargo & Co's Express）。1878。《華人各客商舖戶街道總錄》（*Directory of Chinese Business Houses*）。三藩市：作者。

溫華湛。1994。〈簡又文（1896-1978）〉，載譚思哲（主編），《江門五邑海外名人傳》第二卷。廣州：廣東人民出版社。

吳景平。2013。〈蔣介石與戰時平準基金〉，載《民國檔案》，2013 年 第 1 期（總第 111 期），頁 106-116。

吳倫霓霞。1993。《邁進中的大學：香港中文大學三十年》。香港：香港中文大學出版社。

吳醒濂。1937。《香港華人名人史略》。香港：五洲書局。

吳志良、楊允中。2005。《澳門百科全書》。澳門：澳門基金會。

吳志良、湯開建、金國平。2009a。《澳門編年史》第四卷。廣州：廣東人民出版社。

吳志良、湯開建、金國平。2009b。《澳門編年史》第五卷。廣州：廣東人民出版社。

X

希慎興業有限公司（希慎興業）。2018。*Hysan Development Company, 2018*（中英雙語）。香港：作者。

希慎興業有限公司（希慎興業）。1981。《售股章程》（1981 年 8 月 26 日，中英雙語）。香港：作者。

夏歷。1989。《香港中區街道故事》。香港：三聯書店。

夏歷。1997。《香港東區街道故事》。香港：三聯書店。

夏泉、徐天舒。2004。〈陳子褒與清末民初澳門教育〉，《澳門研究》，22: 208-219。

冼麗婷。2017。〈煙楊、茉莉、女人香 利德蕙——希慎大屋五味之憶〉，載冼麗婷著，《見字如見人》，頁 206-217。香港：壹出版有限公司。

冼玉儀。2017。〈社會組織與社會轉變〉，載王賡武（主編），《香港史新編》（增訂版，上冊），頁 171-226。香港：三聯書店。

香港地產建設商會。1965。《香港地產建設商會成立紀念特刊》。香港：作者。

香港電視有限公司。1982。《第一個十五年：電視廣播有限公司十五週年畫集》。香港：作者。

香港里斯本丸協會（編）。2009。《戰地軍魂：香港英軍服務團絕密戰記》。香港：畫素社。

香港南華商務傳佈所。1922。《中華人名錄》。香港：香港南華商務傳佈所。

香港水務署。2005。《東江供水四十周年暨 2005 年聯合國世界善用食水日特刊》，2005 年 3 月 16 日。香港：作者。

香港中文大學。1969。《開辦的六年，1963-1969：校長報告書》。香港：作者。

香港中文大學。1975。《漸具規模的中文大學，1970-1974：大學校長報告書》。香港：作者。

香港中文大學。1979。《新紀元的開始，1975-1978：大學校長報告書》。香港：作者。

徐瑾。2016a。〈金融鉅子陳光甫：民國摩根還是上海「滑頭」？〉，載《澎湃新聞》「私家歷史」欄目，2016 年 3 月 20 日：https://www.thepaper.cn/newsDetail_forward_1443902

徐瑾。2016b。〈陳光甫的用人之道：上海儲蓄銀行崛起的秘密〉，載《澎湃新聞》「私家歷史」欄目，2016 年 5 月 5 日：https://www.thepaper.cn/newsDetail_forward_1451493

許敬。2016。《金融是本故事書》。廈門：鷺江出版社。

Y

姚崧齡。1984。《陳光甫的一生》。台北：傳記文學出版社。

《粵劇大辭典》編纂委員會（編）。2008。《粵劇大辭典》。廣州：廣州出版社。

于恩德。1934（1973 復刻版）。《中國禁烟法令變遷史》。台北：文海出版社。

余世鵬。1976。《追夢谷》。台北：鷩聲文物供應公司。

余震宇。2016。《港島海岸線》（增訂版）。香港：中華書局。

Z

展玩團隊。2021。〈史上最大宗，晚年林語堂寫給「她」的 477 封親筆信曝光：情同骨肉義薄雲天〉，載《展玩》微信頁面，2021 年 4 月 6 日。

張家康。2017。〈鄧小平大智慧處理香港回歸〉，載《世紀風采》，2017 年第 7 期。

張建球。2001。〈抗戰時期戰地救護體系的建構及其運作——以中國紅十字會救護總隊為中心的探討〉，《近代史研究所集刊》，36: 117-165。

張秀莉。2010。〈近代上海香山買辦的收入與財富研究〉，載王遠明、胡波、林有能（主編），《被誤讀的群體：香山買辦與近代中國》，頁 73-85。廣州：廣東人民出版社。

鄭宏泰、黃紹倫。2006。《香港股史，1841-1997》。香港：三聯書店。

鄭宏泰、黃紹倫。2006。《香港大老：周壽臣》。香港：三聯書店。

鄭宏泰、黃紹倫。2007。《香港大老：何東》。香港：三聯書店。

鄭宏泰、黃紹倫。2008。《香港將軍：何世禮》。香港：三聯書店。

鄭宏泰、黃紹倫。2011。《一代煙王：利希慎》。香港：三聯書店。

鄭宏泰、黃紹倫。2012。《香港赤子：利銘澤》。香港：三聯書店。

鄭紫燦（編）。1915。《香港中華商業交通人名指南錄》。香港：編者自刊。

鍾寶賢。2011（再版）。《商城故事：銅鑼灣百年變遷》。香港：中華書局。

中國茶葉股份有限公司、中華茶人聯誼會（編著）。2001。《中華茶葉五千年》。北京：人民出版社。

民革中央（中國國民黨革命委員會中央委員會）。2008。〈錢昌照〉，中國國民黨革命委員會官網，2008 年 9 月 27 日：http://www.minge.gov.cn/txt/2008-09/27/content_2496853.htm

《中國民主黨派上海市地方組織誌》編纂委員會。1998。《中國民主黨派上海市地方組織誌》。上海：上海社會科學院出版社。

中國徵信所（編）。1936。《上海工商人名錄》。上海：編者。

中華人民共和國香港特別行政區基本法諮詢委員會秘書處（基本法諮委會秘書處）（編）。1986。《中華人民共和國香港特別行政區基本法諮詢委員會委員名錄》。香港：作者。

周琇環（編）。2006。《戰後外交部工作報告（民國四十六年至五十三年）》。臺北縣新店市：國史館。

子褒學校。1922。《十年子褒學校年報》。香港：作者。

英文書目

Abe, K. 2017. *Chinese Middlemen in Hong Kong's Colonial Economy, 1830-1890*. Abingdon, Oxon: Routledge.

Anderson, I. H. (Jr.). 1975. 'The 1941 De Facto Embargo on Oil to Japan: A Bureaucratic Reflex', *Pacific Historical Review*, 44(2): 201-231.

Booth, M. 1996. *Opium: A History*. London: Simon & Schuster.

Burt, A. R. 1925. *Biographies of Prominent Chinese*. Shanghai: Biographical Publishing.

Cameron, Nigel. 1984. *The Mandarin, Hong Kong*. Hong Kong: Mandarin International Hotels Ltd.

Chan, Sui-jeung. 2009. *East River Column: Hong Kong Guerrillas in the Second World War and After*. Hong Kong: Hong Kong University Press.

Cheung, G. 2010. *Hong Kong's Watershed: The 1967 Riot*. Hong Kong: Hong Kong University Press.

Churchill, T. B. L. 1986. *The Churchill Chronicles: Annals of a Yeoman Family*. Tilbury, Essex, UK: First Impressions Publications. https://www.deddingtonhistory.uk/__data/assets/pdf_file/0015/12912/ChurchillChroniclescilckablecontentsjan15.pdf

Commerce and Industry Department. 1958. 'Development of the Paint Industry in Hong Kong', *Trade Bulletin (January 1958)*, pp.89-91. Hong Kong: Commerce and Industry Department.

Denison, Edward. 2017. *Architecture and the Landscape of Modernity in China before 1949*. London & New York: Routledge.

Dix-Peek, Ross. 2008. 'A Rhodesian Commando at War: Lieutenant-Colonel F.W. "Ted" Fynn (1939-1945)', *Live Journal* (online): https://peek-01.livejournal.com/26299.html

Fonoroff, Paul. 1998. 'Hong Kong Cinema', in Yingjin Zhang (ed.), *Encyclopedia of Chinese Film*, pp. 31-46. London: Routledge.

Gerretson, F. C. 1958 (2nd edition). *History of the Royal Dutch, Volume One*. Leiden, The Netherlands: E. J. Brill.

Hahn, Emily. 1941. *The Soong Sisters*. New York: Doubleday, Doran & Co.

Hahn, Emily. 1946. *China to Me: A Partial Autobiography*. Philadelphia: The Blakiston Company.

Hamilton, P. E. 2021. *Made in Hong Kong: Transpacific Networks and a New History of Globalization*. New York: Columbia University Press.

Hong Kong Blue Book. Various years. Hong Kong: Government Printer.

Hong Kong Government Gazette. Various years. Hong Kong: Government Printer.

Hong Kong Law Report. Various years. Hong Kong: Government Printer.

Huang, Y. 2023. *The Rise and Fall of the EAST: How Exams, Autocracy, Stability, and Technology Brought China Success, and Why They Might Lead to Its Decline*. New Haven, Connecticut: Yale University Press.

Hysan Development Company Limited (Hysan Development). 2018. *Lee Gardens on Stage since 1923*. Hong Kong: author.

Hysan Development Company Limited (Hysan Development). 1981. *Prospectus* (26 August 1981). Hong Kong: author.

Keswick, M (ed.). 1982. *The Thistle and the Jade: A Celebration Of 150 Years of Jardine, Matheson & Co.* London: Octopus Books.

King-Clark, R. 1997. *Jack Churchill: 'Unlimited Boldness'*. Knutsford, Cheshire, UK: Fleur-de-Lys Publishing.

Lam, Peter Y. K. 2020. 'Honouring Tradition and Heritage: Min Chiu Society at Sixty', in Hong Kong Museum of Art (produced), *'Honouring Tradition and Heritage: Min Chiu Society at Sixty' Exhibition Catalogue*, pp.43-65. Hong Kong: Min Chiu Society.

Lee Hysan Estate Company Limited. 1923. *Memorandum and Article of Association*. 27 November 1923. Hong Kong: Registrar of Companies (ICRIS).

Lehman College. 2008. *UN Book*. New York, N.Y.: Lehman College Office of Media Relations and Publications. https://www.lehman.edu/lehman-legacy/documents/UNbook.pdf

Lau, Y. W. 2002. *A History of the Municipal Councils of Hong Kong, 1883-1999: From the Sanitary Board to the Urban Council and the Regional Council*. Hong Kong: Leisure and Cultural Services Department.

Lo, York. 2018. 'Great China Match Co. (大中國火柴廠)', *The Industrial History of Hong Kong Group*, 26 February 2018: https://industrialhistoryhk.org/great-china-match-co-%E5%A4%A7%E4%B8%AD%E5%9C%8B%E7%81%AB%E6%9F%B4%E5%BB%A0-2/

Lo, York. 2020. 'Stanley Kuo (郭正達, 1922-2007): King of Threads, Textile Industrialist and Credit Card Pioneer', *The Industrial History of Hong Kong Group*, 17 February 2020: https://industrialhistoryhk.org/stanley-kuo-%E9%83%AD%E6%AD%A3%E9%81%94-1923-2009-king-of-threads-textile-industrialist-and-credit-card-pioneer/

Lo, York. 2021. 'C.T. Chiu (招曙東) and Hong Kong Iron & Steel Works (香港鋼鐵廠)', *The Industrial History of Hong Kong Group*, 12 March 2021: https://industrialhistoryhk.org/c-t-chiu-%E6%8B%9B%E6%9B%99%E6%9D%B1-and-hong-kong-iron-steel-works-%E9%A6%99%E6%B8%AF%E9%8B%BC%E9%90%B5%E5%BB%A0/

Lo, York. 2022. 'Liang Meng-Tsi (梁孟齊) – HK Paint Industry Pioneer', *The Industrial History of Hong Kong Group*, 13 September 2022: https://industrialhistoryhk.org/liang-meng-tsi-hk-paint-industry-pioneer/

Manson, B. 1975. 'The "Victory in War" Lees: A HK Clan to the Bitter End', *South China Morning Post*, 26 October 1975, p.6.

Mellor, Tymon. 2023a. 'The Cross-Harbour Tunnel – Part 1 Gestation', *The Industrial History of Hong Kong Group*, 2 January 2023: https://industrialhistoryhk.org/the-cross-harbour-tunnel-part-1-gestation/

Mellor, Tymon. 2023b. 'The Cross-Harbour Tunnel – Part 2 Construction', *The Industrial History of Hong Kong Group*, 7 July 2023: https://industrialhistoryhk.org/the-cross-harbour-tunnel-part-2-construction/

Miners, N. 1987. *Hong Kong under Imperial Rule, 1912-1941*. Hong Kong: Oxford University Press.

Mok, Christopher W. 2009. 'Mok Family: A Retrospective', in *Timeless Legacy: The Mok Family Collections*, pp. 16-17. Hong Kong: Art Museum, The Chinese University of Hong Kong.

Musgrave, Paul. 2009. 'The First Nixon Library', *Prologue Magazine*, 41(2):42-47.

Nellist, George F (ed.). 1933. *Men of Shanghai and North China: A Standard Biographical Reference Work*. Shanghai: The Oriental Press.

Newman, R. K. 1989. 'India and the Anglo-Chinese Opium Agreements, 1907-14', *Modern Asian Studies*, 23(3): 525-560.

Podmore, David. 1971. 'The Population of Hong Kong', in K. Hopkins (ed.), *Hong Kong: The Industrial Colony*, pp. 21-54. Hong Kong: Oxford University Press.

Poy, V. 1995. *A River Named Lee*. Scarborough, Ontario: Calyan Publishing Ltd.

Poy, V. 1998. *Building Bridges: The Life and Times of Richard Charles Lee*. Scarborough, Ontario: Calyan Publishing Ltd.

Poy, V. 2006. *Profit, Victory & Sharpness: The Lees of Hong Kong*. Toronto & Hong Kong: The York Centre for Asian Research, York University & The Hong Kong Institute of Education.

Rates Assessment, Valuation and Collection Books. Various years. Hong Kong: Government Printer.

Report of the Stocks and Shares Commission (Sessional paper No. 16). 1925. Hong Kong: Government Printer.

Ride, E. 1981. *BAAG: Hong Kong Resistance, 1942-1945*. Hong Kong: Oxford University Press.

Shaw, Yu-ming. 1992. *An American Missionary in China: John Leighton Stuart and Chinese-American Relations*. Cambridge, Massachusetts: Harvard University Asia Center.

Snow, Philip. 2004. *The Fall of Hong Kong*. New Haven: Yale University Press.

de Sousa, Ivo Carneiro. 2010. 'Anok, Comendador Joel José Choi (1867-1945)', in Maria Antónia Espadinha et al. (eds.), *Dicionário temático de Macau (Thematic Dictionary of Macau)*, p.97. Macau: Departamento de Português, Faculdade de Ciências Sociais e Humanas, Universidade de Macau.

South China Athletic Association (SCAA). 1934. *The South China Athletic Association Souvenir Handbook: Official Opening of Pavilion, Caroline Hill. 17th March, 1934*. Hong Kong: author.

Sperry, Ansie Lee. 2009. *Running with the Tiger: A Memoir of an Extraordinary Young Woman's Life in Hong Kong, China, the South Pacific and POW Camp*. California: Sperry Family Trust.

Starr, P. 2002. *Citibank: A Century in Asia*. Singapore: Editions Didier Millet.

Stokes, G. & Stokes, J. 1987. *Queen's College: Its History, 1862-1987*. Hong Kong: Queen's College Old Boys' Association.

Teixeira, Manuel. 1995. 'Illustrious Women of Macao', *Review of Culture* (published by the Instituto Cultural of Macau), 24: 177-200.

The Chinese University of Hong Kong. 1969. *The First Six Years, 1963-1969: The Vice-Chancellor's Report*. Hong Kong: author.

The Chinese University of Hong Kong. 1975. *The Emerging University, 1970-1974: The Vice-Chancellor's Report*. Hong Kong: author.

The IHHK Group (The Industrial History of Hong Kong Group), 2018. 'Gande, Price & Company Ltd – Hong Kong Agents and Wine and Spirits Merchants', 18 July 2018: https://industrialhistoryhk.org/gande-price-company-ltd/

Tipografia do Orfanato da Imaculada Conceição (ed.). 1928. *O Caso da Falencia de Li Hisan e Ko-Ho-Ning (The Bankruptcy Case of Li Hisan and Ko-Ho-Ning)*. Macau: author.

Tsui, K. C. 1989. 'Chapter 12: A Refugee in Free China and the birth of British Army Aid Group', in *Paul Tsui Ka Cheung's Memoirs: My Life and My Encounters* (unpublished). http://www.galaxylink.com.hk/~john/paul/paul.html

Warren, J. F. 2003. *Rickshaw Coolie: A People's History of Singapore, 1880-1940*. Singapore: Singapore University Press.

Wei, B.P.T. 2005. *Liu Chi-wen: Biography of a Revolutionary Leader (革命元老劉紀文傳)*. Hong Kong: The Liu Chi-wen Family.

Wells Fargo & Co's Express. 1878. *Directory of Chinese Business Houses*. San Francisco: author.

Wong, S. L. 1988. *Emigrant Entrepreneurs: Shanghai Industrialists in Hong Kong*. Hong Kong: Oxford University Press.

Wu, C. C. 1928. *Chinatowns: A Study of Symbiosis and Assimilation*. PhD Dissertation, University of Chicago.

Zhang, Yingjin. 1998. 'Li Beihai (Lai Pak-hoi)', in Yingjin Zhang (ed.), *Encyclopedia of Chinese Film*, p. 216. London: Routledge.

訪談記錄

受訪對象	日期	訪談形式（受訪者所在地）
利蘊蓮、利乾	2020 年 8 月 14 日	面談（香港）
利蘊蓮、利乾	2020 年 9 月 11 日	面談（香港）
戴鎮華	2020 年 9 月 18 日	面談（香港）
利乾	2020 年 9 月 22 日	面談（香港）
羅啟妍	2020 年 10 月 20 日	面談（香港）
利美娟	2020 年 10 月 28 日	視訊（美國）
利漢釗	2020 年 11 月 30 日	電話（美國）
馮國綸	2021 年 2 月 1 日	面談（香港）
利乾	2021 年 2 月 22 日	面談（香港）
戴鎮華	2021 年 3 月 4 日	面談（香港）
利乾	2021 年 3 月 18 日	面談（香港）
利乾	2021 年 3 月 22 日	面談（香港）
利憲彬	2021 年 3 月 22 日	視訊（澳洲）
屈志仁	2021 年 4 月 1 日	視訊（美國）
利子謙	2021 年 4 月 21 日	面談（香港）
利漢輝	2021 年 5 月 10 日	面談（香港）
白仲安（John Budge）	2021 年 6 月 10 日	視訊（香港）
莫華釗	2021 年 7 月 28 日	視訊（香港）
利潔瑩	2021 年 10 月 5 日	面談（香港）
利德蓉	2021 年 10 月 29 日	電話（瑞士）
利梁趣沂、利潔瑩	2021 年 11 月 24 日	面談（香港）
利蘊珍	2021 年 11 月 29 日	視訊（香港）
簡而理	2021 年 11 月 30 日	面談（香港）
利子潔	2021 年 12 月 2 日	面談（香港）
利漢楨	2021 年 12 月 6 日	面談（香港）
利漢楨	2022 年 2 月 5 日	電話（香港）
利漢楨	2022 年 3 月 21 日	面談（香港）
利德蕙	2022 年 5 月 11 日	視訊（加拿大）
利乾	2022 年 6 月 13 日	面談（香港）
利漢楨	2022 年 11 月 24 日	面談（香港）
利漢釗	2023 年 12 月 21 日	電話（美國）
利子厚	2024 年 4 月 15 日	電話（香港）
利宗文	2024 年 4 月 29 日	視訊（美國）

作者簡介

王國璋

台灣大學政治學碩士，香港大學博士（亞洲研究），現為獨立研究者。已發表專著及傳記五種，譯作多種。

鄭宏泰

現為香港中文大學全球中國研究計劃聯合召集人、社會及政治發展研究中心主任、電話調查研究室總監、政策研究網絡聯合召集人、香港亞太研究所副所長（執行）。

畢業於香港大學，取得工商管理學士、哲學碩士及哲學博士，研究領域為家族文化與企業傳承、企業家精神與社會網路、華人社會變遷與繼承制度、香港金融市場變革、社會調查與分析，以及海外華人與一帶一路等。

鄭宏泰致力研究，筆耕不絕，前後出版了40本中英文專書，編輯書籍亦達15本，並在國際學術期刊上發表了近20篇學術論文。

學術及社會服務上，他擔任國際學術期刊 *National Identities, East Asia: An International Quarterly*、香港《香港社會科學學報》、《廿一世紀》及《香港地方志》編委會委員，主持「家族企業發展研究」與「香港世家大族傳承與發展」系列出版；他亦是世界海外華人研究學會（ISSCO）董事會成員（2019至今）、行政長官卓越教育獎評審委員會（2019/2020）、教育局課程發展議會通識科委員會（2018至今）及博物館諮詢委員會歷史專責委員會（2018至2022）委員。

愚公不愚

利氏家族與香港世紀變遷

策劃	北山堂基金
作者	王國璋、鄭宏泰
責任編輯	寧礎鋒
編輯	張藝議
書籍設計	李嘉敏
圖片整理	梅智信
校對	任芷瑩
封面照片	約翰・斯梅德利《香港東角全景》（十九世紀中期） 香港藝術館藏品
出版	三聯書店（香港）有限公司 香港北角英皇道四九九號北角工業大廈二十樓 Joint Publishing (H.K.) Co., Ltd. 20/F., North Point Industrial Building, 499 King's Road, North Point, Hong Kong
香港發行	香港聯合書刊物流有限公司 香港新界荃灣德士古道二二〇至二四八號十六樓
印刷	美雅印刷製本有限公司 香港九龍觀塘榮業街六號四樓 A 室
版次	二〇二四年七月香港第一版第一次印刷
規格	十六開（185mm × 250mm）五一二面
國際書號	平裝 ISBN 978-962-04-5473-8 精裝 ISBN 978-962-04-5533-9

三聯書店
http://jointpublishing.com

JPBooks.Plus
http://jpbooks.plus